C0-AQI-644

Sophie Ramond
Les leçons et les énigmes du passé

Beihefte zur Zeitschrift für die alttestamentliche Wissenschaft

Edited by
John Barton, Reinhard G. Kratz
and Markus Witte

Volume 459

Sophie Ramond

Les leçons et les énigmes du passé

—

Une exégèse intra-biblique des psaumes historiques

GRADUATE THEOLOGICAL UNION LIBRARY 1962

DE GRUYTER

BS
1110
Z37
v.459

ISBN 978-3-11-034618-3
e-ISBN 978-3-11-034900-9
ISSN 0934-2575

Library of Congress Cataloging-in-Publication Data
A CIP catalog record for this book has been applied for at the Library of Congress.

Bibliographic information published by the Deutsche Nationalbibliothek
The Deutsche Nationalbibliothek lists this publication in the Deutsche Nationalbibliografie;
detailed bibliographic data are available in the Internet at http://dnb.dnb.de.

© 2014 Walter de Gruyter GmbH, Berlin/Boston
Printing and binding: CPI buch bücher.de GmbH, Birkach
♾ Printed on acid-free paper
Printed in Germany

www.degruyter.com

MIX
Papier aus verantwor-
tungsvollen Quellen
FSC
www.fsc.org   FSC® C003147

b15005707

A Thomas Römer,
pour son soutien dans ce travail

Table des matières

1   Introduction

1.1   Croissance du corpus scripturaire par réécritures successives. Le cas des psaumes.

L'intérêt pour le phénomène de réception de textes bibliques au sein de la Bible hébraïque elle-même, est désormais largement présent dans le champ des études exégétiques. Une partie importante de la littérature biblique s'est en effet construite sur la réception et la révision de textes plus anciens, eux-mêmes préservés au sein du canon de la Bible hébraïque. Dans la continuité des travaux de son maître, N. Sarna[1], la recherche de M. Fishbane[2] a largement contribué à présenter les moyens techniques et herméneutiques de ce processus de croissance du corpus scripturaire par réécritures successives, dans une dynamique de *Fortschreibung* à la fois conservatrice et innovatrice. Le Psautier lui-même porte la trace de ce phénomène si, comme l'écrit D. Mathias, environ 20 pour cent des textes des psaumes réfèrent à des traditions présentes dans le Pentateuque ou dans les livres dits historiques[3]. Si les allusions ou reprises auxquels se livrent les psaumes peuvent, dans de nombreux cas, être compris comme résultant de l'exégèse de textes antérieurs[4], elles fournissent alors de précieuses indications sur le caractère autorisé et fondateur accordé à ces derniers. Dans une étude destinée à livrer quelques observations sur les allusions historiques dans les psaumes, A. Curtis note également que « la diversité des matériaux dont se compose la mosaïque du psautier, ainsi que certains des poèmes que celui-ci contient, comporte plusieurs références à ce que le Dieu d'Israël est supposé avoir fait »[5].

Comment, cependant, interpréter les références de certains psaumes à de prétendus faits du passé ou interventions divines dans l'histoire d'Israël? Car si

---

1 Voir en particulier: N. Sarna, « Psalm 89: A study in Inner Biblical exegesis », in: A. Altmann (ed.), *Biblical and Other Studies*, Cambridge, Harvard University Press, 1963, pp. 29-46.
2 L'ouvrage décisif de M. Fishbane en la matière est: M. Fishbane, *Biblical Interpretation in Ancient Israel*, Oxford, Clarendon Press, 1985. Pour une présentation de ceux qui peuvent être considérés ou comme ses prédécesseurs ou comme se situant dans la continuité de ses travaux, voir la bibliographie commentée de B.M. Levinson, dans: B.M. Levinson, *L'herméneutique de l'innovation. Canon et exégèse dans l'Israël biblique*, Bruxelles, Lessius, Le livre et le rouleau 24, pp. 67-94.
3 D. Mathias, *Die Geschichtstheologie der Geschichtssummarien in den Psalmen*, Frankfurt am Main, Lang, 1993.
4 Voir précisément l'étude de N. Sarna, « Psalm 89: A study in Inner Biblical exegesis ».
5 A. Curtis, « La mosaïque de l'histoire d'Israël: quelques considérations sur les allusions 'historiques' dans les psaumes », dans: D. Marguerat, A. Curtis (éds.), *Intertextualité. La Bible en échos*, Genève, Labor et Fides, 2000, p. 13.

des références de cette sorte jouent dans l'Ancien Testament un rôle d'importance, il n'est pas certain qu'elles obéissent toutes à la même finalité. Il est facilement concevable que des thèmes historiques soient, dans les psaumes, utilisés dans un but différent de ceux du Pentateuque ou des livres prophétiques. Quelle est, autrement dit, la fonction des récitations historiques présentes dans le Psautier? Ces renvois à des événements passés sont-ils, de plus, des reprises de textes antérieurs ou les reflets d'une tradition relative à ces événements? A ce sujet, M. Fishbane distingue dans les textes bibliques un phénomène d'intertextualité qui a pour caractéristique principale d'être une construction de la tradition à travers la réutilisation de formes antérieures et un phénomène d'intertextualité qui établit une connexion étroite entre des sources disparates, indiquant de la sorte que des genres distincts doivent être lus en tandem[6]. D'une part donc des thèmes, des motifs, des légendes et des représentations désormais présents dans les textes bibliques auraient connu une longue histoire de transmission et d'adaptation: à chaque étape de la *traditio*, du processus de transmission, le *traditum*, le contenu transmis par la tradition, aurait été adapté, transformé ou réinterprété[7]. Une tradition est en effet à la fois reçue et transmise de génération en génération, identifiable par son contenu comme par sa forme. Propriété d'une communauté pour laquelle elle a une fonction précise, elle est vivante et malléable et peut être modifiée et réinterprétée en fonction des besoins de ceux qui la transmettent. Elle est habituellement orale mais peut prendre une forme écrite. Elle tend à être cumulative et agglutinante[8]. D'autre part, une partie importante de la littérature biblique se serait construite en relisant et réécrivant un donné antérieur, en associant des sources disparates. « Presque tous les textes bâtissent sur des textes et des traditions antérieurs. Aussi cela s'appelle-t-il proprement 'intertextualité' »[9].

Les distinctions établies par M. Fishbane suggèrent que la littérature biblique a été formée et utilisée dans un contexte d'oralité tout autant que d'écriture, ce que d'autres études soulignent plus fermement[10]. D.M. Carr pose l'hypothèse que les

---

6 M. Fishbane, « Types of Biblical intertextuality », in: *Congress volume: Oslo 1998*, Leiden –Boston – Köln, Brill, 2000, pp. 40-44.

7 Cf. M. Fishbane, 1985, pp. 6-7; G. Fohrer, « Tradition und Interpretation im Alten Testament », *ZAW 73* (1961), pp.1–30.

8 D.A. Knight, *Rediscovering the Traditions of Israel*, Leiden-Boston, Brill (3° ed.), 2006, p. 21.

9 D. Barthélémy, *Découvrir l'Ecriture*, Paris, Cerf, 2000, p. 214.

10 H. Ringgren, « Oral and Written Transmission in the Old Testament: Some Observations », *ST 3* (1949), pp. 34-59; R.F. Person, « The Ancient Israelite Scribe as Performer », *JBL 117* (1998), pp. 601-609; W.M. Schniedewind, *How the Bible Became a Book: the Textualization of Ancient Israel*, New York-Cambridge, Cambridge University Press, 2004; D.M. Carr, *Writing on the Tablet of the Heart: Origins of Scripture and Literature*, New York, Oxford University Press, 2005; « Torah on the Heart: Literary Jewish Textuality within Its Ancient Near Eastern Context », *Oral Tradition*

textes bibliques comme ceux d'autres cultures (mésopotamienne, égyptienne ou grecque) sont de la « littérature orale » dans le sens où ils auraient été avant tout mémorisés et, dans certains cas, publiquement interprétés. Des copies écrites de ces textes auraient été essentiellement utilisées pour aider à leur mémorisation et intériorisation. Loin d'être en tension, oralité et écriture ont donc pu constituer deux façons complémentaires d'enseigner le patrimoine culturel et d'inscrire dans la mémoire collective les traditions littéraires. Dans une culture où l'écriture était d'abord utilisée pour conserver et interpréter des traditions orales, le processus de mémorisation pratiqué pour l'éducation et la socialisation des élites dominantes aurait donc été le principal contexte de transmission de la littérature biblique. Dans ce cadre, vraisemblablement les scribes ne citaient pas ou ne reproduisaient pas seulement des textes avec une copie sous les yeux mais, pour une part, de mémoire. En opérant ainsi ils ont pu introduire des changements mineurs (*memory variants*): substitution d'un mot par son synonyme, ajout ou soustraction de particules grammaticales insignifiantes, modification d'orthographe, transformation de l'ordre des termes ou des formules, changement d'une expression par un équivalent syntaxique. Ils tendaient par ailleurs à harmoniser les traditions entre elles, à les amplifier quelques peu, à préserver des extraits qu'ils replaçaient dans d'autres contextes littéraires. Toutes ces variantes se distinguent de simples erreurs de copistes sautant un mot ou une ligne, inversant des lettres ou les confondant.

Considérer que la transmission par mémorisation a engendré des variations mineures a pour corollaire de trouver inadéquate la conception d'un « texte original » pour les écrits bibliques. Il convient alors de garder une certaine prudence non seulement dans l'utilisation de critères linguistiques pour dater les textes mais aussi dans l'identification des sources citées. Dans le travail de l'exégèse, le risque serait de majorer ou de mésinterpréter les différences inscrites dans des textes rapportant les mêmes traditions, d'autant que les outils à disposition aujourd'hui (concordances imprimées ou logiciels informatiques) rendent les vérifications faciles et pourraient conduire à faire oublier qu'une tradition mémorisée plutôt que consignée par écrit reste malléable. Dans le Psautier en particulier, il n'est pas toujours facile de déterminer si les textes sont le produit de sources littéraires ou de sources aux formes moins établies, comme des thèmes, motifs, ou expressions stéréotypées. Il n'est pas non plus évident de mesurer jusqu'à quel point les sources antérieures citées ou réutilisées l'étaient de mémoire ou par référence à un document écrit. Sur quels critères donc est-il possible d'identifier avec une

---

25 (2010), pp. 17-40; *The Formation of the Hebrew Bible. A New Reconstruction*, New York, Oxford University Press, 2011.

certaine assurance une allusion textuelle ou la reprise d'une tradition? De plus, dans le premier cas, est-il possible de définir quel texte est dépendant de l'autre? Car pour définir légitimement qu'il y ait allusions ou reprises, il est nécessaire, comme le souligne L. Eslinger, de pouvoir déterminer quel est le texte qui renvoie à l'autre. Faut-il, avec cet auteur, douter de la possibilité de dater suffisamment les textes bibliques pour pouvoir définir en quel sens joue la dépendance et se contenter de replacer les allusions discernées dans une lecture canonique qui en suive la trajectoire inversée de la Création à l'Apocalypse ?[11]

1.2 Un questionnement à la croisée de différentes méthodes

Le questionnement est complexe et réfère à différentes approches méthodologiques, à commencer, comme l'ont souligné les remarques ci-dessus, par l'histoire de la tradition et l'exégèse intra-biblique (*inner-biblical exegesis*). « Tandis que l'histoire de la tradition remonte des sources écrites aux traditions orales qui les ont préparées, l'exégèse intra-biblique commence par l'Ecriture reçue et avance vers les interprétations dont elle est le socle. Dans l'histoire de la tradition, les formulations écrites sont la dernière étape après plusieurs phases orales de la *traditio* durant laquelle les traditions elles-mêmes sont devenues des traditions faisant autorité. Par contraste, l'exégèse intra-biblique commence par un *traditum* faisant autorité »[12]. Mais que l'exégèse intra-biblique prenne pour point de départ des formulations littéraires stabilisées n'ôte pas l'interrogation de l'antériorité d'un texte par rapport à un autre, qui l'utiliserait. Si l'exégèse intra-biblique développe cette intuition que l'Ecriture s'interprète par elle-même, elle ne peut le faire qu'à l'intérieur de la méthodologie développée par la méthode historico-critique. « Sur ce plan, l'exégèse intra-biblique partage de nombreux présupposés avec l'analyse rédactionnelle, notamment l'idée qu'il est possible – et même nécessaire – d'élucider systématiquement les phénomènes de réception en distinguant sur le plan diachronique entre texte 'premier' et texte 'second'. Toutefois, l'exégèse intra-biblique demeure également distincte de la *Redaktiongeschichte*. Contrairement à l'analyse rédactionnelle, son objet n'est pas d'élucider l'ensemble du processus rédactionnel de la Bible hébraïque : il s'agit de partir plutôt de l'observation selon laquelle toute une partie du canon biblique s'est constituée à partir de la réception

---

11 L. Eslinger, « Inner-Biblical Exegesis and Inner-Biblical Allusion: The Question of Category », *VT 42* (1992), pp. 53. 58.
12 M. Fishbane, 1985, p. 7. Ici et ailleurs je traduis.

de textes plus anciens, lesquels ont été également canonisés, afin de chercher ensuite à mieux éclairer la nature de ce processus de transmission et ses enjeux »[13].

L'interprétation d'une tradition reçue comme faisant autorité ne commence pas, au demeurant, avec la clôture du canon; elle est au contraire déjà à l'œuvre dans la formation de ce canon. En ce sens *traditum* et *traditio* entretiennent dans la littérature biblique un rapport indissociable et complexe. Par l'acte d'allusion, de citation ou de reprise, un texte est arraché à son contexte, par choix délibéré. De ce contexte, il conserve quelques traits, qui se laisseront lire, au gré de la connaissance qu'en a ou peut en avoir le lecteur. Mais il se conjugue avec des éléments nouveaux, avec lesquels il est amené à faire corps. Une allusion, citation ou reprise d'un texte, peut alors fonctionner moins comme la reconnaissance de l'autorité de la source que comme moyen de la transformer en la réinsérant dans un contexte nouveau qui de fait restreint, voire conteste, son autorité originelle. Autrement dit, si certains textes bibliques se construisent par référence à d'autres, non seulement il n'y a pas pure identité de contenu entre les deux écritures, ni nécessairement homogénéité complète de forme et d'extension textuelle, mais plus encore les textes récepteurs affirment le caractère autorisé et fondateur des textes sources tout en les réinterprétant de manière parfois radicale. La tradition émerge alors comme construction herméneutique. Comme l'écrit J.L. Ska en avant-propos d'un livre de B.M. Levinson: «... Dans la Bible, le présent discute sans cesse avec le passé, qu'il adapte, corrige et peut même contredire en prétendant le transmettre avec le plus grand respect. Les échanges entre passé et présent sont courtois et ils suivent toutes les règles de l'étiquette chères aux anciens. Mais derrière les formules de politesse se cache souvent une ferme volonté de reprendre à son propre compte les vénérables traditions du passé pour couvrir de leur autorité les nouvelles formulations requises par les changements de situation. Dans bien des cas, la discontinuité est oblitérée par l'apparente volonté de continuité... »[14]. En ce sens, la démarche de l'exégèse intra-biblique se situe à l'articulation entre *histoire de la rédaction* des textes bibliques et *l'histoire du canon* et s'interroge sur le lien entre la formation des textes bibliques et la reconnaissance de leur caractère autorisé.

Ainsi l'exégèse, avant de porter de l'extérieur sur l'Ecriture canonique, s'est exercée à l'intérieur même du canon: la croissance du corpus scripturaire s'est faite par réécritures successives. Que comprendre de ce qui se joue dans ce processus? Quelles nécessités ont présidé à la sélection de certaines traditions et de leurs réinterprétations, de certains textes et de leurs actualisations? Qu'est-ce qui

---

13 C. Nihan, « L'analyse rédactionnelle », dans: M. Bauks, C. Nihan (éd.), *Manuel d'exégèse de l'Ancien Testament*, Genève, Labor et Fides, 2008, pp. 183-184.
14 B.M. Levinson, 2005, p. 5.

se joue non seulement dans le texte biblique final, mais aussi à toutes les étapes intermédiaires qui, chacune, correspondent à un «canon dans le canon»? Quel type d'identité communautaire les différentes phases de la constitution du canon véhiculent-elles? C'est le mérite de J.A. Sanders d'avoir souligné que le canon, dans les différentes étapes de sa constitution, constitue un miroir où se reflète l'identité des communautés croyantes de différentes époques[15]. Dans cette perspective, il ne s'agit plus seulement, comme l'*histoire des traditions* le propose, de se préoccuper exclusivement de la question historique, histoire littéraire et question de l'auteur ou des auteurs, mais de se concentrer sur la question de la fonction communautaire et de l'autorité des traditions bibliques. La *critique canonique* a ainsi pour objet d'intérêt un processus au cours duquel les communautés sélectionnent un certain nombre de «valeurs» dans lesquelles elles se reconnaissent; la répétition de ces thèmes ou de ces valeurs, de génération en génération, en fait des traditions. La répétition des traditions ne s'opérant pas sans sélection et réinterprétation, il en découle que le canon des Ecritures, dans sa période de constitution, apparaît à la fois adaptable et stable.

J.A. Sanders fait encore remarquer que, du point de vue de l'intertextualité biblique, l'un des aspects les plus intéressants est la fluidité des citations ou allusions. Car si les citations exactes sont rares, les références fluides à des traditions anciennes ayant valeur d'autorité pour la communauté croyante abondent. La fluidité aurait pour avantage que la tradition à laquelle il est fait référence pouvait recevoir une forme qui convienne à une nouvelle argumentation. Il ajoute que lorsque la stabilisation du texte devint un facteur dominant, il fallut se donner les moyens de permettre au texte canonique de s'adapter à des problèmes nouveaux et pour cela introduire des règles herméneutiques qui contrôlent l'exercice. «Ainsi qu'on peut le constater dans la littérature prophétique et hymnique, les traditions orales sur les origines du peuple et de son identité avaient, à l'époque pré-deutéronomique, une plus grande autorité que les textes écrits. Il est clair que ces traditions étaient fluides et adaptables aux besoins et aux utilisations que concevaient les prophètes et les psalmistes de l'âge du fer. Elles pouvaient être coulées en des formes diverses: oracles, cantiques, narrations, récits didactiques, hymnes et paraboles. Mais une fois qu'elles eurent été coulées sur le rouleau écrit découvert par les ouvriers de Hilqyah au Temple en 621, sous la forme des dernières volontés et du testament de Moïse, elles entrèrent dans une autre dimension de

---

15 Cf. J.A. Sanders, *Torah and Canon*, Philadelphia, Fortress Press, 1972; *Canon and Community: A Guide to Canonical Criticism*, Philadelphia, Fortress Press, 1984.

l'histoire de la tradition où l'on allait finalement voir le judaïsme embrasser le concept de textes sacrés comme dimension essentielle de sa propre existence »[16].

Du propos tenu par J.A. Sanders il ressort que la question de l'identité de la communauté se joue dans la sélection et la réinterprétation de traditions, dans les herméneutiques diverses mises en œuvre pour lire des textes antérieurs, selon les nécessités de contextes historiques variés. Des traditions ou des textes faisant autorité et dont la signification à la fois culturelle et religieuse, identitaire et pourquoi pas politique, était vitale ont rendu nécessaire leur transmission, leur actualisation et réinterprétation en des circonstances et des temps nouveaux[17].

1.3 Enjeux et limites méthodologiques de quelques études sur les psaumes

En ce qui concerne les allusions historiques dans les psaumes, est-il donc possible de déterminer que ce sont des reprises de documents littéraires connus ou faut-il se contenter, plus prudemment, de parler de traditions reflétées dans d'autres passages bibliques, avec le risque d'ailleurs de faire de la catégorie de « tradition » une notion floue et générale ?[18]

---

16 J.A. Sanders, *From Sacred Story to Sacred Text: Canon as Paradigm*, Philadelphia, Fortress Press, 1987, p. 178. Voir aussi du même auteur: « Adaptable for Life: The Nature and Function of Canon », in: F. Cross, W. Lenke, P. Miller (eds.), *The Mighty acts of God: Essays on the Bible and Archaeology in Memory of G. Ernest Wright*, Garden City, Doubleday, 1976, pp. 542.

17 Pour prolonger la réflexion, on se référera avec utilité aux distinctions retravaillées par J. Gärtner entre « mémoire collective » et « mémoire communicative » d'une part, « histoire pragmatique » et « histoire paradigmatique » d'autre part. J. Gärtner souligne l'importance de la mémoire collective dans la poésie liturgique des cultures du Proche-Orient ancien. La mémoire collective maintient le souvenir d'événements du passé considérés comme décisifs, par le biais de productions culturelles et de communications institutionnelles ; elle contribue à façonner l'identité du groupe dont elle sert les intérêts en reconstruisant le passé et en le reliant à une situation contemporaine. L'expression « histoire paradigmatique » désigne une reconstruction de l'histoire qui sélectionne des événements passés et les interprète en fonction de leur signification pour le présent. Dans la réception de l'histoire paradigmatique un croisement d'horizons temporels apparaît, qui est caractéristique de la forme d'expression de la mémoire collective : des événements fondateurs du passé sont interprétés et actualisés, avec pour but de forger l'identité d'un groupe et de la maintenir dans le futur (cf. J. Gärtner, *Die Geschichtspsalmen: eine Studie zu den Psalmen 78, 105, 106, 135 und 136 als hermeneutische Schlüsseltexte im Psalter*, Tubingen, Mohr Siebeck, FAT 84, 201, pp. 9-29).

18 Cf. la conclusion d'A.A Anderson, au terme de son étude sur l'usage de textes de l'Ancien Testament dans les Psaumes: « Même si le Psautier a de nombreuses affinités avec différentes parties de l'Ancien Testament, il est presque impossible d'établir la nature précise de ces relations. Peut-être que pour beaucoup d'occurrences l'explication est à trouver du côté de traditions

S'intéressant à la collection des psaumes d'Asaf, K.J. Illman s'interroge sur les points communs de ces différents textes[19]. En raison de l'apparente diversité de formes et de genres de ce groupe de psaumes, il en déduit que des caractéristiques communes sont à chercher du côté du contenu plutôt que de leur genre. Il se pose alors la question de savoir quels thèmes, motifs ou caractéristiques se retrouveraient dans cet ensemble de psaumes et, en amont, quelle serait leur tradition commune. Son propos est donc de discerner un contenu (*Inhalt*) caractéristique commun à cette collection, qui serve ensuite de critère à la détermination d'une tradition, d'un ensemble de significations fixes. Une tradition comporterait ainsi pour lui un contenu spécifique, c'est-à-dire l'occurrence de certains thèmes, motifs et caractéristiques repérables, voire une terminologie identifiable. Elle est le résultat de l'intérêt qu'une communauté porte à la transmission d'un tel contenu.

Dans cette perspective il en vient à isoler un certains nombres de thèmes dont celui de l'histoire (*Geschichte*). Le thème de l'histoire, considéré comme une sorte de cadre abstrait, se décline en divers motifs, qui en sont les formes concrètes[20]. Il distingue ainsi quatre motifs sous le thème de l'histoire, repérables dans les psaumes d'Asaf: le premier est celui qu'il appelle « élection et alliance » (*Erwählung und Bund*), qu'il est possible de trouver sous forme d'affirmations brèves (par exemple Ps 74, 2) ou sous forme plus développée comme c'est le cas dans le Ps 78, où l'élection concerne d'une part le peuple et d'autre part Sion et David. Le second motif est celui de l'« exode » (*Auszug*), qui n'est pas réduit strictement à la sortie d'Egypte mais inclut aussi les récits d'événements tels que les plaies. Le troisième est celui de l'« errance au désert » (*Wüstenwanderung*), motif par exemple abondamment traité dans le Ps 78 et dans une certaine mesure dans le Ps 81. Enfin le dernier motif distingué sous le thème de l'histoire est celui de « Sion et David » (*Zion und David*), lequel est au demeurant largement présent dans le Psautier[21].

Ayant discerné d'autres thèmes (création, jugement, confiance, sagesse) et motifs dans les psaumes d'Asaf, K.J. Illman analyse alors leur répartition et observe qu'aucun psaume n'en contient la totalité, pas plus qu'aucun d'eux n'est présent dans la totalité de ces psaumes. La distribution des thèmes et motifs varie largement d'un psaume à un autre, ce qui le conduit à admettre qu'aucune conclusion décisive ne peut être donnée en ce qui concerne la collection des psaumes d'Asaf. Il en vient alors à reconnaître qu'une enquête rigoureuse pour

---

communes partagées », (dans: « Psalms » in: D.A. Carson, H.G.M. Williamson (eds.), *It is Written: Scripture Citing Scripture. Essays in honour of Barnabas Lindars, SSF*, Cambridge, Cambridge University Press, 1988, p. 64).
19 K.J. Illman, *Thema und Tradition in den Asaf-Psalmen*, Abo, Abo Akademi, 1976.
20 K.J. Illman, *Ibid.*, cf. p. 15.
21 K.J. Illman, *Ibid.*, pp. 19-29.

déterminer un contenu caractéristique commun à cet ensemble de psaumes est demeurée infructueuse. Il en résulte qu'aucune tradition ne peut être repérée sur la base d'une telle analyse.

Est-il alors véritablement possible d'isoler une tradition derrière les psaumes ? Ou faut-il conclure que les résultats de l'histoire de la tradition dans son effort pour distinguer le *traditum* du *traditio* « restent en grande partie hypothétiques et discutables puisque souvent il n'y a pas de critères indépendants pour déterminer les origines des traditions constitutives, leurs contours, ou leur indépendance initiale l'une vis-à-vis de l'autre » ? Le grand défaut méthodologique de l'histoire de la tradition, qui consiste à déduire une *traditio* d'un *traditum* reçu puis à se servir de cette *traditio* « reconstituée » comme moyen principal pour isoler les composants de ce même *traditum*, peut-il être surmonté ?[22]

Ayant échoué à repérer une tradition sur la base d'une analyse des thèmes et des motifs[23], l'attention de K.J. Illman s'est alors portée sur la terminologie, les caractéristiques formelles, utilisée dans ces psaumes. Si la recherche ainsi menée ne lui a pas davantage permis de discerner une tradition spécifique, elle apparaît plus rigoureuse que la précédente qui isolait des éléments dans la collection des psaumes d'Asaf à partir de thèmes préalablement définis, éléments souvent trop abstraits ou généraux pour pouvoir indiquer une tradition spécifique[24].

L'analyse minutieuse du vocabulaire, des expressions utilisées, est en effet sans aucun doute la première étape de toute étude qui cherche à identifier la reprise d'une tradition, une allusion textuelle ou une dépendance littéraire. Des mots ou des expressions de textes bibliques peuvent en effet renvoyer à des contextes antérieurs, fournissant un réseau de relations qui est la condition de signification de ces passages, ou être déterminés par le langage d'épisodes auxquels ils se réfèrent. Il est significatif qu'alors même qu'il reprend la tâche entreprise par K.J. Illman, à savoir déterminer l'existence d'une tradition commune aux psaumes d'Asaf, H.P. Nasuti cherche à le faire en retenant comme premier outil méthodologique l'analyse littéraire, une étude du vocabulaire, des mots et des expressions spécifiques qui apparaissent de manière significative dans cette collection de psaumes. « Il faut d'abord regarder les éléments qui peuvent attester l'existence d'une *traditio* particulière et définissable. Parmi ces éléments, le langage doit être considéré comme prééminent, puisqu'il est le moins sujet à manipulation critique. Il faut, cependant, au-delà de cette tâche visant à corroborer l'existence d'une *traditio*, passer à la description d'une telle *traditio*. Le langage

---

22 Cf. M. Fishbane, 1985, p. 8.

23 Cf. K.J. Illman, 1976, p. 45.

24 Voir la critique de H.P. Nasuti dans son ouvrage *Tradition History and the Psalms of Asaph*, Atlanta, Scholars Press, 1988, pp. 49-55.

joue ici également un rôle central, puisqu'il est aussi le moyen le plus sûr de relier ces psaumes avec d'autres tendances déjà isolées dans l'histoire d'Israël »[25]. S'il ne s'agit pas de nier qu'il y ait eu un stade pré-littéraire des traditions, ce qui est d'abord atteint par l'exégèse ce sont des traditions écrites[26].

De manière non moins significative, une autre étude, plus restreinte, se donne le même critère méthodologique alors que son but est d'identifier dans le Ps 78 des allusions intra-bibliques[27]. L'auteur se pose la question de savoir quels éléments probants sont nécessaires pour établir un lien entre un texte biblique et un autre texte ou une tradition. Il propose alors huit principes qui pourraient servir de directives méthodologiques. Il note d'abord que le vocabulaire en commun est le facteur le plus important pour établir un lien textuel, les parallèles verbaux constituant le critère le plus vérifiable et le plus objectif pour identifier des allusions[28]. Le second principe précise que le vocabulaire en commun est plus important que le vocabulaire non partagé. Si la présence de liens lexicaux indique la relation d'un texte à d'autres textes ou à des traditions, le fait qu'un tel texte contienne un vocabulaire propre ne sape en aucune manière la possibilité d'une telle dépendance. Un langage propre peut, en effet, être le reflet de la créativité d'un rédacteur ou indiquer l'usage de sources multiples. Un rédacteur peut, du reste, emprunter à un texte donné, puis subtilement ou radicalement refaçonner le matériel emprunté selon le but qu'il poursuit. Le troisième principe établit qu'un même vocabulaire rare ou caractéristique suggère un lien plus fort que ne le fait l'usage large d'un vocabulaire ordinaire et le quatrième que des expressions en commun suggèrent un lien plus fort que ne le font des termes isolés. Le cinquième apporte un complément en soulignant que l'accumulation de vocabulaire en commun suggère un lien plus fort que ne le font un simple terme ou une seule expression. « ... Si je trouve un bon nombre de tels emprunts et s'ils affichent des constantes dans leur réutilisation du matériel ancien, alors l'idée que ces occurrences sont le résultat du hasard n'est plus recevable »[29]. Selon le principe

---

25 H.P. Nasuti, *Ibid*, p. 57.

26 Cf. J. Briend: «On ne peut oublier que la seule forme perceptible d'une tradition pour l'exégèse est la trace écrite», dans: D.A. Knight (dir.), *Tradition et théologie dans l'Ancien Testament*, Paris, Cerf, LD 108, 1982, p. 8.

27 J.M. Leonard, «Identifying Inner-Biblical Allusions: Psalm 78 as a Test Case», *JBL 127/2* (2008), pp. 241-265.

28 La même insistance sur la nécessité de comparer attentivement le vocabulaire d'un texte donné avec celui auquel il pourrait faire allusion apparaît encore dans le travail de M. Fishbane pour qui plus les liens lexicaux sont multiples et appuyés, plus les sources d'un texte sont identifiables. Cf. M. Fishbane, 1985, p. 285.

29 B.D. Sommer, *A Prophet Reads Scripture: Allusion in Isaiah 40-66*, Stanford, Stanford University Press, 1998, p. 5.

suivant, la coïncidence d'un même contexte, avec la même utilisation de mots ou d'expressions, renforce la probabilité que les textes soient liés. Par ailleurs, la concordance du vocabulaire n'a pas nécessairement à être accompagnée d'une idéologie commune pour qu'une relation intra-biblique soit établie; car souvent des textes reprenant des traditions « présentent une variation novatrice des idées du texte plus ancien »[30]. Enfin le dernier principe précise que la concordance du vocabulaire n'a pas nécessairement à être accompagnée d'une forme commune pour qu'une relation intra-biblique soit établie. Les textes ultérieurs n'ont pas nécessairement répété les genres (*Gattungen*) des textes anciens ou des traditions auxquels ils étaient reliés. Il semble plus probable que les différents *Sitze-im-Leben* auxquels se confrontaient ces auteurs plus tardifs les aient contraints d'utiliser les traditions anciennes d'une manière radicalement nouvelle. Comme M. Fishbane le note, « les matériaux bougent sans cesse d'un cadre à un autre, étant joints à des genres différents, et ils aboutissent à de nouvelles unités rédactionnelles pour l'instruction. Bien plus, nous devons tenir compte du fait que des traditions ont toujours été intégrées et déplacées d'une sphère d'instruction – qu'elle soit orale, écrite, sacerdotale, sapientielle ou quelle qu'elle soit – à une autre »[31].

Bien que les principes énoncés par J.M. Leonard soient sous quelques aspects redondants ou qu'ils puissent parfois être poussés plus loin, leur intérêt est de dessiner avec une certaine rigueur le cadre d'une épistémologie[32]. Son étude a encore le mérite de se pourvoir de critères pour chercher à déterminer en quel sens joue une allusion textuelle et de ne pas renoncer à la question de savoir quel est le texte qui renvoie à l'autre. Si une dépendance, littéraire ou autre, peut apparaître avec relativement de clarté, il est en effet beaucoup moins évident, dans la plupart des cas, de parvenir à établir dans quelle direction joue cette dépendance et quelle est la nature exacte de la relation[33]. Contre L. Eslinger, J.M. Leonard souligne la nécessité de ne pas s'en tenir à une approche purement synchronique et propose une série de questions pour conduire la recherche de marqueurs du sens de la dépendance d'un texte vis-à-vis d'un autre: est-ce qu'un texte prétend emprunter à un autre? Y a-t-il des éléments (orthographe, morphologie, syntaxe, vocabulaire, contenu...) dans les textes qui aident à fixer leurs datations? Un texte

---

30 B.D. Sommer, *Ibid.*, p. 28.

31 M. Fishbane, « The Hebrew Bible and Exegetical Tradition », in: J.C. de Moor (ed.), *Intertextuality in Ugarit and Israel* », Leiden, Brill, 1998, p. 18.

32 Voir aussi les critères (et la bibliographie associée) fournis par C. Edenburg, « How (Not) to Murder a King: Variations on a Theme in 1 Sam 24; 26 », *SJOT 12* (1998), pp. 72-74; J. Magonet, *Form and Meaning: Studies in Literary Techniques in the Book of Jonah*, Bern, Herbert Lang, 1976.

33 A propos de l'usage d'autres textes de l'Ancien Testament dans les psaumes, la difficulté est également soulevée par A.A. Anderson, 1988, p. 57.

a-t-il suffisamment de consistance et de profondeur pour en générer un autre? Un texte en suppose-t-il un autre sans lequel il demeurait difficilement compréhensible? Autrement dit, le rédacteur suppose-t-il déjà connu l'événement rapporté ou la tradition reprise? Y a-t-il des formes rhétoriques, des traits stylistiques, qui suggèreraient qu'un texte en ait utilisé un autre?...

Là encore, le caractère général et théorique, parfois difficilement applicable, de ce type de questionnement ne doit pas oblitérer la nécessité de se doter d'une épistémologie: si, comme le souligne E. Tov, une évaluation textuelle ne peut jusqu'à un certain point être contrainte par aucune règle fixe, il convient néanmoins de proposer des arguments convaincants[34]. Si encore les réflexions sur le contexte d'oralité dans lequel la littérature biblique a été formée et utilisée attirent l'attention sur la fluidité et malléabilité des traditions qu'elle transmet, une analyse minutieuse du vocabulaire et des expressions utilisés restent le point de départ d'une étude cherchant à identifier la reprise de traditions, des allusions textuelles ou des dépendances littéraires, la matérialité du texte étant le seul recours à disposition de l'exégète.

1.4 Objet et corpus de la présente étude

A l'aide d'une méthodologie ainsi esquissée, un certain nombre de psaumes – les dits «psaumes historiques» – seront examinés avec pour objectif de mesurer s'ils bâtissent sur des textes du Pentateuque ou en reprennent des traditions et d'évaluer non seulement la manière dont ils le font mais aussi le but et les enjeux d'un tel processus de transmission et de relecture. A strictement parler, l'appellation «psaumes historiques» ne correspond pas à un genre littéraire identifié. Toutefois, elle a pu être utilisée[35] parce que le contenu de certains psaumes met en évidence qu'ils ont été conçus comme des unités ayant une logique propre: ils proposent une récitation de l'histoire, une construction du passé élaborée à partir de la reprise de traditions ou de textes antérieurs. Ce sont des actes rhétoriques qui structurent le passé, en s'opposant à d'autres structurations concurrentes, avec pour objectif de le relier au présent[36]. L'emploi du terme «historique» ne peut s'entendre qu'au sens où des livres comme ceux de Josué, Juges, Samuel, Rois, Chroniques, Esdras ou Néhémie sont parfois qualifiés de la sorte, alors qu'ils

---

34 E. Tov, *Textual Criticism of the Hebrew Bible*, Minneapolis, Fortress, 1992, p. 309.
35 Par exemple par H.-J. Kraus, *Psalmen*, Neukirchen-Vluyn, Neukirchener Verlag, BKAT 15, 1-2, 1961, p. 54.
36 Cf. W. Brueggemann, *Abiding Astonishment: Psalms, Modernity and the Making of History*, Louisville, Westminster/John Knox Press, 1991, p. 38.

n'ont pas été conçus comme des chroniques des événements mais comme visant à communiquer un message. De ce point de vue l'étude récente de J. Gärtner mérite l'attention, qui s'attache à démontrer que les psaumes historiques jouent un rôle déterminant dans la théologie du Psautier en créant chacun de manière spécifique le mémorial d'un « temps primordial salvifique » de l'exode à la possession de la terre, une relecture de la Torah en forme poétique, dans le but d'interpréter le présent et de façonner l'identité de la communauté qui les utilise dans la prière[37].

Comme précédemment noté, toute allusion ou toute reprise transporte toujours avec elle quelque chose de sa signification et de son lien au contexte antérieur : elle demeure en quelque sorte gorgée de cette signification première, qui se transforme très certainement dans sa nouvelle mise en discours mais sans disparaitre complètement. L'allusion ou la reprise conjugue toujours en effet lecture et écriture de sorte qu'il est nécessaire de prendre en compte la double valeur que revêt, sur le plan de la signification, le discours rapporté : celle qui lui revient dans le contexte de l'énoncé dont il a été extrait, mais aussi celle qui découle de son insertion dans un nouvel environnement littéraire. Il conviendra donc, pour chaque psaume analysé, d'en considérer la structure et la dynamique propre pour que ne soit pas encouru l'écueil de le lire sous l'influence d'une pré-compréhension liée à la connaissance du Pentateuque. Etudier ce phénomène de réception et de réécriture non seulement devrait permettre de cerner le sens de ces psaumes, l'intention qui a présidé à leur composition, et quelque peu l'identité de la communauté au sein de laquelle ou pour laquelle ils ont été composés, mais aussi de livrer quelques informations sur la rédaction et la composition du Pentateuque, dont la formation pose aujourd'hui question et fait débat. La recherche ici engagée trouverait un prolongement dans une exploration de la contribution de ces psaumes à la formation du Psautier, ce qu'analyse aussi J. Gärtner. Son étude démontre que si les psaumes historiques ont pu à l'origine remplir chacun un usage liturgique propre, l'activité éditoriale de chantres lévitiques les aurait, dans un souci littéraire, agencé et adapté pour qu'ils contribuent à modeler le Psautier et leur aurait conféré la fonction de textes clés herméneutiques. J. Gärtner souligne alors trois aspects du rôle joué par ces textes : 1) à différentes étapes de la rédaction et de la composition du Psautier, ils ont été placés à des lieux charnières et ont joué un rôle dans la formation de diverses collections (le Ps 78 pour la collection des psaumes d'Asaf et comme lien entre la première et la seconde partie du troisième livre du Psautier ; les Ps 105-106 pour le quatrième livre ; les Ps 135-136 pour la structuration du Psautier en cinq livres, à une étape ultérieure à celle d'un recueil que concluait le Ps 136) ; 2) leur utilisation dans

---

37 J. Gärtner, 2012, en particulier pp. 382-389.

le processus rédactionnel qui a conduit à la formation du Psautier ne peut être déterminée qu'en fonction du contexte littéraire de chacun d'eux pris séparément, de sorte qu'il n'est pas possible de tirer des conclusions pour l'ensemble du groupe des psaumes historiques; 3) la formation du quatrième et du cinquième livre du Psautier fait apparaître une réflexion sur une histoire considérée comme paradigmatique, réflexion qui est en même temps confession de la souveraineté de YHWH dans la création et dans l'histoire. Les psaumes historiques livreraient une compréhension de la bonté et de la miséricorde de YHWH, Dieu d'Israël, et fourniraient une clé herméneutique pour le Psautier tout entier[38].

Avant d'engager le travail toutefois, il reste à déterminer le corpus utile pour une telle entreprise. A.A. Anderson distingue trois catégories dans l'usage que les psaumes font du matériel historique. Selon lui, un premier groupe de psaumes (comme les Ps 78, 105, 106, 135 et 136) donne un récit relativement chronologique et étendu de l'histoire d'Israël, particulièrement des commencements. Un second groupe contient des liens plus ou moins identifiables avec les traditions historiques israélites (cf. Ps 44, 68, 74, 80, 83, 89, 95, 107, 132 et 137), tandis qu'un troisième contient des descriptions générales et ambiguës, qui ne peuvent être considérées comme des motifs historiques au sens strict du terme (cf. Ps 47, 66 et 111). Il ajoute que le premier groupe, particulièrement les Ps 78, 105 et 106, sont souvent appelés «psaumes historiques», ce qui correspond aux *Legenden* de H. Gunkel[39]. Ils ont pour point commun d'être largement composé d'une relecture de l'histoire d'Israël. K. Seybold précise que les psaumes historiques «mentionnés par Gunkel et Begrich comme 'légendes' parce que la narration occupe la position centrale (Ps 78, 105, 106), ne forment pas un genre au sens strict du terme, à moins bien sûr que ne soit fait retour à la signification de base de la proclamation de l'histoire de salut (*Heilsgeschichte*) et à sa place dans le culte, qui est le contexte dans lequel ces textes doivent être placés»[40].

Ainsi le psautier contiendrait des psaumes «historiques», les Ps 78, 105, 106 et 136 étant généralement classés dans cette catégorie[41], encore que le Ps 136

---

38 J. Gärtner, 2012, en particulier pp. 34-35; 373. 384-389.

39 H. Gunkel, *Einleitung in die Psalmen: die Gattungen der religiösen Lyrik Israels*, Göttingen, Vandenhoeck and Ruprecht, 1933, p. 324.

40 K. Seybold, *Introducing the Psalms*, Edinburgh, T. & T. Clark, 1990, p. 118; *Die Psalmen*, Tübingen, Mohr, 1996, p. 307.

41 Par exemple, S. Holm-Nielsen, «The Exodus Traditions in Psalm 105», *ASTI 11* (1978), p. 22; N. Füglister, «Psalm LXXXVIII: der Rätsel Lösung?», in: J.A. Emerton (ed.), *Congress Volume, Leuven, 1989*, VTSup 43, Leiden, Brill, 1991, p. 267; W. Brueggemann, 1991, p. 13; F.-L. Hossfeld, E. Zenger, *Die Psalmen II: Psalm 51-100*, Würzburg, Echter, Neue Echter Bibel 40, 2002, p. 420.

ne soit pas toujours inclus[42]. La raison semble en être que le Ps 136 présuppose un contexte et un usage cultuels, alors qu'on a parfois considéré, contrairement à K. Seybold, que ce n'était pas le cas des autres psaumes[43]. Il se pourrait également que le Ps 136 ne soit pas inclus dans cette catégorie du fait qu'il ne contienne pas de mention de la réponse du peuple aux actions salvatrices de YHWH. Or cette réponse est considérée comme un élément constitutif des psaumes historiques dans la définition proposée par C. Westermann[44]. Contrairement aux autres, ce psaume ne serait pas une actualisation qui adresse un avertissement à Israël et l'appelle à la repentance. L'étude ci-dessus mentionnée de J. Gärtner opte pour une classification qui englobe le Ps 78 et les paires que forment respectivement les Ps 105-106 et 135-136[45].

Dans la mesure où le Ps 78 d'une part, et les Ps 105-106 d'autre part, se présentent comme des récitations historiques relativement amples et reprenant différentes traditions présentes dans le Pentateuque, ils feront respectivement l'objet d'un premier, puis d'un deuxième chapitre. Les Ps 105 et 106 seront traités ensemble en raison de leur juxtaposition dans l'organisation du Psautier et de l'intention qui a pu y présider; l'étude exégétique de ces deux morceaux sera prolongée par une réflexion sur l'herméneutique théologique de leur relecture à double facette de l'histoire. Un troisième chapitre analysera d'autres sommaires historiques dans le Psautier: les Ps 135-136; 81; 114 et 95. Par rapport aux psaumes précédemment évoqués, ils contiennent des relectures plus embryonnaires de l'histoire d'Israël mais sans que leurs allusions ou reprises ne se limitent qu'à une seule tradition présente dans le Pentateuque, de sorte qu'ils constituent malgré tout des récitations historiques. C'est ce dernier critère qui a servi à leur sélection tandis les psaumes ne contenant qu'un élément de l'histoire d'Israël ou une allusion isolée à une tradition pentateucale, des descriptions générales et ambigües, ont été ignorés.

---

42 Par exemple, H.-J. Kraus, 1961, p. 54; H. Ringgren, *The Faith of the Psalmists*, London, SCM Press, 1963, p. 98; E. Beaucamp, *Le Psautier*, Paris, Gabalda, 1979, pp. 32. 161; A.A. Anderson, *The Book of Psalms*, London, Oliphants, 1972., p. 41; J. Day, *Psalms*, Sheffield, JSOT Press, 1990, p. 58; J.L Mays, *Psalms*, Louisville, John Knox Press, 1994, p. 33.

43 Cf. par exemple S. Mowinckel, *The Psalms in Israel's Worship II*, Oxford, Blackwell, 1962, pp. 111-114; H. Ringgren, 1963, p. 98: «On admet communément que ces psaumes (c'est-à-dire 78, 105, 106) ne donnent pas l'impression d'être de véritables hymnes cultuels, mais semblent plutôt consister en une réflexion et une méditation sur un motif cultuel. Toutefois, il se peut qu'ils aient été utilisés au Temple».

44 C. Westermann, «Wergegenwärtigung der Geschichte in den Psalmen», in: E. Wolf (ed.), *Zwischenstation. Festschrift für Karl Kupisch zum 60. Geburtstag*, Verlag Kaiser, München, 1963, p. 274.

45 J. Gärtner, 2012.

Adopter le corpus des psaumes historiques sur les critères ci-dessus énoncés ne résout pas toutes les questions, comme les désaccords entre spécialistes le montrent. Un bon nombre d'études s'est, au demeurant, davantage intéressé aux images et motifs mythiques de ces textes[46]. La question de savoir s'ils reprennent des textes antérieurs, déjà fixés ou non, ou s'ils renvoient à des traditions, orales ou différentes de celles que l'ont trouve dans le Pentateuque actuel, n'a pas trouvé de consensus. Elle est corrélée avec celle, combien difficile et débattue, de leur datation, avec le risque qu'une focalisation sur cet aspect de la recherche ne laisse de côté une tentative de comprendre leur fonction, leur sens et leur idéologie. Aujourd'hui, de plus, un questionnement sur le phénomène d'intertextualité ou sur la rédaction, la mise en forme littéraire et la composition de traditions, ne peut être abordé sans prendre en compte la remise en cause de la théorie documentaire.

Cette classification ne peut, par ailleurs, masquer des différences, plus marquées encore que les rapprochements suggérés. « L'histoire n'est en effet, dans la Bible, jamais présentée pour elle-même. Son évocation obéit à chaque fois à des préoccupations d'actualité, qui constituent le véritable genre littéraire du morceau »[47]. Si dans chaque psaume le rappel de l'histoire, ou plutôt d'une construction de l'histoire élaborée dans des traditions et textes antérieurs, sert des buts différents selon les circonstances et les besoins, comme évoqué plus haut il ne peut à lui seul définir le genre du psaume. Par ailleurs, le but poursuivi conditionne le choix des épisodes racontés et, par voie de conséquence, la sélection des traditions ou des textes antérieurs, repris et réinterprétés. Avec leurs différents accents, leurs insistances ou leurs omissions propres, les psaumes historiques accomplissent une variété de fonctions sociales. Mais d'une manière générale « les psaumes historiques peuvent éclairer comment Israël a traité sa propre histoire »[48]. Ils font mémoire du passé et construisent l'histoire en un acte créatif pour qu'elle structure le présent et oriente l'avenir. Cette construction est chaque fois significative d'une communauté et de son identité.

---

46 Assez caractéristiques à cet égard sont les travaux de G.T.M. Prinsloo. Voir par exemple, G.T.M. Prinsloo « Tremble before the Lord: Myth and History in Psalm 114 », *OTE 11* (1998), pp. 306-325; « Psalms 114 and 115: One or Two Poems? », *OTE 16* (2003), pp. 669-690.
47 E. Beaucamp, 1979, p. 61.
48 M. Witte, « From Exodus to David – History and Historiography in Psalm 78 », in: N. Calduch-Benages and J. Liesen (eds.), *History and Identity: How Israel's Later Authors Viewed its Earlier History,* Berlin – New York, De Gruyter, 2006, p. 19.

2 Psaume 78

Le Ps 78 est la plus longue récitation de l'histoire d'Israël, « une synopse de l'histoire sacrée composée dans le style d'un hymne », selon la définition qu'en donne S. Mowinckel[1]. Il part de l'exode hors d'Egypte pour aboutir au règne de David, sans toujours suivre la séquence des événements telle qu'on peut la reconstituer à partir des traditions du Pentateuque. Si tous les commentateurs reconnaissent dans ce psaume la place importante des références à ce que le Dieu d'Israël est supposé avoir fait, en revanche, son genre propre, sa datation et l'évaluation des allusions historiques qu'il contient restent largement en débat.

Pour H. Gunkel le Ps 78 est un poème de sagesse, qui décrit longuement l'infidélité répétée des ancêtres dans le but d'admonester la génération présente[2]. Les éléments de parénèse y sont en effet largement présents[3] et H.-J. Kraus formule que ce psaume historique, cette longue récitation du passé d'Israël qui suit la structure du credo cultuel[4], appartient au groupe de la poésie didactique[5]. A la suite de F.-L. Hossfeld et E. Zenger[6], cette même classification est reprise par J. Gärtner qui remarque que, par différence avec les Ps 105, 106, 135 et 136, ce psaume a la particularité de s'ouvrir par un prologue dont l'objet principal est de refléter un processus de transmission des traditions de génération en génération, avant de déployer en deux étapes (vv. 12-39 et 40-72) les merveilles de Dieu dans la création et dans l'histoire[7]. J. Hofbauer s'attache, en revanche, à souligner que le psaume est politique et annonce le rejet du Nord, l'élection de David, Juda et Sion[8]. R.P. Carroll l'envisage comme un « mythe fondateur qui expliquerait comment Juda est l'héritier légitime du mouvement de l'exode et peut, par conséquent, prétendre diriger le peuple d'Israël. La polémique contre le Nord impliquerait le rejet de la domination des tribus de Joseph et le démenti de leurs prétentions à être les détenteurs de la *Heilsgeschichte* »[9]. A.F. Campbell le présente comme une tentative d'explication théologique de la destruction de Silo : interprétée à la lumière

---

1 S. Mowinckel, *The Psalms in Israel's Worship II*, Oxford, Blackwell, 1962, p. 112.

2 H. Gunkel, 1933, p. 327.

3 H. Junker, « Die Entstehungszeit des Psalm 78 und das Deuteronium », *Bib 34* (1953), p. 496.

4 Cf. G. Rad von, *Das formgeschichtliche Problem des Hexateuchs*, Stuttgart, W. Kohlhammer, 1938, p. 57.

5 H.-J. Kraus, 1961, p. 540.

6 F.-L. Hossfeld, E. Zenger, *Psalmen 51-100, Übersetzt und ausgelegt*, Freiburg-Basel-Wien, Herder, HThKAT, 2000, p. 419.

7 J. Gärtner, 2012, p. 36.

8 J. Hofbauer, « Psalm 77/78, ein 'politisch Lied' », *ZKT 89* (1967), p. 43.

9 R.P. Carroll, « Psalm LXXVIII: Vestiges of a Tribal Polemic », *VT 21* (1971), p. 150.

de l'histoire religieuse du peuple, cet événement manifeste le rejet par Dieu et justifie l'élection de David et Sion[10]. En suivant l'argumentation développée par F.W. Dobbs-Allsop selon laquelle une tradition israélite de lamentations sur des villes aurait existé en Israël quelques deux siècles avant 586[11], E. Greenstein y trouve même le vestige ou l'écho d'une ancienne lamentation sur Silo[12].

En ce qui concerne les tentatives de situer historiquement ce psaume, les opinions varient largement et oscillent de l'époque davidique[13] ou salomonienne[14], des réformes d'Ezéchias au 8ème siècle[15] ou de Josias au 6ème siècle[16], à la période postexilique[17]. Prudent est R.P. Carroll qui conclut que quelle que soit la datation

---

10 A.F. Campbell, «Psalm 78: A contribution to the Theology of Tenth Century Israel», *CBQ 41* (1979), pp. 76-77.

11 F.W. Dobbs-Allsop, «Darwinism, Genres Theory and City Laments», *JAOS 120* (2000), pp. 625-630.

12 E. Greenstein, «Lamentation over the Destruction of City and Temple in Early Israelite Literature», in: Z. Talshir et al. (eds.), *Homage to Shmuel. Studies in the World of the Bible*, Jerusalem, Ben Gurion University Press and Mosad Bialik, 2001, pp. 95-97 (Hebrew).

13 B.D. Eerdmans, *The Hebrew Book of Psalms*, Leiden, Brill, Oudtestamentische studiën 4, 1947, p. 379; O. Eissfeldt, *Das Lied Moses, Deuteronomium 32, 1-43 und das Lehrgedicht Asaphs, Psalm 78, samt einer Analyse der Umgebung des Mose-Liedes*, Berlin, Akademie-Verlag, 1958; M. Dahood, *Psalms: Introduction, Translation, and Notes*, New York, Doubleday, The Anchor Bible, 1966-70, pp. 238-239; J. Hofbauer, *ZKT 89* (1967), pp. 41-50; A.F. Campbell, *CBQ 41* (1979), p. 36.

14 S.E. Loewenstamm, *The Evolution of the Exodus Tradition*, Jerusalem, Magnes, 1992, pp. 75-76; M. Leuchter, «The Reference to Shiloh in Psalm 78», *HUCA 77* (2006), pp. 19-31.

15 H. Junker, *Bib 34* (1953), pp. 493-94. 98; R.J. Clifford, «In Zion and David a New Beginning: An Interpretation of Psalm 78», in: B. Halpern, J.D. Levinson (ed.), *Traditions in Transformation. Turning points in Biblical Faith*, Indiana, Winona Lake, Eisenbrauns, 1981, p. 138; E. Haglund, *Historical Motifs in the Psalms*, Malmö, Gleerup, 1984, p. 101; J. Day, *Psalms*, Sheffield, JSOT Press, 1990, p. 58; «Pre-Deuteronomic Allusions to the Covenant in Hosea and Psalm LXXVIII», *VT 36* (1986), pp. 1-12; P. Stern, «The Eighth Century Dating of Psalm 78 Re-argued», *HUCA 66* (1995), pp. 41-65; M. Goulder, «Asaph History of Israel (Elohit Press, Bethel, 725 BCE)», *JSOT 65* (1995), p. 81; W.M. Schniedewind, *Society and the Promise to David: the Reception History of 2 Samuel 7:1-17*, New York-Oxford, Oxford University Press, 1999, pp. 66-69.

16 A.A Anderson, *The Book of Psalms*, London, Oliphants, 1972, p. 562; E. Beaucamp, 1979, p. 132; E. Haag, «Zion und Schilo; Traditionsgeschichtliche Parallelen in Jeremia und Psalm 78», in: J. Zmijewski (ed.), *Die alttestamentliche Botschaft als Wegweisung. Festschrift für Heinz Reinelt*, Stuttgart, Katholisches Bibelwerk, 1990, pp. 110-112.

17 H. Gunkel, 1933, p. 341; H.-J. Kraus, 1961, p. 539; C.A. Briggs, *A critical and Exegetical Commentary on the Book of Psalms*, II, Edinburgh, T. & T. Clark, 1925-1927, pp. 178-197; W.O.E. Oesterley, *The Psalms*, II, London, SPCK, 1939, p. 359; A. Weiser, *Die Psalmen I. II*, Göttingen, Vandenhoeck & Ruprecht, 1955, p. 540; F.N. Jasper, «Early Israelite traditions and the Psalter», VT XVII (1967), pp. 54. 59; G.W. Coats, *Rebellion in the Wilderness; the Murmuring Motif in the Wilderness Traditions of the Old Testament*, Nashville, Abingdon Press, 1968, p. 130; F.-L. Hossfeld, E. Zenger, 2000, p. 429; A. Berlin, «Psalms and the Literature of Exile», in: P.W. Flint, P.D. Miller, *The Book of Psalms. Composition and Reception*, Leiden – Bodton, Brill, 2005, p. 78; J. Gärtner, 2012, p. 38.

que l'on attribue à ce psaume, il contient clairement du matériel préexilique même si sa forme finale est probablement postexilique[18]. Notons parmi les suppositions de datation tardive, celle de L. Finkelstein pour qui les Ps 78 et 105 dateraient de la période ptolémaïque ; son argument est que l'antisémitisme des Séleucides à l'époque des Maccabées aurait partie liée avec le récit de l'exode, ce qui expliquerait que les psaumes omettent quelques unes des plaies énumérées dans le Pentateuque et produisent un récit plus favorables aux Egyptiens[19]. Enfin l'appréciation de ce psaume comme propagande hasmonéenne, évoquée sans précision par M. Leuchter pour être aussitôt balayée[20], mérite d'être mentionnée. Elle apparaissait brièvement dans le commentaire de B. Duhm, pour qui le psaume aurait pu être écrit alors que Jean Hyrcan Ier venait de porter un coup destructeur aux Samaritains[21].

L'état de la recherche concernant la datation de ce psaume révèle par ailleurs que cette question est étroitement liée à celle de savoir si le psaume reprend des textes antérieurs, déjà fixés, ou s'il renvoie à des traditions, éventuellement différentes de celles qui se trouvent dans le Pentateuque actuel.

A ce sujet les prises de positions varient largement aussi. B. Duhm, H. Gunkel, M. Noth, D. Eichhorn, J.M. Leonard[22] se positionnent en faveur de l'hypothèse d'une dépendance littéraire du psaume envers les sources du Pentateuque. A. Lauha suggère que le Ps 78 manifeste une proximité avec les traditions présentes dans l'Hexateuque, mais précise que l'auteur a pu connaître la tradition J dans une version différente de celle dont nous disposons[23]. H.-J Kraus perçoit des allusions principalement aux sources JE mais prend soin d'ajouter que ces traditions ont peut-être été transmises sous une forme orale plutôt qu'écrite[24], tandis que N. Füglister établit qu'il recourt au yahviste mais non au matériel sacerdotal[25]. L'approche de H.P. Nasuti, dont le but est de déterminer les cercles de traditions dans lesquels les psaumes d'Asaf ont pris naissance, développe les observations

---

18 R.P. Carroll, *VT 21* (1971), p. 150.
19 L. Finkelstein, « Pre-Maccabean Documents in the Passover Haggadah », *HTR 36* (1943), pp. 24-27.
20 M. Leuchter, *HUCA 77* (2006), p. 4.
21 B. Duhm, *Die Psalmen*, Tübingen, Mohr, 1922, p. 308.
22 B. Duhm, 1922, pp. 298-308 ; H. Gunkel, 1933, p. 341 ; M. Noth, 1948, note 164, p. 51 ; D. Eichhorn, *Gott als Fels, Burg und Zuflucht : eine Untersuchung zum Gebet des Mittlers in den Psalmen*, Bern, Herbert Lang ; Frankfurt/M., Peter Lang, 1972, p. 67 ; J.M. Leonard, *JBL 127/2* (2008), pp. 241-265.
23 A. Lauha, 1945, p. 50. De même J. Day se positionne pour une dépendance du psaume vis-à-vis de la source J, mais non de P ou E ; cf. *VT 36* (1986), pp. 9. 11. R.J. Clifford pense aussi à un lien à des traditions plus anciennes que celles qui apparaissent dans le Pentateuque reçu ; cf. 1981, p. 134.
24 H.-J. Kraus, 1961, p. 540.
25 N. Füglister, « Psalm LXXXVIII : der Rätsel Lösung ? », pp. 276-284.

de J.P. Peters[26] et M. Buss[27] au sujet du Ps 78 et attire l'attention sur les proximités de langage et de traditions avec ce qu'il appelle le courant «Ephraïmite». Ce courant serait en dernière analyse porteur des traditions de la *Heilsgeschichte* et manifesterait une tendance à la narration historique semblable à celle des dits «credo» deutéronomiques. L'aspect polémique du texte qui légitime le choix de David et de Sion au détriment de la tribu de Joseph, associé cependant à l'intégration des traditions de l'exode et de la conquête, livrerait des informations sur ce courant: il aurait été actif aux temps des réformes d'Ezéchias et de Josias[28].

Selon M. Treves, pour qui une bonne majorité des psaumes peut être datée de la période 170-103 avant Jésus-Christ, le Ps 78 non seulement emprunte au récit composite du Pentateuque, mais connaît aussi le livre de Job (le v. 4 rappelle Jb 15, 18 ; le v. 8 provient de Jb 11, 13; le v. 39 de Ps 103, 14 qui, à sont tour, provient de Jb 10, 9; l'expression du v. 64 est empruntée à Jb 27, 15), le livre des Proverbes (les proverbes mystérieux du v. 2 proviennent de Pr 1, 6), et le livre d'Isaïe (le v. 1 imite Is 51, 4 et 55, 3; les vv. 15-20 rappellent Is 48, 21; au v. 65 Dieu est décrit d'une façon semblable à Is 42, 13)[29]. Quant à M. Witte, il note que le Ps 78 offre un mélange particulier de traditions et relève de sources diverses: il dépendrait à la fois d'avertissements deutéronomistes (en particulier de Dt 4, 9-10; 6, 7ss; 8, 2ss; 11, 19 et 32, 7), d'une théologie tardive de l'histoire deutéronomiste portant un jugement sur l'attitude d'Israël envers la Torah et, dans sa couche originale, d'écrits sacerdotaux décrivant l'exode et la marche dans le désert. Il aurait aussi, en particulier dans le domaine anthropologique, des parallèles avec une terminologie sapientielle tardive et serait proche de la pensée historique des livres des Chroniques, qui interprètent l'histoire selon le paradigme de la rétribution et considèrent l'époque de David, nouveau Moïse, comme l'âge d'or. M. Witte conclut que le psaume peut être daté de la période du second temple. L'ajout des vv. 9-11 porte la marque d'une tendance anti-éphraïmite et manifeste possiblement un affrontement accru entre les Samaritains et la communauté cultuelle de Jérusalem. Ces versets correspondent d'assez près à la polémique de Si 47, 21. 23; 48, 15; 50, 25-26 ou Tb 1, 4. Par conséquent le *terminus ad quem* du psaume d'origine serait la fin du 3ème siècle avant Jésus-Christ. «Selon le psaume d'origine, comme dans ses additions (relectures), il y a trois moyens essentiels, liés au présent, de donner forme à sa propre vie en présence de Dieu, souvent mystérieuse et éphémère: le souvenir constant des actions divines, qui sont comprises comme la fondation du peuple de l'exode à David et à l'élection définitive de Sion; la confiance en ce que

26 J.P. Peters, *The Psalms as Liturgies*, London, Hodder & Stoughton, 1922.
27 M. Buss, «The Psalms of Asaph and Korah», *JBL 82* (1963), pp. 387-392.
28 H.P. Nasuti, 1988, p. 95.
29 M. Treves, 1988, p. 67-68.

Dieu est Seigneur de l'histoire et miséricordieux ; et la fidélité à la Torah donnée par Dieu »[30]. J. Gärtner souligne aussi l'empreinte deutéronomiste et sapientielle du psaume en sa forme finale et précise qu'il offre ainsi une vue d'ensemble de l'action divine dans la création et dans l'histoire. Il émerge au sein de son contexte littéraire et est placé au centre de la collection des psaumes d'Asaf, de sorte qu'il occupe une position clé pour la compréhension de la composition de cette même collection[31].

D'autres sont plus prudents et relèvent la difficulté à préciser la relation entre le psaume et les traditions présentes ailleurs dans l'Ancien Testament[32]. M. Buttenwieser affirme que les spéculations sur les sources auxquelles se réfère le psaume sont inutiles mais il conclut néanmoins que le psaume semble renvoyer à des sources orales et suggère qu'il dépend des sources yahviste et élohiste avant qu'elles n'aient été mises par écrit[33]. De manière apparentée, E.L. Greenstein soutient que « en faisant allusion aux événements racontés dans la Torah ou les prophètes antérieurs, le psaume retentit de leur vocabulaire et des détails de l'intrigue du récit premier. Que le compositeur ait connu le Pentateuque dans sa forme présente ou non est discutable. Il semblerait qu'il connaisse à peine ses sources, orales ou écrites. Du moins, le psalmiste semble faire une constante allusion au récit primitif en éveillant l'attention à l'histoire nationale »[34].

Plus radicalement d'autres études, comme celle d'O. Eissfeldt[35] ou de A.F. Campbell, insistent sur l'impossibilité d'établir une dépendance du psaume vis-à-vis du Pentateuque ou de ses sources. « Une étude des plaies et de leur ordre montre qu'il est impossible de prétendre que le Psaume 78 dépend des sources du Pentateuque. Il fait un usage d'un vocabulaire qui est absent de ces sources, ignore le matériel présent en elles, et présente les plaies dans un ordre qui est différent. Les différences d'expression sont assez marquées, même si les plaies sont communes, pour invalider tout argument linguistique d'une dépendance du Ps 78 des traditions disponibles pour nous dans le Pentateuque ou du Ps 105 »[36].

---

30 M. Witte, 2006, pp. 37-39.
31 J. Gärtner, 2012, p. 39.
32 Voir A.A Anderson, « Psalms » in : D.A. Carson, H.G.M. Williamson (eds.), *It is Written : Scripture Citing Scripture. Essays in Honour of Barnabas Lindars, SSF*, Cambridge, Cambridge University Press, 1988, p. 66.
33 M. Buttenwieser, *The Psalms : Chronologically Treated with a New Translation*, Chicago, University of Chicago Press, 1938, p. 139.
34 E.L. Greenstein, « Mixing Memory and Design : Reading Psalm 78 », *Prooftexts 10* (1990), pp. 201-202.
35 O. Eissfeldt, 1958, p.34.
36 A.F. Campbell, *CBQ 41* (1979), p. 69.

Au-delà de l'argumentation consistant à dire que la manière dont le psaume utilise le matériel à sa disposition manifeste que ce dernier n'avait pas encore reçu sa forme actuelle, certains ont émis l'hypothèse que le Ps 78 était la source la plus ancienne. Examinant les vv. 43-51 et en prenant pour argument que toutes les plaies auxquelles il est fait allusion dans le Ps 78 apparaissent dans le Ps 105 et celles du Ps 105 dans le livre de l'Exode, E. Haglund conclut en effet que le Ps 78 représente la version plus ancienne, tandis que le Ps 105 et l'Exode en exposeraient des variantes élargies. Son principe d'explication est que les traditions sont amplifiées plutôt que diminuées[37]. S.E. Loewenstamm formule la même hypothèse selon laquelle ce serait le Pentateuque qui en appellerait au psaume ou plus précisément aux Ps 78 et 105. Il démontre que l'Exode organise les neuf premières plaies par groupes de trois, puis les conclut par une dixième. En revanche, les psaumes 78 et 105 contiendraient chacun une liste de sept plaies. Or le chiffre sept indique non seulement un accomplissement mais plus encore une succession d'événements conduisant à un climax, le dernier nommé étant le plus décisif. Cette signification du chiffre sept serait bien attestée dans la tradition du Proche-Orient ancien, en particulier dans de nombreux textes akkadiens. En présupposant donc que la tradition des sept plaies est la plus ancienne, l'auteur suggère que la fusion des listes de ces deux psaumes serait à l'origine de la tradition des dix plaies présente dans l'Exode[38]. Une hypothèse en faveur de l'antériorité du psaume se trouve encore dans l'étude de M. Goulder, pour qui le Ps 78 représenterait une tradition première, le produit de la communauté de Joseph qui a en fait expérimenté l'exode et l'errance ; le Ps 105 et les livres de l'Exode, des Nombres et de 1 Samuel en seraient des interprétations[39].

Alors que P. Stern argumentait en faveur d'une dépendance littéraire du psaume vis-à-vis d'Amos et Osée[40], M. Leuchter renverse là encore la proposition et défend que le psaume se prête bien à servir de source aux deux prophètes. L'allusion à Silo, présente dans Ps 78, 60-66, pourrait être un précédent utilisé par Amos pour prédire un sort semblable à Béthel, un instrument efficace dans sa critique du Nord, alors même que la présence du prophète à Béthel s'expliquerait par la domination politique d'Israël sur Juda durant le règne de Jéroboam II. De même Osée, qui poursuit la critique d'Amos, pourrait utiliser le psaume et son allusion à Silo dans sa condamnation des prophètes du culte à Béthel[41].

---

37 E. Haglund, 1984, p. 95-102.
38 S.E. Loewenstamm, 1992, pp. 83-102.
39 M. Goulder, *JSOT 65* (1995), p. 78 ; *The Psalms of Asaph and the Pentateuch*, JSOT Suppl. Ser. 233, Sheffield, Sheffield Press, 1996, pp. 113-114.
40 P. Stern, *HUCA 66* (1995), p. 51.
41 M. Leuchter, *HUCA 77* (2006), pp. 7-8.

L'idée que le psaume soit originaire du Nord et qu'il ait été ensuite réinterprété dans le Sud apparaît dans plusieurs travaux. M. Buss souligne que ce psaume manifeste un intérêt considérable pour le royaume du Nord, mais cherche aussi à justifier la centralité de Jérusalem aux dépens de Silo et d'Ephraïm. Le psaume aurait été adapté ou formulé par d'anciens Israélites du Nord pour clarifier la raison de leur participation au culte dans le Sud. La période du règne de Josias, au cours de laquelle des prêtres du Nord furent intégrés à Juda, conviendrait bien à un tel phénomène; cette datation serait au demeurant confirmée par des affinités idéologiques et lexicales avec Osée et la tradition deutéronomiste. Les traditions présentes dans le psaume appartiendraient à un cercle de lévites, dont le centre d'activité aurait été situé dans le royaume du Nord avant la chute de Samarie, puis dans le Sud ensuite, avec pour tâche de maintenir la mémoire d'événements anciens et d'enseigner le peuple[42]. R.P. Carroll montre, en revanche, que l'élection divine liée à l'exode légitimait la prétention de l'Israël du Nord à être le peuple de Dieu et que cette revendication entrait en conflit avec celle de Juda, fondée sur l'élection de David et de Juda. Sur cet arrière-fond, on peut comprendre le Ps 78 comme une polémique dirigée contre Israël en faveur de Juda. Le Ps 78, appartenant au Psautier élohistique, pourrait avoir été écrit dans le Nord, alors même que sa forme présente serait judéenne et viserait à montrer comment l'élection de David et de Sion représente une nouvelle création, une revitalisation de la *Heilsgeschichte* en faveur d'un nouveau médiateur de l'élection divine[43]. Enfin c'est sur un autre registre, celui des critères linguistiques tels que la mention de Joseph, la construction de מלאכי רעים (*messagers de malheur*) avec un double pluriel au v. 49, la forme pluriel de משכן (*demeure, tabernacle*) au v. 28 ou l'*hapax legomenon* que constitue au v. 41 l'usage au *hifil* du verbe תוה (*provoquer, attrister*), qui est apparenté au mot araméen signifiant *être dégoûté, être plein de regrets…* que G.A. Rendsburg argumente également en faveur de la provenance du Nord du Ps 78. D'après lui, on trouverait dans cette origine la raison des dissimilitudes entre le Ps 78 et le Pentateuque, les traditions israélites présentes dans le premier n'étant pas nécessairement les mêmes que celles qui auraient été intégrées dans le Pentateuque, une composition essentiellement du Sud[44].

Sans prétendre être exhaustif, l'état de la question ci-dessus rappelé manifeste combien les divergences demeurent grandes en ce qui concerne la datation, l'élaboration ou l'origine du psaume, alors même que sont utilisés des critères similaires de contenu ou de vocabulaire.

---

42 M. Buss, *JBL 82* (1963), pp. 385-386.
43 R.P. Carroll, *VT 21* (1971) p. 134, note 2 et p. 144
44 G.A. Rendsburg, *Linguistic Evidence for the Northern Origin of Selected Psalms*, Atlanta, Scholars Press, 1990, pp. 73-81.

2.1 Traduction

v. 1   *Chant instructif d'Asaf.*
        Mon peuple prête l'oreille à mon instruction,
        tends l'oreille aux paroles de ma bouche.

v. 2   *J'ouvre pour un proverbe ma bouche,*
        je publie les énigmes du temps ancien.

v. 3   *Ce que nous avons entendu et connu,*
        ce que nos pères nous ont raconté,

v. 4   *nous ne le cacherons pas à leurs enfants,*
        à la génération suivante nous raconterons les louanges de YHWH,
        sa puissance et les merveilles qu'il a accomplies.

v. 5   *Il a établi un témoignage en Jacob, une instruction il a mis en Israël,*
        qu'il a ordonnée à nos pères de faire connaître à leurs enfants,

v. 6   *pour qu'ils connaissent, la génération suivante, les enfants qui naîtront,*
        qu'ils se lèvent et racontent à leurs enfants,

v. 7   *qu'ils mettent en Dieu leur espérance,*
        qu'ils n'oublient pas les œuvres de Dieu,
        ses commandements qu'ils les gardent,

v. 8   *et qu'ils ne soient pas comme leurs pères, génération rebelle et désobéissante,*
        une génération au cœur non affermi et à l'esprit infidèle à Dieu.

v. 9   *Les fils d'Ephraïm, des archers armés,*
        tournèrent le dos au jour du combat.

v. 10   *Ils n'ont pas gardé l'alliance de Dieu,*
        dans son instruction ils ont refusé de marcher.

v. 11   *Ils oublièrent ses exploits,*
        les merveilles qu'il leur avait fait voir.

v. 12   *Devant leurs pères il a fait merveille,*
        en terre d'Egypte, en la contrée de Tsoan.

v. 13   *Il fendit la mer et il les fit passer,*
        il fit se tenir debout les eaux comme une muraille.

v. 14   *Il les conduisit de jour dans la nuée,*
        toute la nuit par la lumière d'un feu.

v. 15   *Il fendait les rochers dans le désert,*
        il donna à boire comme les eaux abondantes du grand abîme.

v. 16   *Il fit sortir des ruissellements du roc,*
        il fit descendre des eaux comme des fleuves.

v. 17   *Mais ils continuèrent encore à pécher contre lui,*
        à se rebeller contre le Très-Haut dans la steppe.

v. 18   *Ils mirent Dieu à l'épreuve dans leur cœur,*
        en demandant de la nourriture pour eux-mêmes.

v. 19 *Ils parlèrent contre Dieu, ils dirent: Dieu pourrait-il*
       dresser une table dans le désert?

v. 20 *Voici il a frappé un rocher et des eaux ont coulé, des torrents se sont*
       répandus en en abondance,
       mais pourra-t-il aussi donner du pain et préparer de la viande pour
       son peuple?

v. 21 *Alors il entendit YHWH et il fut irrité,*
       un feu s'alluma contre Jacob,
       et une colère monta contre Israël.

v. 22 *Car ils ne se fièrent pas à Dieu,*
       Ils ne mirent pas leur confiance en son salut.

v. 23 *Il commanda aux nuées d'en haut,*
       les portes des cieux il ouvrit.

v. 24 *Il fit pleuvoir sur eux la manne pour les nourrir,*
       le blé des cieux il leur donna.

v. 25 *Chacun mangea le pain des forts,*
       il leur envoya de la nourriture à satiété.

v. 26 *Il fit lever des cieux un vent d'est,*
       il amena par sa puissance le vent du sud.

v. 27 *Il fit pleuvoir sur eux comme la poussière de la viande,*
       comme le sable des mers des oiseaux ailés.

v. 28 *Il les faisait tomber au milieu de leur camp,*
       tout autour de leurs demeures.

v. 29 *Ils mangèrent et se rassasièrent abondement,*
       selon leur désir il leur apporta.

v. 30 *Ils n'avaient pas assouvi leur désir,*
       ils avaient encore de la nourriture dans la bouche.

v. 31 *La colère de Dieu s'éleva contre eux,*
       il abattit les plus robustes, les jeunes gens d'Israël il renversa.

v. 32 *Malgré tout cela, ils péchèrent encore,*
       ils ne se fièrent pas à ses merveilles.

v. 33 *Il consuma leurs jours en un rien,*
       leurs années dans la terreur.

v. 34 *Quand il les abattait, ils le cherchaient,*
       ils revenaient à lui, ils se tournaient vers Dieu.

v. 35 *Ils se souvenaient que Dieu était leur rocher,*
       que le Dieu Très-Haut était leur défenseur.

v. 36 *Mais ils le trompaient de leur bouche,*
       ils lui mentaient de leur langue.

v. 37 *Leur cœur n'était pas fermement en lui,*
       ils ne se fiaient pas à son alliance.

v. 38   *Et lui, miséricordieux, il pardonnait l'iniquité et ne détruisait pas,*
il détournait souvent sa colère et ne réveillait pas toute sa fureur.

v. 39   *Il se souvint qu'ils n'étaient que chair,*
un souffle qui s'en va sans retour.

v. 40   *Que de fois ils se rebellèrent contre lui dans le désert,*
ils l'irritèrent dans la solitude.

v. 41   *Ils recommencèrent à mettre Dieu à l'épreuve,*
au saint d'Israël, ils donnèrent des limites.

v. 42   *Ils ne se souvinrent pas de sa main,*
le jour où il les racheta de l'ennemi,

v. 43   *lui qui mit en Egypte ses signes,*
et ses prodiges dans la contrée de Tsoan.

v. 44   *Il changea en sang leurs canaux,*
de leurs eaux ils ne purent boire.

v. 45   *Il envoya contre eux des insectes qui les dévorèrent,*
des grenouilles qui les détruisirent.

v. 46   *Il livra aux sauterelles leur récolte,*
le produit du travail aux criquets.

v. 47   *Il abattit par la grêle leur vigne,*
et leurs sycomores par le gel.

v. 48   *Il abandonna à la grêle leur bétail,*
leurs troupeaux aux éclairs.

v. 49   *Il envoya contre eux son ardente colère, fureur, rage, détresse,*
envoi de messagers de malheur.

v. 50   *Il aplanit une voie à sa colère, il ne leur épargna pas la mort,*
il abandonna leur vie à la peste.

v. 51   *Il frappa tous les premiers-nés en Egypte,*
les prémices de la force sous les tentes de Cham.

v. 52   *Il fit se lever comme un troupeau son peuple,*
il les emmena comme des brebis dans le désert.

v. 53   *Il les conduisit sûrement et ils ne craignirent pas,*
la mer couvrit leurs adversaires.

v. 54   *Il les amena dans son territoire saint,*
cette montagne acquise par sa droite.

v. 55   *Il chassa devant eux les nations, il leur fit tomber la contrée en héritage,*
il fit demeurer dans leurs tentes des tribus d'Israël.

v. 56   *Ils se rebellèrent et mirent à l'épreuve le Dieu Très-Haut,*
et ils ne gardèrent pas ses témoignages.

v. 57   *Ils se détournèrent et trahirent comme leurs pères,*
ils se tournèrent comme un arc de tromperie.

v. 58   *Ils le provoquèrent avec leur hauts-lieux,*
          et par leurs idoles ils excitèrent sa jalousie.

v. 59   *Dieu entendit et fut irrité,*
          Il rejeta complètement Israël.

v. 60   *Il quitta la demeure de Silo,*
          la tente où il demeurait parmi les humains.

v. 61   *Il livra à la captivité sa force,*
          sa splendeur à des mains ennemies.

v. 62   *Il abandonna à l'épée son peuple,*
          il s'irrita contre son héritage.

v. 63   *Les jeunes gens le feu les dévora,*
          les jeunes filles ne furent pas célébrées.

v. 64   *Les prêtres tombèrent sous l'épée,*
          les veuves ne firent pas de lamentations.

v. 65   *Il s'éveilla comme un dormeur Dieu,*
          comme un vaillant ragaillardi par le vin.

v. 66   *Il frappa ses ennemis par derrière,*
          il les livra à un opprobre éternel.

v. 67   *Il rejeta la tente de Joseph,*
          la tribu d'Ephraïm il ne choisit pas.

v. 68   *Il choisit la tribu de Juda,*
          la montagne de Sion qu'il aimait.

v. 69   *Il bâtit son sanctuaire comme les lieux élevés,*
          comme la terre qu'il a fondée pour toujours.

v. 70   *Il choisit David son serviteur,*
          il le prit dans des parcs du troupeau.

v. 71   *De derrière les bêtes qui allaitaient il le fit venir,*
          pour paître Jacob son peuple et Israël son héritage.

v. 72   *Il les fit paître d'un cœur intègre,*
          d'une main avisée il les conduisit.

2.2 Eléments de critique textuelle

v. 2: La LXX traduit l'hébreu מָשָׁל par παραβολή, *parabole*. Le terme hébreu évoque typiquement la transmission de la sagesse. מָשָׁל est ce qui suscite l'interrogation, oriente le comportement.

v. 4: לֹא־נְכַחֵד, *nous ne le cacherons pas*. LXX: οὐκ ἐκρύβη, *il ne sera pas caché*. Le sens du verset n'en n'est pas profondément modifié; mais le choix de conserver le texte du TM garde la dynamique d'une chaîne de transmission de génération en génération que contiennent les huit premiers versets. La même raison justifie le choix de traduire l'hébreu, אחרון, *suivante,* plutôt que le grec, ἕτερος, *autre.*

v. 8: quelques manuscrits possèdent une autre version, הבין pour הכין, *non affermi.* L'idée serait alors celle d'un cœur qui ne discerne pas, qui ne comprend pas. Il n'y a pas lieu toutefois de rejeter la version la plus attestée.

v. 9: נושקי. Un petit nombre de manuscrits contient une variante נוקשי, du verbe נקש, *dresser un piège.* 11QPs^d contient la même version que le TM dans sa forme la plus avérée. LXX: ἐντείνω. Malgré les difficultés de traduction, il convient de garder la version la plus attestée.

v. 13: נד, *muraille, digue.* La LXX traduit: ἀσκόν, *outre*; par rétroversion, on peut supposer que le grec a lu l'hébreu נאד. Le TM permettra d'établir le parallélisme avec Ex 15, 8.

v. 15: צור, *rocher* est au pluriel dans le TM alors que πέτρα dans la LXX est au singulier. Le singulier de צור est présent aux vv. 20. 35^TM, comme en en Ex 17, 6-7^TM; Dt 8, 15^TM et Ps 105, 41^TM; le choix du singulier dans la LXX pourrait être une correction visant à harmoniser les versets du Ps 78 et les différents textes renvoyant au même geste divin. Il est vrai toutefois que dans le verset suivant סלע, *roc* est au singulier et que le parallélisme serait mieux conservé avec le singulier de צור.

v. 25: לחם אבירים, *le pain des forts.* La LXX, la version de Symmaque: ἄρτον ἀγγέλων, *pain des anges* (cf. Sg 16, 20); ces versions sont probablement des interprétations visant à une harmonisation avec le verset précédant.

v. 26: *dans les cieux.* La LXX: ἐξ οὐρανοῦ, *hors du ciel.*

v. 28: ויפל, *il faisait tomber,* au *hifil* première personne singulier dans le TM, alors que la LXX, avec ἐπέπεσον correspondrait à un *qal* à la troisième personne du pluriel. Le v. 27 se terminait par un singulier collectif, עוף כנף, que la LXX a rendu par un pluriel. Les *oiseaux ailés* du v. 27 sont donc le sujet de ἐπέπεσον dans la LXX. Le sujet du *hifil* ויפל dans le TM est Dieu comme dans les deux versets précédents, dont les verbes sont aussi au même mode verbal. Le fait qu'il n'y ait pas de complément à ce verbe en rend la lecture difficile; pour la clarté de la traduction il faut supposer que ce que Dieu fait tomber en v. 28 sont les *oiseaux ailés* du v. 27.

מחנהו, *son camp;* משכנתיו, *ses demeures.* La LXX, la Peshitta ont un pronom masculin pluriel dans l'un et l'autre cas. Pour la traduction, en raison du contexte, il est plus clair d'opter pour des pronoms possessifs au pluriel, encore qu'il soit possible de référer le suffixe singulier à Dieu dans le TM (et non à Israël-Jacob).

v. 34: La Peshitta comporte un texte qui correspondrait à אליו, *près de lui,* en place de אל, *Dieu* comme complément de שחר, *se tourner vers.* La LXX appuie le TM.

v. 38: le verbe יעיר est incertain. Est-ce une dérivation étymologique ou une interprétation de בער ? La LXX donne ἐκκαύσει, *enflammer*.

v. 40: La Peshitta contient המה, pronom masculin pluriel, au lieu de כמה (*que de fois*) du TM. La LXX appuie le TM.

v. 41: La LXX a παρώξυναν, *ils provoquèrent* pour le difficile verbe תוה, au *hifil* et à l'accompli, troisième personne du pluriel. Il est souvent traduit par *affliger* ou *attrister*, sans doute par référence à la Peshitta. Cependant sa racine pourrait être la même que celle d'un verbe qui se trouve utilisé au *piel* ailleurs dans l'Ancien Testament et qui signifie: *marquer, graver des signes*. D'où le choix de la présente traduction.

v. 42: la traduction *de l'ennemi* suit le TM, מני־צר. La LXX contient ἐκ χειρός, ce qui établit un certain parallélisme avec le v. 61. Mais le sens du texte n'en n'est pas profondément modifié.

v. 47: הנמל est un hapax, dont le sens est incertain, *flot dévastateur, gel?* La LXX comporte ἐν τῇ πάχνῃ, *par le gel*.

v. 48: en lisant לדבר, *à la peste*, au lieu de לברד, *à la grêle*, trois manuscrits hébreux et la version de Symmaque voient là une allusion à la cinquième plaie d'Egypte, la peste qui frappe le bétail (cf. Ex 9, 1-7). Mais la LXX appuie le TM.

v. 60: La LXX avec κατεσκήνωσεν correspondrait au *qal* de שכן, non à un *piel* comme dans le TM. Ce dernier penche vers l'idée que Dieu établit une tente parmi les hommes, plutôt que de signifier que Dieu lui-même demeure parmi les hommes.

v. 61: עזו, תפארתו, *sa force, sa splendeur*. La LXX comporte, en revanche, un pronom personnel masculin pluriel: *leur force et leur splendeur*. Dans le contexte, le verset prolonge bien le précédent en indiquant que Dieu a livré la force et la splendeur de la demeure de Silo. Le verset suivant introduit ce que Dieu accomplit contre son peuple.

vv. 63-64: En finale du v. 63, alors que le texte hébreu donne לא הללו, *ne furent pas célébrées*, la LXX contient οὐκ ἐπενθήσαν, *n'ont pas été pleurées*. Au v. 24 le TM a le verbe בכה à l'inaccompli du *qal*, troisième personne féminin pluriel (elles *ne firent pas de lamentations*); mais la LXX le verbe κλαίω, au futur passif, troisième personne du pluriel (elles *ne seront pas pleurées*).

Le v. 69: כמו־רמים, *comme les lieux élevés*. La LXX, en revanche, donne μονο-κερώτων, le génitif de μονοκερώς, *qui n'a qu'une corne* (cf. Nb 23, 22; 24, 8; Dt 33, 17; Ps 21, 22; 28, 6). Par rétroversion, on peut supposer que la LXX a lu l'hébreu ראמים, *buffle*, symbole de force. La LXX lit peut être un autre texte que le TM. En

Dt 33, 17 le terme est utilisé en hébreu comme en grec dans la bénédiction que Moïse prononce à propos de Joseph. Le Ps 78, après avoir affirmé le rejet de la maison de Joseph et de la demeure de Silo, transposerait sur le sanctuaire que YHWH établit à Sion la force attribuée à Joseph en Dt 33, 17.

Plusieurs manuscrits, la LXX et la Peshitta comportent בארץ, *sur la terre*, ou un texte correspondant. La version בארץ insiste sur la stabilité et la permanence du temple, ce qui cadre bien dans le contexte du verset.

2.3 Structure

Etant donné que le psaume ne donne pas la même séquence des événements que la construction de l'histoire élaborée dans les traditions du Pentateuque, il convient d'en faire avant tout une analyse structurelle qui permette de mettre en lumière sa composition. Celle-ci devrait aider, en effet, à discerner quelle est l'intention de cette méditation sur l'histoire, dont le v. 2 nous avertit qu'elle est une proclamation des *énigmes du temps ancien*.

Deux types de structures littéraires ont été proposés concernant ce psaume. Le premier met évidence le parallélisme entre deux récitations de l'histoire, tandis que le second dévoile une structure concentrique.

A partir de critères formels, répétitions de mots-clés ou de phrases, chiasmes, paronomases ou jeux de mots..., R.J. Clifford propose, par exemple, une structure qu'il résume de la façon suivante:

Un officiant liturgique s'adresse à tout Israël pour lui révéler le sens véritable des traditions d'alliance, pour lui insuffler la fidélité à ces traditions, et pour lui fournir un exemple négatif d'infidélité (vv. 1-11).

Première récitation:	*Seconde récitation:*
Les événements du désert	*De l'Egypte à Canaan*
vv. 12-32	vv. 40-64
Actes bienveillants de Dieu (vv. 12-16)	Actes bienveillants de Dieu (vv. 40-55)
Rébellion du peuple (vv. 17-20)	Rébellion du peuple (vv. 56-58)
Colère divine et punition, manne et cailles	Colère divine et punition, destruction de Silo
(vv. 21-32)	(vv. 59-64)
Suite qui dépeint la réponse miséricordieuse de Dieu (vv. 33-39)	Suite qui dépeint la réponse miséricordieuse de Dieu (vv. 65-72)

La première récitation de l'histoire reprendrait, d'après l'auteur, des traditions présentes aussi dans le Pentateuque, en les arrangeant de telle sorte que le passage de la Mer Rouge et l'épisode du don de l'eau dans le désert constituent un seul et même grand miracle; la rébellion n'en est ainsi rendue que plus odieuse. L'accent est mis sur l'initiative gracieuse de Dieu, qui fend la mer (בקע, v. 13) puis les rochers au désert (בקע, v. 15). Il contrôle la mer que le peuple traverse (v. 13) et les fleuves quand il boit (v. 16). Quant aux versets qui racontent la rébellion du peuple et la colère divine, les vv. 17-32, ils uniraient différentes traditions du Pentateuque (Ex 16 et Nb 11) et leur donneraient une autre fonction: la manne et des cailles que Dieu fait pleuvoir sont l'expression de la colère divine, qui frappe encore le peuple alors qu'il est en train de manger. Enfin les vv. 33-39, sans décrire un événement particulier, prolongeraient la réflexion en annonçant que la repentance du peuple face au châtiment n'est pas sincère.

Le v. 40 servirait de transition entre la première récitation et la seconde. Le psalmiste aurait organisé les vv. 40-55 selon un schéma analogue à celui d'Ex 15, 1-18: YHWH combat les Egyptiens et conduit son peuple à la montagne sainte où il demeure. Le premier acte du drame, le récit des plaies infligées aux Egyptiens reprendrait le même nombre et les mêmes appellations que la source J du Pentateuque. Le second acte du drame, la procession à la montagne sainte décrite dans les vv. 52-55, serait une marche vers Silo, comme l'indique le croisement d'un même vocabulaire (שכן, *habiter*; אהל, *tente*; עמו, *son peuple*; נחלה, *son héritage*) avec le v. 60 qui explicitement nomme ce sanctuaire. Comme dans la première récitation, l'agir divin est suivi d'une rébellion du peuple (vv. 56-58). La conséquence est que la colère divine s'enflamme et que Silo est détruit (vv. 59-64). Les vv. 60-64 décriraient la capture de Silo par les Philistins au milieu du XIème siècle. Mais, en raison des différences de vocabulaire, il ne pourrait être établi que le récit de la prise de l'arche en 1 S 4, 1b-7, 1 en soit la source. En correspondance à la réflexion conclusive de la première récitation, les vv. 65-72 décrivent l'intervention de YHWH, son rejet de la tribu d'Ephraïm et l'élection de celle de Juda, ainsi que le choix d'un nouveau lieu saint[45].

La proposition de R.J. Clifford a pour intérêt de s'appuyer sur des critères lexicaux précis et de chercher à déceler comment la rhétorique du psaume, son fonctionnement comme pièce de liturgie poétique, éclaire sa signification et son intention. Elle n'échapperait cependant certainement pas à la critique de S.E Loewenstamm pour qui le psaume est souvent lu à la lumière du Pentateuque, c'est-à-dire à partir de la présupposition qu'il reprend des textes antérieurs, ce qui peut en déterminer et fausser l'étude[46].

---

45 R.J. Clifford, « In Zion and David a New Beginning: An Interpretation of Psalm 78 », pp. 129-137.
46 S.E. Loewenstamm, 1992, p. 78.

Un reproche semblable pourrait être formulé à l'encontre de G.W. Coats. Il semble en effet fonder sa proposition de structuration du psaume à partir de traditions identifiées au préalable dans le Pentateuque. Outre le fait qu'il distingue une introduction en deux parties (vv. 1-4 et vv. 5-8), il définit d'une part deux unités (vv. 9-16 et vv. 42-66) qui auraient leurs racines dans la tradition positive de l'aide de Dieu à Israël dans le désert et dans le motif négatif de l'idolâtrie d'Israël en terre promise, et d'autre part deux autres unités (vv. 17-41 et 67-72) qui auraient les leurs dans la tradition du murmure. S'il reste assez prudent quant à la question de la dépendance du psaume vis-à-vis des sources du Pentateuques, il suggère néanmoins que sa forme présente soit tardive et reflète l'entier Pentateuque[47].

La structuration, également en deux parties, de J. Gärtner suscite une autre réticence. Après un prologue (vv. 1-11) qui reçoit le titre de « herméneutique de la théologie de l'histoire », la première partie de la réflexion sur le passé (vv. 12-39) est désignée comme renvoyant au Créateur et à sa créature et la seconde partie (vv. 40-72) au souverain de la terre et à son peuple[48]. Or le psaume ne fait explicitement référence au Créateur ni dans les motifs qu'il déploie, ni dans le vocabulaire qu'il utilise de sorte qu'on peut se demander s'il n'est pas lu au travers du présupposé qu'un psaume qui reflète les traditions de la création renvoie aussi à des traditions historiques et inversement. Un des intérêts de la proposition de J. Gärtner est néanmoins de souligner le rôle joué par le prologue. Il se composerait de trois parties, avec d'abord un appel à l'écoute (vv. 1-2), puis une légitimation du locuteur qui raconte ce qui a été entendu et connu des pères (vv. 3-4) et enfin une focalisation sur le processus de transmission lui-même dont la visée serait d'affirmer la confiance en YHWH (v. 7), lors même que sont dépeints l'oubli de ses actes de salut et la sortie de l'action de grâce cultuelle (vv. 8-11). L'oubli des merveilles accomplies par YHWH, par quoi s'interrompt du reste la transmission des traditions, est déjà la réalité de la première génération dans le désert et marque ainsi les relations entre Dieu et son peuple dès le commencement. Le prologue indiquerait de la sorte clairement que la transmission des événements paradigmatiques de l'histoire a pour but de fortifier la foi en YHWH et de former et consolider l'identité du peuple : le passé fondateur est interprété dans sa pertinence pour la génération actuelle. C'est pourquoi, le processus de réception des événements rapportés dans la Torah est reflété de manière explicite dans le prologue et le processus de remémoration présenté non pas simplement comme une louange mais comme une instruction[49].

---

47 G.W. Coats, 1968, pp. 199-224.
48 J. Gärtner, 2012, pp. 46-49.
49 J. Gärtner, *Ibid.*, pp. 46. 56-61. 382-383.

En ce qui concerne l'hypothèse d'une structure concentrique du psaume, celle de Y. Zakovitch en sept parties mérite l'attention. Elle peut être schématisée de la sorte:

1. Introduction: la connaissance des merveilles accomplies par Dieu conduit à l'observance de ses préceptes (vv. 1-8).

    2. Ephraïm a été puni à cause de son échec à observer les préceptes divins et de son oubli des merveilles et miséricordes divines (vv. 9-16).

        3. Israël a péché dans le désert bien qu'il ait expérimenté le salut; en conséquence il a été puni (vv. 17-31)

            4. Après qu'il ait été puni, au premier abord il s'est repenti; mais il a péché à nouveau. Néanmoins Dieu a été miséricordieux (vv. 32-39).

        5. Israël a péché dans le désert bien qu'il ait expérimenté le salut en Egypte; Dieu a frappé les ennemis d'Israël (vv. 40-55).

    6. La punition d'Israël, et d'Ephraïm son «leader», est manifesté dans l'abandon du temple de Silo par Dieu (vv. 56-67).

7. Election de Juda, Jérusalem et David (vv. 68-72).

L'hypothèse de lecture d'Y. Zakovitch est qu'en vertu des parallèles entre les différentes sections, la septième doit être mise en relation avec la première, ce qui conduit à l'idée que l'élection de Jérusalem et de la maison de David n'est pas absolue, éternelle et inconditionnelle. La dernière unité du psaume serait en effet à lire à la lumière de la première, qui accorde de l'importance au souvenir des actions merveilleuses de YHWH et à l'observance de ses préceptes. S'il en est ainsi l'élection de David est conditionnelle et dépendante du respect des rois vis-à-vis de l'alliance avec YHWH[50].

---

50 Y. Zakovitch, « 'He chose the Tribe of Judah... He chose David his Servant': Psalm 78 – Sources, Structure, Meaning and Purport », in: Baron H., Lipshitz A (eds.), *David King of Israel is Alive and Enduring?* Jerusalem, 1997, pp. 117-202 (Hebrew).
Voir aussi la structure concentrique élaborée par N. Füglister, sur des critères de contenus et après avoir éliminé le v. 9 qu'il tient pour une glose dont le but (peut-être en lien avec le schisme samaritain) serait de modifier le sens du psaume en faisant porter la responsabilité de tout acte de rébellion aux Ephraïmites. Il parvient à une structure concentrique en sept strophes, avec des correspondances en nombres de versets et colas. La strophe charnière (vv. 32-39) inscrit au centre du psaume le motif théologique de la consolation et du réconfort: Dieu est le rocher et le sauveur de son peuple, toujours prêt à pardonner.
vv. 1-2: ouverture de celui qui enseigne
A. vv. 3-7 (8versets, 16 cola)
B. vv. 8. 10-16 (9 versets, 18 cola)
C. vv 17-31 (16 versets, 35 cola)

Cette délimitation de la structure est retravaillée par A. Frisch[51]. Il en soulève les difficultés et exprime sa résistance à l'idée que la première unité éclaire la nature de l'élection affirmée dans la septième. S'il retient la composition structurelle du psaume, il en modifie donc l'interprétation. Selon lui, la première et la dernière unité sont liées comme le laisse apparaître la mention d'Israël et de Jacob précédée chaque fois de la préposition ב dans l'une et l'autre section: *il a établi un témoignage en Jacob, une instruction il a mis en Israël...* (v. 5); *... pour paître Jacob son peuple et Israël son héritage* (v. 71). Le parallèle linguistique entre les deux unités détermine une proximité entre deux dons de YHWH à son peuple: la Torah et David. Autrement dit, dans ce contexte, David est comme la Torah un objet. Ce n'est donc pas de son comportement dont il s'agit. Le v. 72 lui-même, qui décrit la conduite de David comme roi, est l'expression de la bienveillance divine envers Israël. A. Frisch observe également que le même verbe נחה, *conduire* est utilisé dans le psaume aux vv. 14 et 52-53 avec Dieu pour sujet. Il en déduit que l'image d'un Dieu berger qui conduit son peuple à travers le désert est supplanté à la fin du psaume par l'image de David berger qui conduit le peuple de Dieu. David *son serviteur* (v. 70) continue la tâche d'abord accomplie par YHWH lui-même. Il est dès lors possible de comprendre l'insistance avec laquelle le psaume évoque l'échec d'Ephraïm à respecter la Torah. La désobéissance d'Ephraïm envers la Torah justifie son rejet. Or la tribu décrite comme enfreignant les préceptes de la Torah est aussi celle qui a constitué une opposition et une alternative à la maison de David. S'il s'agit de comprendre la septième unité à la lumière de la première, il est possible alors d'y voir une allusion au devoir d'obéissance et de loyauté au second don de Dieu, David. De ce point de vue, il est utile de comparer le Ps 78 à 2 Ch 13, 5-11 et 2 Ch 30, 7-8, deux passages qui conjoignent fidélité à YHWH et fidélité à la maison de David et au temple de Jérusalem.

Pour trancher entre les différentes propositions de structure du psaume, il convient de partir d'observations précises sur le texte. Dans les deux premiers versets, le psalmiste parle à la première personne du singulier, s'adresse à *son peuple* et caractérise son discours comme *proverbe, énigmes du temps ancien*. Il l'inscrit dans un processus de transmission: trois fois le verbe ספר (piel), *raconter*, est utilisé (vv. 3. 4. 6) et trois fois le verbe ידע, *connaître* (vv. 3. 5. 6). Ce que les pères

---

D. vv. 32-39: (9 versets, 18 cola)
E. vv. 40-55 (16 versets, 35 cola)
F. vv. 56-64 (9 versets, 18 cola)
G. vv. 65-72 (8 versets, 17 cola)
N. Füglister, «Psalm LXXXVIII: der Rätsel Lösung?» pp. 270-276.
51 A. Frisch, «Ephraim and Treachery, Loyalty and (the House of) David: The meaning of a Structural Parallel in Psalm 78», *VT 59* (2009), pp. 190-198.

ont raconté, il faut le raconter à la génération suivante et que celle-ci le raconte à son tour à ses enfants. Le terme אב, *père*, apparaît au pluriel aux vv. 3. 5 et 8; le terme דור, *génération* aux vv. 4. 6. 8 et בן, *enfant*, au pluriel, aux vv. 4. 5 et 6. Ce qu'il faut transmettre a valeur d'instruction comme le signale l'usage de תורה, *loi, instruction* (v. 1. 5), à côté de עדות, *témoignage* (v. 5), de *proverbe* et d'*énigme* (v. 2). Le but de l'instruction est, en positif, que les générations futures mettent en YHWH leur espérance, n'oublient pas ses œuvres et gardent ses commandements (v. 7) et en négatif qu'elles ne soient pas comme leurs pères, rebelles et désobéissantes, au cœur non affermi et à l'esprit infidèle (v. 8).

L'unité thématique et linguistique des vv. 1-8 est donc fondée d'un point de vue formel. A partir du v. 9 il est question des fils d'Ephraïm et une narration proprement dite, une récitation et interprétation de l'histoire, débute. Ce verset difficile a fait l'objet de nombreuses spéculations, qu'il ait été considéré comme provenant d'une autre source[52], comme corrompu[53] ou comme une glose du v. 8 sans signification précise[54]. Il n'est certainement pas exclu que ce verset ou les vv. 9-11 soient une addition[55] qui identifie de manière restrictive les pères nommés au v. 8 et oriente le psaume dans le sens d'un polémique à l'encontre du Nord. Dans le contexte du psaume reçu dans le canon, *fils d'Ephraïm* constitue le sujet des vv. 9-11. Ils ont oublié les merveilles (verbe פלא) que YHWH leur a fait voir (v. 11), merveilles (substantif פלא) accomplies devant leurs pères (v. 12). Ainsi la racine פלא sert de jonction entre les vv. 9-11 et les vv. 12-16, et désigne à la fois ce que les Ephraïmites ont oublié et ce que YHWH a accompli. En même temps, elle renvoie aux merveilles (verbe פלא) accomplies par YHWH et qui devaient justement être racontées aux générations suivantes (v. 4). Parce qu'ils ont refusé l'instruction (תורה) divine et oublié les exploits de YHWH (vv. 10-11), ils sont bien de ceux que les générations suivantes ne doivent pas imiter (v. 7).

Comme le remarquait R.J. Clifford, deux actions merveilleuses de YHWH sont indiquées avec le même verbe: il fend la mer (בקע, v. 13); il fend les rochers au désert (בקע, v. 15). Dans les deux cas, le geste divin est l'exercice de son pouvoir sur les eaux (vv. מים, 13. 16), qui dans un cas se tiennent *comme une muraille* et dans l'autre ruissellent *comme des fleuves*.

52 R. Kittel, *Die Psalmen übersetzt und erklärt*, Leipzig, A. Deichert, 1922, p. 291.
53 H. Gunkel, 1933, p. 343.
54 H.-J. Kraus, 1961, p. 538; D. Mathias, 1993, p. 57.
55 F.-L. Hossfeld, E. Zenger, 2000, p. 422. Pour F.-L. Hossfeld les vv. 3-4a. 6a. 9-11 sont une insertion d'une première rédaction qui insiste sur le fait que la génération présente a appris de l'histoire, par contraste avec Ephraïm; les vv. 19a. 21. 28. 30-31. 40-51. 55c. 59 seraient des insertions d'une seconde rédaction dont le but serait de faire le lien avec des traditions sacerdotales tardives du Pentateuque, tout en introduisant la notion de colère divine en réaction au péché du peuple (*Ibid.*, p. 425).

Le v. 17 introduit le thème de la rébellion. Dans l'état présent du psaume, le sujet masculin pluriel ne peut que renvoyer aux *pères* du v. 12. Mais d'un point de vue thématique et logique, l'expression *ils continuèrent à pécher contre lui* suppose la mention précédente d'un péché. Or celle-ci apparaissait dans l'évocation de la transgression des fils d'Ephraïm (vv. 9-11)[56]. C'est ici néanmoins la première apparition du verbe חטא, *pécher,* avec l'idée d'une continuité: *ils continuèrent encore à pécher contre lui,* que l'on retrouvera au v. 32. Les vv. 17-18 sont aussi la première introduction d'une sorte de refrain dénonçant le fait que le peuple se rebelle et met YHWH à l'épreuve. Les mêmes verbes מרה (au *hifil*), *se rebeller,* et נסה, (*piel*), *mettre à l'épreuve* réapparaîtront dans les vv. 40-41 et 56, scandant ainsi le psaume par la répétition de la révolte du peuple.

La rébellion est précisée dans les vv. 19-20: le peuple a été abreuvé mais il réclame de la nourriture et met en doute la capacité de YHWH à le nourrir. Entre la double évocation de l'incessant péché du peuple (vv. 17. 32) est ainsi raconté ce qui se joue autour de la nourriture (אכל; vv. 18. 30): la demande du peuple, qui est mise à l'épreuve de YHWH, et en réponse la colère divine. Là encore deux actions de YHWH sont évoquées avec le même verbe: מטר, au *hifil, faire pleuvoir* (vv. 24. 27). YHWH fait pleuvoir la manne et il fait pleuvoir de la viande. Une métaphore filée, fondée sur le champ sémantique de la maîtrise des eaux, fait ainsi le lien entre les vv. 23-28 et les vv. 12-16.

L'expression de la colère de YHWH est formulée de la même manière aux vv. 21 et 31: אף עלה, *la colère monta* et son destinataire, Israël, est dans les deux cas nommé. Le v. 22, en des termes plus abstraits que la précédente description de la transgression du peuple, explique la cause de la colère divine: *car ils ne se fièrent pas à Dieu, ils ne mirent pas leur confiance en son salut.* Le verbe, אמן au *hifil, se fier à,* précédé d'une négation, est repris au v. 32, ce qui établit une correspondance: ne pas se fier aux merveilles de YHWH, c'est ne pas se fier à lui. Cette incapacité à déceler la présence divine à l'œuvre dans les merveilles (verbe פלא) accomplies n'est pas sans évoquer également l'oubli des merveilles par les Fils d'Ephraïm (v. 11).

Les vv. 33-39 rapportent les effets de la colère de YHWH: trois verbes décrivent l'attitude de revenir à YHWH (v. 34). Le verbe הרג, *abattre,* fait le lien avec le v. 31 et indique la raison de ce mouvement de retour à YHWH: *il les abattait.* Ils se souviennent (זכר) alors que Dieu est leur rocher (v. 35), comme lui, dans sa miséricorde se souviendra (זכר) qu'ils ne sont *que chair, un souffle qui s'en va sans retour* (v. 39). Mais leur repentir est mensonger et l'inconstance de leur cœur (לב) est décrite à l'aide d'un vocabulaire qui renvoie au prologue: un cœur qui n'est

---

56 Voir A.F. Campbell, *CBQ 41* (1979), p. 54.

pas ferme (כון), une incapacité à se fier (אמן), tandis que la référence à l'alliance (ברית) ramène au Fils d'Ephraïm (v. 10). Ne pas se fier à Dieu (v. 22), c'est non seulement ne pas de fier à ses merveilles (v. 32), mais encore ne pas se fier à son alliance (v. 39).

Il apparaît ainsi clairement qu'un même vocabulaire se répète entre les vv. 9-22 et les vv. 23-41. Par ailleurs, comme noté plus haut, les versets qui décrivent les actions accomplies par YHWH (vv. 12-16 d'une part et vv. 23-28 d'autre part) ont pour caractéristique de filer une même métaphore: YHWH maîtrise les eaux, fend la mer ou fait jaillir des sources des rochers, et il fait pleuvoir de la manne et des cailles.

Le tableau suivant résume les observations faites jusque là:

Tableau des indices de structuration de Ps 78, 1-41

1-8	Prologue					לב כון אמן	
9-11	*les Fils d'Ephraïm* *oubli des merveilles* *refus de l'alliance*	פלא					ברית
12-16	merveilles de YHWH devant les pères **YHWH fend la mer** **YHWH fend les rochers**	פלא	בקע בקע				
17-18	*ils continuent encore à pécher* *ils se rebellent et* *mettent YHWH à l'épreuve*			חטא מרה נסה			
19-20	la rébellion: nourriture				אכל		
21	la colère de YHWH monte					אף עלה	
22	*car ils ne se fient pas*					אמן	
23-28	**YHWH fait pleuvoir la manne** **YHWH fait pleuvoir la viande**		מטר מטר				
29-30	la rébellion: nourriture				אכל		
31	la colère de YHWH monte il les abat					אף עלה הרג	
32	*ils continuent encore à pécher* *ils ne se fient pas à ses merveilles*	פלא		חטא		אמן	
33-39	effets de la colère divine caractère mensonger du repentir *ils ne se fient pas à l'alliance* miséricorde divine		זכר זכר			לב כון אמן הרג	ברית
40-41	*ils se rebellent et* *mettent YHWH à l'épreuve*			מרה נסה			

Après la transition des vv. 40-41, il est précisé en quoi le peuple met encore YHWH à l'épreuve: *ils ne se souvinrent pas de sa main, le jour où il les racheta de l'ennemi* (v. 42). Le terme צר, *ennemi*, réapparaîtra aux vv. 61 et 66, déployant comme un fil conducteur: l'oubli d'avoir été sauvé des ennemis conduira à l'abandon du sanctuaire de Silo entre les mains ennemis (v. 61), puis le peuple lui-même sera frappé comme un ennemi par YHWH (v. 66).

Les signes et les prodiges qui ont manifesté l'intervention de YHWH contre les ennemis de son peuple sont ensuite évoqués à partir du v. 44 et jusqu'au v. 55. YHWH est le sujet d'actions négatives dirigées contre les ennemis (vv. 44-51), puis d'actions positives en faveur de son peuple (vv. 52-55). L'Egypte est nommée au v. 43 et au v. 51, une mention qui encadre ainsi l'évocation des signes et des prodiges divins. Mis à part la répétition de quelques termes (סגר, au *hifil*, *abandonner* au vv. 48 et 50; שלח, au *piel*, *envoyer*, aux vv. 45 et 49; אף, *colère*, aux vv. 49 et 50), le texte emploie un vocabulaire varié dans cette section. En revanche, certains termes se retrouvent dans les vv. 59-67, où il est question de la réaction de YHWH face au péché d'Israël et des actions négatives entreprises à l'égard de ce dernier: נתן, *livrer*, du v. 46 est également présent dans les vv. 61. 66; סגר, *hifil*, *abandonner*, des vv. 48 et 50 au v. 62; נכה, au *hifil*, *frapper*, du v. 51 au v. 66. La récolte et le produit du travail des Egyptiens sont livrés aux sauterelles et aux criquets; le temple de Silo (v. 61) et les ennemis de YHWH sont livrés (v. 66) à leur tour. Le bétail est abandonné à la grêle et aux éclairs (v. 48), la vie des Egyptiens ou celle de leur troupeau à la peste (v. 50); le peuple de YHWH est abandonné à l'épée (v. 62). YHWH frappe tous les premiers-nés en Egypte (v. 51); Israël, devenu ennemi de YHWH est frappé par lui (v. 66). Ainsi ce qui avait été signes et prodiges en Egypte devient une série d'actions entreprises contre Israël, en punition de on infidélité.

Dans les vv. 52-55 le destinataire des actions divines change: c'est de son peuple (v. 52) ou des tribus d'Israël dont il est question (v. 55). Les vv. 52-53 déploient l'image d'un Dieu pasteur qui accompagne son peuple, alors même que la mer engloutit les Egyptiens. Les verbes sont des verbes de mouvements: *faire partir, emmener, conduire*, alors que dans les versets 54-55 ce sont plutôt des verbes d'installation: *amener (faire entrer), attribuer, faire demeurer*. L'image finale est celle d'un Dieu qui installe son peuple en chassant pour cela des nations devant lui.

Le v. 56a réintroduit le refrain rencontré dans la première partie du psaume: le peuple *met Dieu à l'épreuve (נסה)* et il se *rebelle (מרה)*. Cette mise à l'épreuve et rébellion est ensuite spécifiée (vv. 56b-58). Les verbes décrivent l'attitude de se détourner de YHWH (סוג, au *nifal*, *se détourner*; הפך, au *nifal*, *se tourner*) et de l'irriter (כעס, au *hifil*, *provoquer*; קנא, au *hifil*, *exciter la jalousie*). Le thème de l'idolâtrie est introduit avec la mention des hauts-lieux et des idoles (v. 58). S'il n'y a pas de liens lexicaux avec d'autres sections du psaume, la thématique du culte met néanmoins ces versets en relation avec les vv. 54 et 68-69: en raison de l'idolâtrie, YHWH passe d'une montagne à une autre pour y résider et contre leurs hauts-lieux, il bâtit son sanctuaire comme les lieux élevés.

A partir du v. 59 le sujet des actions redevient Dieu. Là aussi les actions se déclinent d'abord en gestes négatifs de colère divine (vv. 59-67), puis en gestes positifs (vv. 68-72). Le destinataire des actions négatives est décrit avec une variété d'expressions: *Israël* (v. 59), *demeure de Silo* (v. 60), *son peuple* (v. 62), *son héritage* (v. 62), *jeunes gens* et *jeunes filles* (v. 63), *prêtres* et *veuves* (v. 64), *ses ennemis* (v. 66), *tente de Joseph* et *tribu d'Ephraïm* (v. 67). Le verbe מאס (au *qal*), *rejeter*, encadre en une inclusion cette section (vv. 59. 67). L'Israël rejeté du v. 59 désigne les tribus du Nord, la maison de Joseph et la tribu d'Ephraïm. Israël, son peuple et son héritage, devient ennemi de YHWH et personne n'est épargné de la colère divine: ni la jeunesse d'Israël, ni ceux qui sont mis à part pour le service divin (les prêtres), ni les catégories vulnérables (les veuves). Du sanctuaire de Silo lui-même, YHWH se retire.

Par contraste, si la tribu (שבט) d'Ephraïm n'est pas choisie (בחר, v. 67), la tribu (שבט) de Juda est choisie (בחר, v. 68) et David est choisi (בחר, v. 70). C'est toutefois pour paître Jacob-Israël que ce dernier est élu (v. 71).

Comme entre les vv. 44-51 et les vv. 59-67, il est possible d'observer une correspondance de vocabulaire entre la section des vv. 52-55 et celle des vv. 68-72. Le troupeau (צאן) guidé par YHWH (v. 52) est le troupeau (צאן) au milieu duquel David est choisi (v. 70). YHWH conduit Israël (נחה au *hifil*, v. 53) et David le conduit (נחה au *hifil*, v. 72). A l'image du Dieu pasteur est substituée celle de David pasteur. Une montagne supplante par ailleurs une autre: YHWH s'est acquis une montagne par sa droite (הר, v. 54); mais c'est la montagne de Sion qu'il choisit (הר, v. 68).

De plus, outre la répétition du terme *ennemi* ci-dessus mentionnée, la réitération d'autres termes permet de suivre divers fils conducteurs. Aux tribus d'Israël, YHWH attribue au cordeau l'héritage (נחלה, v. 55); puis il s'irrite contre son héritage (נחלה, v. 62); il prend enfin David pour paître Jacob son peuple et Israël son héritage (נחלה, v. 71). YHWH frappe sous les tentes de Cham (אהל, v. 51); il fait demeurer sous leurs tentes des tribus d'Israël (אהל, v. 55); il quitte la demeure de Silo, la tente où il demeurait parmi les humains (אהל, v. 60).

Le tableau ci-dessous résume les observations sur la seconde partie du psaume:

Tableau des indices de structuration du Ps 78, 42-72.

Versets		נתן	סגר	נכה	צר	שבט	נחה	צאן	הר		נחלה	אהל
42-43	*Ils ne se souvinrent pas* *du rachat des ennemis*				צר							
44-55	**Signes et prodiges en Egypte**									מצרים		
44-51	**contre l'Egypte**											
	YHWH livre la récolte aux sauterelles	נתן										
	Il abandonne le bétail à la grêle		סגר									
	Il abandonne leurs vies à la peste		סגר									
	Il frappe les premiers-nés d'Egypte			נכה						מצרים		
	sous les tentes de Cham											אהל
52-55	**en faveur d'Israël**											
	son peuple comme un troupeau							צאן				
	il le conduit						נחה					
	montagne acquise par sa droite					שבט			הר		נחלה	
	héritage aux tribus d'Israël											אהל
	sous leurs tentes les tribus d'Israël											
56	*Ils se rebellèrent*									מרה		
	et mirent YHWH à l'épreuve									נסה		
57-58	Rébellion et idolâtrie											
59-67	**YHWH rejette Israël et Silo**									מאס		
	Il quitte la tente de Silo											אהל
	Il abandonne son peuple à l'épée		סגר									
	Il s'irrite contre son héritage										נחלה	
	Il livre Silo entre les mains ennemies	נתן			צר							
	Il frappe Israël comme un ennemi			נכה	צר							
	et le livre à l'opprobre	נתן										
	Il rejette la tente de Joseph,									מאס		
	la tribu d'Ephraïm					שבט						
68-72	**YHWH choisit la tribu de Juda,**					שבט						
	la montagne de Sion							צאן	הר		נחלה	
	et David dans les parcs du troupeau											
	David pour paître l'héritage						נחה					
	conduire le peuple											

A ce stade, il convient de se poser la question du lien entre les deux parties du psaume. A considérer que, le prologue mis à part, il y ait deux récitations historiques entre lesquelles les vv. 40-41 serviraient deux transitions, il est possible de voir fonctionner le texte comme un diptyque composé de deux volets renvoyant l'un à l'autre. De part et d'autre il s'agit bien d'une récitation des actions de YHWH dans l'histoire d'Israël, qu'elles soient nommées comme des *merveilles* (פלא, vv. 12-16) ou comme des signes et des prodiges (אות ומופת, vv. 44-55). Or ces actions sont oubliées (שכח, v. 11) ou on ne s'en souvient pas (זכר, v. 43). Il est également question de rébellion et de mise à l'épreuve de YHWH, qu'elles soient dans un cas mise en doute de la capacité divine à fournir de la nourriture (vv. 19-20) et dans l'autre idolâtrie (vv. 57-58). La colère de YHWH monte (אף עלה, vv. 21. 31) ou YHWH s'irrite (עבר au *hitpael*, vv. 21. 59. 62), ce qui a pour conséquence le don de la manne et de la viande (vv. 23-28) ou le rejet d'Israël et de Silo (vv. 59-67). Mais YHWH est miséricordieux et pardonne l'iniquité (vv. 38-39) dans le premier volet et il ouvre un avenir en choisissant la tribu de Juda, la montagne de Sion et David, dans le second volet (vv. 68-72).

Le tableau suivant schématise les correspondances entre les deux volets du psaume :

Tableau des indices de structuration du Ps 78.

		1-8	PROLOGUE	
9-11	*les Fils d'Ephraïm*	42-43		
	oubli des merveilles		*Ils ne se souvinrent pas*	
	refus de l'alliance			*du rachat des ennemis*
12-16	**merveilles devant les pères**	44-55	**Signes et prodiges en Egypte**	
	YHWH fend la mer		**contre l'Egypte**	
	YHWH fend les rochers		**en faveur d'Israël**	
17-18	*ils continuent encore à pécher*	56		
	ils se rebellent et		*ils se rebellèrent*	
	mettent YHWH à l'épreuve		*et mirent YHWH à l'épreuve*	
19-20	la rébellion : nourriture	57-58	Rébellion et idolâtrie	
21	**la colère de YHWH monte**			
22	*car ils ne se fient pas*			
23-28	**Châtiment**	59-67	**YHWH rejette Israël et Silo**	
	YHWH fait pleuvoir la manne			
	YHWH fait pleuvoir la viande			
29-30	la rébellion : nourriture			
31	**la colère de YHWH monte**			
32	*ils continuent encore à pécher*			
	ils ne se fient pas à ses merveilles			
33-39	*effets de la colère divine*			
	caractère mensonger du repentir			
	ils ne se fient pas à l'alliance			
	miséricorde divine			
		68-72	**YHWH choisit la tribu de Juda,**	
			la montagne de Sion	
			et David	
		40-41	*ils se rebellent et*	
			mettent Dieu à l'épreuve	

Les deux volets ne sont pas étroitement identiques et rares sont les expressions communes. L'élément lexical commun le plus repérable est celui qui revient dans le refrain : Israël se rebelle (מרה) et met Dieu à l'épreuve (נסה). En réaction, YHWH s'irrite (עבר, vv. 21. 59. 62). Quelques éléments lexicaux reviennent encore de part et d'autre : YHWH frappe (נכה, au *hifil*) le rocher (v. 20) ; il frappe (נכה) tous les premiers-nés en Egypte (v. 51) et il frappe (נכה) ses ennemis (v. 66). Il livre, donne (נתן) du pain (v. 24) montrant qu'il est capable d'accomplir ce que le peuple mettait en doute (v. 20) ; il livre (נתן) Silo et ses ennemis à l'opprobre (vv. 61. 66). Il fait se lever (נסע, *hifil*) des cieux un vent d'est (v. 26) ; il fait se lever (נסע, *hifil*) comme un troupeau son peuple (v. 52). Il amène (נהג, *piel*) un vent du sud (v. 26) ; il emmène (נהג, *piel*) son peuple au désert. Il fait tomber (נפל, *hifil*) les oiseaux au milieu de leur camp (v. 28) ; il leur fait tomber (נפל, *hifil*) la contrée en héritage (v. 55). Il fait tomber les oiseaux tout autour de leurs demeures (משכן, v. 28) ; il quitte la demeure de Silo (משכן, v. 60). Il abat (הרג) les plus robustes d'Israël (vv. 31. 34) ; il abat (הרג) par la grêle leur vigne, et leurs sycomores par le gel (v. 47). Il renverse les jeunes gens (בחרו, v. 31) ; les jeunes gens (בחרו) sont dévorés par un feu (v. 63). Il conduit (נחה) au *hifil* son peuple (v. 14) ; il le conduit (נחה) sûrement (v. 53) ; David le conduit (נחה, v. 71).)

Au-delà de ce langage commun établissant une jonction entre les deux parties, est-il possible de dire davantage ?

La dénomination *Israël* revient sept fois dans le psaume. Trois fois elle est doublée par la mention de *Jacob*, dans les stiques parallèles des versets concernés : le prologue établit que YHWH instruit Jacob-Israël (v. 5) et la finale du psaume qu'il fait venir David pour qu'il paisse Jacob-Israël (v. 71). Entre temps, le v. 21 évoque la colère de YHWH contre Jacob-Israël.

Dans le v. 31, ce sont les *jeunes gens d'Israël* qui sont nommés, eux sur qui s'abat la colère divine et au v. 55 les tribus que YHWH fait demeurer dans leur tente. Le v. 59 avertit du rejet d'Israël. Au v. 41, c'est du *saint d'Israël* dont il s'agit, à qui le peuple donne des limites. Cette mention d'Israël nomme son péché, alors qu'en définitive trois évocations disent une action positive de YHWH en faveur d'Israël (vv. 5. 55. 70) et trois autres encore signalent la colère divine à son encontre (vv. 21. 31. 59).

L'appellation *Ephraïm* apparaît deux fois au v. 9 et au v. 67. La première mention fait mystérieusement allusion à une fuite des fils d'Ephraïm au jour du combat, alors que la seconde établit son rejet par YHWH. Au v. 9 les fils d'Ephraïm sont des *archers armés* ou ils sont *armés et tirant à l'arc* (קשת) et ils ont tourné le dos (הפך, au *qal*) au jour du combat ; au v. 57 le peuple de Dieu se détourne et trahit, se tourne (הפך, au *nifal*) comme un *arc* (קשת) *de tromperie*. Le v. 9 anticipe ainsi à la fois la référence à Ephraïm au v. 67 et celle à l'arc de tromperie au v. 57. A ce propos E.L. Greenstein formule l'hypothèse qu'au v. 9 *Ephraïm* soit un jeu de mot et une allusion à פרעים, *sans frein*, et que רומי, *tirant*, évoque רמה (au *piel*), *tromper*, ce qui renverrait encore au v. 57 et à רמיה, *de tromperie*. Les jeux de mots donneraient au verset entier un double sens, d'autant que le verbe הפך, *se tourner* pourrait indiquer à la fois le mouvement physique de fuite et un échec moral. Il pourrait ainsi y avoir dans ce verset une image de défaite militaire qui représenterait, sur le plan théologique, un exemple de châtiment divin[57]. Et de fait un châtiment est mentionné au v. 67. L'interprétation a le mérite de manifester les liens entre les vv. 9 d'une part, 57 et 67 d'autre part. Par conséquent, si en raison des indices lexicaux retenus jusque là établir une structure concentrique ne semble pas respecter le texte du psaume, au moins peut-on établir qu'après l'ouverture du prologue la récitation historique en deux volets s'ouvre par la mention d'un acte négatif d'Ephraïm, fuite au combat ou déroute morale, pour s'achever et par une nouvelle évocation de trahison envers YHWH et par l'affirmation de rejet de la part de ce dernier.

2.4 Cruces interpretationis

Le v. 9, qui vient d'être évoqué, est certainement l'un des versets du psaume qui présente le plus de difficulté[58]. Selon l'appareil critique de la *Biblia Hebraica Stuttgartensia* une seule variante de lecture existe pour ce verset, présente dans un petit nombre de manuscrits: נוקשי, la forme devant être comprise comme le participe actif masculin pluriel, au *qal* et à l'état construit, de נקש, *dresser un piège*. Si cette version était retenue, le sens du verset en serait modifié: les fils d'Ephraïm tendraient un piège aux archers, lesquels deviendraient alors les sujets de la racine הפך, ce qui signifierait que ce sont eux et non les fils d'Ephraïm qui tournèrent le dos au jour du combat. Mais, comme le fait remarquer F.A. Gosling, il n'y a pas lieu de retenir cette variante, non seulement parce qu'elle est peu attestée mais aussi parce que le manuscrit 11QPs[d] contient la même version, נושקי, que le texte massorétique[59].

Cet auteur poursuit par ailleurs son étude en examinant la version de la LXX, puis le texte du Targum. La traduction de la LXX est la suivante: υἱοὶ Εφραιμ ἐντείνοντες καὶ βάλλοντες τόξοις ἐστράφησαν ἐν ἡμέρᾳ πολέμου, *les fils d'Ephraïm tendant et tirant à l'arc ont tourné le dos au jour du combat*. F.A. Gosling observe que l'usage classique de ἐντείνω, qui évoque l'idée de préparation au tir à l'arc, est la seule occurrence pour traduire le verbe נשק, *être équipé avec, être armé*, dans

57 E.L. Greenstein, *Prooftexts 10* (1990), note 58, pp. 213-214.
58 Pour un résumé des prises de position sur ce verset, voir M. Goulder, 1996, p. 111.
59 F.A. Gosling, «Were the Ephraimites to blame?», *VT 49* (1999), p. 507.

la LXX. Il note aussi que le traducteur grec semble avoir considéré נושקי et רומי comme des synonymes qui auraient en commun le même objet קשת, *arc*, et non comme faisant partie d'une suite construite dont le *nomen rectum* serait קשת. La syntaxe du texte hébraïque est en réalité inhabituelle et doit probablement être comprise comme l'interposition d'un synonyme en apposition (רומי) au nom à l'état construit (נושקי). F.A. Gosling en conclut que le traducteur grec ou bien n'a pas reconnu cet aspect de la syntaxe hébraïque ou bien a lu un autre texte que le texte massorétique. A partir des divers sens que le verbe ἐντείνω peut avoir en grec, il propose deux autres hypothèses: le traducteur grec pourrait avoir lu un texte qui avait la forme נוקשי, participe actif masculin pluriel, à la forme *qal* et à l'état construit, de נקש, *dresser un piège*, qui apparaît aussi dans Ps 9, 17. Le traducteur grec ne sachant pas comment rendre l'hébreu נושקי a opté pour en faire un synonyme de רומי [60].

Le Targum, quant à lui, déploie une exégèse de ce verset qui livre une explication de la lâcheté des Ephraïmites et un contexte historique dans lequel l'événement aurait pu prendre place. On y lit que les Ephaïmites alors encore en exil en Egypte étaient un peuple devenu arrogant et pécheur, qui anticipa en quelque sorte l'exode. Ils sortirent avec des épées, leurs guerriers élevèrent l'arc, mais ils tournèrent le dos et furent tués au combat. Le Targum lit donc bien un texte hébreu qui contient le verbe נשק, *être armé*. Il suggère clairement que les Ephraïmites n'ont pas attendu le temps fixé par YHWH pour leur délivrance et ont quitté l'Egypte en faisant confiance à leur propre force. Leur échec au combat n'est donc pas le résultat de leur lâcheté mais de leur désobéissance, de leur manque de foi en YHWH. La base de cette exégèse se trouverait en 1 Ch 7, 21. L'intérêt en est le lien établi avec l'exode, ce qui a invité M. Tate à formuler l'hypothèse que le psaume pourrait dépendre de traditions non attestées dans la Bible hébraïque [61].

Enfin F.A. Gosling examine le commentaire de Rashi, lequel ne conserve pas le difficile participe נושקי, ni même sa variante נוקשי. Mais il commente et explicite רומי, ce qui laisse supposer qu'il a lu un texte contenant la racine נשק, *être armé*. Il cite Ex 15, 1 (*en mer il les jeta*; racine רמה), ce qui au demeurant confirme qu'on puisse traduire רומי par *archers* dans le v. 9 du psaume, puisque ceux-ci par définition jettent des flèches. L'exégèse de Rashi est un condensé du Targum, qui indique cependant ce qu'il tient pour preuve scripturaire de l'exégèse du Targum, à savoir 1 Ch 7, 21. Lui aussi établit le lien avec les traditions de l'exode.

Au terme de son étude F.A. Gosling conclut que la force de cette exégèse juive est qu'elle place l'événement raconté en Ps 78, 9 dans le contexte des traditions de

---

60 C'est la solution adoptée par F.W. Mozley, *The Psalter of the Church: the Septuagint Psalms Compared with the Hebrew, with Various Notes,* Cambridge, University Press, 1905, p. 129.
61 M. Tate, *Psalms 51-100,* Waco, Word books, Word biblical commentary 20, 1990, p. 209.

l'exode. Elle trouve ses fondements dans d'autres passages de la Bible hébraïque et explicite ce verset difficile sous forme d'une parabole, puisque l'assise de son exposé est l'échec spirituel et le manque de stabilité des Ephraïmites, comparables à des guerriers qui se sont enfuis au jour du combat quoiqu'étant bien armés. «L'exposé ainsi compris repose sur un meilleur fondement que celui des spécialistes qui comprennent ce verset comme une glose ou que celui de ceux qui considèrent le texte comme étant d'une certaine façon corrompu. Ainsi compris, les Ephraïmites sont à blâmer pour leur manquer de foi et de confiance dans le Dieu d'Israël»[62].

Ainsi, malgré la différence de tonalité entre le v. 9 et ceux qui l'entourent, les arguments apportés par E.L. Greenstein et F.A. Gosling plaident pour l'originalité de ce verset. Tout au moins il faut consentir à reconnaître que, s'il s'agit d'une glose, elle doit être antérieure aux différentes versions du psaume que nous avons à notre disposition et a été retenue comme déterminante dans l'exégèse juive ancienne. «Si le mystère voilé de l'introduction doit être rapproché des traditions présentes dans le corps du psaume, il est probable que le v. 9 devra en fournir la clé»[63].

Une autre difficulté de ce psaume apparaît au v. 41 dans le verbe תוה, au *hifil* et à l'accompli, troisième personne du pluriel. Il est souvent traduit *affliger* ou *attrister*, sans doute par référence à la version syriaque. La LXX donne παρώξυναν, *ils provoquèrent*. Cependant sa racine pourrait être la même que celle d'un verbe qui se trouve utilisé au *piel* dans l'Ancien Testament et qui veut dire: *marquer, graver des signes*. Ainsi le verbe au *hifil* pourrait signifier *donner des marques, des limites*, ce qui inviterait à comprendre le verset de la façon suivante: *ils donnèrent des limites au saint d'Israël*, ou *des bornes à son pouvoir*. Cette possibilité n'est pas sans intérêt au regard des vv. 18 et 56 où réapparaît le verbe נסה, *mettre à l'épreuve*. En effet, dans les deux cas le second stique précise la nature de la mise à l'épreuve: ils demandèrent de la nourriture (v. 18); ils ne gardèrent pas ses témoignages (v. 56). Au v. 41, la mise à l'épreuve de YHWH serait ainsi de vouloir lui donner des limites, peut-être, si on considère les versets suivants, en ne lui attribuant pas les signes et prodiges accomplis à l'encontre des Egyptiens et en faveur d'Israël. Les vv. 41 et 56 encadreraient de la sorte la séquence des signes et des prodiges: Israël ne reconnaît pas la puissance de YHWH à l'œuvre dans l'histoire.

---

62 F.A. Gosling, *VT 49* (1999), p. 513.
63 A.F. Campbell, *CBQ 41* (1979), p. 53. Contre la position de J. Gärtner, qui y voit un complément sans doute motivé par le schisme samaritain et qui le qualifie de «réduction» par rapport au prologue et à la relecture de l'histoire qui suit (J. Gärtner, 2012, p. 61).

Le v. 65 est également difficile d'interprétation en raison de l'image qu'il utilise et de l'usage du verbe רון ou רנן, au *hitpael*, qui signifierait *ragaillardir* ou selon une autre hypothèse de lecture *vaincre*. *Il s'éveilla comme un dormeur Dieu, comme un vaillant ragaillardi/vaincu par le vin*. La LXX donne κεκραιπαληκώς, le participe parfait actif d'un verbe signifiant *avoir la tête lourde par suite de l'ivresse*.

Le premier stique décrit YHWH qui s'éveille (יקץ) comme un dormeur (ישן); les mêmes racines verbales se trouvent dans Ps 44, 24 et en 1 R 18, 27 et leur combinaison, selon A. Mrozek, constituerait la base du motif du sommeil de la divinité. L'examen de textes mésopotamiens, par exemple de l'épopée *Atrahasis II* ou du poème *Enki et Ninmah,* montre qu'un motif semblable y apparaît. Le point commun de ces récits et des textes bibliques ci-dessus cités est qu'une divinité doit être éveillée parce que son intervention est nécessaire. Dans Ps 44, 24 la communauté orante demande à YHWH de s'éveiller et d'intervenir en sa faveur. En 1 R 18, 27 Eli défie les prêtres de Baal et les provoque à éveiller leur dieu endormi pour qu'il intervienne. Le Ps 78 a la particularité de comparer YHWH à un héros qui s'éveille spontanément et agit[64]. Dans tous les cas, l'image indique donc qu'une intervention divine est demandée ou prend place.

2.5 La dynamique de « Fortschreibung » à l'œuvre dans le psaume

L'examen de la structure du psaume, de ses difficultés, aura permis d'en déceler la dynamique et de commencer à en pénétrer les enjeux, sans l'influence d'une précompréhension liée à la connaissance du Pentateuque ou des écrits prophétiques. Il convient maintenant toutefois d'examiner si ce texte contient des citations ou des allusions à d'autres textes bibliques, s'il s'inscrit dans une histoire de transmission de traditions. A ce stade, c'est par un sondage des correspondances de vocabulaire et d'expression entre le psaume et d'autres textes vétérotestamentaires que l'étude sera menée.

2.5.1 Le prologue (vv. 1-8)

Le Ps 78 ne donne aucune indication explicite des textes qui auraient pu lui servir de source. Mais il s'ouvre par une invitation à prêter l'oreille car il va publier les *énigmes des temps anciens* et raconter ce qui a été *entendu et connu* (vv. 2-3).

---

64 A. Mrozek, « The Motif of the sleeping Divinity », *Bib 80* (1999), pp. 415-419.

L'introduction suggère ainsi qu'il s'insère dans un processus de transmission dont il hérite et qu'il appelle tout à la fois (trois fois le verbe ספר, *raconter*, dans les vv. 3. 4. 6). Le psalmiste parle à la première personne du singulier mais c'est l'anamnèse d'un groupe qui est convoquée: le «nous» qui a entendu (שמע) et connu (ידע), à qui il a été raconté (ספר), doit à son tour diffuser ce qu'il a reçu et s'inscrire dans une chaîne de transmission de générations en générations[65]. L'implication de ce processus n'est pas sans rappeler celui évoqué par le quatrième chant du serviteur en Is 52, 15-53, 12: ... *ils voient ce qui ne leur avait pas été raconté* (ספר) *et ils observent ce qu'ils n'avaient pas entendu* (שמע) *dire. Qui donc a cru* (אמן) *à ce que nous avons raconté?* Dans le psaume le but de l'anamnèse et de la transmission est évoqué dans les vv. 7-8: que les générations suivantes mettent en YHWH leur espérance, qu'elles n'oublient pas ses œuvres et gardent ses commandements, qu'elles ne soient pas rebelles et désobéissantes, infidèles (אמן), comme leurs pères. Le thème de l'instruction et de la transmission de génération en génération est significatif de la littérature de sagesse et les premiers versets du psaume manifeste une réelle proximité avec Jb 15, 17-18: *je vais t'instruire, écoute-moi* (שמע). *Ce que j'ai contemplé, je le rapporterai, ce que les sages, sans rien cacher, relatent* (נגד) *comme reçu de leurs pères...* (אב).

Le psalmiste s'adresse à son peuple et qualifie son discours d'*instruction* (תורה). Les exhortations à *prêter l'oreille* (אזן) et à *tendre l'oreille* (נטה אזן) apparaissent pour l'une en Jb 33, 1; 34, 2. 16; 37, 14 et pour l'autre en Pr 5, 1; 22, 17. Le proverbe (משל) et les énigmes (חידה) dont il est question au v. 2 apparaissent en Pr 1, 6 dans un verset visant à indiquer le sens de l'instruction, à savoir *donner l'intelligence des proverbes* (משל)... *et des énigmes* (חידה) *des sages*. Les versets du psaume qui indiquent le but de l'instruction contiennent aussi des termes et expressions apparentés à ceux de la littérature de sagesse: l'étonnant usage de כסל, *espérance*, qui plus généralement signifie *folie* (cf. Pr 3, 26; Qo 7, 25), n'a de sens équivalent que dans le livre de Job (8, 14; 31, 24). Un cœur affermi (כון) est aussi une expression de Jb 11, 13, tandis que l'idée d'un esprit ferme (אמן) apparaît en Pr 11, 13. C'est sur la base de concordances semblables que M. Treves stipule la dépendance du psaume de sources tardives[66].

Le même vocabulaire permet d'établir des liens entre le Ps 78 et le Ps 49. Les deux psaumes ont en effet en ouverture un vocabulaire commun: *peuple* (עם); *ouvrir* (פתח); *prêter l'oreille* (אזן); *proverbe* (משל); *énigme* (חידה). Par ailleurs,

---

65 De ce point de vue, il n'y a pas lieu de distinguer comme le fait J. Gärtner entre les *pères* du v. 3 et ceux du v. 5. Il n'y a pas non plus d'indices textuels probants pour déceler au v. 5 une allusion indirecte à la législation du Sinaï (J. Gärtner, 2012, pp. 55-56).
66 M. Treves, 1988, pp. 67-68.

dans l'un (Ps 78, 72) et l'autre psaume (Ps 49, 4) apparaît le terme rare תבונה, *intelligence*, qui est typiquement sapientiel[67].

B. Weber a également observé que תורה apparaît au début du Ps 1 et du Ps 78 et que ce mot clé lie les deux psaumes, ce qui justifierait que le second soit placé au milieu du Psautier. L'un et l'autre sont à la fois une prière et une instruction[68]. Il est vrai que l'accumulation de termes et thèmes sapientiaux, à la suite de la suscription qui identifie le psaume comme un משכיל, *chant instructif,* semble clairement indiquer que le but des récitations historiques qui suivent est un enseignement didactique de sagesse qui rappelle le passé pour éclairer le présent.

Cependant il a été observé qu'une comparaison pouvait être établie avec Dt 32, 1-43, peut-être plus appropriée que celle avec la littérature sapientielle. R.J. Clifford fait remarquer à ce sujet que les deux textes ont en commun une ouverture sapientielle, un retour sur l'histoire et une admonestation[69]. Il observe encore que la représentation générale de Moïse dans le Deutéronome, comme celui qui proclame les traditions anciennes, réprimande et exhorte est plus signifiante que les similitudes de style. Comme exemple significatif il cite le troisième discours de Moïse en Dt 29, 1-30, 20. Moïse y parle à Israël lors d'un rassemblement liturgique, en choisissant les traditions nationales susceptibles d'être appropriées au but de son discours. Un aspect caractéristique de son propos est la mention répétée de la colère divine (Dt 29, 17-20), un thème qui apparaît aussi dans le psaume (vv. 21. 31. 49. 59). Par ailleurs, Dt 18, 15-17 – qui vraisemblablement cite Dt 5, 1-6, 3 – semble autoriser des successeurs de Moïse qui soient médiateurs des traditions d'alliance. Le locuteur du psaume, qui se revêt du personnage de Moïse[70], ne serait donc pas « un homme sage qui résoudrait des énigmes ou simplement enseignerait une leçon de l'histoire. Il réaffirme avec autorité les traditions anciennes de sorte qu'Israël soit capable de se décider pour YHWH. L'histoire/la leçon du v. 2 est le sens véritable des traditions que seul quelqu'un doté d'autorité peut dévoiler – en l'occurrence le choix d'un nouveau sanctuaire et d'une nouvelle dynastie désignés par Dieu pour succéder à Silo »[71].

Au final, l'usage assez libre que le prologue fait d'un matériel traditionnel varié lui donne à la fois une tonalité sapientielle, prophétique et deutéronomiste,

---

67 Voir P. Stern, *HUCA 66* (1995), pp. 52-54.

68 B. Weber, « Psalm 78 als 'Mitte' des Psalters? – ein Versuch », *Bib 88* (2007), p. 313.

69 Voir aussi H. Junker, *Bib 34* (1953), p. 496. Pour H. Junker, le rédacteur du Ps 78 est à chercher dans le cercle des hommes qui ont coopéré activement à la réforme d'Ezéchias, comme l'indiquerait l'ouverture du psaume. Avec une terminologie de sagesse, le psalmiste présente son poème comme un proverbe et une énigme. Il s'agirait d'un poème didactique, inspiré des discours parénétiques du Deutéronome.

70 Cf. M. Witte, 2006, p. 25.

71 R.J. Clifford, « In Zion and David a New Beginning: An Interpretation of Psalm 78 », pp. 130-131.

de sorte qu'il ouvre la perspective d'une instruction qui revisite les différents corpus vétérotestamentaires[72].

En faisant référence à la *génération rebelle et désobéissante* (דור סורר ומרה), qui n'est pas sans rappeler le *fils rebelle et désobéissant* (בן סורר ומורה) de Dt 21, 18-20, le v. 8 sert de transition au récit concernant ceux qui *n'ont pas gardé l'alliance de Dieu*, qui *ont refusé de marcher dans son instruction* (v. 10).

2.5.2 La première récitation de l'histoire (vv. 9-41).

Le v. 9, par lequel s'ouvre la première récitation de l'histoire et que l'exégèse an-cienne expliquait en recourant à d'autres passages de la Bible hébraïque, contient des expressions que l'on peut lire ailleurs : נושקי רומי־קשת se trouve partiellement (ורמי קשת) en Jr 4, 29, tandis que l'expression נושקי קשת apparaît dans des textes tardifs (1 Ch 12, 2 et 2 Ch 17, 17). M. Dahood traduit ce stique de la façon suivante : *les fils d'Ephraïm étaient ses archers* ("bowmen"), *ses traîtres archers* ("treache-rous archers"), *qui ont tourné dos au jour de la bataille.* Il considère qu'au travers de l'expression רומי־קשת le psalmiste joue avec les verbes רמה, *tromper, traiter trompeusement* et רמה, *tirer* qui se trouve en Jr 4, 29[73]. Par ailleurs, le jugement d'Amos contre Israël, qui fait aussi référence à l'exode (2, 10) affirme que face à la colère divine *l'archer ne tiendra plus debout* (2, 15), tandis qu'Os 1, 4 prophétise que YHWH mettra fin à la maison d'Israël et brisera son arc (1, 5)[74].

Néanmoins c'est sans doute par le biais de la relation que ce verset entretient avec le v. 57 et du possible jeu de mot postulé par E.L. Greenstein (entre רומי, *tirant*, et רמה *tromper*) que les liens intertextuels fournissent une explication. Le v. 57 évoque le peuple qui se détourne et trahit, se tourne (הפך) comme un *arc de tromperie* (כקשת רמיה). Or cette dernière expression se retrouve en Os 7, 16. Dans le texte du prophète, elle est insérée dans une dénonciation de la récalcitrance et de l'ingratitude d'Ephraïm envers YHWH. Le verset ajoute d'ailleurs qu'on rira d'Ephraïm au pays d'Egypte. Par la médiation du livre d'Osée, dans lequel la réfé-rence à l'exode[75] et l'usage d'Ephraïm pour désigner Israël[76] sont très présentes, le v. 9 apparaît bien comme ayant sa place au commencement d'une récitation historique qui va faire référence à l'exode et à la rébellion du peuple.

---

72 Sur ce sujet, voir J. Gärtner, 2012, pp. 52-53.

73 M. Dahood, 1966-70, tome 2, p. 239.

74 Cf. P. Stern, *HUCA 66* (1995), p. 60.

75 Voir Y. Hoffman, « A North Israelite Typological Myth and a Judaean Historical Tradition: The Exodus in Hosea and Amos », *VT 39* (1989), pp. 169-182.

76 Os 5, 3.5.9.11-14; 6, 4.10; 7, 1.8.11; 8, 9; 9, 3.8.11.13.16; 10, 6. 11; 11, 3.8; 12, 1.9.15; 13,12; 14, 9.

Lu dans le contexte des vv. 9-11, la mention des *fils d'Ephraïm* (qui) *tournèrent le dos au jour du combat* n'a pas besoin de référer à une défaite militaire ou à un événement précis. Si l'expression *jour du combat* (בים קרב) signifie comme en Za 14, 3 une intervention divine en faveur de son peuple, ce que le psaume dénonce c'est l'incapacité d'Ephraïm à discerner l'action bienveillante de YHWH dans son histoire, à se laisser instruire par les merveilles qu'il accomplit. Il tourne le dos au jour où YHWH combat pour lui (v. 9) et il se tourne comme un arc de tromperie (v. 57), les deux expressions renvoyant à une rébellion envers YHWH et au refus de garder l'instruction ou les témoignages divins.

Le v. 10 spécifie en effet que les fils d'Ephraïm *n'ont pas gardé l'alliance de Dieu, dans son instruction ils ont refusé de marcher* (ובתורתו מאנו ללכת). La thématique est la même que celle de Jr 32, 23 qui, après avoir rappelé que YHWH s'est *révélé par des prodiges dont la valeur significative demeure jusqu'à ce jour* et a fait sortir son peuple d'Egypte, confesse qu'entré en terre promise le peuple n'a pas écouté sa voix et n'a pas marché dans ses lois (ובתרתך לא־הלכו). L'expression *marcher dans la loi* de YHWH semble cependant une expression stéréotypée, une phraséologie deutéronomiste (cf. 2 R 10, 31; Jr 26, 4...) et de ce fait il est difficile et sans doute inopportun d'établir un lien intertextuel précis.

Le v. 12 annonce que YHWH a *fait merveille* (עשה פלא), alors qu'Ex 15, 11 interroge qui peut être comme YHWH *faisant merveille* (עשה פלא). Au v. 13, le psalmiste décrit une merveille accomplie par YHWH: *il fendit la mer et il les fit passer, il fit se tenir debout les eaux comme une muraille* (כמו־נד). Le verbe בקע, *fendre* est présent en Ex 14, 16. 21, comme en Is 63, 12 dans un contexte similaire (*celui qui fendit les eaux devant eux*). L'expression *fendre la mer* associée au verbe *passer* (עבר) est attestée en Ne 9, 11: *tu as fendu la mer en face d'eux et ils ont passé à sec au milieu de la mer*[77]. La dernière expression du verset du psaume se trouve en Ex 15, 8 (*les flots se dressèrent comme une muraille*). Or le substantif נד, qui est utilisé par les deux textes, n'apparaît que six fois dans l'Ancien Testament (Ex 15, 8; Jos 3, 13. 16; Is 17, 11; Ps 33, 7 et Ps 78, 13), alors que חומה, *muraille* présent en Ex 14, 22. 29 est un terme fréquemment utilisé (133 occurrences). L'un des deux textes semble paraphraser l'autre:

---

[77] Le même verbe בקר, *fendre*, est utilisé en Ps 74, 15 avec pour complément *source et torrent*. J. Gärtner note que dans le Ps 78 les réminiscences de la lutte contre le chaos sont ténues, mais n'en conclut pas moins que l'un et l'autre psaume visent à exposer la maîtrise de YHWH sur les eaux du chaos (J. Gärtner, 2012, p. 64). En réalité Ps 74, 12-15 contiennent une référence à la création, avec l'arrière-fond de mythes de victoire sur les eaux du chaos et les monstres marins, alors que le Ps 78 ne se réfère pas au geste du créateur.

Ps 78, 13
ויצב־מים כמו־נד
dressées les eaux comme une muraille

Ex 15, 8
מים נצבו כמו־נד
les eaux se dressèrent comme une muraille

La correspondance de l'expression et la rareté de l'usage du substantif plaident donc en faveur de l'attestation d'un lien textuel entre le psaume et le cantique de l'Exode. L'utilisation de termes présents en Ex 14 et Ex 15 incite par ailleurs J. Scharbert à émettre l'hypothèse que le psalmiste ait connu la rédaction finale du Pentateuque et à contredire ceux qui affirment qu'il n'aurait connu que le texte non sacerdotal[78].

Une correspondance étroite apparaît aussi entre le v. 14, Ex 13, 21 et Ne 9, 19 :

Ps 78, 14
וינחם בענן יומם וכל־הלילה באור אש
il les conduisit de jour dans la nuée, toute la nuit par la lumière d'un feu

Ex 13, 21
יומם בעמוד ענן לנחתם הדרך ולילה בעמוד אש להאיר
...colonne de nuée le jour, pour leur ouvrir la route – colonne de feu, la nuit...

Ne 9, 19
את־עמד הענן לא־סר מעליהם ביומם להנחתם בהדברך ואת־עמוד האש בלילה
la colonne de nuée ne s'est pas écartée d'eux pendant le jour pour les conduire sur ce chemin, ni la colonne de feu pendant la nuit...

On y retrouve le même verbe (נחה, *conduire*), la mention de la nuée de jour et du feu la nuit ; en revanche l'idée de colonne (עמוד) présente en Exode et Néhémie n'apparaît pas dans le psaume. Néhémie et Ps 78 semblent dépendre d'Exode, indépendamment l'un de l'autre.

Le v. 15 est rédigé de telle sorte qu'il renvoie au v. 13 : la reprise du même verbe בקע, *fendre*, donne à voir le passage de la mer et le don de l'eau au désert comme une seule merveille. Contrairement à Ex 17, 1-7 et Nb 20, 2-13 où il est raconté que c'est en raison du murmure du peuple que Moïse frappe le rocher pour obtenir de l'eau, le psaume en fait le résultat d'une initiative divine de pure bonté. Il convient toutefois de remarquer qu'Is 48, 21 utilise le même verbe בקע dans un contexte similaire, *oui, il fendit le rocher et les eaux coulèrent !* En Ne 9, 15. 20 le don de l'eau est aussi un acte de bienveillance de la part de YHWH mais il est associé à celui de la manne. Le verbe שקה, *donner à boire* (au *hifil*) qui apparaît dans le deuxième stique du Ps 78, 15 est utilisé également en Nb 20, 8 et le verbe יצא, *faire sortir* (au *hifil*) du v. 16 en Nb 20, 10. L'abondance (רב) des flots au v. 15 pourrait

---

78 J. Scharbert, « Das 'Schilfmeerwunder' in den Texten des Alten Testaments », in: A. Caquot et M. Delcor (éds.), *Mélanges bibliques et orientaux en l'honneur de M. Henri Cazelles*, AOAT 212, Neukirchen-Vluyn, Neukirchener Verlag, 1981, p. 414.

appeler l'abondance (רב) de l'eau qui sort du rocher en Nb 20, 11 mais les eaux du
grand abîme, תהום, n'apparaissent pas dans le livre des Nombres. En revanche,
le même terme est présent en Ex 15, 5. 8: les eaux du grand abîme qui abreuvent
les uns, selon le psaume, recouvrent les autres selon le texte de l'Exode. En Is
51, 10 et Is 63, 13 le même terme est employé dans le contexte d'une évocation
du passage de la mer; dans les deux cas, c'est la traversée victorieuse du peuple
de Dieu qui est évoquée. En Dt 8, 7 les eaux du grand abîme qui sortent (יצא au
qal) dans la plaine et la montagne servent à décrire la terre promise. L'expression
complète תהום רבה, outre le fait d'être présente en Is 51, 10, se trouve en Am 7, 4
(au singulier toutefois, contrairement au psaume) mais dans un contexte différent,
ce qui questionne l'affirmation sûre de P. Stern selon laquelle aucun verset ne
contenant l'expression n'est autant lié au Ps 78, 15 que ne l'est Am 7, 15[79].

Comme noté plus haut, les vv. 17-18 sont la première apparition d'une sorte
de refrain dénonçant le fait que le peuple se rebelle et met YHWH à l'épreuve.
Peut-être faut-il considérer comme M. Fishbane qu'un témoignage inversé de la
dépendance du psaume envers le texte de l'Exode se trouve au v. 18. Ce verset
transforme l'acte divin de mise à l'épreuve du peuple (נסה, Ex 16, 4) en une rébellion d'Israël contre YHWH (נסה, v. 18)[80]. Toutefois Ex 17, 7 contient l'idée que le
peuple met YHWH à l'épreuve (נסה) en demandant de l'eau et en s'interrogeant
sur sa présence auprès de lui. Nb 14, 22 mentionne aussi cette mise à l'épreuve
(נסה) de YHWH par le peuple.

Le verbe נסה apparaît par ailleurs de manière répétée dans le Deutéronome
(Dt 6, 16; 8, 2. 16; 33, 8), comme aussi מרה (Dt 1, 26. 43; 9, 7. 23; 24; 31, 27). La
mention du péché, de la rébellion et de la mise à l'épreuve, qui reviendra aux
vv. 40-41 et 55-56, associée à celle de l'oubli (vv. 11. 42) et à celle du souvenir
(v. 35) qui conduit au pardon divin n'est pas sans rappeler, comme il a souvent
été noté, les discours de Moïse (Dt 29-30; 32) et le schéma deutéronomiste: péché
– châtiment – élection[81].

La rébellion du peuple (vv. 19-20) est exprimée d'une manière originale dans
le psaume. Israël reconnaît que YHWH a fait jaillir de l'eau du rocher mais se
demande s'il pourrait dresser une table au désert, donner du pain et de la viande
(vv. 19-20)[82]. Le psaume attribue à YHWH ce qu'Ex 17, 6 assigne à Moïse: *il a frappé
un rocher* (צור נכה); autrement dit, Moïse comme intermédiaire disparaît. Ici aussi
apparaît une correspondance avec Is 48, 21 où se trouve la même expression

---

79 P. Stern, *HUCA 66* (1995), p. 50.
80 M. Fishbane, 1985, p. 327.
81 Cf. par exemple, R.J. Clifford, *Psalms*, Nashville, Abingdon Press, 2002, pp. 42-44.
82 Pour une interprétation de la table à dresser dans le désert comme métaphore du repas au
temple, cf. J. Gärtner, 2012, p. 67.

זוב מים (*des eaux ont coulé*) qu'en Ps 78, 20. En de nombreux passages la terre promise est également décrite comme un pays ruisselant (זוב)[83].

Au v. 21 (לכן שמע יהוה), comme en Nb 11, 1 (וישמע יהוה) *YHWH entendit* et sa colère (אף) monte dans le premier cas ou s'enflamme dans le second; dans les deux textes il est question d'un feu (אש) qui soit s'allume, soit brûle.

Psaume 78		Nombres 11	
v. 21	לכן שמע יהוה	v. 1	וישמע יהוה
v. 21	ואש נשקה	v. 1	אש יהוה
v. 21	אף עלה	v. 1	ויחר אפו

Des mots comme שמע, *entendre*, אף, *colère* et אש, *feu* sont trop banals pour servir à eux seuls d'arguments pour établir un lien entre les deux textes. Mais le psalmiste utilise ces termes dans le contexte spécifique de la formulation de la réponse de YHWH à la plainte du peuple à propos de nourriture. Or Nb 11, 1 utilise les mêmes termes dans un contexte similaire, ce qui fortifie la possibilité d'un lien entre les deux textes. Le v. 22 souligne le manque de foi d'Israël (אמן) comme le font aussi Nb 14, 11; Dt 1, 32; 9, 23.

Alors que le v. 23 semble une création propre du psalmiste, encore que thématiquement assez proche de la description de l'action de YHWH en Gn 7, 11 (*les écluses des cieux s'ouvrirent*) et de Ml 3, 10, au v. 24 est introduite l'idée que YHWH fit pleuvoir la manne pour nourrir le peuple. La référence explicite à la manne qui pleut du ciel et sa description comme bien céleste suggèrent fortement un lien entre le psaume et Ex 16. En effet, le même verbe מטר au *hifil*, *faire pleuvoir*, se trouve en Ex 16, 4. Dans les deux textes de plus, c'est du blé ou un pain des cieux (שמים); l'originalité du psaume est de nommer la manne comme *le pain des forts*. Le v. 25 précise que YHWH *leur envoya de la nourriture à satiété* (לשבע), tandis que Moïse en Ex 16, 8 indique au peuple que le matin YHWH lui donnera du *pain à satiété* (לשבע). En revanche, en ce qui concerne le don des cailles, le psaume indique d'abord que YHWH *fit lever* (נסע) *des cieux un vent d'est* (v. 26); or c'est en Nb 11, 31 que YHWH fait se lever (נסע) un vent qui amène les cailles. La mention du camp (מחנה) où tombent les oiseaux (v. 28) est toutefois plus proche d'Ex 16, 13. Quant aux cailles, elles ne sont pas en tant que telles nommées, le v. 27 utilisant un vocabulaire propre: שאר, *viande* et עוף כנף, *oiseaux ailés*[84].

---

83 Ex 3, 8. 17; 13, 5; 33, 3; Nb 13, 27; 14, 8; 16, 13; 14; Dt 6, 3; 11, 9; 26, 9. 15; 27, 3; 31, 20.
84 Cette dernière expression n'apparaît ailleurs qu'en Gn 1, 21.

Les versets du psaume unissent ainsi des traditions qui sont séparées dans le Pentateuque (Ex 16 et Nb 11) et qui fonctionnent différemment[85]. Le lien entre la tradition de la manne et celle des cailles est formellement établi par la répétition du verbe מטר, *faire pleuvoir*. Contrairement aux traditions pentateucales du don gracieux de la manne, cette dernière est ici donnée sous le signe de la colère divine, comme les cailles de Nb 11, 31-35.

Aux vv. 29-30 le psaume indique que YHWH donna au peuple de la viande, *selon leur désir il leur apporta*. Il semble mêler le vocabulaire d'Exode où les pluriels de אכל, *manger* et שבע, *se rassasier* sont juxtaposés (Ex 16, 12) et de Nombres, avec la mention du *désir*. En effet, en Nb 11, 4 il est question d'individus *remplis de désir* et qui demandent de la viande, puis en Nb 11, 34 le peuple *rempli de désir* est enterré à Qivroth-Taawa, *tombeaux du désir*.

Psaume 78		**Nombres 11**	
vv. 29-30	ותאותם יבא להם	v. 4	התאוו תאוה
	מתאותם	v. 34	קברות התאוה כי־שם קברו את־העם המתאוים

Ainsi dans le Ps 78 la tradition du désir suit la tradition de la manne, tandis qu'en Nb 11, 4 elle la précède. Le sujet n'apparaît pas en Ex 16. Ps 78, 30 ajoute qu'*ils n'avaient pas assouvi leur désir* en utilisant le verbe rare זור, alors que Nb 11, 20 contient le substantif de la même racine (*que vous en ayez la nausée*). Le verset suivant affirme que la colère de Dieu s'éleva contre eux, comme en Nb 11, 33, elle s'enflamme contre le peuple :

Ps 78, 31	ואף אלהים עלה בהם
Nb 11, 33	ואף יהוה חרה בעם

Le verbe הרג, *abattre*, employé aux vv. 31 et 34 pour décrire l'action de YHWH à l'encontre de son peuple est aussi utilisé en Ex 13, 15 pour dire l'agir divin contre les premiers-nés des Egyptiens, l'absence de foi (לא אמן) mentionnée au v. 32 en Nb 14,11 et le châtiment qui s'ensuit, à savoir que YHWH consume (כלה) leurs jours comme un rien, en Nb 16, 21. Les verbes qui disent la réaction du peuple quand YHWH le frappe sont de nature assez différente : דרש, *chercher* et plus encore שוב, *revenir* sont fréquemment utilisés dans tout le corpus vétérotestamentaire, tandis que שחר, *se tourner vers* est plus rare et n'apparaît que dans les livres d'Osée et de Jérémie d'une part, des Proverbes et de Job d'autre part (par exemple Os 5, 15 : ...

---

85 Dans ces versets aussi J. Gärtner décèle une connotation implicite de repas sacrificiel au temple (J. Gärtner, 2012, p. 72).

dans leur détresse ils se tourneront vers moi). L'évocation de Dieu comme rocher (v. 35)[86] est présente aussi en Dt 32, 31. Cette réaction du peuple n'est toutefois, selon les expressions de J. Gärtner, qu'une « perversion de la mémoire », « une confession du bout des lèvres », puisque le v. 36 établit qu'il trompe Dieu de sa bouche et lui ment de sa langue, une attitude que dénoncent les discours prophétiques (Is 29, 13ss; Jr 12, 2)[87]. Au v. 38 l'expression *il ne détruisait pas* (ולא־ישחית) utilise le même verbe que Dt 10, 10 qui évoque l'épisode du veau d'or: *YHWH n'a pas voulu te détruire* (השחיתך). La réponse de YHWH à la rébellion du peuple dans le désert est semblablement décrite en Ez 20, 17: *mais mon œil eut compassion d'eux, je ne voulus pas les détruire* (משחתם); *je ne les exterminerai pas dans le désert.* Pour E.L. Greenstein « le verset (du psaume) évoque certainement la représentation du Dieu miséricordieux d'Ex 34, 6, en suivant sa manifestation de retenue envers les Israélites qui adorèrent le veau d'or. En effet, le psaume se conclut avec l'instauration éternelle du temple et de la dynastie davidique et atteste d'une manière générale de la fidélité de YHWH à son alliance autant, sinon plus, que de ses actes de châtiment »[88]. Mais cette affirmation n'a pas d'appuis textuels réels. D'une manière générale, les correspondances verbales ci-dessus nommées ne peuvent être établies que sur des termes isolés et sont trop éparses pour qu'on puisse parler de liens intertextuels de manière sûre.

2.5.3 La seconde récitation de l'histoire (vv. 42-72)

La récitation des signes et des prodiges en Egypte laisse apparaître plusieurs chevauchements lexicaux entre le Psaume et les textes du Pentateuque. En tant que telle l'expression *signes et prodiges* (אות ומופת) semble être une formule stéréotypée surtout présente dans le livre du Deutéronome (Ex 7, 3; Dt 4, 34; 6, 22; 7, 19; 34, 11...). Le v. 43: *lui qui mit en Egypte ses signes* n'est pas sans évoquer pourtant Ex 10, 2: *... les Egyptiens... j'ai mis chez eux mes signes.* B.S. Childs précise qu'il s'agit d'une formule qui aurait d'abord assumé un sens large, englobant ce que YHWH a accompli auprès de Pharaon et en Egypte, à la Mer des Joncs, dans le désert et à l'encontre de Datân et Abiram. Mais il ajoute que l'expression a ensuite assumé une signification étroite lorsque, dans un développement ultérieur du corpus deutéronomique, y a été associée la tradition du passage de la mer: elle en est venue à désigner spécifiquement les plaies d'Egypte. Un même phéno-

---

86 Une expression que J. Gärtner rattache aussi à la théologie du culte de Jérusalem, tout comme la formule *Dieu Très-Haut* (J. Gärtner, *Ibid.*, p. 75).

87 J. Gärtner, *Ibid.*, pp. 75-76.

88 E.L. Greenstein, *Prooftexts 10* (1990), p. 196.

mène serait à observer pour la formule: *YHWH ton Dieu t'a fait sortir de la terre d'Egypte*; la formule aurait résumé l'entière expérience de salut depuis la sortie d'Egypte jusque l'entrée en terre promise (Dt 5, 15; Ex 13, 8). Son usage fréquent, en parallèle avec le verbe פדה, *racheter*, en aurait manifesté la dimension sotério-logique. Mais lorsque la tradition du passage de la mer aurait été introduite dans le Deutéronome, sous la forme qu'elle possède dans le schéma du Tétrateuque (plaies, sortie d'Egypte, passage de la mer), la formule aurait spécifiquement indiqué l'exode. Ces déplacements de sens seraient présents en Ps 78[89].

Le psalmiste se réfère aux interventions divines en Egypte en utilisant le même vocabulaire que les textes de l'Exode: דם, *sang* (Ps 78, 44; Ex 7, 17. 20); ערב, *insectes* (Ps 78, 45a; Ex 8, 17. 18. 20. 25. 27); צפרדע, *grenouilles* (Ps 78, 45b; Ex 7, 27-29; 8, 1-6. 8-9); ארבה, *criquets* (Ps 78, 46; Ex 10, 4. 12-14. 19); ברד, *grêle* (Ps 78, 47-48; Ex 9, 24. 28); דבר, *peste* (Ps 78, 50; Ex 9, 3); בכור, *premiers-nés* (Ps 78, 51; Ex 11, 5 ; 12, 12. 29). Il a souvent été noté que ce psaume se réfère aux plaies du récit non-sacerdotal ou en contient le même nombre. Cette identification toutefois varie d'un commentaire à un autre[90], au prix parfois de corrections du texte, d'un recours à la version de Symmaque qui donne דבר, *peste* au lieu de ברד, *grêle* au v. 48 ou de lecture de versets (v. 45 par exemple) qui selon les estimations contien-draient deux plaies ou une seule. En réalité, ces interprétations lisent le psaume à partir du texte de l'Exode et échappent peu à la tentation de vouloir y trouver des correspondances qui justifient une hypothèse de lecture préalablement posée.

Le psaume comme le texte de l'Exode commence par la plaie de l'eau changée en sang pour finir avec celle des premiers-nés; mais, dans le psaume, la plaie des insectes précède celle des grenouilles et la grêle qui détruit la végétation, la plaie qui affecte le bétail. Le psaume comporte également aussi quelques termes propres: חסיל, *sauterelle* à côté de *criquets* (v. 46); חנמל, *gel* à côté de *grêle* (v. 47); רשפים, *éclairs* à côté de la grêle ou de la peste au v. 48 et l'*envoi de messagers de malheur* (v. 49) encore que le verbe שלח, *envoyer*, présent dans les vv. 45. 49 et Ex 8, 17 soit apparenté à משלחת, *envoi*.

Le v. 44 du psaume et Ex 7, 20b sont fort semblables au point que l'un semble paraphraser l'autre:

---

89 B.S. Childs, « Deuteronomic Formulae of the Exodus Tradition », in: *Hebräische Wortforschung*, VTSup 16, Leiden, Brill, 1967, pp. 30-39. Il note aussi, sans pourtant se prononcer, que n'a jamais été pris en compte pour la datation du psaume le fait qu'il reflète la combinaison du matériel deutéronomique et de la tradition tétrateucale du passage de la mer.
90 Comparer: A. Lauha, 1945, p. 50; E. Haglund, 1984, p. 95; J. Day, « Pre-Deuteronomic Allusions to the Covenant in Hosea and Psalm LXXVIII », *VT 36* (1986), p. 11; S.E. Loewenstamm, 1992, p. 80.

Ps 78, 44   ויהפך לדם יאריהם
       il changea en sang leurs canaux

Ex 7, 20b   ויהפכו כל־המים אשר־ביאר לדם,
       toutes les eaux du fleuve se changèrent en sang

Tandis que dans le psaume la peste frappe les Egyptiens et non leur bétail (par différence avec Ex 9, 3) réalisant ainsi ce que YHWH aurait pu décider s'il n'avait choisi de maintenir pharaon et les siens pour leur faire voir sa force (cf. Ex 9, 15-16), le fait qu'il frappe tous les premiers-nés en Egypte est aussi formulé d'une manière parallèle au texte de l'Exode,

Ps 78, 51   ידו כל־בכור במצרים
       il frappa tous les premiers-nés en Egypte

Ex 12, 12   והכיתי כל־בכור בארץ מצרים
       je frapperai tout premier-né au pays d'Egypte

Le premier texte cependant est à la troisième personne masculin singulier et le second à la première personne masculin singulier ; leur référence à l'Egypte diffère quelque peu. Un même parallélisme peut être observé avec Ex 12, 29 :

                     והיה הכה כל־בכור בארץ מצרים,
       YHWH frappa tout premier-né au pays d'Egypte.

Le parallèle avec ces deux versets de l'Exode est clair.
Au v. 45, le psaume utilise les verbes שלח, *envoyer* qui n'est pas sans rappeler le participe *hifil* de la même racine utilisé en Ex 8, 17 et שחת, *détruire*, que Ex 8, 20 emploie à propos des insectes. En d'autres termes, la formulation du verset semble glaner du vocabulaire en Ex 8.

    Le verbe נהג, utilisé au v. 26 dans l'évocation du vent du sud amené par la puissance divine, puis au v. 52 pour décrire l'action positive de YHWH en faveur de son peuple (*il les emmena comme des brebis dans le désert*) est utilisé en Ex 14, 25, toujours au *piel* et avec YHWH pour sujet, pour raconter que YHWH rendit difficile la conduite des chars égyptiens. Dans les mêmes versets du psaume apparaît le verbe נסע, au *hifil*, *faire se lever, faire partir* ; au v. 52 YHWH fait se lever comme un troupeau son peuple. Or le même verbe est utilisé en Ex 15, 22 où c'est Moïse qui fait partir (נסע, au *hifil*) Israël.

    Plusieurs correspondances apparaissent, du reste, entre le psaume et Ex 15, qui vont quelques fois au-delà de la simple utilisation de mêmes termes :

Ps 78, 16. 44   נֹזְל, *ruissellements, eaux,* participe masculin pluriel au *qal*

Ex 15, 8   נֹזְל, *ruissellements, eaux,* participe masculin pluriel au *qal*

Ps 78, 49

ישלח־בם חרון אפו

il envoya contre eux son ardente colère

Ex 15, 7

תשלח חרנך יאכלמו כקש

il envoie sa fureur qui les dévore comme le chaume

Ps 78, 52   עמו, *son peuple*   Ex 15, 13 עם, *le peuple*

Ps 78, 53   וינחם, *il les conduisit*   Ex 15, 13 נחית, *tu conduisis*

Ps 78, 53

ואת־אויביהם כסה הים

la mer couvrit leurs adversaires

Ex 15, 10

כסמו ים

la mer les couvrit

Comme le fait encore remarquer S. Gillingham, le v. 69 : *il bâtit son sanctuaire* (מקדש) *comme les lieux élevés, comme la terre qu'il a fondée pour toujours* a aussi des correspondances avec Ex 15, 17 : … *tes mains ont fondé, Dieu, un sanctuaire,* ce qui tendrait à montrer l'intégration de la tradition de l'Exode avec celle de Sion[91]. En réalité, les correspondances entre Ex 15, 17 et le psaume ne s'arrêtent pas là : dans Ps 78, 54 YHWH *amène* (בוא, hifil) son peuple dans son *territoire saint* (קדש), *cette montagne* (הר) *acquise* (קנה) *par sa droite*. En Ex 15, 13 YHWH guide son peuple vers sa demeure *sainte* (קדש) ; c'est le peuple qu'il a acquis (קנה, v. 16) et, au v. 17, il l'*amène* (בוא, hifil) *sur la montagne* (הר), *son héritage* (נחלה). Dans le psaume est *héritage* (נחלה) de YHWH la contrée (v. 55), son peuple (v. 62) Israël (v. 71).

Comme précédemment indiqué c'est à partir de ces correspondances de vocabulaire que R.J. Clifford pense que le psalmiste a construit cette seconde récitation de l'histoire selon un ancien schéma présent aussi en Ex 15 : le combat de YHWH contre les Egyptiens, suivi d'une procession solennelle du peuple victorieux vers la montagne sainte où demeure la divinité. Les vv. 44-51 décriraient le combat divin, ce qui correspondraient à Ex 15, 1-12, et les vv. 52-55 la procession, en parallèle à Ex 15, 13-18. Dans Ps 78, 54, *le territoire saint, la montagne acquise par sa droite* désignerait le sanctuaire de Silo, comme le laissent supposer les croisements de vocabulaire entre les vv. 52-55 et 59-67. Un même vocabulaire est toutefois utilisé

---

91 S. Gillingham, « The Exodus Tradition and Israelite Psalmody », *Scottish Journal of Theology* 52/1 (1999), p. 29.

pour parler de Jérusalem dans les vv. 68-71. En dernière analyse, la procession victorieuse aurait pour but d'attirer l'attention sur Sion[92]. A ces remarques il conviendrait d'ajouter que dans la logique du psaume, cette seconde évocation du passage de la mer suggère que YHWH qui se rend maître des eaux (v. 13) peut aussi dominer les ennemis de son peuple (v. 53).

Dans la séquence des signes et des prodiges, deux versets n'ont pas de parallèles dans les textes du Pentateuque rapportant les plaies infligées à l'Egypte ; ce sont les vv. 49-50 qui, selon A.C.C. Lee, constitueraient la clé de compréhension de la fonction de la tradition des plaies dans le psaume. Il observe que le premier stique du v. 49 a son plus proche parallèle en Jb 20, 23 et en Ex 15, 7

Ps 78, 49	וישלח־בם חרון אפו
Il envoya contre eux son ardente colère	
Jb 20, 23	וישלח־בו חרון אפו
Il envoya contre lui son ardente colère	
Ex 15, 7	תשלח חרנך
Tu envoies ta colère	

Mais ce verset aurait aussi des correspondances avec l'oracle de malheur d'Is 10, 5-6, dans lequel l'Assyrie est appelée le *gourdin de la colère* divine et est l'instrument au moyen duquel Israël est châtié et Juda puni. Ces versets ont en commun un certain nombre de termes : שלח, *envoyer, laisser partir* ; אף, *colère* ; עברה, *fureur* ; זעם, *rage*. A.C.C. Lee en déduit que Ps 78, 49 renverrait à la colère divine comme étant accomplie par l'Assyrie et, par la suite, contre l'Assyrie. Il ajoute que la mention de messagers, מלאך, mandatés par YHWH pour accomplir le châtiment de l'Assyrie est également présent en Is 37, 36 et que ce dernier texte formerait l'arrière-fond du récit de la mort des premiers-nés en Egypte en Ps 78, 49-51. « A en juger par cet éclairage, nous pouvons conclure que le psalmiste ne possède pas forcément un récit indépendant des plaies, ni que les vv. 49-51 aient à être considérés comme une interpolation. Il est créatif dans son traitement de l'histoire et libre de le mettre en rapport avec l'expérience de son assemblée, en y lisant les

---

92 R.J. Clifford, « In Zion and David a New Beginning : An Interpretation of Psalm 78 », pp. 133-134. Sur les correspondances entre Ex 15 et Ps 78, voir aussi l'analyse de J. Gärtner, 2012, pp. 85-89. Entre autres choses, elle souligne que la réception d'Ex 15 en Ps 78 sert la description d'Israël comme communauté cultuelle. Dans ces pages encore il demeure difficile d'acquiescer à l'affirmation que Ps 78, 56, comme Ps 78, 17, réfèrent aux gestes du Dieu Créateur et que le psaume en son ensemble renvoie d'abord au Créateur puis au souverain de la terre. L'expression même de *creatio continua* à propos de l'approvisionnement du peuple en manne et en cailles fausse en réalité la perspective du psaume (cf. pp. 292. 377-379).

événements historiques plus récents – dans ce cas l'action salvatrice de YHWH envers Israël qui punit les Assyriens arrogants »[93]. S'il n'est pas convaincant de conclure que le psaume traite au v. 49 de la colère de YHWH contre l'Assyrie ou qu'il se réfère à des événements récents, à savoir l'attaque de l'armée assyrienne sous le règne d'Ezéchias, il est possible que le psaume combine les références à Ex 15, 7; Jb 20, 23 et Is 10, 5-6 ou tout simplement qu'il fasse appel à un langage stéréotypé évoquant le châtiment divin contre les nations qui oppressent son peuple.

Les vv. 57-58 traitent à nouveau de rébellion et introduisent le thème de l'idolâtrie; la phraséologie est là aussi deutéronomiste. Le v. 58 utilise encore deux verbes rares כעס, *provoquer* et קנא, *exciter* comme une paire parallèle et en lien avec des formes illicites de culte, comme Dt 32, 16.

Les événements racontés à partir du v. 59 correspondraient, selon certaines études, au récit de 1 S 4, à la prise de l'Arche par les Philistins lors de la bataille d'Afeq; un des arguments avancés est que le terme עז, *splendeur*, est utilisé pour désigner l'Arche par Ps 132, 8. La guerre et la perte de l'Arche seraient évoquées en lien avec la mort des prêtres (v. 64), ce qui concorderait avec la mention de la mort d'Hofni et Pinhas en 1 S 4, 11. Le psaume, de plus, associerait ces événements à l'abandon de Silo par YHWH (v. 60), ce qui serait adapté au fait que l'Arche a été capturée après avoir été rapportée de Silo (1 S 4, 3-4). Ainsi le Ps 78 envisagerait le climax du jugement de YHWH contre les tribus du Nord comme ayant eu lieu lors de la bataille d'Afeq, avec la perte de l'Arche et la destruction de Silo qui s'ensuivirent[94]. Il n'y a pas cependant de liens lexicaux entre les deux textes.

La mention du rejet d'Israël et de l'abandon de la demeure de Silo par YHWH est précédée par l'évocation des hauts-lieux et des idoles (v. 58) et elle se conclut par l'affirmation du rejet de la tente de Joseph et de la tribu d'Ephraïm (v. 67). Le verbe מאס, *rejeter* (vv. 58. 67), est fréquemment utilisé dans les textes des prophètes antérieurs et postérieurs, mais c'est en Jérémie que se trouvent aussi le lien entre la destruction de Silo et le rejet du royaume du Nord, le parallélisme entre Silo et Jérusalem, Ephraïm et Juda (Jr 7, 12-15; 26, 4-6). En 7, 29 avec trois termes également présents en Ps 78, 59-60, le texte prophétique appelle à prononcer une lamentation sur Juda, qui excède (עבר) YHWH, sera rejeté (מאס) et délaissé (נטש), pour avoir entre autres abominations élevé des hauts-lieux (במה, v. 31). Le prophète avertit qu'à cause du péché du peuple et de son refus persistant d'en entendre les conséquences, le sort du temple de Jérusalem sera le même que celui du sanctuaire de Silo. Si le prophète et le psalmiste condensent tous deux

---

93 A.C.C. Lee, « The Context and Function of the Plagues Tradition in Psalm 78 », *JSOT 48* (1990), p. 85.

94 A.F. Campbell, *CBQ 41* (1979), pp. 60-61; J. Day, *VT 36* (1986), p. 8; H.P. Nasuti, 1988, p. 92; E.L. Greenstein, *Prooftexts 10* (1990), p. 200.

les destructions de Silo et du royaume du Nord, peut-être comme le suggère A. Berlin par une analogie projetée en arrière de la destruction du temple et de Juda[95], ils poursuivent des fins différentes. Alors que Jérémie veut avertir Juda que son sort sera le même que celui d'Ephraïm, le psalmiste établit que les sorts de Silo et Israël d'une part, Jérusalem et Juda d'autre part, sont diamétralement opposés. Il ne fait aucune allusion aux événements de 586. Il affirme en revanche que si Ephraïm n'est pas choisi, Juda l'est (vv. 68-69) et son sanctuaire est bâti *comme les lieux élevés, comme la terre qu'il a fondée pour toujours*, cette dernière expression insistant sur la stabilité et la permanence du temple[96]. Par contraste le sanctuaire de Silo, qui est décrit au v. 60 comme *la tente où il demeurait* (שכן, au *piel*) *parmi les humains*, est en Jr 7, 12 le lieu où *demeurait son nom* (שכן, au *piel*). « Le psalmiste connaît les traditions deutéronomistes et il connaît, me semble-t-il, Jérémie 7, auquel il répond. Le silence du psaume à propos des événements de 586 ne signifie pas qu'il ait été écrit avant qu'ils ne se produisent. En fait, la meilleure lecture de ce psaume prend ces événements comme sous-entendus, comme compris par l'auditoire et comme le texte sous-jacent contre l'arrière-fond duquel le poète écrit »[97].

Jr 7 n'est sans doute pas le seul texte en arrière-fond de ces versets. Des correspondances peuvent en effet être établies avec le récit de la chute du royaume du Nord en 2 R 17. Le texte établit que cet événement advint parce que les fils d'Israël ont péché contre YHWH, *lui qui les avait fait monter du pays d'Egypte*, (v. 7), ont craint d'autre dieux et se sont bâtis des *haut-lieux* (במה, v. 9), ont provoqué YHWH (כעס, v. 11; cf. Ps 78, 58), *ont rejeté* (מאס)[98] *ses lois ainsi que l'alliance conclue avec leurs pères* (v. 15), se sont livrés à de mauvaises actions au point d'irriter YHWH (v. 18). *YHWH s'est mis contre une violente* (מאד; cf. Ps 78, 59) *colère contre Israël : il les a écartés loin de sa présence. Seule est restée la tribu de Juda* (v. 18). Il *a rejeté toute la race d'Israël* (v. 20). Mais la différence est là encore que 2 R 17 semble aussi annoncer la dévastation de Juda (cf. v. 19 : *mais Juda non plus n'a pas gardé les commandements de YHWH son Dieu : ils ont suivi les lois qu'Israël avait établies*).

---

95 A. Berlin, « Psalms and the Literature of Exile », p. 80.

96 A comparer peut-être avec le prologue du code de Hammourabi, comme le propose S.E. Loewenstamm, qui pose l'hypothèse que l'expression *les lieux élevés* désigne les cieux (E.S. Loewenstamm, 1992, note 12, p. 75).

97 A. Berlin, *Ibid.*, pp. 81-82. Pour une hypothèse inverse selon laquelle ce serait le prophète qui contrerait la thèse du psaume, cf. E. Beaucamp, 1979, p. 32; W.L. Holladay, « Indications of Jeremiah's Psalter », *JBL 12* (2002), pp. 257-258.

98 Il n'est donc peut-être pas opportun, comme le fait D.N. Freedman, de corriger le v. 59 et de lire dans le deuxième stique, non pas que Dieu a rejeté *complètement* (מאד) Israël, mais que le *Tout-Puissant* a rejeté Israël en faisant de מאד une épithète divine (D.N. Freedman, « God Almighty in Psalm 78, 59 », *Bib 54* (1973), p. 268).

E.L. Greenstein fait aussi remarquer, sans plus de précision, que dans sa description de la destruction de Silo, le psaume possède en commun un bon nombre de motifs et de termes avec le texte des Lamentations, qui lui se réfère à la destruction du temple de Salomon[99]. Il est vrai qu'on retrouve en Lm 5, 22, les termes מאס, *rejeter* et מאד, *beaucoup, complètement* (Ps 78, 59) pour qualifier l'irritation de YHWH; en 2, 7 le motif du sanctuaire repoussé et l'usage verbe סגר, *abandonner* (Ps 78, 62); en 2, 1 le motif de la colère divine et le terme תפארת, *splendeur*; en 1, 19 le motif de la mort des prêtres (Ps 78, 64) tandis que 5, 11 évoque le sort des jeunes filles (Ps 78, 63)... Il n'est pas impossible que l'un des deux textes s'inspire de l'autre ou tout au moins que le psaume, comme le suggère aussi le lien avec Jr 7, 29, reprenne le genre littéraire de la lamentation pour l'appliquer à Silo cependant, non à Jérusalem[100].

Le v. 67 introduit le rejet de la tente de Joseph, alors qu'Amos évoque la possibilité que la maison de Joseph soit détruite par YHWH (5, 15) et parle de sa ruine (6, 6). Ce dernier utilise donc l'expression *maison de Joseph* pour se référer à l'Israël du Nord. Les vv. 67-68 forment un chiasme qui commence avec l'idée du rejet (מאס) de la tente de Joseph et finit avec celle de l'amour (אהב) de Sion, tandis qu'en son centre la tribu d'Ephraïm n'est pas choisie (לא בחר) alors que celle de Juda l'est (בחר). Le verbe בחר, *choisir* fait partie de la terminologie de l'élection de l'Ancien Testament (cf. Dt 7, 6-8), ce qui intensifie l'aspect polémique de la forme négative. Le choix de Juda apparaît ainsi fondé sur le rejet d'Ephraïm tout autant que sur une initiative positive de YHWH à son égard.

Les vv. 70-71, avec leur référence au choix de Juda, Sion et David, reprennent thématiquement 2 S 7, 8 avec quelques termes communs (עבד, *serviteur*; לקח, *prendre*; צאן, *bétail*; עם, *peuple* et Israël). Dans ce dernier texte David, dans sa réponse à la promesse divine, parle d'Israël comme peuple de Dieu, ce peuple que YHWH a racheté d'Egypte (v. 23). En 1 R 8, 51 en finale de la longue prière qu'il a adressée à YHWH après avoir apporté l'arche, la tente de la rencontre et tous les objets sacrés dans le temple nouvellement construit, Salomon nomme le peuple que YHWH a fait sortir d'Egypte *héritage* (נחלה) de Dieu, comme le fait le psaume (vv. 55. 62. 71).

Ces derniers versets caractérisent David comme pasteur: il a été pris *dans des parcs du troupeau* pour qu'il paisse Jacob le peuple de Dieu et Israël son héritage. Cette caractérisation apparaît dans les livres de Samuel, mais aussi chez les prophètes postérieurs. Jérémie (23, 1-8; 50, 6), Ezéchiel (34, 23-24; 37, 22-25)

---

99 E.L. Greenstein, *Prooftexts 10* (1990), note 114, p. 217.

100 Selon A. Berlin, le Ps 78, 56-64 montre que le thème de la lamentation sur Jérusalem est devenu populaire et peut être appliqué comme un trope littéraire à d'autres destructions pendant les périodes exilique et postexilique (A. Berlin, « Psalms and the Literature of Exile », p. 77).

et Michée (4, 14-5, 15) d'une part se lamentent sur la conduite des chefs de Juda et dénoncent leur échec à prendre soin du peuple et d'autre part annoncent un futur plein d'espoir, le châtiment des pasteurs et la restauration du peuple dans sa terre, sous la conduite d'une nouvelle figure davidique qui le fera paître avec justice. La caractérisation de David comme roi-berger sert donc dans les textes prophétiques à formuler et un jugement contre les pasteurs de Juda et l'attente d'une restauration nationale. Le psaume utilise le motif, sans qu'il soit possible d'établir un lien intertextuel serré avec l'un ou l'autre texte prophétique. Son originalité réside non seulement dans la référence aux bêtes qui allaitent, ce qui semble indiquer une action en faveur d'un troupeau vulnérable, mais aussi dans la juxtaposition du but du choix divin et de l'évocation de l'intégrité et de la sagesse de David dans l'accomplissement de sa tâche. Nous aurons à revenir toutefois sur la formulation de la fonction que YHWH assigne à David (v. 71b).

2.5.4 Bilan

Quel bilan est-il alors possible de tirer de ces observations sur les correspondances de vocabulaire et d'expression?

Dans sa formulation, le prologue vise certainement à présenter le psaume comme un poème didactique, inspiré des discours parénétiques du Deutéronome et il est sans doute indéniable qu'une phraséologie deutéronomiste soit identifiable dans l'un ou l'autre verset du texte[101]. Toutefois le prologue emprunte au vocabulaire sapientiel, au moins en ce qui concerne les champs lexicaux de l'anthropologie, de l'instruction et de la transmission. La présence de cette terminologie interroge la relation que le psaume pourrait avoir avec la littérature de sagesse. S'il est vrai que pour une bonne part le vocabulaire en commun avec les livres sapientiaux est ordinaire, quelques expressions rares tel l'usage de תבונה ou de כסל avec le sens d'*espérance* uniquement repérable ailleurs dans le livre de Job invitent à ne pas rejeter trop vite la perspective d'une proximité entre le psaume et ce corpus. Il convient également de ne pas vouloir absolument conserver une date relativement ancienne du psaume en arguant, comme le fait P. Stern, du fait que la sagesse serait un phénomène tout autant préexilique que postexilique, en concluant sans arguments décisifs que c'est le livre de Job qui dérive du psaume ou en datant le premier du onzième siècle[102].

---

101 Pour un relevé de cette phraséologie, voir: M.Weinfeld, *Deuteronomy and the Deuteronomic School*, Oxford, Clarendon Press, 1972, annexe A, pp. 320-364.
102 P. Stern, *HUCA 66* (1995), p. 53.

La première récitation de l'histoire s'ouvre par un verset (v. 9) difficile d'interprétation et qui ne s'éclaire véritablement que par sa relation avec le v. 57 et les liens d'intertextualités avec Os 7, 16 et dans une moindre mesure Jr 4, 29 et Am 2, 15. Le jeu de mots du v. 9, la rareté de l'expression *arc de tromperie* utilisée dans le psaume et en Osée, pour le même but et dans un contexte semblable, rendent contestable la négation d'un lien d'intertextualité, tandis que l'interprétation ardue du psaume sans la référence au texte prophétique implique clairement que c'est le premier qui emprunte au second et non l'inverse. Autrement dit, ici comme ailleurs, le psaume emploie des mots ou des expressions qui, parce qu'ils sont rares ou spécifiques, orientent le lecteur vers une interprétation à la lumière d'autres versets du corpus biblique dans lesquels ils apparaissent aussi. Ces associations de mots, ces renvois par allusion, peuvent parfois être complexes dans la mesure où la même technique exégétique peut déjà être à l'œuvre dans les textes auxquels le psaume fait allusion. Les passages auxquels il renvoie non seulement éclairent l'interprétation du psaume, mais manifestent aussi comment des traditions et des motifs se développent d'un texte biblique à un autre. Les liens possibles, et confirmés en d'autres versets, avec Amos et Jérémie témoigne également qu'au moment où le psaume a été écrit ces prophètes étaient perçus comme un ensemble aux mêmes harmoniques, au moins en ce qui concerne l'usage de la tradition de l'exode. Ainsi le psaume, pour dénoncer l'infidélité et l'ingratitude d'Ephraïm, semble recourir «au noyau d'un canon prophétique deutéronomiste»[103], dans lequel la tradition bien établie de l'exode sert de vecteur de jugement ou d'avertissement. Il s'insère ainsi dans un processus d'interprétation et de réinterprétation des traditions de l'exode déjà à l'œuvre dans les écrits prophétiques.

L'évocation des merveilles accomplies devant les pères (vv. 12-16) possède du vocabulaire en commun avec les livres de l'Exode et des Nombres. Si avec ce dernier les correspondances textuelles sont assez lâches, quelques rares expressions, comme par exemple l'utilisation de כמו־נד, *comme une muraille* ou de תהום, *grand abîme*, permettent d'établir un lien d'intertextualité entre le psaume et Ex 15. Quelques passages, de plus, présentent des formulations semblables, qui vont au-delà d'une simple concordance de mots (voir Ps 78, 13 et Ex 15, 8; Ps 78, 14 et Ex 13, 21). Le v. 13 est un bon exemple de combinaison de mots-clés présents en Ex 14 (par exemple בקע) et Ex 15, avec une réelle proximité de formulation en ce qui concerne le second chapitre, ce qui témoigne en faveur de la dépendance du psaume envers les textes du livre de l'Exode. Le psaume lit la narration d'Ex 14

---

[103] L'expression est de T. Römer, « How did Jeremiah become a convert to Deuteronomistic ideology? », in: *Those Elusive Deuteronomists*, Sheffield, Sheffield Academic press, 1999, p. 197.

et le cantique d'Ex 15 l'un avec l'autre et l'un par l'autre, ce qui implique que ces textes devaient déjà être bien établis.

Il convient d'ajouter que le psaume manifeste aussi une certaine proximité avec le livre d'Isaïe : le psaume comme le texte prophétique (Is 48, 21 ; 63, 12) utilise le verbe בקע, *fendre* tant dans le contexte de l'évocation de la traversée de la mer que de celui du don de l'eau ; Is 51, 10 et 63, 13 emploient aussi le substantif תהום, *grand abîme*. Les deux textes manifestent un travail de réinterprétation et de fusion de deux traditions séparées : celle de la traversée de la mer et celle du don de l'eau. Dans les deux cas, l'accent porte sur la bienveillance divine et sert à encourager l'auditoire à faire mémoire de la présence divine dans son histoire, laquelle est plus puissante que tout effort humain. Ici encore, le psaume s'inscrit à la suite du livre d'Isaïe dans une histoire de réinterprétations qui fait du récit d'un événement fondateur la clé de lecture d'autres récits, construisant et déployant ainsi le motif de la présence bienfaisante de YHWH, qui est associé à celui de la rébellion du peuple.

Dans les vv. 17 et 18 apparaît pour la première fois en effet la mention du péché du peuple, avec les verbes מרה, *se rebeller* et נסה, *mettre à l'épreuve* qui sont caractéristiques de la tradition de la rébellion[104]. Dans la spécification de la rébellion (vv. 19-20) le psaume a de nouveau en commun des expressions avec Exode et Isaïe et on peut se demander si l'usage de l'expression זוב מים, *des eaux ont coulé* n'est pas une allusion discrète à la terre promise, ce pays ruisselant dans lequel le peuple a continué à se révolter. Comme en de nombreuses occurrences où se trouve la tradition de la rébellion, le v. 20 pose une question qui se réfère au passé et donne le motif de la rébellion. La réponse de l'interlocuteur divin (v. 21) utilise les mêmes termes, dans un même contexte, que Nb 11, 1.

Les vv. 23-28 qui présentent le don de la manne et des cailles comme un châtiment divin unissent, comme observé plus haut, des traditions qui sont séparées dans le Pentateuque (Ex 16 et Nb 11) et qui fonctionnent différemment. Le psaume a du vocabulaire en commun avec l'un ou l'autre texte du Pentateuque. Dans les vv. 29-31, la tradition du désir en lien avec celle de la manne contient en revanche une accumulation de termes ou d'expressions en commun avec Nb 11. Ce phénomène rend difficilement justifiable la négation de liens d'intertextualité,

---

104 G.W. Coats, 1968, pp. 24 et 205. Pour G.W. Coats, l'alternance entre l'évocation de la patience de Dieu et celle des actes répétés de rébellion d'Israël est le résultat de la réinterprétation deutéronomiste de la tradition du murmure. Celle-ci aurait son *Sitz-im-Leben* dans le culte de Jérusalem, peut-être au temps de la division du royaume, et serait une polémique contre les Israélites du Nord qui prétendaient être les détenteurs de la véritable alliance avec YHWH (*Ibid.* p. 251). L'hypothèse est discutée par S.J. de Vries, « The Origin of the Murmuring Tradition », *JBL 87* (1968), pp. 51-58.

de même que la combinaison de traditions différentes oriente dans le sens de la dépendance du psaume envers les textes du Pentateuque et non l'inverse.

Enfin les derniers versets (vv. 32-39) de cette première récitation de l'histoire partage des thématiques semblables et un même vocabulaire avec les livres de l'Exode, des Nombres et du Deutéronome mais la présence conjointe de quelques termes isolés ne suffit pas pour prétendre à l'existence de liens intertextuels.

Dans la seconde récitation de l'histoire, la dénomination des plaies reprend pour une bonne part celle de l'Exode mais introduit aussi des termes propres. L'ordre des plaies diffère mais les deux textes commencent par l'eau changée en sang et se terminent par la mention de la mort des premiers-nés en Egypte. Pour ces deux plaies, au-delà de la dénomination commune, les expressions sont similaires au point qu'un texte semble paraphraser l'autre. Outre la non-pertinence déjà mentionnée des tentatives d'harmonisation entre le psaume et le récit non-sacerdotal de l'Exode, les arguments invoqués pour proposer une antériorité du premier sur le second sont peu convaincants, en particulier lorsqu'ils se basent sur le principe qu'une tradition est agrandie plutôt que diminuée[105]. L'auteur du livre de la Sagesse de Salomon, qui pourtant qualifie sa propre interprétation du récit de l'Exode de « soigneuse », « exacte » (ἀκριβῶς; Sg 19, 18) ne donne, en une lecture libre et hardie, que sept plaies. Il semble donc plus convaincant de penser que le psaume construit sa propre réinterprétation de traditions antérieures selon le but qu'il se propose. Par ailleurs, il assez difficile d'imaginer que les références brèves et souvent indirectes, voire allusives, du psalmiste aient pu engendrer des récits plus longs dans les sources narratives.

Au regard des correspondances non seulement de termes mais aussi d'expressions entre le psaume et Ex 15, l'hypothèse que le premier soit construit selon un schéma présent dans l'autre est en revanche plus convaincante, sans qu'il soit nécessaire, en l'absence de liens lexicaux, de supposer que les événements racontés à partir du v. 59 renvoient au récit de 1 S 4. Sur la base de ce schéma, les traditions du séjour au désert et de l'entrée en terre promise (vv. 52-55) reçoivent un traitement original. Concernant le rejet d'Israël et de l'abandon de la demeure de Silo par YHWH, ce sont les correspondances avec Jr 7 et 2 R 17 qui se font jour le plus visiblement, alors que le psaume reprend le genre littéraire de la lamentation pour l'appliquer à Silo. La conclusion de cette séquence, en mentionnant le rejet de la maison de Joseph, semble toutefois plus proche du livre d'Amos.

La finale du psaume, avec son évocation du choix de la tribu de Juda, de Sion et de David possède des thématiques et quelques termes en commun avec

---

105 Cf. les hypothèses de M. Goulder, E. Haglund et S.E. Loewenstamm précédemment exposées, qui suggèrent que le Ps 78, avec sept plaies, représente la tradition la plus ancienne et que l'Exode, avec dix plaies, en est une variante élargie.

les prophètes antérieurs, 2 S 7 et 1 R 8, 51 en particulier, mais ce n'est sans doute pas suffisant pour parler de liens d'intertextualité. Ces deux textes toutefois utilisent la tradition de l'exode (2 S 7, 6 ; 1 R 8, 16) et ont en commun avec Jérémie de servir de régulation à l'affirmation du choix de David et de Sion. Comme le proposait A. Berlin, le psaume semble entrer en dialogue avec cette perspective et la contester en établissant que les sorts de Jérusalem et Juda seront opposés à ceux d'Israël et Silo. Il témoigne de la combinaison de la tradition de l'exode et de celle de David et Sion. Par ailleurs cet accent mis sur l'élection de David et de Sion confère à la relecture de l'histoire que le Ps 78 opère une tonalité toute particulière, qui le distingue des autres psaumes historiques[106].

Le psaume combine donc la référence à des textes qui usent de la tradition de l'exode pour condamner l'Israël du Nord et ceux qui le font pour maintenir l'espérance, la tradition de l'exode telle qu'elle est relue par le « canon prophétique deutéronomiste » et telle qu'elle est utilisée par Isaïe. Les premières références lui fournissent le matériel pour légitimer Juda contre Joseph et les secondes celui qui, accommodé avec la tradition de David et Sion, lui sert à affirmer la permanence du choix de Juda et de Sion. De plus, les références croisées aux textes du Pentateuque comme aux textes des prophètes antérieurs et postérieurs, peut-être au texte de Job, plaident en faveur de la présence d'un phénomène d'intertextualité qui établit une connexion étroite entre des sources disparates plutôt que d'une construction de traditions à travers la réutilisation de formes antérieures. Il témoigne d'une lecture consciente des relectures de traditions déjà opérées et d'un travail de réinterprétation de ces traditions comme de leurs relectures, qui lit des genres distincts les uns avec les autres et les uns par les autres.

La réflexion pourrait être ici prolongée par un examen des liens linguistiques et théologiques que le psaume entretient avec ceux qui l'entourent. Comme le souligne J. Gärtner, la perspective collective de la relecture de l'histoire d'Israël ouverte en Ps 74, 1-3 débute par une lamentation, qui est érigée en réflexion en Ps 78 et trouve une conclusion en Ps 79. L'interrogation sur la colère de YHWH contre *le troupeau de son pâturage* du Ps 74, 1 entre en écho avec l'aveu de confiance du Ps 79, 13. La dimension d'une théologie de la création, que J. Gärtner pense présente dans le Ps 78, est clairement introduite en Ps 74, 13-17 où se lisent la stabilité de l'univers et la persistance de la puissance agissante de YHWH dans le cosmos ; elle apparaît également en Ps 75, 4, un texte qui d'un point de vue rédactionnel supposerait la lamentation du Ps 74 et en Ps 76, 9, un verset qui constituerait une jointure avec le même Ps 74 et avec le Ps 75, dans lequel le jugement de Dieu est un thème central. Dans les Ps 74, 75 et 76 se déploierait la thématique

---

106 J. Gärtner, 2012, pp. 97-99.

d'une attente d'une intervention divine, laquelle devient certitude d'un psaume à un autre: de la lamentation sur l'absence de Dieu (Ps 74) à l'assurance de son intervention comme juge juste dans le futur (Ps 75) et de sa manifestation en Sion comme maître de toute la terre (Ps 76). La composition ainsi défnie, Ps 74-76, serait à dater au plus tôt du temps de l'exil. Si le Ps 77 introduit une césure, dans la mesure où une perspective collective n'y est plus présente, une jointure serait établie avec le Ps 74 par la métaphore du Dieu pasteur et par la reprise d'Ex 15, 1-18. L'espérance d'une nouvelle intervention divine ouverte en Ps 74 trouverait un prolongement en Ps 77, 17-21 et connaîtrait ainsi un déploiement du Ps 74 au Ps 77. Le Ps 79 comprendrait comme le Ps 74 une référence à la destruction du temple et apporterait une réponse à la lamentation de ce dernier dans la formulation de la certitude d'une intervention divine permettant au peuple de se reconnaître *troupeau de son pâturage* (Ps 79, 13). Au total, la reprise d'Ex 15, 1-18 serait une ligne théologique déployée au long des Ps 74, 77 et 79, de même que le serait le développement de l'espérance d'une nouvelle intervention de YHWH. De la sorte se profilerait l'élaboration d'une seconde composition (Ps 74-79).

Les correspondances entre le Ps 78 et le Ps 77 sont particulièrement perceptibles dans le fait que les deux se réfèrent au temps ancien (קדם: Ps 78, 2; 77, 6. 12), soulignent que Dieu se souvient de son peuple (Ps 78 38; 77, 10) et qu'il en est le pasteur (78, 52; 77, 21). Ps 77, 17-21 fonderait l'espérance d'une nouvelle intervention de YHWH sur un rappel de la théophanie de la mer des Joncs et sur une allusion indirecte à la lutte divine contre les eaux du chaos. Cette interprétation du passage de la mer serait reprise dans le Ps 78 et intégrée dans une réflexion sur l'histoire passée, qui montrerait que la souveraineté cosmique de YHWH se révèle dans son action créatrice. Ainsi la mémoire du passé et l'interprétation du passage de la mer des Joncs du Ps 77 recevrait un surcroît de sens dans la réflexion du Ps 78. Ces liens rédactionnels entre les deux psaumes inciteraient à considérer le Ps 78 comme un texte de réflexion tardif, qui aurait recouru au Ps 77 déjà inclus dans la collection des psaumes d'Asaf.

J. Gärtner note aussi les correspondances entre le Ps 78 et le Ps 79, leur contexte semblable de crise nationale et leur accentuation commune sur la faute du peuple comme sur la colère et la miséricorde de YHWH (Ps 78, 38; 79, 8), pasteur de son peuple (Ps 79, 13). Là encore le Ps 78 aborderait en une dimension réflexive la culpabilité du peuple, comme constante anthropologique fondamentale, et la miséricorde de YHWH, ce qui corroborerait l'hypothèse qu'il est un texte qui se réfèrerait à une collection comprenant aussi déjà le Ps 79.

Au final, au centre des psaumes d'Asaf, le Ps 78 conférerait aux textes qui l'entourent comme à l'entière collection un éclairage particulier puisqu'il se présenterait comme une réflexion donnant un surcroît de sens à des thématiques déployées dans les Ps 74-76 d'une part et les Ps 74-79 d'autre part. Il serait alors tout à fait possible de poser l'hypothèse qu'il ait été créé comme texte de réflexion pour son contexte littéraire, la collection des Ps 74-79 dont la compilation aurait commencé à la période postexilique[107].

2.6 Quelques éclairages par les manuscrits de Qumran

R.P Carroll fait remarquer que la phase finale du processus de réinterprétation et de fusion des traditions, d'assimilation et de revendication d'être héritier des traditions du Nord par Juda, dans le but de construire l'identité du « vrai Israël » fut la lutte entre la communauté juive embryonnaire et la communauté samaritaine. Pour cette dernière la figure centrale était Moïse, une figure que le psaume éclipse complètement[108]. Est-il possible d'en dire plus cependant ?

Si Moïse n'apparaît pas, la figure de Joseph est en revanche présente au v. 67 et il convient de s'interroger sur sa signification. *Il rejeta la tente de Joseph* vient en parallèle avec l'annonce que la tribu d'Ephraïm n'est pas choisie. *Tente de Joseph* et *tribu d'Ephraïm* peuvent donc être considérées comme des expressions synonymiques, indiquant l'une et l'autre le sort des tribus du Nord.

M. Thiessen a montré l'influence que le Ps 78 a pu avoir sur le manuscrit 4Q372 retrouvé à Qumran[109]. Le plus important fragment de ce manuscrit, 4Q372 1, est principalement focalisé sur la figure de Joseph, laquelle ne se réfère pas au fils de Jacob mais à l'Israël du Nord. L'influence de Dt 32 sur ce manuscrit a plusieurs fois été mentionnée par ses commentateurs[110]. Toutefois M. Thiessen, remarquant que les verbes כעס, *provoquer*, et קנא, *exciter la jalousie*, apparaissent ensemble non seulement en Dt 32, 16. 21 mais aussi dans Ps 78, 56, postule que ce fragment ait pu être influencé par l'un et l'autre texte biblique. Cette influence serait confirmée par le fait que peu de textes bibliques utilisent l'appellation « Joseph » pour désigner les tribus du Nord, ce qui est le cas du Ps 78 : l'emploi de « Joseph » pour désigner les tribus du nord en 4Q372 proviendrait donc aussi du psaume.

Selon le psaume, Israël a provoqué YHWH et excité sa jalousie par ses hauts-lieux et ses idoles. Dans le manuscrit 4Q372 1, qui semble accomplir la prophétie de Dt 32, 21[111], un peuple insensé construit un haut-lieu (במה) sur une haute montagne, incite Israël à la jalousie (להקניא) et provoque (להכעיס) les fils de

---

107 J. Gärtner, 2012, pp. 102-134.
108 R.P. Carroll, *VT 21* (1971), p. 139 et note 6 p. 144.
109 M. Thiessen, « 4Q372 1 and the Continuation of Joseph's Exile », *DSD 15/3* (2008), pp.380-395.
110 Voir par exemple, E. Schuller, « 4Q372 1: A Text about Joseph », *RevQ 14/55* (1990), pp. 349–376.
111 *Ils m'ont donné pour rival ce qui n'est pas Dieu, ils m'ont offensé par leurs vaines idoles. Eh bien ! moi, je leur donnerai pour rival ce qui n'est pas mon peuple, par une nation folle je les offenserai.*

Lévi, Juda et Benjamin. Outre les deux verbes ci-dessus mentionnés le psaume comme le manuscrit de Qumran contiennent une mention de hauts-lieux (במה) : en réponse aux actes de rébellion d'Israël, caractérisée dans Ps 78, 58 par l'érection de hauts-lieux et l'usage d'idoles, YHWH punit Israël en excitant sa jalousie et en le provoquant, spécifiquement au moyen d'un haut-lieu. Autrement dit, en 4Q372 1 le châtiment d'Israël est décrit en étroit parallèle avec sa rébellion telle que dépeinte dans le Ps 78.

L'hypothèse de M. Thiessen est alors que le fragment 4Q372 serait une réponse à la représentation de Joseph ébauchée dans le psaume. Il pense également que si dans ce psaume postexilique – ou tout au moins dans son usage postexilique – le rejet d'Israël est moins important que la polémique de la communauté juive naissante dirigée contre la communauté samaritaine depuis longtemps établie, le lien entre 4Q372 1 n'en est que plus apparent puisque les deux sont clairement critiques à l'égard des Samaritains. Le psaume en effet aurait pu être utilisé comme polémique anti-samaritaine à l'époque hasmonéenne ou hérodienne. Il proclame le rejet définitif d'Israël et le choix subséquent du royaume de Juda. Pour le psalmiste, le destin de Joseph est un désaveu éternel ; aucune restauration des tribus du Nord n'est envisagée. Etant donné que les Samaritains revendiquaient être les descendants de Joseph, le psaume aurait pu être utilisé pour contester la légitimité du culte samaritain sur le mont Garizim. Il associerait les Samaritains aux tribus de Joseph, plutôt que de contester la généalogie qu'ils revendiquent, pour mieux affirmer leur rejet. A travers le psaume se donnerait donc à voir la prétention du Sud d'être choisi par YHWH alors que les tribus du Nord sont abandonnées de lui.

Par contraste avec le Ps 78, le manuscrit 4Q372 1 ne s'intéresserait pas tant aux Samaritains qu'au sort des tribus de Joseph : tant que les premiers demeurent sur leur sol, elles sont en terre étrangère. Les Samaritains fonctionneraient comme un rappel pour les tribus du Sud, tentées de penser que l'exil est fini, qu'Israël (Joseph) subit toujours le châtiment divin et est encore en exil. La polémique de ce fragment ne serait donc dirigée contre les Samaritains, mais contre les habitants du Sud qui affirme que YHWH a rejeté définitivement Joseph. A l'aide de Dt 32, 4Q372 1 indiquerait qu'il n'est pas possible de lire le Ps 78 comme un rejet total des tribus du Nord par YHWH et affirmerait que le sort du Sud est inextricablement lié avec celui de Joseph.

Il sera sans doute utile de discuter en temps voulu les conclusions de M. Thiessen à propos du Ps 78 mais il est intéressant de retenir pour l'instant l'exégèse, que le manuscrit 4Q372 1 propose, de la mention de Joseph dans le psaume. Elle invite à ne pas passer trop vite sur l'évocation de cette figure et attire l'attention sur une possible polémique à l'encontre des tribus du Nord, des prétendus descendants de Joseph.

Le manuscrit 4Q372 n'est, semble-t-il, pas le seul manuscrit de Qumran dans lequel le psaume aurait connu une postérité. En effet, l'étude d'E. Slomovic[112] d'une part et celle de D. Katzin[113] d'autre part parviennent toutes deux à la supposition qu'en 4Q171, un Pesher du Ps 37, le commentateur établit l'identité du personnage dans les vv. 14-15 du psaume en se basant sur l'usage du terme קשת aussi présent en Ps 78, 9. Pour ce faire, il utiliserait donc le procédé d'interprétation de la *gezera shava*, « le raisonnement par analogie » qui consiste à éclairer un verset biblique par un autre en usant d'un mot ou d'une expression commun aux deux, à faire le va et vient entre différents passages de l'Ecriture pour faire jaillir des sens nouveaux à partir de leurs rapprochements.

Le texte du commentaire des vv. 14-15 est le suivant :

> « *Les impies ont tiré l'épée et ils ont bandé leur arc pour abattre l'indigent et le pauvre et pour égorger ceux qui sont droits de conduite. Leur épée entrera dans leur propre cœur, et leurs arcs seront brisés* (14-15)
> [18] L'explication de ceci concerne les impies d'Ephraïm et de Manassé qui chercheront à porter la main [19]sur le Prêtre et sur les hommes de son conseil au temps d'épreuve qui viendra sur eux. Mais YHWH rachètera ceux-ci de leur main, et ensuite (les impies) seront livrés aux mains des violents des nations pour le jugement ».[114]

Le thème unificateur de ce Pesher est celui de la mise à l'épreuve (נסה) tel qu'il apparaît dans la typologie des récits de l'exode et de l'errance au désert. Plus précisément la section dans laquelle la référence à Ephraïm apparaît déploie ce thème en le liant, par une allusion à Lv 26, au refus de garder l'alliance et de marcher dans la loi de YHWH ; c'est précisément ce même refus que précise Ps 78, 10.

112 E. Slomovic, « Toward an Understanding of the Exegesis in the Dead Sea Scrolls », *RevQ* 7 (1969-1971), pp. 5-10, en particulier p. 6 note 16.
113 D. Katzin, « 'The time of Testing': The use of Hebrew Scriptures in 4Q171's Pesher of Psalm 37 », *Hebrew Studies XLV* (2004), pp. 121-162, en particulier p. 139.
114 Traduction A. Dupont-Sommer dans : A. Dupont-Sommer et M. Philonenko (éds.) *La Bible. Ecrits intertestamentaires*, Paris, Gallimard, Bibliothèque de la Pléiade, 1987, p. 375.

Une question demeure cependant, qui est celle de l'identité des impies d'Ephraïm et de Manassé. Or à la suite des publications de la deuxième, troisième et quatrième colonne du Pesher Nahum[115] en 1961 et 1962, quelques spécialistes tels que Y. Yadin, A. Dupont-Sommer, J.D. Amusin et D. Flusser ont proposé que trois régions géographiques de l'Israël biblique – Ephraïm, Manassé et Juda – aient été utilisés par les auteurs des Pesharim comme des codes désignant trois sectes (αἱρέσεις, *Ant.* 13.171) ou trois catégories de philosophes (φιλοσοφαι, *Ant.* 18.11) décrits par Flavius Josèphe[116]: les pharisiens, les sadducéens et les esséniens[117]. J.D. Amusin écrit par exemple: « Les gens de la communauté de Qumran comprenaient par les termes Juda, Ephraïm et Manassé des désignations symboliques de groupes sociaux contemporains. Par 'Juda' et 'Israël' les membres de la communauté de Qumran se désignaient souvent eux-mêmes. Par le nom 'Ephraïm' les membres de la communauté de Qumran désignaient la secte hostile des pharisiens... Si 'Juda' désigne les gens de la communauté de Qumran = Esséniens et 'Ephraïm' les pharisiens, il serait logique d'assumer que par 'Manassé' il faille entendre une autre secte hostile à la communauté de Qumran, c'est-à-dire le groupe des sadducéens... La division des mouvements sociaux en trois groupes en conflit – Ephraïm, Manassé et Juda – ...correspond à de nombreuses affirmations de Josèphe à propos des trois mouvements sociaux-religieux – sectes ou 'écoles philosophiques' qui existaient en Juda – les pharisiens, sadducéens et esséniens »[118].

Toutefois, malgré le consensus établi, G. Doudna et avant lui J. Zangenberg[119] évaluent que cette interprétation est sans fondement. Il n'y aurait pas dans les

---

115 Voir le texte et la traduction dans: A. Dupont-Sommer, « Le commentaire de Nahum découvert près de la mer morte », *Semitica 13* (1963) pp. 53-88, traduction, pp. 59-61; 1987, pp. 359-364.

116 F. Josèphe, *Les Antiquités juives,* trad. E. Nodet, Paris, Cerf, 1992, 13. 7; 18. 1.

117 Y. Yadin, « Pesher Nahum (4Q pNahum) Reconsidered », *Israel Exploration Journal 21* (1971), pp. 1-12; A. Dupont-Sommer, « Observations sur le commentaire de Nahum découvert près de la mer morte », dans: *Académie des Inscriptions & Belles Lettres. Comptes rendus des séances de l'année 1963. Janvier-Mars,* Paris, Librairie C. Klincksieck, pp. 242-243; J.D. Amusin, « Ephraïm et Manassé dans le Pesher de Nahum (4Q p Nahum) », *RevQ 4* (1964), pp. 389-396; D. Flusser, « Pharisäer, Sadduzäer und Essener in Pescher Nahum », in K.E. Grözinger et als. *Qumran,* Darmstadt, Wissenschaftliche Buchgesellschaft, pp. 133-168.

118 J.D. Amusin, « The Reflection of Historical Events of the First Century B.C. in Qumran Commentaries (4Q 161; 4Q 169; 4Q 166) », *HUCA 48* (1977), pp. 123-152, en particulier p. 142. 146. Voir aussi M.P. Horgan, *Pesharim: Qumran Interpretation of Biblical Books,* Washington, Catholic Biblical Association of America, 1979, p. 161; S. Goranson, « Others and Intra-Jewish Polemic as Reflected in Qumran Texts », in: P.W. Flint and J.C. VanderKam (eds), *The Dead Sea Scrolls after Fifty Years: A Comprehensive Assessment,* Leiden, Brill, 1998-1999, p. 534-535.

119 J. Zangenberg, *Samareia: antike Quellen zur Geschichte und Kultur der Samaritaner in deutscher Übersetzung,* Tübingen, Francke, 1994, pp. 331-342, en particulier note 691. Il lit les textes de Qumran comme se référant à Ephraïm en termes de motifs anti-Samaritains.

Pesharim de preuves textuelles ou d'indices explicites de l'usage des termes 'Juda', 'Ephraïm' et 'Manassé' dans le sens de sectes religieuses ou de mouvements. Le Pesher Nahum en particulier reflèterait le schéma biblique d'un Israël en deux parties, Ephraïm et Juda. Par contraste avec Manassé qui en 4Q169 est une figure personnelle, Ephraïm y est en effet une région, une société ou le peuple qui la compose. Les gens d'Ephraïm y sont victimes de *ceux qui recherchent des choses flatteuses* (4Q169, I, 11-12; II, 2; II 8-10; III, 4-5; IV, 5-6). Ces derniers sont en relation avec Ephraïm mais les termes ne sont pas interchangeables. *Ceux qui recherchent des choses flatteuses* sont appelés מתעי אפרים, les chefs *qui égarent Ephraïm*; ils sont identifiés avec Jérusalem où ils gouvernent. En 4Q169 IV, 4-6 *les impies d'Ephraïm* ne sont pas *ceux qui recherchent de choses flatteuses*. Les *impies d'Ephraïm* sont opposés aux simples gens d'Ephraïm[120]. « L'image fondamentale est celle-ci: 4QpNah est une polémique contre le régime basé à Jérusalem qui opprime Ephraïm, et 4QpNah se présente lui-même comme critique du régime de Jérusalem du point de vue de son impact sur Ephraïm... Ephraïm en 4QpNah n'est pas considéré comme intrinsèquement impie. 'Ephraïm' en 4QpNah désigne différents types de personnes, de celles qui n'ont pas encore adhéré au Dieu d'Israël (mais le feront) aux impies qui seront détruits. Ephraïm n'est pas impie ou juste en soi, mais est trompé et victime. Dans le texte la relation entre les *chercheurs de choses flatteuses* et Ephraïm n'est pas d'identité mais est plutôt une relation entre oppresseurs et victimes »[121]. Autrement dit, dans ce manuscrit aussi, le terme Ephraïm serait utilisé à l'intérieur d'une polémique, cette fois-ci dirigée contre le régime de Jérusalem, même si le point de vue est judéen. Or la Samarie, c'est-à-dire le biblique Ephraïm, a été sous le contrôle des gouvernants de Jérusalem avec les conquêtes de Jean Hyrcan I et de ses fils, en 129 et 107 avant Jésus-Christ. Israël dans le monde du Pesher Nahum correspondrait à l'état hasmonéen qui contrôle la Samarie en 129-63 avant Jésus-Christ[122].

Ainsi les manuscrits de Qumran qui font référence ou à Joseph ou à Ephraïm attestent de polémiques entre la communauté juive naissante et la communauté samaritaine. S'il n'est pas possible d'inférer le sens du psaume de ces écrits, ils en constituent cependant une première interprétation ou utilisation. Le procédé d'interprétation de la *gezera shava* qu'ils mettent en œuvre n'est pas sans proximité avec la méthode de réinterprétation de textes antérieurs utilisée dans le psaume. Dans le Ps 78 comme dans les écrits de Qumran cités, la technique exégétique

---

120 G. Doudna, *4Q Pesher Nahum: A Critical Edition*, London, Sheffield Academic Press, 2001, p. 589.
121 G. Doudna, *Ibid.*, pp. 596. 598.
122 G. Doudna, *Ibid.*, p. 594.

employée est en effet basée sur des associations de mots qui fonctionnent comme des allusions.

Pour la lecture du psaume, des vv. 9-10 d'une part et 57-58 d'autre part, l'identification de la référence aux livres d'Osée, Jérémie et Amos a été déterminante. Or l'appréciation de l'utilisation du Ps 78, 9 à son tour éclaire la compréhension de 4Q171. Du texte biblique au Pesher du Ps 37 se construit la représentation d'un Ephraïm qui refuse de garder l'alliance et de marcher dans la loi de YHWH. En 4Q169 c'est à Juda et plus précisément à ses dirigeants qu'Ephraïm est opposé. Il y est question de « ceux qui égarent Ephraïm, par leurs enseignement trompeur et leur langue de mensonge et leur fièvre de fausseté » (II. 8), ce qui n'est pas sans rappeler et le but d'instruction du psaume, et l'accusation de tromperie qui dans ce cas affecte Ephraïm (v. 57)[123]. En 4Q372 c'est la figure de Joseph pour désigner les tribus du Nord comme en Ps 78, 67 qui est utilisée pour déployer le motif de leur rébellion et du châtiment qui s'ensuit. Ainsi se construisent de multiples rapprochements entre divers passages bibliques à l'intérieur même du corpus vétérotestamentaire mais aussi dans ses premiers commentaires, dont le but est d'éclairer les textes les uns par les autres. Intéressant pour notre propos est qu'autour de la référence à Ephraïm et Joseph reviennent les motifs de la rébellion, de l'impiété et de la tromperie, du châtiment qui s'ensuit.

Est-il possible que le psaume comme les manuscrits de Qumran ci-dessus évoqués participent tous d'une même polémique entre la communauté juive naissante et la communauté samaritaine depuis longtemps établie?

Si les hypothèses de M. Thiessen et G. Doudna sont justes, il y aurait dans les manuscrits de Qumran trace d'une controverse, au sein même de Juda, sur la position à adopter vis-à-vis de la Samarie. Les deux lectures pointent que 4Q372 comme 4Q169 se prononcent contre l'interprétation qui en Juda condamne l'Israël du Nord. Dans le premier cas, la polémique serait dirigée contre ceux qui en Juda croient au rejet définitif de Joseph, c'est-à-dire des tribus du Nord, tandis que

---

123 Selon S.L. Berrin, il est probable que la communauté de Qumran ait employé le terme 'Ephraïm' pour désigner une catégorie d'Israélites n'appartenant pas à leur communauté, ce qui correspondrait au modèle biblique où la même appellation désigne les Israélites hors de Juda. Par la suite, 'Ephraïm' a pu servir à nommer les pharisiens, d'autant qu'ils avaient une influence considérable sur la population. En ce sens, ils pourraient bien être visés par l'expression 'ceux qui égarent Ephraïm' de 4Q169 (S.L. Berrin, *The Pesher Nahum Scroll from Qumran: An Exegetical Study of 4Q169*, Leiden, Brill, 2004, pp. 116-117). Si cette évolution est possible, il est peu probable qu'Ephraïm désigne les pharisiens dans le Ps 78, à moins de supposer que le psaume crée un *novum* et soit une polémique à l'encontre de leur enseignement. Mais il faudrait pouvoir dater le psaume de l'époque hasmonéenne, ce qui semble difficile si les hypothèses actuelles sur la stabilisation des trois premiers livres du Psautier s'avèrent justes.

dans le second elle viserait les gouvernants de Juda, Jean Hyrcan I et ses fils, qui par leur paroles trompeuses égarent Ephraïm. 4Q372 affirmerait que la présence de Samaritains dans le territoire du Nord est le signe de ce que Joseph est encore en exil mais aussi qu'une restauration reste possible ; 4Q169 soutiendrait que le territoire non-judéen du Nord, l'ancienne terre d'Ephraïm, qui était probablement considérée comme largement habitée par des païens déplacés, souffre du pouvoir des prêtres de Jérusalem. D'une part donc Joseph n'est pas condamné, mais les samaritains qui élèvent les hauts-lieux ; d'autre part, s'il y a des impies, les gens simples d'Ephraïm en viendront à se joindre à Israël (III, 5) et adhèreront à son Dieu. La polémique tourne donc autour de l'identité du vrai Israël[124] et les deux textes résistent à la simple identification de Juda au vrai Israël, comme à l'idée du rejet définitif du Nord[125].

Avec cet éclairage est-il possible d'adhérer à l'hypothèse de B. Duhm selon laquelle le psaume aurait été écrit alors que Jean Hyrcan Ier venait de porter un coup destructeur aux Samaritains ? S'il faut à cet égard prendre en compte que les documents de Qumran attestent que les Ps 1-89 étaient stabilisés et formaient une collection avant le premier siècle[126], il n'est pas impossible cependant que le psaume ait été utilisé comme polémique contre l'Israël du Nord ou comme propagande à l'époque hasmonéenne.

Dans les deux récitations historiques, le récit des merveilles ou des signes et prodiges accomplis par YHWH est encadré en amont par une mention de l'oubli et de l'ingratitude d'Israël (vv. 9-11 ; 42-43), et, en aval, par une évocation de sa rébellion (vv. 17-21 ; 56-58). Dans la première partie, après la mention du châtiment : don de la manne et des oiseaux réinterprété comme sanction, les vv. 29-39 reviennent sur la colère divine et le péché d'Israël, manque de foi et repentir mensonger, tandis que la deuxième partie établit que YHWH rejette Israël, la demeure de Silo et la tente de Joseph (vv. 59-67). L'insistance porte donc davantage sur l'attitude d'Israël et sur les conséquences de son comportement que sur les actes divin de bienveillance (vv. 12-16 ; 44-55). Jacob-Israël, devenu ennemi de YHWH, est rejeté complètement et frappé d'un opprobre éternel (vv. 59 et 66). Cette accentuation travaille à nier la prétention de l'Israël du Nord à être le peuple de Dieu, malgré l'élection liée à l'exode.

---

124 Pour reprendre l'expression de R.P. Carroll, *VT 21* (1971), p. 139.

125 Sur l'opposition aux Hasmonéens dans les écrits de Qumran, cf. J. Sievers, *The Hasmoneans and their Supporters: From Mattathias to the Death of John Hyrcanus I*, Atlanta, Scholars Press, 1990, pp. 88-92.

126 Voir par exemple, P.W. Flint, *The Dead Sea Psalms scrolls and the Book of Psalms*, Leiden, Brill, 1997, pp. 136. 148 et 170.

De plus, les vv. 67-68 établissent avec clarté les sorts opposés de la tribu d'Ephraïm et de celle de Juda. Dans le déploiement du psaume, le v. 21 énonce que la colère divine s'est enflammée contre Israël et Jacob, ces deux dénominations étant ici synonymes d'Ephraïm. Il est alors possible d'envisager que Jacob-Israël que YHWH a instruit (v. 5) et que David doit faire paître (v. 71) désigne aussi le territoire non-judéen du Nord. Autrement dit, ce que le psaume affirmerait c'est non seulement le rejet définitif d'Israël et le choix subséquent de Juda comme le défend M. Thiessen, mais plus encore le choix de Juda et de David pour gouverner tout Israël, le territoire judéen comme le territoire non-judéen.

Or les Hasmonéens s'employèrent à une politique de conquête des territoires du Nord et cherchèrent à gagner le soutien de leurs habitants. Reprenant la politique de Judas Maccabée, Jean Hyrcan lui-même chercha à intervenir en faveur des Israélites du Nord, tout en combattant les Samaritains, et à les amener à rendre un culte à Jérusalem. Par les actions entreprises contre les Macédoniens, il aurait œuvré à se concilier les populations du Nord et il est possible qu'une partie de la population rurale ait été favorable à ce pouvoir qui le libérait de dominations étrangères et qui revendiquait de représenter la tradition israélite[127]. Ephraïm de ce point de vue serait perçu comme désignant dans le psaume une population non-judéenne, appelée à se rallier aux Hasmonéens et à leur politique religieuse. Le psaume quant à lui n'aurait pas tant servi comme polémique anti-samaritaine que comme propagande hasmonéenne.

Cette supposition est-elle tenable toutefois si, comme l'objecte M. Leuchter les Hasmonéens, quoiqu'ayant rétabli un royaume judéen et régnant depuis Jérusalem « ne célébraient pas l'origine de la ville de David » et, en raison de leur lignage sacerdotal, auraient exclu tout appel à la royauté davidique[128]?

Les Hasmonéens ne pouvaient certes prétendre descendre de la lignée davidique. Cependant, ils se voulurent les restaurateurs du légendaire empire de David, comme en témoigne la destruction du temple des Samaritains, la conquête de l'Idumée au Sud, de la Galilée au Nord et le fait qu'ils contraignirent leurs habitants à se convertir à leurs pratiques religieuses. Selon 1 M 15, 33, Simon Maccabée déclare : *C'est l'héritage de nos pères, injustement accaparé par nos ennemis pendant un certain temps, que nous avons conquis, et non pas une terre étrangère ou le bien d'autrui.* En sous-main le premier livre des Maccabées présente, de plus, une idéologie davidique de la dynastie. Il met par exemple dans la bouche de Mattathias, à l'approche de sa mort, les paroles suivantes: *David, pour sa piété, hérita d'un trône royal pour les siècles* (2, 56). L'éloge de Simon, au chapitre 14,

---

127 J. Sievers, 1990, pp. 57 et 144-145.
128 M. Leuchter, *HUCA 77* (2006), pp. 4-5.

rapporte qu'*il élargit les frontières de sa nation, tint fermement le pays... on cultivait sa terre en paix, le sol donnant ses produits... Il fit la paix dans le pays et grande fut la joie d'Israël.* Il se termine par la mention de son observance de sa loi et de la gloire dont il couvrit le sanctuaire (1 M 4-15). Autant d'évocations qui ne sont pas sans rappeler les oracles prophétiques concernant le rameau de la souche de Jessé (Is 11), le rejeton de David (Jr 23, 5-6) ou du serviteur Germe (Za 3, 8).

Le psaume, par ailleurs, outre la figure de David, introduit celle de Joseph. Celle-ci dans le psaume comme dans quelques autres textes bibliques désigne les tribus du Nord. Cependant V. Aptowitzer attribue la création du motif du Messie fils de Joseph aux polémiques concernant l'usurpation de la monarchie par les Hasmonéens[129]. De fait, III Hénoch 45, 5, qui contient des matériaux qui pourraient remonter à l'époque des Maccabées, mentionne la figure du Messie, fils de Joseph, opposé au Messie, fils de David[130]. Si tel est le cas, il n'est pas tout à fait exclu que la mention de David dans le Ps 78 ait été perçue comme utile pour contrer l'émergence d'une figure qui viendra plus tard s'opposer à celle du Messie de David[131]. L'argument toutefois doit être manié avec précaution car cette figure du Messie de Joseph n'est formellement attestée qu'à partir de la période intermédiaire entre les deux guerres juives[132]. Dans les manuscrits de Qumran, de plus, apparaissent des évocations de David, parfois proches de celle du psaume, sans qu'elle ne soit associée à celle de Joseph, ce qui manifeste la postérité de cette figure y compris dans la littérature extrabiblique. 11QPsᵃ XXVIII. 3-4 (= Ps 151 A) évoque la figure de David pasteur, YHWH l'ayant pris de derrière le troupeau et en ayant fait le chef de son peuple, des fils de son alliance (v. 10). 11QPsᵃ XXVII, 2-4 fait de David un homme sage et intelligent:

---

129 V. Aptowitzer, *Parteipolitik der Hasmonäerzeit im rabbinischen und pseudoepigraphischen Schrifttum*, Wien, Verlag der Kohut-Foundation, 1927, p. 109.

130 J.H. Charlesworth, «Messianology in the Biblical Pseudepigrapha», in: J.H. Charlesworth, H. Lichtenberger, G.S. Oegema (eds), *Qumran Messianism. Studies on the Messianic Expectations in the Dead Sea Scrolls*, Tübingen, Mohr Siebeck, 1998, p. 41.

131 Pour C.C. Torrey aussi cette tradition d'un double messianisme précède l'ère chrétienne (C.C. Torrey, «The Messiah, son of Ephraim», *JBL 66* (1944), pp. 253-277).

132 G.S. Oegema date de cette période le Targum Jerushalmi I Ex 40,9-11 qui mentionne la figure d'un Messie d'Ephraïm, in: G.S. Oegema, *The Anointed and his People. Messianic Expectations from the Maccabees to Bar Kochba*, Sheffield, Sheffield Academic Press, 1998, pp. 268-269 et 273. Voir aussi le plus tardif Targum du Cantique des Cantiques («Tes deux libérateurs qui te rachèteront dans le futur sont le Messie, fils de David et le Messie, fils d'Ephraïm», Targum de Ct 4,5). J. Heinemann, «The Messiah of Ephraïm and the premature exodus of the tribe of Ephraïm», *HTR 68* (1975), pp. 1-15; F. Manns, «Le Targum du Cantique des Cantiques Introduction et traduction du codex Vatican Urbinati 1», *Liber Annuus 41* (1991), pp. 223-331.

²David, fils de Jessé, était un sage (ḥkm),
et une lumière comme la lumière du soleil
et un scribe ³et un homme intelligent (wnbwn),
et un homme parfait dans toutes ses voies devant Dieu et les hommes.
Et Dieu ⁴lui donna un esprit intelligent et éclairé (rwḥ nbwnh w'wrh),
et il écrivit des psaumes...[133]

Le manuscrit 4Q504[134], qui consiste en une série de prières à réciter chaque jour, évoque l'histoire d'Israël. Les fragments 1 et 2 décrivent l'apostasie du peuple et son châtiment, puis la miséricorde de YHWH et la restauration d'Israël dans sa terre. Dans la colonne II, la prière reconnaît le péché des pères que YHWH, malgré sa colère, n'a pas détruit. Elle en appelle YHWH à revenir de sa colère (אף) et de sa fureur (חמה) contre son peuple (cf. Ps 78, 38). En rappelant les prodiges de YHWH en faveur d'Israël, elle suggère que leur but était de conduire le peuple à la repentance de sorte que la loi de YHWH soit bien implantée dans les cœurs et que le peuple soit guéri de son aveuglement, de sa folie et de sa confusion. La colonne III décrit l'amour de YHWH pour le peuple qu'il a élu et le péché d'apostasie d'Israël. La colonne IV relate que YHWH a choisi Jérusalem pour y demeurer, la terre de Juda et a établi une alliance avec David pour qu'il soit berger et prince du peuple à jamais:

« ² Ta demeure... repos ³ à Jérusalem la ville que tu as choisie de préférence à la terre entière ⁴ pour que ton nom s'y trouve à jamais. Car tu as aimé ⁵ Israël plus que tous les peuples. Tu as choisi la tribu ⁶ de Juda, et ton alliance, tu l'as conclue avec David pour (David) qu'il serve ⁷ de pasteur, de prince à la tête de ton peuple. Il siégea sur le trône d'Israël devant ta face ⁸ en permanence... » (4 Q505 1-2 IV 2-8)[135].

Puis le texte se poursuit en appelant la miséricorde de YHWH sur la présente génération, elle aussi châtiée pour ses propres péchés. Ainsi le texte, qui accentue d'une part le caractère gracieux de l'élection divine et d'autre part la rébellion d'Israël, trouve comme le Ps 78 son climax dans une théologie de David et de Sion[136].

---

133 Traduction d'E. Puech, dans: «L'Esprit Saint à Qumran», *Liber Annuus* 49 (1999), p. 296.
134 Daté par M. Baillet des environs de 150 avant Jésus-Christ (M. Baillet, *Qumrân grotte 4. III. 4Q482-4Q520*, Oxford, Clarendon Press, Discoveries in the Judaean Desert 7, 1982, p. 137).
135 Traduction M. Baillet, *Ibid.*, p. 144.
136 La proximité de 4Q504 et Ps 78 sert d'argument à M. Witte pour appuyer l'hypothèse que la fin du 3ᵉᵐᵉ siècle est le *terminus ad quem* du psaume (M. Witte, 2006, p. 39).

2.7 Le psaume 78: construction de l'identité d'Israël et processus de remémoration innovateur

Tel qu'il se donne à lire et relire, le psaume insiste sur la rébellion d'Ephraïm et sur son rejet complet par YHWH, tout en pointant vers le choix de Juda et de David pour gouverner tout Israël, le territoire judéen comme le territoire non-judéen. Or une perspective semblable semble se dessiner dans quelques passages prophétiques. Dans le livre d'Osée se profile une possible réconciliation entre Juda et Israël, la reconnaissance d'un seul chef: *le nombre des fils d'Israël sera comme le sable de la mer qu'on ne peut ni mesurer ni compter, et il arrivera qu'à l'endroit où on leur disait 'vous n'êtes pas mon peuple', on leur dira 'fils de Dieu vivant'. Les fils de Juda et les fils d'Israël se réuniront, ils se donneront un chef unique et ils monteront du pays...* (2, 1-3). Is 11, 13 affirme aussi, à la suite de l'oracle concernant le rameau de Jessé, qu'*Ephraïm ne jalousera plus Juda et Juda ne sera plus l'adversaire d'Ephraïm.* En Jr 3, 18 la prophétie est que *ceux de Juda rejoindront ceux d'Israël; et du pays du nord, ils arriveront ensemble au pays que j'ai donné à leurs pères comme héritage,* tandis que Jr 31, 6 annonce *le jour où les gardiens crieront sur la montagne d'Ephraïm: debout! Montons à Sion, vers YHWH notre Dieu.* Non seulement la réconciliation entre Juda et Israël est liée au retour d'Ephraïm à YHWH (Os 3, 5; Jr 3, 12-13; 31, 6. 18-21; Ez 37, 23-24) mais elle s'opère aussi sous la reconnaissance de David comme seul chef (Os 3, 4-5; Jr 23, 5-6; 30, 8-9; Ez 37, 15-28). «Les recoupements entre ces différents textes sont assez nombreux pour qu'on puisse y reconnaître la trace d'un travail littéraire et théologique qui semblent avoir affecté plusieurs livres prophétiques, dans une même perspective caractéristique: la fin de l'hostilité entre Ephraïm – sans doute la province de Samarie – et Juda/Jérusalem, le ralliement des tribus du Nord au Temple de Jérusalem et à une seule autorité se réclamant de David, qui pourrait être le grand prêtre. Une telle espérance n'a rien à voir avec la pensée deutéronomiste, alors même que les auteurs n'hésitent pas à reprendre des éléments de théologie et de phraséologie Dtr. Elle tranche avec la pensée des livres d'Esdras... et de Néhémie... Bref, nous sommes en présence d'une relecture *sui generis* de la littérature prophétique par un groupe ... de la période perse ou hellénistique »[137].

A l'époque perse en effet différentes tendances cohabitent, qui ne partagent pas la même vision de l'identité d'Israël ou de l'importance à accorder au temple de Jérusalem. Les archives d'Eléphantine, la correspondance de la communauté qui y réside avec le gouverneur de Juda et le grand prêtre de Jérusalem mais aussi avec

---

[137] J. Vermeylen, «L'alliance renouvelée (Jr 31, 31-34). L'histoire littéraire d'un texte célèbre», dans: J.-M. Auwers et A. Wénin (éds.), *Lectures et relectures de la Bible,* Leuven, University Press: Uitgeverij Peeters, 1999, pp. 62-63.

le gouverneur de Samarie, à la fin du cinquième siècle, attestent que la période perse se caractérise par une pluralité de lieux de cultes, sans que n'existe aucun primat absolu de Jérusalem[138]. Par ailleurs, le groupe installé en Samarie, autour du sanctuaire de Garizim, semble avoir été en lien avec le judaïsme judéen. Les auteurs d'Esdras et de Néhémie concèdent eux-mêmes que des relations étroites existaient entre les élites de Juda et de Samarie (par exemple Ne 6, 10-14 ; 13, 28). La région du Nord et ses dirigeants semblaient donc constituer une force avec laquelle Juda devait compter. « Comme les différences idéologiques entre Zacharie, Esdras-Néhémie et les Chroniques l'attestent, il n'y avait pas d'unanimité parmi les écrivains en Yehûd sur la manière de définir l'identité israélite, les institutions de la communauté et les relations du peuple avec ses voisins »[139]. Les récits d'Esdras et de Néhémie, dont la teneur polémique contre la Samarie est évidente (cf. Es 4, 6-24 ; Ne 3, 33-37), proposent une conception strictement judéenne de l'identité israélite, à l'exclusion des non-Judéens, des Judéens non exilés et de tous ceux qui ne consentent pas aux règles communautaires. Le message y est encore renforcé par l'usage répété d'expressions qui clairement identifie la communauté des Judéens revenus d'exil comme le « tout Israël » (par exemple Es 2, 70 ; mais aussi Ne 12, 47), même si probablement les non-exilés pouvaient y être intégrés pourvu qu'ils acceptent le gouvernement des Judéens revenus d'exil pour les questions religieuses et cultuelles (voir par exemple Es 6, 21 et Ne 10, 29). Sous cet aspect un point de contact existe avec les textes prophétiques, qui eux non plus ne semblent pas inclure sans conditions les non-exilés dans leur définition d'Israël (voir par exemple Ez 37 ; Jr 24, 10), la divergence résidant cependant comme indiqué plus haut dans le fait que ces derniers considèrent Juda et Joseph comme formant un seul peuple de Dieu, Israël. Les Chroniques, qui omettent les thèmes de l'exode et de la conquête et dont le noyau originel consiste peut-être en une apologie des travaux de reconstruction du temple[140], insistent eux aussi sur l'inclusion des tribus du Nord à côté de Juda dans la définition d'Israël. Selon C. Nihan, « cette acceptation 'large' d'Israël se retrouverait dans le Pentateuque, dont l'édition et la publication, probablement vers la fin du 5e ou le début du 4e siècles, semblent aussi relever d'une collaboration entre les élites de Judée et de Samarie »[141].

---

138 Papyri d'Éléphantine: A4.7,29 ; 4.8,28.

139 G.N. Knoppers, « Revisiting the Samarian Question in the Persian Period », in: O. Lipschits and M. Oeming (eds.), *Juda and the Judeans in the Persians Period*, Winiona Lake, Eisenbrauns, 2006, p. 279.

140 D.N. Freedman, « The Chronicler's Purpose », *CBQ 23* (1961), pp. 436-442.

141 C. Nihan, « Groupes et partis à Jérusalem et en Samarie à l'époque achéménide », dans : E. Nodet, *Samaritains, Juifs, temples. Réponses de Christophe Nihan et Philippe Abadie*, Paris, Gabalda, 2010, p. 84. Voir aussi C. Nihan, « The Torah as a fondamental document in Juda and Samaria »,

Dans ce contexte le Ps 78 pourrait lui aussi être une tentative de définir l'identité du vrai Israël : tout en affirmant le rejet d'Ephraïm, il laisserait ouverte la possibilité que la population du Nord en fasse partie si elle reconnaît que Juda est l'héritier de ses traditions et si elle se rallie au Temple de Jérusalem et à une autorité se réclamant de David. Il est alors possible que ce psaume ait été écrit après l'époque d'Esdras et de Néhémie dont la politique de séparation aurait impliqué le refus de partager des traditions, mais avant le schisme samaritain qui est intervenu entre 332 et 108. Il est donc possible de postuler une datation à la fin du IVème siècle ou plus encore au début du IIIème, le psaume demeurant jusqu'à l'époque hasmonéenne un outil de propagande.

Comme en Is 40-55, le livre d'Esdras décrit le retour des exilés en Juda et Jérusalem dans les termes d'un nouvel exode[142] et appelle son auditoire à se considérer comme le seul et direct héritier de la nation née en Egypte. Ce phénomène manifeste la réappropriation de traditions issues du Nord pour tenter de définir Juda comme le vrai Israël. « L'identification est extrêmement signifiante, car l'exil est en fait un mythe central du récit biblique du passé, de même que l'est le récit connexe de la conquête. Dans le contexte du Yehûd achéménide, toute identification possible entre les exilés de retour et l'Israël de l'exode et de la conquête a très probablement eu pour résultat une lecture de ces deux mythes d'origine comme soutenant à la fois les prétentions des exilés de retour au sein du Yehûd achéménide – et celles du groupe social duquel ils prétendaient venir, 'Israël exilé' – vis-à-vis de ceux qui étaient restés dans le pays »[143]. Les dirigeants Judéens ne pouvaient que renforcer leur légitimité en se présentant comme les défenseurs de traditions sacrées et en s'inscrivant dans la lignée d'une dynastie héréditaire.

Dans le cadre de tentatives rivales d'élaboration de l'identité du vrai Israël et en s'inscrivant dans la lignée des relectures prophétiques[144], le psaume offrirait ainsi une proposition alternative, différente de celle qui transparaît dans les livres d'Esdras et de Néhémie. Il s'ouvre avec la prétention de présenter un enseignement divin, se fait l'héritier des traditions de l'exode et se conclut par les mentions de l'élection de Sion et de la permanence du temple. La construction de l'identité

---

in: G.N. Knoppers, B.M. Levinson (eds.), *The Pentateuch as Torah. New Models for Understanding its Promulgation and Acceptance*, Winona Lake, Indiana, Eisenbrauns, 2007, pp. 187-223.

142 Cf. P. Abadie, « Le livre d'Esdras : un midrash de l'Exode ? », *Transeuphratène* 14, 1998, pp. 19-31.

143 E. Ben-Zvi, « Inclusion in and Exclusion from Israel as Conveyed by the Use of the Term 'Israel' in Post-Monarchic Biblical Texts », in: S.W. Holloway and L.K. Handy (eds.), *The Pitcher is Broken. Memorial Essays for Gösta W. Ahlström*, Sheffield, Academic Press (JSOT. Suppl. Ser. 190), 1995, p. 98. Voir aussi: K.W. Whitelam, « Israel's Traditions of Origin: Reclaiming the Land », *JSOT* 44 (1989), pp. 19-42.

144 N. Füglister le date après l'exil sur la base des textes prophétiques auparavant cités. Cf. N. Füglister, « Psalm LXXVIII: der Rätsel Lösung ? », p. 296.

du vrai Israël s'élabore donc en termes d'enseignements divins, d'une relation particulière de YHWH avec Juda et Sion. Le vrai Israël y est présenté comme centré autour de Jérusalem et il inclut, dans sa définition, ceux qui acceptent de se rallier à ce point de vue. Or parmi les groupes qui pouvaient prétendre être Israël se trouvaient les Samariens[145] et il semble peu probable qu'ils aient pu accepter l'idée que YHWH ait une relation unique avec Sion et ceux qui y demeurent. Leur revendication d'être une partie constitutive d'Israël trouvait d'ailleurs des appuis dans la communauté d'Eléphantine, comme le manifeste le fait que cette dernière adressa une demande d'aide pour la reconstruction de son temple non seulement aux autorités établies en Judée mais aussi au gouverneur de Samarie. Dans la perspective de Juda, les Samariens étaient exclus d'Israël, parce qu'ils ne pouvaient remplir les conditions sociales, politiques et théologiques nécessaires. « Les Samariens étaient des Yavistes qui se considéraient eux-mêmes, et étaient considérés par d'autres, comme Israël. Certains d'entre eux, voire la plupart d'entre eux, étaient vraisemblablement des descendants de ceux qui vécurent dans le Royaume du Nord d'Israël, et ils s'identifiaient en tout cas avec les traditions d'Israël. En même temps, la prétention selon laquelle Israël se composait uniquement de Yehûdites, et de ceux qui acceptaient l'autorité des traditions divines centrées sur Jérusalem, était une partie intégrante de plusieurs discours en Yehûd. Ainsi, au sein des deux tribus yahvistes voisines des revendications contradictoires étaient tenues à propos de qui était Israël et de quels étaient les enseignements de YHWH définissant la composition d'Israël. Ce n'a pas été une situation éphémère mais durable »[146]. C'est probablement ce contexte de revendications contradictoires, peut-être alimenté par le pouvoir achéménide dans le but d'éviter des alliances régionales susceptibles de l'affaiblir, qui a engendré l'insistance sur la tradition de Sion dans la littérature judéenne. Mais, dans la mesure où des liens étroits existaient entre les élites de Jérusalem et des Samariens, le psaume a pu intervenir dans une tentative de « dialogue » entre les deux groupes.

En résumé, dans la logique du psaume, si les Samariens acceptaient les enseignements divins tels que perçus dans la perspective de Juda et la centralité de Jérusalem, ils pourraient être admis comme constituant le vrai Israël. Peut-être écrit à la fin de la période perse ou au début de la période hellénistique, le psaume affirme ainsi que la maison de Joseph peut rejoindre la maison de Juda sans que cette réunion soit toutefois celle de partenaires égaux: les Samariens doivent accepter l'autorité des traditions d'un Israël centré autour de Jérusalem,

---

145 Selon l'expression utilisée par E. Ben-Zvi pour éviter toute équivoque avec un phénomène plus tardif. E. Ben-Zvi, « Inclusion in and Exclusion from Israel as Conveyed by the Use of the Term 'Israel' in Post-Monarchic Biblical Texts », p. 139.

146 E. Ben-Zvi, *Ibid.*, p. 144.

le vrai Israël, et le gouvernement de ceux qui engendrent le message véhiculé par ces traditions. Une telle conception prend tout son sens dans un contexte de revendications contradictoires quant à l'identité d'Israël, quant à l'identification de ceux qui vivaient selon l'instruction divine et quant au contenu de cette même instruction. Par la suite, lorsque les tensions entre les Samaritains et Judéens atteignirent leur point culminant, à l'époque hasmonéenne, le psaume a pu servi de propagande aux partisans du régime en place.

Le Ps 78 est une récitation historique qui d'une certaine façon ne rappelle pas le passé mais le génère. Il est, au sein de versions concurrentes, à la fois une construction rhétorique du passé et un acte partisan reflétant les intérêts d'une communauté qui tentait d'élaborer son identité. Sous d'autres rapports, le contenu mais aussi la texture lexicale et syntaxique du psaume réfèrent à des traditions d'Israël clairement identifiables. Le psaume appelle son auditoire à traverser les traditions de l'exode et de l'errance au désert, de l'aide de YHWH à Israël dans le désert et du don de la terre, du murmure du peuple et du rejet d'Ephraïm, de l'élection de David et de Sion. Il croise des références aux textes du Pentateuque, aux textes des prophètes antérieurs et postérieurs, peut-être au texte de Job, et met en cohérence ces sources disparates en même temps qu'il en produit une réinterprétation originale. Il les présente dans le cadre d'une stratégie invitant l'auditoire à se positionner d'une manière nouvelle par rapport à ces données. Si le but déclaré en est de ne pas répéter les erreurs des pères, de mettre en YHWH son espérance, de ne pas oublier ses œuvres et de garder ses commandements (v. 7), il appelle toutefois à un discernement: dans une histoire de rébellion répétée, les dons de YHWH ne sont plus interprétés comme des bienfaits mais comme des châtiments. Le don de la manne et des oiseaux en réponse à un besoin du peuple et comme manifestation de YHWH (Ex 16, 11) y devient une sanction qui manifeste la colère divine. Le combat divin contre les Egyptiens et la procession solennelle du peuple vers le territoire saint, la montagne où YHWH demeure (Ex 15) ne sont plus qu'une étape préalable au rejet d'Israël et de Silo, au choix subséquent de Juda et de Sion. *Les énigmes du temps ancien* résident dans cette ambivalence des faits et des événements relus et réinterprétés au gré de circonstances nouvelles.

En proposant cette proclamation des *énigmes du temps ancien*, un parcours sélectif et partial de l'histoire des pères, une réinterprétation de traditions et de textes antérieurs, le psaume fait entrer dans un jeu de réflexion et de transmission portant sur les leçons du passé. Le processus de remémoration innovateur qu'il met en œuvre permet aussi qu'il soit lu en des circonstances historiques variées et pour servir des objectifs diversifiés. Le prologue de ce chant instructif dessine la forme et la fonction de son programme narratif: il raconte la puissance et les merveilles accomplies par YHWH, témoignages et instruction en Israël, mais par lesquels se sont révélées en réalité l'infidélité et la rébellion des pères. Dans ce but il déploie un vocabulaire qui tend à la systématisation, en parlant de merveilles, des signes et de prodiges déployés par YHWH, de rébellion et de mise à l'épreuve de Dieu comme de péché et d'incapacité à se fier de la part du peuple, de colère, de châtiment et de rejet enfin pour marquer la réaction de YHWH face à l'agir du peuple. Il s'agit néanmoins de transmettre cette histoire de relation de génération en génération, car si les pères n'ont pas su répondre adéquatement aux dons de YHWH, l'élection de Sion, Juda et David laisse ouvert un futur. La finale du psaume, si elle clôture de façon abrupte l'histoire fondatrice du peuple par cette élection, laisse à son auditoire le soin de poursuivre cette relation. A cet effet, dans le corps du texte, le psalmiste ne raconte pas seulement mais il porte aussi des jugements évaluatifs qui interprètent les événements à un niveau théologique. Ce phénomène est particulièrement visible dans le refrain qui scande la narration et répète la rébellion du peuple et sa mise à l'épreuve de Dieu. La construction de l'histoire, de l'exode à l'élection de Juda, sert alors d'avertissement tout autant que de révélation de la souveraineté de YHWH dans l'histoire. Le psalmiste relit l'histoire des pères, leur expérience de l'éducation divine dans la sortie d'Egypte, pour que les générations à venir aient un cœur affermi et un esprit fidèle à YHWH. Il en fait le mémorial pour qu'on puisse la dire et la redire, car l'expérience de l'éducation divine se fera désormais par le discours. La construction de l'histoire du peuple de l'exode à David est ainsi le *medium* où peut s'apprendre la reconnaissance des dons de YHWH et la juste attitude à adopter à son égard. De ce point de vue, si le psaume dessine la figure idéalisée d'un Israël uni, rendant un culte dans un unique lieu saint, il esquisse aussi la représentation tout autant idéalisée d'un peuple de Dieu se laissant instruire.

« Le psaume, tel que je le lis, n'est pas de l'histoire ; il traite de mémoire. Il n'est pas à propos de quelque chose appelée mémoire ; plus exactement à travers la rhétorique adoptée par le psalmiste pour rafraîchir le souvenir de son peuple, il exerce la mémoire de celui-ci en exerçant la sienne. Je lis le psaume comme un processus de remémoration. Lu selon sa rhétorique, le psaume n'est pas statique – il bouge. Le psalmiste ne rumine pas le passé ; il traite du présent et, comme un prophète, cherche à transformer le futur »[147].

---

147 E.L. Greenstein, *Prooftexts 10* (1990), p. 209.

3 Psaumes 105-106

Dans les années 1920, C.A. Briggs formulait l'hypothèse que les Ps 105 et 106 formaient originellement un seul psaume[1]. Il s'appuyait sur le constat que le premier raconte l'histoire d'Israël jusqu'à la sortie d'Egypte, alors que le second commence avec le passage de la mer et la poursuit jusqu'à la période des juges. Selon lui, le psaume aurait été divisé en deux pour des raisons liturgiques. Par l'insertion d'une longue introduction la première partie aurait alors pris la forme d'un *Hallel* (vv. 1-5); à la seconde aurait été donné un caractère pénitentiel par l'ajout d'une introduction (vv. 1-8) et de diverses gloses. Cette division du psaume en deux ayant été opérée, un éditeur aurait ajouté au premier poème les vv. 38-45 qui poursuivent l'histoire jusqu'à l'entrée en terre de Canaan pour qu'il ne se termine pas, de manière inappropriée, avec la sortie d'Egypte. Des raisons semblables l'auraient conduit à apposer au second poème les vv. 46-47 et à insérer les vv. 35. 38. 39. 42. 43, le but étant de mêler à l'évocation des heurs et des malheurs du temps des juges une référence à ceux d'une histoire plus tardive, la période postexilique comprise.

L'hypothèse ainsi posée, C.A. Briggs est amené à considérer la présence de nombreuses autres gloses dans l'un et l'autre psaume[2]. D'après lui le psaume original est basé sur le Ps 78 et est dépendant de l'Hexateuque et du livre des Juges sous la forme dans laquelle ils nous sont parvenus. Le psaume alors ne peut être antérieur à la fin de l'époque perse.

Un constat de départ similaire, à savoir que les deux psaumes ne font pas allusion aux mêmes événements de l'histoire d'Israël, conduit J. Hoftijzer à poser l'hypothèse de leur complémentarité. Il serait certes possible de justifier leur différence par l'intérêt et le but propres de chacun d'eux, mais certains éléments demeureraient incompréhensibles si ces deux psaumes ne formaient pas une paire. J. Hoftijzer remarque par exemple que si le Ps 105 souligne fortement les actions puissantes et les merveilles de YHWH, notamment les plaies d'Egypte (vv. 27-36), le passage par la mer des Joncs y est tout à fait absent. Or ce fait est mentionné dans le Ps 106, en contraste avec la culpabilité du peuple. De plus, Ps 106, 45 évoque une alliance, jusque là jamais nommée dans le texte, et qui ne se comprend bien que par la mention de la promesse faite aux patriarches dans le psaume précédent. Le Ps 105 montre la fidélité de YHWH, manifestée dans l'accomplissement de sa promesse et dans l'appel au peuple à respecter

---

1 C.A. Briggs, 1925-1927, p. 342.
2 Ps 105, 9b.10b.11.13.15.22.24b.25b.28.29b.30b; Ps 106, 10.12.13.18.20.22.24b.25a.27.34b.

les décrets et les lois divins (v. 45); le psaume suivant décrit le péché du peuple et son mépris de la fidélité de YHWH. Il se termine par le rappel de l'humiliation du peuple. La construction de l'ensemble est schématique, les bienfaits de YHWH étant énumérés en détail pour mieux souligner l'infidélité du peuple[3].

Dans une tout autre perspective, une étude beaucoup plus récente, dont l'expression anglaise est malheureusement déficiente, tente de définir l'herméneutique théologique à l'œuvre dans la relecture de certains segments de l'histoire opérée par les Ps 105-106[4]. Citant L. Alonso-Schökel et C. Carniti[5], A. Passaro relève que le Ps 105 présente l'action de YHWH dans l'histoire, son alliance avec les patriarches et son engagement unilatéral envers Israël, tandis que le Ps 106 souligne le péché du peuple, sa non-réponse à la parole divine. La proximité et, de ce fait, la lecture parallèle des deux psaumes révèlent une polarité, qui « combine solidarité et différenciation »: l'histoire est le lieu de l'entrelacement de relations, où YHWH est à la fois associé à son peuple et distingué de lui. Autrement dit, YHWH est solidaire mais non complice de son peuple[6]. « Les Ps 105 et 106, alors, renvoient à la catégorie de *midrashim* qui ont aussi une fonction de légitimation. Ils soulignent, en fait, que YHWH est un Dieu qui agit dans l'histoire, sans, cependant, s'identifier avec aucune autre divinité parce que son activité présente des traits qui sont absolument originaux et ne permettent pas une réduction à d'autres identités. Cette fonction de légitimation trouve sa raison d'être dans le culte: louer YHWH est le but. L'histoire, son souvenir croyant, est ce qui révèle le don du salut de Dieu à son peuple.

Ces psaumes, comme d'autres – par exemple les Ps 78; 136 etc. – présentent une récapitulation quelque peu détaillée des grands événements de l'histoire passée, un intérêt pour les événements tenus pour décisifs. Il s'agit d'un choix, d'une sélection qui réécrit l'histoire avec le but de motiver prière et louange. En l'occurrence intention théologique et logique cultuelle se rencontrent.

Les psaumes, peut-être mieux que d'autres textes, manifestent qu'il importe peu de savoir *comment* les différents éléments d'une tradition ont été combinés. Ce qui est important c'est qu'ils créent réellement de nouvelles traditions, un corps de traditions... Le culte est le milieu dans lequel cette opération a été effectuée; le lieu dans lequel la réalité multiforme des traditions d'Israël et leur possibilité

---

3 J. Hoftijzer, *Die Verheissungen an die drei Erzväter,* Leiden, Brill, 1956, pp. 72-73.

4 A. Passaro, « Theological hermeneutics and its historical motifs in Pss 105-106 », in: N. Calduch-Benages and J. Liesen (eds.) *History and Identity: How Israel's Later Authors Viewed its Earlier History,* Berlin – New York, De Gruyter, 2006, pp. 43-55.

5 L. Alonso-Schökel, C. Carniti, *I Salmi,* Roma, Borla, Commenti Biblici, 1993, t. 2, p. 443.

6 A. Passaro, « Theological hermeneutics and its historical motifs in Pss 105-106 », p. 44.

intrinsèque de remodelage sont manifestées. Par ailleurs, le culte est ce moment de la vie religieuse d'Israël dans lequel sont combinés stabilité – désir de conservation et créativité. En d'autres mots, 'si la tradition a été formée par le culte, elle a aussi formé le culte'[7]. Dans la réciprocité réside l'importance des psaumes comme témoignage non seulement de la prière d'Israël mais aussi de la flexibilité des traditions créées non pour rester rigides ou fixées d'une manière déterminée et déterminante »[8]. L'histoire, ou plutôt la possibilité de raviver l'histoire de la collusion entre l'offre renouvelée de salut de YHWH et le péché répété du peuple, est une instruction qui donne une vision de l'agir divin assumant la contradiction du peuple et qui invite à la louange.

Il conviendra de revenir sur les conclusions de l'étude d'A. Passaro. Retenons pour l'instant qu'il lit ensemble les Ps 105 et 106 pour déterminer l'herméneutique théologique que révèle la reprise de motifs historiques. La nature des liens qui unissent ces « psaumes jumeaux »[9] et les divergences de leur point de vue sur l'histoire, de leur fonction ont souvent été soulignées par les commentaires : le premier insiste sur la fidélité de YHWH à ses promesses, alors que le second souligne la désobéissance du peuple[10] ; l'un est une célébration joyeuse des actions merveilleuses de YHWH et une invitation à l'obéissance au Dieu de l'alliance, tandis que l'autre une récitation des péchés d'Israël et un appel à l'aide au Dieu fidèle[11]. De ce fait, ils ont pu également être classés dans des genres différents, le Ps 105 étant généralement défini comme un hymne en raison de sa forme et le Ps 106 comme une lamentation collective[12]. Ces divergences de genres et de

---

7 A.S. Kapelrud, « La tradition et le culte : le rôle du culte dans la formation et la transmission de la tradition », dans : D.A. Knight (dir.), *Tradition et théologie dans l'Ancien Testament*, Paris, Cerf, LD 108, 1982, p. 133.

8 A. Passaro, « Theological hermeneutics and its historical motifs in Pss 105-106 », p. 53.

9 L'expression est de W. Zimmerli, « Zwillingspsalmen », in : *id., Studien zur alttestamentlichen Theologie und Prophetie*, München, C. Kaiser, 1974, pp. 261-271. Elle est reprise par K. Seybold, *Introducing the Psalms*, Edinburgh, T. & T. Clark, 1990, p. 157 et G. Ravasi, *Il Libro dei Salmi : commento e attualizzazione*, Bologna, Edizione Dehoniane, 1991, vol. 3, p. 134 ; F.-L. Hossfeld, E. Zenger, *Psalmen 100-150, Übersetzt und ausgelegt*, Freiburg-Basel-Wien, Herder, HThKAT, 2008, p. 137.

10 W. Zimmerli, « Zwillingspsalmen », pp. 267-270 ; J. Day, 1990, p. 59 ; A.H.W. Curtis, « La mosaïque de l'histoire d'Israël : quelques considérations sur les allusions 'historiques' dans les psaumes », p. 24.

11 W. Brueggemann, 1991, pp. 16-17.

12 H. Gunkel, 1933, p. 327 ; S. Mowinckel, 1962, p. 112 ; E. Haglund E., 1984, pp. 22.63 ; A.A. Anderson, 1988, p. 60.

tonalités ont pu aussi conduire à nier la possibilité que les deux psaumes aient été originellement assemblés en une unique composition[13].

D'aucuns, toutefois, bien que soulignant l'improbable possibilité d'un agencement d'origine et la différence de tonalité des deux psaumes ont tenté d'en souligner l'unité: S. Terrien affirme que «les Ps 105 et 106, se contredisent et se complètent l'un et l'autre dans la dialectique du péché et de la grâce»[14]. D. Kidner maintient que le Ps 106, même s'il est la contrepartie sombre du morceau précédant, est un psaume de louange car c'est la patience à toute épreuve de YHWH qui émerge comme thème principal[15]. Cette «paire assortie de psaumes», qui assemble deux tendances contrastées de l'histoire sacrée mettant l'une l'accent sur les actes puissants de YHWH et l'autre sur la récalcitrance humaine[16], clôture le quatrième livre du Psautier et, si on considère la version de la LXX, commencent et se terminent tous deux semblablement avec un alléluia[17]. C'est probablement l'œuvre d'un rédacteur d'avoir lié les deux psaumes pour conduire à rendre gloire à YHWH: en assortissant les deux psaumes, il a joint louange de la fidélité inébranlable de YHWH et aveu du péché du peuple au cours de son histoire[18]. Pour N. Whybray, intentionnellement groupés, ils méditent tous deux sur les actions passées de YHWH en faveur d'Israël, même si le premier rend simplement grâce pour cela alors que le second énumère les actes de rébellion du peuple. «Il est peu probable que ce regroupement comme ceux d'autres psaumes aient été purement fortuits. Ces regroupements servent à entraîner l'interprétation d'un psaume par un autre et invite ainsi à la méditation»[19]. Ces psaumes contiennent des thèmes sapientiaux – la finitude humaine, la rétribution selon la fidélité ou l'absence de fidélité d'Israël au cours de son histoire – avec pour but de proposer une réflexion qui fortifie la conscience des actions salvatrices de YHWH et des conséquences des différentes réponses humaines. Ainsi le quatrième livre du Psautier se terminerait avec deux récitations historiques à portée didactique.

---

13 A. Weiser, 1955, p. 466.

14 S. Terrien, *The Psalms: Strophic Structure and Theological Commentary*, Grand Rapids, Cambridge, William B. Eerdmans, 2003, p. 733.

15 D. Kidner, *Psalms 73-150: A Commentary on Books III-V of the Psalms*, Leicester, Inter-Varsity Press, 1975, p. 378.

16 D. Kidner, *Ibid.*, p. 373.

17 La LXX place l'alléluia qui dans le TM termine le Ps 104 au début du Ps 105. Voir M. Treves, 1988, p. 82.

18 W. Zimmerli, p. 270.

19 N. Whybray, «The Wisdom Psalms», in: J. Day, R.P. Gordon, H.G.M. Willliamson (eds), *Wisdom in Ancient Israel: Essays in Honor of J. A. Emerton*, Cambridge, Cambridge University Press, 1995, p. 156.

Encore qu'on puisse s'interroger sur les liens entre les Ps 104 et 105[20], pris ensemble les deux derniers poèmes du quatrième livre du Psautier révèlent de fait une étonnante continuité, comme le souligne G.J. Brooke[21]. Le Ps 105 opère une relecture de traditions historiques d'Abraham à l'exode ; le Ps 106 s'intéresse essentiellement à la période de l'exode aux juges, mais prolonge sa relecture jusqu'au temps de l'exil. Moïse figure de manière importante dans les deux psaumes (Ps 105, 26 ; 106, 16. 23. 32). Or à Moïse est attribuée la prière du Ps 90, le premier psaume du quatrième livre du Psautier. A ce sujet, G.J. Brooke remarque que si aucun des Ps 105-106 ne mentionne de manière explicite le don de la loi au Sinaï, la montée de Moïse sur ce mont (cf. Ex 34 et son parallèle Dt 7) est néanmoins évoquée en l'un et l'autre. Ce fait suggère que, pour les deux psaumes, c'est le second don de la loi qui est déterminant pour l'obéissance d'Israël, plutôt que l'alliance du Sinaï exclusivement, ce que confirmeraient les renvois à Lv 26, le climax du code de sainteté, avec son rappel de la loi et de l'alliance avec Abraham, Isaac et Jacob[22].

L'hypothèse que ces psaumes à l'origine séparés soient particulièrement désignés pour former une conclusion au quatrième livre du Psautier[23] et aient été intentionnellement juxtaposés, quoique d'abord conçus comme des unités ayant leur logique propre, est en soi plus convaincante que celle de C.A. Briggs qui amène à de nombreuses et contestables révisions des textes reçus. Elle est plus cohérente avec les données des manuscrits de la mer Morte puisque le fragment du Ps 105 en 11QPs[a] (Frg. E, col. I) est suffisant pour établir que, dans ce manuscrit, ce psaume n'est pas suivi du Ps 106[24]. Mais elle invite aussi, comme le fait A. Passaro, à prolonger l'étude exégétique de ces deux morceaux en discernant l'herméneutique théologique de leur relecture, à double facette, de l'histoire. Avant ce prolongement de la réflexion toutefois il conviendra de vérifier si l'assertion de G.J. Brooke, selon laquelle les Ps 105 et 106 ont été composés comme des récitations historiques à partir de sources en prose (Lv 26 ; Ex 34 ; Dt 7) et de compositions

---

20 Voir par exemple, L. Alonso-Schökel, C. Carniti, *Salmos*, Estella, Editorial Verbo Divino, 1992, t. 2, p. 1318 ; L.C. Allen, *Psalms 101-150*, Waco, World Books, Word biblical commentary 21, 1983, p. 40 ; D. Mathias, 1993, pp. 112-113 ; G. Ravasi, 1991, vol. 3, pp. 135-136. Ce dernier note plus précisément les liens de continuité entre les Ps 103-104 et le Ps 105, l'intention de présenter en un diptyque la création et l'histoire comme deux lieux de révélation.
Pour les liens entre les Ps 105-107, voir : M.D. Gray, « Psalm 106,15b : Did the Children of Israel Get What They Asked For ? », *SJOT 7* (1993), pp. 125-133.
21 G.J. Brooke, « Psalms 105 and 106 at Qumran », *RevQ 14* (1989-1990), p. 280.
22 G.J. Brooke, *Ibid.*, p. 280.
23 G.J. Brooke, *Ibid.*, p. 279.
24 Les vv. 25-45 en 11QPs[a], col. I ; vv. 1-11 en 11QPs[a], fragment E[1]. Voir : J.A Sanders, *The Psalms Scroll of Qumrân Cave 11 : 11QPsa*, Oxford, Clarendon press, 1965, p. 22 ; Y. Yadin, « Another Fragment (E) of the Psalms scroll from Qumrân Cave 11(11QPs[a]) », *Textus 5* (1966), pp. 1-10.

versifiées plus anciennes (les psaumes d'Asaf, de 1 Ch 16 et une partie des hymnes de Sion de 4Q380), a quelque légitimité[25]. La question se pose d'autant plus que le débat reste ouvert entre ceux qui défendent l'utilisation des Ps 105-106 par 1 Ch 16[26] et ceux qui inversent le sens de la dépendance[27]. Par ailleurs, comme pour le Ps 78, si certaines études affirment que les Ps 105-106 dépendent des sources du Pentateuque[28], d'autres soutiennent que la tradition des psaumes est antérieure à celle du Pentateuque[29]. Enfin l'assertion selon laquelle le Ps 105 dépend du Ps 78 reste aussi à vérifier: peut-on conclure avec A.F. Kirkpatrick que les Ps 105 et 106, qui sont entre eux étroitement reliés, «ont beaucoup en commun avec le Ps 78, avec lequel leur auteur était manifestement familier»[30]?

A noter encore que la juxtaposition des Ps 105 et 106 a également pu conduire à corriger la division entre les deux textes. Selon W.I. Wolverton, le Ps 105 était originellement un sermon et devait embrasser les trois premiers versets du Ps 106 qui ne sont pas accordés au ton de ce dernier. L'*alléluia* à la fin du Ps 105 aurait été inséré après que le découpage ait été effectué[31]. Bien qu'assez hypothétique et peu fondée, cette supposition appelle à examiner la structure de chaque psaume pour en vérifier la dynamique et l'intention propres; il s'agira aussi à cette étape, comme pour le Ps 78, de commencer à en pénétrer les enjeux, sans l'influence d'une précompréhension liée à la connaissance du Pentateuque ou d'autres écrits.

25 G.J. Brooke, *RevQ 14 (1989-1990)*, p. 291.

26 Par exemple, A. Weiser, 1955, pp. 461.466; H.-J. Kraus, 1961, pp. 719.731; F.C. Fensham, «Neh. 9 and Pss. 105, 106, 135 and 136: Postexilic Historical Traditions in Poetic Form», *JNSL 9* (1981), pp. 35-36; G. Ravasi, 1991, vol. 3, p. 137; A. Curtis, «La mosaïque de l'histoire d'Israël: quelques considérations sur les allusions 'historiques' dans les psaumes», p. 24.

27 Par exemple, G.H. Wilson, *The Editing of the Hebrew Psalter*, Chico Cal, Scholars Press, 1985, pp. 184-185.

28 A. Lauha, 1945, pp. 30-50; H.-J. Kraus, 1961, pp. 727-728; G.W. Coats, 1968, p. 225; B. Margulis, «The Plague Tradition in Ps 105», *Bib 50* (1969), p. 496; S. Holm-Nielsen, *ASTI 11* (1978), p. 25; R.J. Clifford, «Style and Purpose in Psalm 105», *Bib 60* (1979), pp. 426-427; E. Haglund, 1984, pp. 29. 70; J. Day, 1990, p. 59; A. Curtis, *Ibid.*, p. 24.

29 Par exemple, pour le Ps 105, S.E. Loewenstamm, 1992, p. 86.

30 A.F. Kirkpatrick, *The Book of Psalms*, Cambridge, Cambridge University Press, 1933, p. 614; voir aussi C.A. Briggs, 1925-1927, p. 342.

31 W.I. Wolverton, «Sermons in the Psalms», *Canadian Journal of Theology 10* (1964), p. 170. Voir aussi D. Mathias, 1993, p. 112. Ce dernier note que certaines interprétations ne voient pas la conclusion du Ps 105 dans le v. 45 mais dans le Ps 106, 1-3 alors que d'autres considèrent les Ps 105 et 106 comme originellement unis.

3.1 Le Psaume 105

En dehors des études portant plus spécifiquement sur la tradition des plaies infligées aux Egyptiens, le Ps 105 semble avoir assez peu suscité l'intérêt des exégètes. Le jugeant peu artistique, H. Gunkel l'a classé comme un hymne tardif utilisant des sources plus anciennes et, de ce fait, il se prononce peu sur son but[32]. H.-J. Kraus le considère comme un psaume historique présenté en style hymnique et, bien qu'il l'associe avec les Ps 78 et 106, remarque son utilisation différente de l'histoire, son intention d'éveiller la fidélité à YHWH et de susciter l'obéissance envers le commandement divin[33]. Pour J. Kühlewein en revanche, le psaume est un récit qui fonde une louange; sa datation tardive peut être déduite du fait qu'une relecture modérée de l'histoire sacrée y a remplacé le simple récit d'événements[34]. Il est toutefois, comme le note P. McMillion[35], qui le qualifie de «psaume historique classique», sinon la plus longue du moins la plus complète relecture de l'histoire d'Israël, de l'appel des patriarches à l'installation en terre promise. Un bon nombre d'exégètes considère, du reste, qu'au moment où le psaume a été écrit le Pentateuque était achevé[36]. Il est pour J. Gärtner une métaréflexion sur l'histoire, qui en propose une nouvelle interprétation et transforme en hymne les textes de réflexion du Pentateuque. Cette construction de l'histoire sous forme hymnique permet aux priants, rétrospectivement, de discerner les actions de Dieu dans la création et dans l'histoire et de tenir pour toujours valables l'alliance et la promesse de la terre alors même qu'ils se trouvent dans la nécessité et le danger, en attente de l'accomplissement de la promesse[37].

Alors que S. Mowinckel et C. Westermann considèrent le Ps 105 comme non cultuel[38], F. Baumgärtel, en percevant un parallèle avec la liturgie du renouvel-

---

[32] H. Gunkel, *Die Psalmen – übersetzt und erklärt*, Göttingen, Vandenhoeck & Ruprecht, 1929, p. 458; 1933, pp. 423-424.

[33] H.-J. Kraus, 1961, pp. 718-719.722. Sur la classification du Ps 105 comme psaume historique en forme d'hymne, cf. également: H. Ringgren, 1963, p. 98; A.A. Anderson, 1972, p. 725; F.C. Fensham, *JNSL 9* (1981), p. 38.

[34] J. Kühlewein, *Geschichte in den Psalmen*, Stuttgart, Calwer Theologische Monographien A/2, 1973, pp. 71-81.

[35] P. McMillion, «Psalm 105: History with a Purpose», *Restoration Quarterly 52/3* (2010), p. 167.

[36] H. Gunkel, 1929, p. 458; A. Lauha, 1945, p. 44; H.-J. Kraus; 1961, p. 892; T. Römer, *Israels Väter*, Freiburg, Universitätsverlag; Göttingen, Vandenhoeck & Ruprecht, 1990, p. 542. Le Ps 105 est du reste le seul texte de l'Ancien Testament qui fasse référence à l'histoire de Joseph en dehors du récit de Genèse et de l'allusion de Sg 10, 13.

[37] J. Gärtner, 2012, pp. 182. 184.

[38] S. Mowinckel, «Psalm and Wisdom», in: M. Noth and D.W. Thomas (eds.), *Wisdom in Israel and in the Ancient Near East*, VTSup 3, Leiden, Brill, 1955, pp. 213-214; C. Westermann, «Wergegenwärtigung der Geschichte in den Psalmen», pp. 253-280.

lement de l'alliance de la secte de Qumran telle que décrite dans la Règle de la communauté (1QS 1, 16-2, 1), établit que son cadre originel est celui d'une telle célébration. Le psaume s'accorderait à la louange des prêtres et des lévites, rendant grâce pour le salut de YHWH et pour sa fidélité (1QS 1, 19)[39]. Le fait que les vv. 1-15 soient repris par le Chroniste pour former une partie de l'hymne célébrant le transport de l'arche à Jérusalem (1 Ch 16, 8-22) a aussi été parfois perçu comme un indice de son usage cultuel. A. Weiser ajoute à cela que les six premiers versets indiquent clairement que le Ps 105 n'est pas un poème didactique mais un hymne cultuel de la communauté de l'alliance. La postérité d'Abraham, les fils de Jacob viennent au sanctuaire en pèlerinage, comme l'indique l'expression technique *chercher YHWH* (cf. Am 5, 5) pour rendre grâce à YHWH pour ses actions salvatrices. A partir du v. 7 commencerait l'hymne proprement dit, dont la dépendance littéraire directe avec le Pentateuque ne pourrait être établie. Dans le cadre d'un renouvellement de l'alliance, il serait la réponse du peuple à la révélation de YHWH et de ses merveilles, qui dans la cérémonie cultuelle a lieu au moyen d'une représentation et actualisation de l'histoire sacrée[40]. En reprenant ces intuitions, M. Mannati définit alors que ce «psaume historique, didactico-hymnique, est, comme le psaume 78, un psaume du rituel de l'Alliance. Il correspond à la phase *discours commémoratif,* sans être lui-même ce discours; le ton hymnique le fait apparaître comme la réaction de l'assemblée (même s'il était exécuté par un chœur ou un solo) à l'audition du discours commémoratif. Réaction lyrique de l'assemblée, on comprend que ce psaume n'ait gardé des deux pôles du discours commémoratif que le rappel des bienfaits de YHWH; les participants ne pouvaient réagir à la fois à ce rappel et à celui des manquements passés. Dans l'ensemble 'rénovations des engagements de l'Alliance' la joie domine... et cette note générale suffit à ne faire retenir de la longue énumération des bienfaits de l'un des partenaires et des fautes de l'autre, que les premiers. Donc, l'absence du nerf du discours commémoratif n'est pas un obstacle à ce que le Ps 105, en dépendance directe du discours commémoratif, soit un psaume du rituel de l'alliance »[41].

Tentant de synthétiser différentes données, G. Ravasi déclare qu'il est très clairement un psaume historique au «sens technique-théologique du terme car le credo historique est la structure, parfois quelque peu prosaïque, qui régit le développement de l'ode dans ses différentes étapes et qui en constitue la substance. Mais cette profession de foi est introduite dans les vv. 1-8 sous une forme hymnique, solennelle, liturgique, qui donne le ton à toute la composition. Bien plus, si on examine la suture entre les vv. 7-8, on s'aperçoit que le passage entre

39 F. Baumgärtel, « Zur Liturgie in der Sektenrolle vom Toten Meer », *ZAW 65* (1953), pp. 263-265.
40 A. Weiser, 1955, pp. 461-462.
41 M. Mannati, *Les Psaumes du rituel de l'Alliance,* texte dactylographié, 1975, pp. 249-250.

l'hymne et la récitation historique est insensible: du chant on glisse au parler, de l'exaltation on passe à une calme proclamation. Mowinckel a parlé de "légende hymnique". Si nous voulons être plus précis... nous pouvons véritablement parler de remerciement communautaire avec une référence particulière au don de la terre qui résume et ressaisit en soi tous (les dons divins) précédents. L'action de grâce suppose un milieu cultuel où elle trouve son explication et il est très probable que le Ps 105 soit à considérer comme un texte liturgique. A cette conviction nous conduit une preuve indirecte, l'usage liturgique du psaume dans le milieu judaïque postérieur, usage attesté par 1 Ch 16... »[42]. G. Ravasi précise encore qu'il est possible de parler d'un « midrash liturgique de louange » invitant à un engagement de fidélité et d'espérance. Apparaît alors une dimension ultérieure du psaume, dimension parénétique et didactique. Citant A.F. Kirkpatrick[43], il ajoute que le récit des signes de la fidélité de YHWH est à considérer comme un encouragement à la communauté de la restauration postexilique. L'invitation répétée à célébrer YHWH correspondrait exactement aux termes avec lesquels est décrite la fonction des lévites dans les livres d'Esdras, de Néhémie et des Chroniques[44]. La citation en 1 Ch 16, 4 donnerait un *terminus ad quem* pour la datation du psaume et le fait que le psalmiste connaisse la théologie deutéronomiste et son interprétation du don de la terre, qu'il semble exprimer une nostalgie et donc une absence de possession ou une possession limitée de la terre, confirmerait une datation exilique ou postexilique[45]. Cette dernière serait corroborée par le processus de réinterprétation collective de la promesse davidique à l'œuvre dans le psaume et par l'insistance sur la promesse patriarcale. « En effet, à partir de l'exil, Israël est dans la situation d'un peuple qui doit se réapproprier la terre à différents niveaux. Sous ces conditions on reprend les raisons de cette réappropriation qui sont avant tout liées à l'exode et au don successif de la terre, mais qui remontent aussi à la promesse faite à Abraham. C'est dans cette perspective que réapparaît la figure d'Abraham, absente de la Bible préexilique (à l'exclusion évidement du Pentateuque); elle est en scène en Is 41, 8; 51, 2; 63, 16; Jr 33, 26; Ez 33, 24 (cf. Mi 7, 20) ». Le Ps 105 est ainsi pour G. Ravasi un psaume postexilique

---

42 G. Ravasi, 1991, vol. 3, p. 137. A propos du credo historique, G. Ravasi précise au préalable qu'il s'articule sur les événements historiques qui tournent autour du noyau patriarches-exode-terre (*Ibid.*, p. 136).
43 A.F. Kirkpatrick, 1933, p. 614.
44 Esd 3, 11; Ne 12, 24; 1 Ch 16, 4.
45 Voir aussi R.J Clifford, *Bib 60* (1979), p. 427. Il le date, à titre d'hypothèse, du sixième siècle.

à situer entre les deux extrêmes du retour de l'exil et de l'écriture de 1 Ch 16, qui le cite (autour de 300)[46].

Concernant le caractère de récitation historique du psaume, dans un petit article dont le titre indique la nature, M.E. Stevens écrit : « Un des trois psaumes historiques, le Ps 105 loue l'action de YHWH dans l'histoire en faveur des enfants d'Abraham. Le psaume résume les événements clés de la Torah : YHWH a fait alliance avec Abraham et sa descendance (vv. 7-15 ; cf. Gn 12-36). Un de ces descendants, Joseph, a bénéficié d'un retournement de situation en Egypte (vv. 16-22 ; cf. Gn 37-50) ; les autres descendants réfugiés en Egypte en réponse à une famine ont été opprimés par les Egyptiens (vv. 16.23-25 ; cf. Ex 1-2). YHWH a sauvé les Israélites esclaves par des actions merveilleuses (vv. 26-38 ; cf. Ex 3-15) ; les Israélites libérés ont traversé le désert sous la protection de YHWH (vv. 39-44 ; cf. Ex 15, 22-Dt) »[47]. Ainsi en racontant l'essentiel du récit de la Torah, le Ps 105 fonctionnerait comme une version abrégée de l'histoire de l'action de YHWH en faveur de ses élus. Cependant M.E. Stevens ajoute que ce résumé poétique contient quelques incohérences, parmi lesquelles l'omission criante de l'alliance au Sinaï et de la législation qui l'accompagne (cf. Ex 20-40 ; Lv 1-27 ; Nb 1-10 ; Dt 5-28). Il s'essaie à donner quelques raisons de cette omission : le genre hymnique du psaume ne se prête pas à la récitation de lois ; l'accent mis sur la législation au Sinaï demanderait qu'un aveu soit fait de sa transgression (cf. 2 R 17, 6-7 ; 24, 1-5). « En net contraste avec les Ps 78 et 106, qui soulignent la désobéissance du peuple, le Ps 105 raconte délibérément les actions de YHWH dans l'histoire, non les actions du peuple de YHWH dans l'histoire. YHWH est pratiquement le sujet de tous les verbes dans la portion historique du psaume, ce qui met en valeur celui qui dirige le cours de l'histoire pour ses élus »[48]. Citant les travaux de H.-J. Kraus, S.E. Loewenstamm et A.C.C. Lee[49], M.E. Stevens ajoute la mention d'incohérences qu'il juge mineures (les expressions *oints* et *prophètes* au v. 15, absentes des récits de la Genèse ; la nuée qui sert de *rideau* au v. 39, alors que dans les récits du Pentateuque elle est le signal pour se mettre en mouvement ; les dix plaies de l'Exode condensées en sept...) et conclut qu'en « racontant le passé, l'auteur ne se sent pas servilement lié aux détails des traditions historiques rapportées dans

---

46 G. Ravasi, 1991, pp. 137-139. Sur la même fourchette de datation voir aussi : A.A. Anderson, 1972, p. 726.

47 M.E. Stevens, « Between Text and Sermon. Psalm 105 », *Interpretation* (2003), p. 187.

48 M.E. Stevens, *Ibid.*, p. 187.

49 H.-J. Kraus, 1961, pp. 718-723 ; S.E. Loewenstamm, « The Number of Plagues in Psalm 105 », *Bib 52* (1971), pp. 34-38 ; A.C.C. Lee, « Genesis I and the Plagues Tradition in Psalm CV », *VT 40* (1990), pp. 257-263.

la Torah. Bien plutôt, le psalmiste se sent libre d'interpréter l'action de YHWH dans l'histoire pour façonner un poème de louange »[50].

Plus descriptif qu'analytique, dans sa teneur générale et le caractère lapidaire de certaines de ses affirmations, l'article laisse entrevoir les interrogations qui peuvent se poser quant au rapport de ce psaume aux textes du Pentateuque et quant à son objectif. Parler de «résumé poétique» ou nommer des «incohérences», des «omissions criantes» c'est certainement aborder le psaume en le jugeant *a priori* dépendant du Pentateuque et en l'évaluant à l'aune de ce dernier. Comme déjà signalé à propos du Ps 78, le risque est de ne pas saisir l'intention du psaume, si le texte n'est pas d'abord lu pour lui-même. C'est pourquoi il convient ici encore d'en dégager la structure et la dynamique avant d'examiner quel phénomène d'intertextualité le caractérise.

3.1.1 Traduction

v. 1   *Louez YHWH, invoquez son nom,*
        faites connaître parmi les peuples ses exploits.
v. 2   *Chantez-le, jouez pour lui,*
        dites ses merveilles.
v. 3   *Glorifiez-vous de son saint nom,*
        que se réjouisse le cœur de ceux qui recherchent YHWH.
v. 4   *Cherchez YHWH et sa force,*
        recherchez toujours sa face.
v. 5   *Souvenez-vous des merveilles qu'il a faites,*
        Des signes et des jugements de sa bouche.
v. 6   *Postérité d'Abraham son serviteur,*
        Fils de Jacob ses élus,
v. 7   *c'est lui, YHWH notre Dieu,*
        Sur toute la terre ses jugements.
v. 8   *Il s'est toujours souvenu de son alliance,*
        parole qu'il a établie pour mille générations,
v. 9   *qu'il a conclue avec Abraham,*
        serment à Isaac.
v. 10 *Il l'a érigée en décret pour Jacob,*
        pour Israël une alliance éternelle,
v. 11 *en disant: à toi je donne la terre de Canaan,*
        contrée en héritage pour vous.

---

50 M.E. Stevens, *Interpretation* (2003), p. 188.

v. 12   *Ils étaient alors des hommes qui pouvaient être comptés,*
           des immigrants peu nombreux.

v. 13   *Ils allaient et venaient de nation en nation,*
           D'un royaume vers un autre peuple.

v. 14   *Il n'a permis à personne de les opprimer,*
           il châtia à cause d'eux des rois.

v. 15   *Ne touchez pas à mes oints,*
           Ne faites pas de mal à mes prophètes.

v. 16   *Il appela la famine sur le pays,*
           Il coupa toute provision de pain.

v. 17   *Il envoya devant eux un homme,*
           Joseph qui fut vendu comme serviteur.

v. 18   *On lui entrava les pieds,*
           On le mit aux fers.

v. 19   *Jusqu'au temps où s'accomplit sa parole,*
           le discours de YHWH l'éprouva.

v. 20   *Un roi envoya le délier,*
           un maître des peuples le relâcha.

v. 21   *Il l'établit seigneur de sa maison,*
           maître de tout son bien,

v. 22   *pour qu'il s'attache ses princes,*
           et rende sage ses anciens.

v. 23   *Israël vint en Egypte,*
           Jacob émigra au pays de Cham.

v. 24   *Il multiplia beaucoup son peuple,*
           Il l'a rendu plus puissant que ses ennemis.

v. 25   *Il changea leur cœur pour qu'ils haïssent son peuple,*
           pour qu'ils forment de mauvais desseins contre ses serviteurs.

v. 26   *Il envoya Moïse son serviteur,*
           et Aaron qu'il avait choisi.

v. 27   *Ils mirent au milieu d'eux les signes dont il avait parlé,*
           des prodiges au pays de Cham.

v. 28   *Il envoya les ténèbres et il se fit ténèbres,*
           et ils ne furent pas rebelles à ses paroles.

v. 29   *Il changea leurs eaux en sang,*
           et fit mourir les poissons.

v. 30   *Leur pays grouilla de grenouilles,*
           dans les chambres de leurs rois.

v. 31   *Il parla et vinrent les insectes,*
           et les moustiques sur tout leur territoire.

v. 32   *Il leur donna pour leur pluie de la grêle,*
       du feu et des flammes sur leur pays.

v. 33   *Il frappa leurs vignes et leurs figuiers,*
       et brisa les arbres de leur territoire.

v. 34   *Il parla et vinrent les criquets,*
       les hannetons sans nombre.

v. 35   *Ils mangèrent toute l'herbe du pays,*
       et ils mangèrent le fruit de leur sol.

v. 36   *Il frappa tous les premiers-nés dans leur pays,*
       Prémices de toute leur force.

v. 37   *Il les fit sortir avec de l'argent et de l'or,*
       Et nul parmi ses tribus ne chancela.

v. 38   *L'Egypte se réjouit de leur sortie,*
       Car une terreur était tombée sur eux.

v. 39   *Il étendit une nuée pour rideau,*
       et un feu pour illuminer la nuit.

v. 40   *Il demanda (ils demandèrent) et vinrent les cailles,*
       Et du pain des cieux il les rassasia.

v. 41   *Il ouvrit le rocher, les eaux ont coulé,*
       elles se sont répandues dans les steppes comme un fleuve.

v. 42   *Car il s'est souvenu de sa parole sainte,*
       D'Abraham son serviteur.

v. 43   *Il a fait sortir son peuple dans l'allégresse,*
       au milieu d'un cri de joie ses élus.

v. 44   *Il leur donna les pays des nations,*
       et ils possédèrent le travail des peuples.

v. 45   *Pour qu'ils gardent ses décrets,*
       Et qu'ils observent ses lois.
       Louez YHWH !

3.1.2 Eléments de critique textuelle

v. 4 : La LXX donne καὶ κραταιώθητε, *et soyez forts,* au lieu de וֹעֻזּ, *sa force* dans le TM. La Peshitta, la Vulgate ont une leçon équivalente à la LXX. Le sens du texte n'en n'est pas profondément modifié.

v. 6 : זרע אברהם עבדו בני יעקב בחיריו, *Postérité d'Abraham son serviteur, Fils de Jacob ses élus.* Le manuscrit 11QPsᵃ, peut-être par erreur graphique d'un scribe, donne : עבדיו בני יעקב בחירו, *ses serviteurs, fils de Jacob son élu.* Sur la base de cet élément textuel, il est un peu hâtif de conclure comme le fait G.J. Brooke que

11QPs³ représente ici la *Vorlage* hébraïque de la LXX[51]. Dans le TM comme en 11QPs³, quoique de manière inversée, il y a une asymétrie entre un singulier et un pluriel. La LXX, σπέρμα Αβρααμ δοῦλοι, υἱοὶ Ιακωβ ἐκλεκτοὶ αὐτοῦ, propose deux pluriels; il s'agit possiblement d'un choix de rendre le texte symétrique. 1 Ch 16, 13ᵀᴹ reprend l'asymétrie du Ps 105, 6ᵀᴹ. En Ps 105, 42ᵀᴹ on trouve אברהם עבדו, *Abraham son serviteur,* qui a un équivalent dans le grec de la LXX. Au v. 43, בחיריו, *ses élus,* au pluriel également dans son équivalent grec, désigne le peuple. C'est pourquoi, il n'y a pas lieu de corriger la traduction du TM au v. 6.

Quelques manuscrits suivent 1 Ch 16, 13 avec ישראל, *Israël,* au lieu de אברהם, *Abraham,* mais il s'agit peut être d'une correction visant à harmoniser les deux textes.

v. 8: Plusieurs manuscrits, en conformité avec 1 Ch 16, 15 ont זכרו, *souvenez-vous (pour toujours de son alliance)* au lieu de זכר, *il s'est souvenu.* Il s'agit peut être là aussi de corrections visant à harmoniser les deux textes. 11QPs³ confirme le TM. Dans ce dernier, YHWH est le sujet des verbes des vv. 8-11, ce qui justifie de conserver le *qal* parfait à la troisième personne du singulier. Il conviendra d'analyser s'il y a un lien d'intertextualité avec Lv 26, 42 où c'est YHWH qui se souvient de son alliance avec Jacob, Isaac et Abraham.

v. 9: 11QPs³ donne עם, *peuple* au lieu d'*Abraham*. La LXX appuie le TM.

Là où 1 Ch 16, 16 et le Targum écrivent le nom d'Isaac avec un צ, Ps 105, 9 a un ש (Isaac est écrit de cette manière en Jr 33, 26; Am 7, 9 et 16).

v. 11: Le לך, *à toi* est supporté par 1 Ch 16, 18 contre le pluriel de 11Qps³ (לכם). La LXX donne aussi un pronom au singulier.

v.12: Le Targum et 1 Ch 16, 19 donnent une seconde personne du pluriel pour בהיותם, *ils étaient (des hommes qui pouvaient être comptés).* Le v. 13 (et 1 Ch 16, 20) appuie le TM en poursuivant le récit avec des verbes à la troisième personne du pluriel.

v. 14: Quelques manuscrits ont איש à la place de אדם. D'autres et 1 Ch 16, 21 לאיש.

v. 18: Le *qere* רגלו (singulier) corrige le *ketib* רגליו, *pieds* (pluriel); avec τοὺς πόδας la LXX pourrait être en accord avec le ketib.

v. 22: Alors que le TM contient, לאסר, *pour qu'il s'attache,* la LXX, à laquelle s'accorde la Peshitta, donne τοῦ παιδεῦσαι, *pour instruire,* qui correspondrait à l'hébreu ליסר. Une assimilation au stique suivant explique bien le choix de la

51 G.J. Brooke, *RevQ 14* (1989-1990), p. 276.

LXX, auquel s'accordent la Vulgate et la Peshitta. La *lectio difficilior* du TM est attestée par Aquila et conservée ici dans la traduction.

בנפשו est rendu par le pronom personnel *se* dans la traduction. Deux manuscrits hébreux lisent כנפש, *selon leur désir*. La LXX a ὡς ἑαυτὸν, *comme/selon lui-même*.

v. 27: Le TM débute par le verbe שׂים au pluriel, suivi du complément בם. Littéralement le premier stique de ce verset se traduirait: *ils établirent chez eux les paroles de ses signes*. La LXX donne: ἔθετο ἐν αὐτοῖς τοὺς λόγους τῶν σημείων αὐτοῦ... Le choix du verbe au singulier, que comporte aussi la Peshitta, peut s'expliquer par le contexte: les versets qui précèdent et suivent le v. 27 ont tous des verbes au singulier, avec YHWH pour sujet. Il est par ailleurs en harmonie avec le parallèle de Ps 78, 43: *...lui qui mit en Egypte ses signes*. Dans le TM, Moïse et Aaron, nommés au v. 26, sont les sujets de שׂים et on peut supposer que le suffixe de בם désigne les Egyptiens, en parallèle avec le second stique. La traduction proposée trouve un appui dans le verset suivant.

L'omission de דברי dans la version Syriaque pourrait refléter la difficulté du traducteur.

v. 28: La LXX et la Peshitta omettent la négation du second stique, en y voyant une référence à l'endurcissement des Egyptiens. Mais si le sujet de מרה est Moïse et Aaron, comme on peut le supposer du verset précédent, il est justifié de conserver la traduction: *ils ne furent pas rebelles*. Le v. 27 établissait que Moïse et Aaron mirent chez les Egyptiens les paroles des signes de YHWH, les signes dont il avait parlé; le v. 28 précise qu'ils n'ont pas été rebelles à ses paroles. Dans ce cas il n'y a pas lieu de conserver l'hypothèse de שמר *(ils n'ont pas gardé)* en place de מרה. Le TM comporte un *qere* דברו en finale du verset; le *ketib* est au pluriel, דברוו, ce qui conserve le parallèle avec le v. 27.

Le Codex Sinaiticus et d'autres versions grecques (Aquila, Symmaque, Théodotion, Quinta) ont la négation et lisent le verbe à la troisième personne du singulier: καὶ οὐ παρεπίκραναν τοὺς λόγους αὐτοῦ. La Vulgate donne: *et non exacerbavit sermones suos*. Ces versions, et le *qere* qui donne דבר au singulier, permettent à T. Booij de traduire de la façon suivante: «He sent darkness, and darkness fell, it did not rebel against his word», les ténèbres devenant ainsi le sujet du second stique: elles ne se sont pas rebellées contre ses paroles[52]. On peut estimer toutefois que ces versions proposent une *lectio facilior*.

---

[52] T. Booij, «The Role of Darkness in Psalm CV 28», *VT 39* (1989), pp. 209-214.

v. 36: Le TM contient בארצם, *de leur pays*. Certains manuscrits de la LXX, la Peshitta et le Targum, substituent une mention à l'Egypte comme en Ps 78, 51 ou Ex 12, 29. Cependant nommé au v. 23, le pays de Cham est ensuite désigné par ארץ, *pays*, aux vv. 30. 32 et 35 dans le Ps 105.

v. 37: 11QPs[a] donne עמו, *son peuple* comme complément de יצא au lieu d'un suffixe à la troisième personne pluriel. Le sens du texte n'en n'est pas profondément modifié mais peut-être est-il rendu plus clair.

v. 40: Le TM début par le verbe שאל au singulier (*il demanda*). La LXX (ᾔτησαν), la Peshitta, la Vulgate et le Targum comportent un pluriel. Il est possible que la leçon du TM soit le produit d'une haplographie, tout comme il est aussi possible que les autres versions soient une *lectio facilior*. A l'appui du TM les verbes du verset précédent et du verset suivant sont au singulier, avec YHWH pour sujet.

3.1.3 Structure

Comme pour le psaume précédemment étudié, le travail de R.J. Clifford en ce qui concerne la structure du Ps 105 mérite l'attention. Pour lui, les sections principales du psaume sont les suivantes:

- vv. 1-6: Invitation adressée à Israël, aux descendants des patriarches, à louer YHWH, à chercher sa présence et à se souvenir de ses grandes actions.
- vv. 7-11: Identification du Dieu d'Israël comme le Seigneur de tout l'univers, et comme celui qui se souvient de la promesse de la terre aux patriarches.
- vv. 12-45: Sélection des traditions d'Israël.
  vv. 12-15: les patriarches en terre de Canaan.
  vv. 16-22: Joseph en terre d'Egypte
  vv. 23-38: Les Israélites en terre d'Egypte
  vv. 39-45: Israël conduit au désert

L'introduction (vv. 1-6) se caractériserait par l'emploi de formules stéréotypées et d'une série d'impératifs pluriels invitant Israël à la louange, puis à une quête de la présence de YHWH. Le v. 6 indiquerait les destinataires de l'hymne, *postérité d'Abraham* et *fils de Jacob* et assurerait la transition avec la section suivante qui traite des promesses aux patriarches. La promesse de la terre est du reste ce qui occupe l'entier corps du texte, ce qui confère au psaume un caractère unique et expliquerait l'attention portée aux patriarches[53].

---

53 Sur ce point cf. également A. Lauha, 1945, pp. 34-45.

Au v. 6, avec l'utilisation du terme עֶבֶד, *serviteur*, se rencontrerait le premier des trois mots clés qui, pour R.J. Clifford, est répété de manière signifiante dans chaque section du psaume (vv. 6. 17. 25. 26. 42); trois fois il apparaît en *tandem* avec בָּחִיר, *élu* ou בָּחַר, *choisir* (vv. 6. 25-26. 42-43). Dans la deuxième section, les vv. 7-11 introduiraient YHWH comme le donateur de la promesse à Abraham. Il est, pour R. Clifford, significatif que de la triple promesse à Abraham telle qu'elle apparaît en Genèse (promesse de la terre, d'une descendance et d'une renommée), seule la promesse de la terre soit mentionnée au v. 11. Le mot אֶרֶץ, *terre* (quelques fois גְּבוּל) est le second des trois mots clés. Il apparaît aux vv. 7. 11. 12 (בָּהּ, *en elle*) 16. 23. 27. 30. 31 (גְּבוּל). 32. 33 (גְּבוּל). 35. 36. 44. Dans les vv. 7-11 apparaît aussi le troisième mot clé, qui sera répété de manière signifiante dans la troisième section, דָּבָר, *la parole [de promesse]* (vv. 8. 19. 27. 28. 42). A l'intérieur des vv. 7-11, בְּרִית (*alliance*), שְׁבוּעָה (*serment*), et חֹק (*décret*) sont en parallèle avec *parole*, chaque terme exprimant la promesse de la terre affirmée au v. 11.

La section suivante, vv. 12-45, décrit Israël en des lieux variés: Canaan pas encore possédé, l'Egypte et le désert. Dans chaque lieu Israël bénéficie de la protection de la promesse de la terre: dans les vv. 12-15, Israël erre dans une terre gouvernée par des rois hostiles, mais est protégé en raison de la promesse; dans les vv. 16-22, Joseph en Egypte fonctionne comme une préparation à la venue d'Israël en Egypte; dans les vv. 23-28, dans le désert, Moïse et Aaron sont des substituts de Joseph. Ces deux derniers épisodes sont d'ailleurs liés entre eux par la répétition de verbes: à שָׁלַח, *envoyer* et שִׂים, *établir* des vv. 17. 20-21 correspondent שָׁלַח, *envoyer* et שִׂים, *établir, réaliser* des vv. 23-28.

A l'intérieur de l'histoire d'Israël en Egypte, R.J. Clifford relève encore un chiasme majeur (vv. 25-29) fondé sur la reprise de mêmes verbes et qui servirait à montrer le pouvoir total de YHWH face aux Egyptiens:

v. 25a (הָפַךְ, *changer*) *leur cœur* (des Egyptiens)...
    v. 25b *pour que*...
    v. 26a (שָׁלַח, *envoyer*) *Moïse son serviteur*...
        v. 26b *et Aaron*...
            v. 27a (שִׂים, *réaliser*) *leurs paroles réalisèrent*...
        v. 27b *des prodiges au pays de Cham*
    v. 28a (שָׁלַח, *envoyer*) *les ténèbres*...
    v. 28b *ils ne furent pas rebelles*...
v. 29 (הָפַךְ, *changer*) *leurs eaux*...

Un autre stratagème stylistique apparaît important à R.J. Clifford parce qu'il souligne le contraste entre la terre d'Egypte et le désert: il s'agit de la double répétition de l'expression *il parla et vinrent* (vv. 31. 34), à laquelle il fait associer celle du

v. 40, *il demanda (ils demandèrent* selon LXX, la Peshitta, le Targum et la Vulgate) *et vinrent...* Trois fois répétée la formule exprimant le pouvoir de la parole de Dieu met en contraste le traitement de l'Egypte dans une terre prospère avec le traitement d'Israël dans le désert.

R.J. Clifford note enfin que les vv. 42-44 contiennent les trois mots clés *serviteurs, promesse* et *terre.* Parce qu'ils reformulent les vv. 37-38 et en reprennent des expressions (en particulier le verbe יצא au hifil, *faire sortir)*, l'exode et l'errance au désert sont perçus comme la conséquence de la promesse de la terre aux patriarches. Ces versets ne décriraient pas une entrée concrète dans la terre promise mais auraient plutôt l'intention de décrire l'exode comme une procession triomphante, comme un prélude à l'entrée en terre promise, et comme une nouvelle opportunité d'obéissance à la volonté divine.

La conclusion de cette étude est que le psaume est un hymne à YHWH qui a promis la terre à son peuple et qui peut être cherché en tout lieu et en tout temps parce que sa promesse est partout effective. Dans ce but, il reprendrait les traditions qui soulignent la fidélité de YHWH à son peuple en des temps où ce dernier, en fait, ne possédait pas la terre. Il convenait en effet qu'Israël passe par diverses expériences et des épreuves semblant mettre en cause la promesse de la terre pour qu'il devienne en mesure de la recevoir comme une grâce[54].

Reprenant la proposition de R.J. Clifford, A.R. Ceresko la modifie quelque peu en prolongeant la division de l'introduction jusqu'au v. 11 et en proposant une structure du récit qui suit (vv. 12-45) en deux diptyques séparés par le v. 23:

vv. 1-11 introduction.
      vv. 1-6: appel au culte
      vv. 7-11 annonce du thème
vv. 12-22: le mouvement de Canaan en Egypte
      vv. 12-15: errance en Canaan
      vv. 16-22: l'histoire de Joseph
                        v. 23: le verset charnière
vv. 24-45: le mouvement d'Egypte en Canaan
      vv. 24-38: l'histoire de l'exode
      vv. 39-41: le désert
vv. 42-45: l'accomplissement de la promesse.

---

54 R.J. Clifford, *Bib 60* (1979), pp. 420-427.

Le psaume se diviserait donc pratiquement en deux parties égales, le v. 23 fonctionnant comme un verset charnière. De part et d'autre de cette transition, une première partie en vingt-deux versets contiendrait deux strophes d'introduction (vv. 1-6; 7-11) et le premier diptyque du récit, dont les événements racontés prendraient place d'abord en Canaan puis en Egypte. La seconde partie, de nouveau en vingt-deux versets, résumerait l'histoire d'Israël en Egypte et le départ pour Canaan. Les deux parties du psaume se chevaucheraient au v. 23, qui à la fois résume le récit précédent et prépare l'action du suivant.

S'appuyant sur les mots clés et les répétitions relevés par R.J. Clifford, A.R. Ceresko définit donc de la sorte la macrostructure concentrique du psaume. Liée à l'introduction par le suffixe féminin de la préposition בַּ au v. 12b (*immigrants* « en elle »), qui aurait comme antécédent *la terre* du v. 11, la première partie du récit décrirait l'accomplissement de la promesse divine concernant la *terre de Canaan*. Cette section commencerait avec l'errance des patriarches en Canaan : *ils sont des immigrants peu nombreux* (v. 12) et se terminerait avec leur errance en Egypte : *Israël vint en Egypte, Jacob émigra au pays de Cham* (v. 23). En ce qui concerne la seconde partie du récit, A.R. Ceresko remarque que plusieurs structures sont proposées par les commentateurs, en particulier une progression chronologique (vv. 24-38. 39-41. 42-45) et une structure basée sur la récurrence des verbes initiaux (vv. 24-30. 31-33. 34-36. 37-39. 40-42. 43-45)[55]. Selon le premier agencement, les vv. 24-38 formeraient une première unité qui résume l'exode[56]. A l'intérieur de ce cadre sont évoquées l'oppression d'Israël par les Egyptiens (v. 25), la mission de Moïse et d'Aaron (v. 26), et en neuf versets, sept plaies qui culminent dans la mort des premiers nés (v. 36). Les vv. 37-38 concluent l'histoire en évoquant la sortie d'Egypte. La seconde unité, les vv. 39-41, raconterait l'errance d'Israël au désert. Elle contiendrait un certain nombre de contrastes ou de renversements forgeant des liens avec les sections précédentes : par exemple le *feu* qui illumine Israël (v. 39) par opposition au *feu* destructeur de la cinquième plaie d'Egypte au v. 32; au désert les *eaux* du rocher qui donnent vie (v. 41) par opposition aux eaux qui se sont transformées en sang et ont apporté la mort en Egypte (v. 29). De la sorte le récit met en contraste l'Egypte (vv. 24-38) et le désert (vv. 39-41). De distants parallélismes accentuent les renversements de situation, entre les *ténèbres* du v. 28 et *le feu pour* illuminer du v. 39; le pain, produit de la terre qui manque au v. 16, événement qui suscite le départ en Egypte, et celui venu des cieux pour rassasier, au v. 40, lors de la sortie d'Egypte. La troisième section (vv. 42-45) rapporterait l'accomplissement de la promesse et, par la reprise d'un

---

55 R.J. Clifford, *Ibid.*, pp. 425-426.
56 Cf. A. Weiser, 1955, p. 463; H.-J. Kraus, 1961, pp. 721-722.

certain nombre d'expressions (*se souvenir* aux vv. 8 et 42; *parole* aux vv. 8 et 42; *Abraham* aux vv. 9 et 42; *décret* aux vv. 10 et 42; *donner* aux vv. 11 et 44), formerait une inclusion avec les vv. 8-11.

Comme indiqué plus haut, selon A.R. Ceresko, se superposerait à cette structure qu'il qualifie de « développement chronologique » un agencement des vv. 24-45 basé sur les répétitions des verbes identifiées par R.J. Clifford et dont le but serait d'affirmer le pouvoir de la parole de Dieu. Les deux structures seraient complémentaires et travailleraient ensemble à accentuer le caractère résolu et déterminé de l'engagement divin dans les événements : YHWH a fait un serment à Abraham à propos de la terre et il est fidèle. Mais un troisième niveau, la répétition de mots clés – en particulier de *terre, serviteur* et *parole*, mais aussi *feu, eau pain* –, sous son aspect désordonné, contredirait ce caractère d'inéluctabilité et viserait à refléter un jeu entre dessein divin et imprévisibilité, inconsistance de la réponse humaine. Les trois niveaux convergeraient pour affirmer par l'exemple (Abraham, Joseph, Moïse) la nécessité d'une obéissance reconnaissante à Dieu, en quelque terre que ce soit[57].

L'intérêt de l'une et l'autre étude est d'attirer l'attention sur la récurrence de certains termes et de proposer une structure fondée sur l'observation d'indices textuels précis[58]. Il est clair que les cinq premiers versets se caractérisent par une série d'impératifs conférant à l'ensemble les traits d'un invitatoire et permettant, selon F. Crüsemann, de classer le psaume dans la catégorie des hymnes impératifs; sur cet invitatoire serait construite l'entière séquence historique, dont la caractéristique est de se déployer en une série de verbes au parfait[59]. Les versets sont unifiés par les répétitions des substantifs relevées par R.J. Clifford : שם (*nom*), פלא (*merveille*), יהוה (*YHWH*) et par les verbes qui expriment l'invitation à la louange d'une part : ירה (*louer*), קרא (*invoquer*), ידע au *hifil* (*faire connaître*), שיר (*chanter*), זמר (*jouer* – d'un instrument), שיח (*dire*), הלל au *hitpael* (*glorifier*), שמח (*se réjouir*) et l'action de chercher ou rechercher YHWH d'autre part : בקש (deux fois) et דרש. La formule d'ouverture : *Louez YHWH*, comme en d'autres psaumes, appelle l'auditoire à rendre un culte à YHWH (cf. Ps 33, 2; 106, 1; 107, 1; 118, 1 et 136, 1). En Ps 116, 17 l'expression *invoquer le nom de YHWH* est en parallèle à *offrir un sacrifice de louange*; en Ps 105, 1 elle double l'appel à louer YHWH. Avec

---

57 A.R. Ceresko, « A Poetic Analysis of Ps 105, with Attention of it Use of Irony », *Bib* 64 (1983), pp. 20-46; « The Function of Chiasmus in Hebrew Poetry », *CBQ* 40 (1978), pp. 1-10.
58 Voir aussi P. Auffret, *Que seulement de tes yeux tu regardes... : étude structurelle de treize psaumes*, Berlin, De Gruyter, 2003, pp. 292-327.
59 F. Crüsemann, *Studien zur Formgeschichte von Hymnus und Danklied in Israel*, Neukirchen-Vluyn, Neukirchener Verlag, 1969, p. 77.

les verbes qui suivent en vv. 2-5, l'accumulation d'impératifs invitant à la louange établit d'emblée que le but du faire mémoire et de la proclamation des merveilles divine est de rendre grâce pour ce que YHWH a accompli en faveur des siens. Le but de l'anamnèse est ainsi de susciter la gratitude et d'appeler à la louange. Par ailleurs, « les deux termes utilisés pour 'chercher' aux vv. 3 et 4 peuvent aussi renvoyer à des contextes de culte... Le même vocabulaire se trouve en Os 5, 6, où le peuple vient avec son petit et gros bétail *pour rechercher YHWH*. Ils viennent pour sacrifier et rendre un culte. Le même vocabulaire de quête de Dieu pour lui rendre un culte est important dans les livres des Chroniques (voir 1 Ch 22, 19 et 2 Ch 11, 16). Dans Ps 105, 3-4, ce vocabulaire contribue à mettre l'accent sur le culte dans l'introduction du psaume »[60]. Une autre raison est encore indiquée qui motive la relecture de l'histoire : il s'agit de faire connaître et de redire les exploits et les merveilles de YHWH (vv. 1-2) *parmi les peuples*.

Il est généralement admis que le v. 6 conclut l'introduction du psaume en indiquant, avec un effet de retardement, les destinataires de l'hymne[61]. M. Mannati qui souligne l'unité formelle du passage (la chaîne des impératifs) et la juge déterminée par une phase précise du rituel de l'alliance, ne justifie pas le rattachement de ce verset à ceux qui le précèdent[62]. La question se pose pourtant car non seulement il rompt la série des impératifs mais ne possède pas de mots ou expressions en commun avec les versets précédents. Il contient en revanche deux des termes clés observés par R.J. Clifford : עבד, *serviteur* et בחיר, *élu* comme aussi la mention d'*Abraham* et de *Jacob*, l'ensemble de ce vocabulaire réapparaissant dans la suite du psaume. 11QPsª le joint au précédent par un כי, *car* qui marque une transition. Il pourrait alors tout aussi bien se rattacher aux versets suivants, en en constituant en quelque sorte un vocatif[63]. La traduction de la TOB le suggère en introduisant un *vous* qui n'est ni présent dans le TM, ni dans la LXX. A ce *vous* répond alors le *notre* du v. 7 : *c'est lui YHWH notre Dieu*... Cette hypothèse serait appuyée par l'inclusion que la reprise de *Abraham son serviteur* et de *ses élus* forment entre le v. 6 et les vv. 42-43. A la *postérité d'Abraham son serviteur*, aux

---

60 P. McMillion, *Restoration Quarterly 52/3* (2010), p. 172.

61 H.-J Kraus, 1961, p. 720; S. Holm-Nielsen, *ASTI 11* (1978), p. 26; R.J. Clifford, *Bib 60* (1979), p. 422; E. Gerstenberger, *Psalms, Part 2 and Lamentations*, FOTL 15, Grand Rapids, Eerdmans, 2001, p. 230; S. Terrien, 2003, p. 723; P. McMillion, *Restoration Quarterly 52/3* (2010), p. 172; J. Gärtner, 2012, p. 140.

62 M. Mannati, 1975, p. 250. Sans indiquer d'appuis textuels, cet auteur affirme que «cette invitatoire est l'équivalent de la convocation (dans le cadre de la rénovation des engagements de l'Alliance). Elle contient les éléments de la fête: proclamation de la sainteté de YHWH (vv. 1a et 3a), vocabulaire de la *loi* (*jugements*, v. 5), dimension historique (v. 6), élection (v. 6b)», *Ibid.* p. 251.

63 C.A. Briggs le lie au v. 7. Pour lui le v. 6 débute le texte originel du psaume. Cf. C.A. Briggs, 1925-1927, p. 343.

fils de Jacob, ses élus seraient adressés le rappel de la promesse aux patriarches et le récit des merveilles de YHWH.

L'inclusion ci-dessus mentionnée ne se limite pas, par ailleurs, aux vv. 6 et 42-43. En effet des vv. 6-11 aux vv. 42-45 revient un nombre conséquent de termes: non seulement les trois mots clés mentionnés par R. Clifford: *serviteur, élu* et *terre* mais aussi le verbe זכר avec YHWH pour sujet, *il s'est souvenu*; דבר, *parole* et חק, *décret*; נתן, *donner* avec pour complément ארץ, *terre* au singulier au v. 11 et au pluriel au v. 44, YHWH étant chaque fois celui qui donne. A נחלה, *héritage* du v. 11 pourrait correspondre ירש, *posséder* du v. 44. De surcroît, le. 13 contient le terme גוי, *nation*, qui reviendra au v. 44 et בה, *en elle,* par référence à la terre mentionnée au v. 11, de sorte qu'il est possible de se demander si la deuxième unité ne se prolonge pas jusqu'au v. 15. Les vv. 6-15 rappelleraient ainsi à la postérité d'Abraham non seulement la promesse de la terre, mais aussi les conditions dans lesquelles se trouvaient initialement ceux à qui elle était destinée: *ils étaient alors des hommes qui pouvaient être comptés, des immigrants peu nombreux...* (v. 12). La construction des verbes du v. 12: ב (avec probablement un sens temporel) + infinitif construit *qal* de היה + suffixe troisième personne masculin pluriel (plus littéralement: *en étant eux des hommes pouvant être comptés*) et גור au participe masculin pluriel (*peu nombreux séjournant en elle*), pourrait venir à l'appui de cette hypothèse de lecture.

Cette unité se caractériserait par la double mention de la ברית, *alliance,* aux vv. 8 et 10, qui en tant que telle n'est plus mentionnée dans la suite du psaume. L'alliance est qualifiée d'une part de *parole établie pour mille générations* (v. 8) et d'autre part d'*alliance éternelle* (v. 10). Le v. 8 précise aussi que YHWH *s'est toujours* (לעולם) *souvenu de son alliance*. Ainsi l'alliance établie avec les patriarches reste actuelle pour la *postérité d'Abraham, les fils de Jacob*, le *nous* du v. 7. Son contenu est indiqué au v. 11: YHWH a dit qu'il donnait la terre de Canaan. L'importance de la promesse de la terre (ארץ) est soulignée par l'inclusion que forme le terme dans la sous-unité des vv. 6-11[64]. La seconde sous-unité (vv. 12-15), qui précise les circonstances dans lesquelles les patriarches ont reçu l'alliance, joue sur les contrastes: alors que les vv. 12-13 parlent d'une poignée d'immigrants, errants de nation en nation, d'un royaume à un autre, les vv. 14-15 introduisent dans la perspective divine: *il n'a permis à personne de les opprimer, il châtia à cause d'eux des rois...* Le texte passe de l'évocation de ce que vit le peuple à ce que YHWH fait pour lui en reprenant la même racine ממלכה (*royaume*) – מלך (*roi*). Comme pour

---

[64] Pour M. Mannati, les vv. 1-11 correspondent aux quatre premiers éléments d'un texte d'alliance, avec l'invitatoire hymnique – équivalent de la convocation – (vv. 1-6), un résidu de la déclaration d'alliance (v. 7a), un oracle de YHWH (élément théophanique; v. 11), l'avertissement qu'il y a alliance et salut (vv. 8-10). (M. Mannati, 1975, p. 252).

la sous-unité précédente, mais sans formule d'introduction cependant (לֵאמֹר, *en disant* du v. 11), ce sont des paroles mises dans la bouche de Dieu qui conclut le passage. Les émigrants peu nombreux y sont nommés ses *oints* et ses *prophètes*.

De l'invitatoire, vv. 1-5, aux vv. 6-15 la transition est assurée par des mots crochets : זכר, *souvenez-vous* (v. 5) et *il s'est souvenu* (v. 8) ; יהוה, *YHWH* aux vv. 1. 3. 4 et 7 ; משׁפט ; *jugement* aux v. 5 et 7.

Au v. 16 est introduite une action divine pour le moins surprenante : sur ce pays promis, YHWH appelle la famine. Les vv. 16 à 23 sont unifiés par un critère d'action, mais aussi la répétition de mêmes termes : שׁלח, *envoyer* aux vv. 17. 20 ; נפשׁ, traduit par *le* et *se* aux vv. 18 et 22 ; בוא, traduit par *mettre* et *s'accomplir* aux vv. 18. 19 ; משׁל, *maître*, aux vv. 20 et 21. En raison de la famine appelée par YHWH sur le pays (v. 16) Israël émigre en Egypte (v. 23) ; en avant de lui, YHWH envoie Joseph dont la situation connaît un véritable renversement : vendu, enchaîné et éprouvé par la parole de YHWH (vv. 17b-19), Joseph est ensuite relâché, établi seigneur de la maison du roi et maître de tout son bien (vv. 20-22). La mention de ארץ, *terre* aux vv. 16 et 23 forment une inclusion qui encadre l'unité. La transition avec les versets précédents est assurée par la reprise de ce même terme et de דבר (*parole*), עבד (*serviteur*).

Les vv. 24-41 sont eux aussi particulièrement unifiés d'un point de vue lexical : הפך, *changer* aux vv. 25 et 29 avec dans les deux cas YHWH pour sujet (il change le cœur des ennemis de son peuple ; il change leur eaux en sang) ; שׁלח, *envoyer* aux vv. 26 et 28 avec là aussi dans les deux cas YHWH pour sujet (il envoie Moïse et Aaron ; il envoie les ténèbres) ; אמר ויבא, *il parla et vinrent* aux vv. 31 et 34 et une variante שׁאל ויבא, *il demanda et vinrent* au v. 40 ; נכה, *il frappa*, avec dans les deux cas YHWH pour sujet, aux vv. 33 et 36 (il frappe leurs vignes et leurs figuiers ; il frappe tous les premiers-nés) ; יצא, *sortir* aux vv. 37 et 38 (il fait sortir son peuple ; l'Egypte se réjouit de leur sortie) ; les substantifs מים, *eaux* (vv. 29. 41) et אשׁ, *feu* (vv. 32 ; 39) ; ארץ, *terre* (vv. 27. 30. 32) et גבול, *territoire* (vv. 31. 33). Outre les mots clés עבד, בחיר et ארץ qui font le lien avec les versets précédents et suivants, שׁלח (*envoyer*), שׁים (*réaliser*), לחם (*pain*), דבר (*parole*) et נתן (*donner*) assurent la transition avec ce qui précède et יצא (*faire sortir*), נתן (*donner*) et דבר (*parole*) avec ce qui suit.

Une première sous-section (vv. 24-38) débute par l'évocation de l'agir divin : il multiplie son peuple, venu en Egypte selon le verset précédent, et change le cœur de ses ennemis, de sorte *qu'ils forment de mauvais desseins* contre ce même peuple (v. 25). Ces ennemis, l'Egypte, se réjouiront de la sortie du peuple de Dieu *car une terreur était tombée sur eux* (v. 38). C'est qu'entre-temps, après avoir envoyé Moïse et Aaron (v. 26-27), YHWH agit à l'encontre des ennemis de son peuple (vv. 28-36), puis fait sortir celui-ci (v. 37). ארץ, *terre* (vv. 27. 30. 32) et גבול, *territoire* (vv. 31. 33) n'y sont nommés que pour évoquer les signes et prodiges de

YHWH, les plaies dont il les frappe. La seconde sous-unité raconte ce que YHWH continue d'accomplir pour son peuple, une fois celui-ci sorti d'Egypte (vv. 39-41). De l'une à l'autre sous-unité, les eaux qui apportent la mort (v. 29) et le feu qui détruit (v. 32) deviennent un feu qui guide (v. 39) et de l'eau qui soutient la vie (v. 41). La parole de YHWH accomplit ce qu'elle dit que ce soit pour la destruction des uns (vv. 31. 34) ou pour la satisfaction des autres (v. 40).

Comme indiqué plus haut, les vv. 42-45 sont en étroite correspondance lexicale avec les vv. 6-11. Introduits par כי, *car*, ils viennent en un sommaire présenter le but de la sortie d'Egypte: YHWH a fait sortir son peuple pour lui donner les pays des nations d'une part (v. 44) et pour qu'il garde ses décrets et observe ses lois d'autre part (v. 45)[65].

Le tableau ci-dessous résume les observations faites jusque là, la colonne de gauche indiquant le vocabulaire répété de manière significative et structurante à l'intérieur de chaque unité et celle de droite les liens linéaires entre les unités, établis par des mots crochets:

Tableau des indices de structuration du Ps 105.

	termes structurant l'unité	liens linéaires entre les unités, établis par des mots crochets
vv. 1-5	יהוה (3x) שם (2x) שרד + בקש (2x) פלא (2x)	יהוה משפט זכר
v. 6-11	ברית (2x) ארץ (vv. 6.11)	יהוה משפט זכר דבר חק נתן אברהם עבד בחיר ארץ

---

[65] J. Gärtner, qui structure le Ps 105 en quatre parties (vv. 1-6; vv. 7-11; vv. 12-41; vv. 42-45), fait aussi de ces derniers versets une réflexion récapitulative de la relecture de l'histoire (J. Gärtner, 2012, pp. 142-243).

vv. 12-15	מלך – ממלכה	ארץ pour בה גוי
vv. 16-23	ארץ (vv. 16. 23) שלח (2x) נפש (2x) בוא (2x) משל (2x)	עבד ארץ דבר לחם שלח שים
vv. 24-38	אש, מים הפך (2x) שלח (2x) ארץ (4x) גבול (2x) אמר ויבא (2x) נכה (2x) יצא (2x)	עבד בחיר ארץ דבר שלח שים נתן יצא
vv. 39-41	שאל ויבא מים, אש ש	לחם
vv. 42-45		זכר יצא גוי דבר חק נתן אברהם עבד בחיר ארץ

Les trois mots clés relevés par R.J. Clifford: ארץ (*terre*), עבד (*serviteur*) et דבר (*la parole*) tissent des fils narratifs, dont l'entrelacement découvre l'intrigue essentielle et paradoxale d'une histoire où se conjoignent la liberté divine et la liberté humaine. Tous ces fils narratifs ont leur point de départ dans la séquence des vv. 6-15 et leur point d'aboutissement dans les vv. 42-45.

Le mot ארץ, *terre*, est celui qui revient le plus fréquemment et apparaît dans toutes les sections, à l'exception de l'invitatoire (vv. 1-5) et de la sous-unité constituée par les vv. 39-41. YHWH qui gouverne toute la terre (v. 7) promet à Israël, par une alliance éternelle, la terre de Canaan. Or cette promesse se donne à entendre à un peuple d'immigrants peu nombreux et errant (v. 12). Elle semble compromise lorsque YHWH appelle la famine sur cette terre (v. 16) et qu'Israël part en terre d'Egypte (v. 23). C'est alors non en terre de Canaan mais en terre d'Egypte que YHWH manifeste ses signes et prodiges (vv. 27. 30. 31. 32. 33. 35. 36). Dans le sommaire conclusif il n'en n'est pas question en tant que telle : ce n'est pas la terre de Canaan que YHWH donne à son peuple mais les *terres* ou *pays des nations* (v. 44). L'errance du v. 13, מגוי אל־גוי, *de nation en nation* semble cependant s'achever en une situation favorable pour le peuple de Dieu : dans les pays des nations que YHWH leur donne, *ils possédèrent le travail des peuples.*

Le prologue mis à part, le terme עבד, *serviteur,* se trouve dans les quatre grands ensembles qui suivent, mais non dans les sous-sections des vv. 12-15 et 39-41. Trois fois il apparaît en *tandem* avec בחיר, *élu* ou בחר, *choisir* (vv. 6. 26. 42-43). Il qualifie d'abord la postérité d'Abraham (v. 6) en parallèle avec *élu* qui qualifie les fils de Jacob. Joseph est qualifié lui aussi de *serviteur,* non en relation à YHWH cependant : c'est son statut social qui est ainsi précisé (v. 17). Le peuple de Dieu est évoqué comme ses *serviteurs* (v. 25). Moïse est appelé *serviteur* de Dieu et Aaron celui qu'il a *choisi* (v. 26). Enfin dans les versets conclusifs Abraham est dit *son serviteur* et le peuple de Dieu, *ses élus* (vv. 42-43). Ainsi en relation à YHWH עבד peut désigner Abraham, sa postérité, Moïse et le peuple de Dieu et בחר les fils de Jacob et le peuple de Dieu, d'une certaine façon Aaron aussi.

Le terme parole (vv. 8. 19. 27. 28. 42) désigne la parole de YHWH. Outre le fait qu'à l'intérieur des vv. 7-11, ברית (*alliance*), שבועה (*serment*), et חק (*décret*) sont en parallèle avec *parole*, la répétition de ce mot clé dessine aussi un fil narratif sur l'ensemble du psaume. Hormis l'invitatoire, il apparaît dans toutes les sections du psaume, mais non dans les sous-sections des vv. 12-15 et 39-41. Il est d'abord utilisé en parallèle à ברית (*alliance*) et est qualifié de *parole établie pour mille générations* (v. 8). La deuxième occurrence envisage à propos de Joseph une parole (אמרה) qui éprouve (v. 19). Or ce même verset fait référence à une parole qui s'accomplit et dont le sujet reste ambigu. Parole dont l'accomplissement se fait attendre et parole divine qui éprouve s'entrecroisent de manière mystérieuse : *jusqu'au temps où s'accomplit sa parole, le discours de YHWH l'éprouva.* Un autre entrecroisement se dévoile dans les vv. 27-28 : le premier établit que Moïse et Aaron mirent chez les Egyptiens les paroles des signes de YHWH, les signes dont il avait parlé ; le second précise qu'ils n'ont pas été rebelles à ses paroles. Enfin en inclusion avec le v. 8, le v. 42 pose que YHWH *s'est souvenu de sa parole sainte, d'Abraham son serviteur.* A cela, il convient d'ajouter la triple répétition de la formule *il parla / demanda et vinrent* (vv. 31. 34 et v. 40 pour la variante) dans la section des vv. 24-41. Ce qui schématiquement donne :

parole pour mille générations (v. 8)		
	... s'accomplit sa parole *le discours de YHWH* *l'éprouva* (Joseph objet) (v. 19) *ils établirent chez eux* *les paroles de ses signes* (Moïse et Aaron) *ils ne furent pas rebelles* *à ses paroles* (Moïse et Aaron) (vv. 27-28)	
		il parla / demanda et vinrent (vv. 31. 34 et v. 40)
sa parole sainte (v. 42)		

Ainsi, dans la récitation historique, la première et la dernière unité forment une inclusion en formulant toutes deux que YHWH se souvient de sa parole, une parole pour mille générations et qui est sainte. Au sein de cet encadrement, un diptyque faisant appel à la figure de Joseph d'une part et à celle de Moïse et Aaron d'autre part manifeste que les acteurs humains sont en attente d'une parole divine qui s'accomplisse ou agissent de telle sorte que les paroles divines soient manifestées. Ces mêmes acteurs humains sont décrits ou comme soumis à l'action de la parole de Dieu en étant éprouvés par elle ou, dans le cas de Moïse et d'Aaron, comme y répondant librement et en n'y étant pas rebelles. Comme au jour de la création la parole de Dieu est aussi performative : elle produit un événement par le seul fait de son énonciation.

Des figures bibliques évoquées Abraham domine en étant nommé deux fois en début (vv. 6 et 9) et une fois en fin du psaume (v. 42). Isaac est nommé une fois (v. 9) et Jacob deux fois (v. 10. 23). Joseph occupe la section des vv. 16-23. Moïse et Aaron apparaissent une fois (v. 26). Comme le fait remarquer J. Hoftijzer, si dans les vv. 9-10 il est question d'une promesse faite à trois patriarches, seul Abraham apparaît en fin du psaume, ce qui le fait passer au premier plan. Avec lui l'accomplissement de l'alliance se dessine[66]. Seul psaume à nommer Abraham avec Ps 47, 10, le Ps 105 fait ainsi appel à cette figure pour évoquer l'alliance et la promesse du don de la terre. Il est intéressant toutefois de noter que Ps 105, 6 comporte *Abraham* là où 1 Ch 16, 13 donne *Israël*. Les traditions manuscrites montre d'ailleurs la tendance à une assimilation qui joue dans les deux sens : de nombreux manuscrits du Ps 105, 6 lisent *Israël* ; deux manuscrits hébreux, LXX[127], les versions syriaques et arabes de 1 Ch 16, 13 donnent *Abraham*. A la remarque de G.J. Brooke selon laquelle la mention de ce patriarche détruit le parallélisme

---

66 J. Hoftijzer, 1956, p. 74.

habituel entre Israël et Jacob[67], il convient d'objecter que la triade Abraham, Isaac et Jacob (Israël), introduite au vv. 9-10 dans le cadre de l'évocation de l'alliance, apparaît avec une fréquence significative pour nommer YHWH (Ex 3, 6. 15-16; 4, 5; 1 R 18, 36; 1 Ch 29, 18; 2 Ch 30, 6...), pour mentionner l'alliance (Ex 2, 24; Lv 26, 42; Dt 29, 12; 2 R 13, 23; Jr 33, 26) ou pour évoquer la promesse de la terre (Gn 35, 12; 50, 24; Ex 6, 8; 33, 1; Nb 32, 11; Dt 1, 8; 6, 10; 9, 5; 30, 20...). Il conviendra donc de porter une attention particulière à la figure d'Abraham mais aussi à la triade Abraham-Isaac-Jacob, d'origine tardive ou tout au moins postexilique[68].

3.1.4 La dynamique de « Fortschreibung » à l'œuvre dans le psaume

En ouverture de l'invitatoire, le v. 1 du TM est identique au texte d'Is 12, 4: *louez YHWH, invoquez son nom, faites connaître parmi les peuples ses exploits* alors que 11QPs[a] le fait précéder d'une antienne: *rendez grâce à YHWH car il est bon, car pour toujours est son amour* qui apparaît en Ps 107, 1; 118, 1. 29; 136, 1. Dans la LXX et la Vulgate c'est un *alléluia* qui précède, que le TM rattache à la fin du Ps 104.

La formule initiale, הודו ליהוה (*louez YHWH*), apparaît relativement stéréotypée: elle ouvre également les Ps 106; 107; 118 et 136 et pourrait fonctionner comme un appel à une action de grâce liturgique. La deuxième, קראו בשמו (*invoquez son nom*), qui en des contextes différents peut signaler une imploration, double l'appel à louer YHWH (cf. également Ps 116, 17). Dans certains passages l'expression en vient à désigner le culte divin en général (par exemple en Jr 10, 25). Quant à la dernière formule, outre l'occurrence du texte d'Isaïe, elle a un parallèle dans Ps 9, 12, quoiqu'avec un verbe différent.

Si le lien d'intertextualité le plus clairement identifiable est certainement celui avec Is 12, 4, la question demeure toutefois de savoir dans quel sens joue la dépendance. Alors que certains exégètes font dépendre le psaume du texte prophétique[69], d'autres proposent plutôt de considérer Is 12, 1-6 comme une véritable succession de citations et d'allusions renvoyant à d'autres passages du livre, à l'Exode et au Psautier: le v. 1 à Is 5, 25; 9, 11. 16. 20; 10, 4; 40, 1; le v. 2a à Ex 15, 2b; le v. 2b à Ex 15, 2a; le v. 3 à Is 35, 10; 55, 1; Ps 105, 41. 43; le v. 4 à Ps 105,

---

67 G.J. Brooke, *RevQ 14* (1989-1990), p. 276.

68 R.J. Tournay, « Genèse de la triade 'Abraham-Isaac-Jacob' », *RB 103* (1996), pp. 321-336; T. Römer, « Les histoires des patriarches et la légende de Moïse: une double origine? », dans: D. Doré (dir.), *Comment la Bible saisit-elle l'histoire?* Paris, Cerf, 2007, LD 215, p. 168; « Qui est Abraham ? Les différentes figures du patriarche dans la Bible hébraïque », dans: T. Römer (éd.), *Abraham: nouvelle jeunesse d'un ancêtre*, Genève, Labor et fides, 1997, p. 20.

69 A.A. Anderson, 1972, p. 726; G. Ravasi, 1985, vol. 3, p. 146.

1; 148, 13; le v. 5 à Ex 15, 1. 21 et le v. 6 à Is 1, 4; 5, 19. 24; 6; 10, 20[70]. Dans cette hypothèse, en usant d'une écriture anthologique, Is 12, 1-6 mettrait en parallèle les événements de l'exode avec ceux du retour de l'exil. Le cantique de Moïse, comme le Ps 105, seraient en arrière-plan de la louange déployée, ce qui tendrait à suggérer que le psaume est lu comme entrant en écho avec Ex 15. L'encadrement du psaume (vv. 1 et 41. 43) y serait repris en une citation inversée d'abord au v. 3, c'est-à-dire dans la louange de la première partie du texte (Is 12, 1-3), puis au v. 4, c'est-à-dire dans l'invitation à la parole qui précède la louange de la seconde partie du texte (Is 12, 4-6). Le Ps 105, d'une certaine façon, serait repris à partir de sa conclusion et pourrait-on dire de manière contractée: don de l'eau et sortie d'Egypte *dans l'allégresse* (בששׂון) sont réunis en un seul acte et érigés en proto-types du salut de YHWH, fondements de la louange; ils sont ce qui autorise l'appel à rendre grâce, à invoquer le nom de YHWH et à faire connaître ses exploits. Is 12 interprèterait ainsi le Ps 105 comme ayant élevé au niveau de symbole le salut à travers les eaux, analogiquement à ce qu'opère pour l'ensemble des événements rapportés l'antienne de 11QPs[a] qui fonde la louange sur la pérennité de l'amour divin (*car pour toujours est son amour*).

Dans Ps 105, 43 le rappel de l'exode qui précède celui du don de la terre insiste sur la dimension jubilatoire de l'événement: en écho à שמח, *se réjouir* du v. 3, il y est question de ששׂון, *allégresse* et רנה, *cri de joie*. Les deux termes n'apparaissent pas dans le livre de l'Exode mais outre le verset déjà cité d'Is 12, 3 sont présents dans le livre prophétique séparément (Is 44, 23; 48, 20; 49, 13; 51, 3; 61, 3) ou ensemble (Is 35, 10; 51, 11) pour évoquer le retour d'exil. La majorité des occurrences de ces expressions apparaissent donc dans le Deutéro-Isaïe, avec lequel le psaume pourrait manifester une certaine proximité en évoquant aussi l'exode pour parler du retour d'exil. Le psaume utilise cependant le verbe יצא au *hifil*, *faire sortir* (v. 43 mais aussi v. 37 et à l'infinitif *qal* au v. 38), selon l'usage technique de ce verbe dans le Pentateuque et Jérémie, mais non en Isaïe, pour indiquer l'exode hors d'Egypte comme libération de l'esclavage. Avec YHWH pour sujet et dans le cadre de l'évocation de l'exode le verbe insiste sur la puissance divine (par exemple Ex 7, 4-7 ou Dt 4, 37; 6, 21; 9, 26-29), sur la dureté de la situa-tion d'où est tiré Israël (par exemple Ex 6, 6-7 entre deux versets qui rappelle la promesse du don de la terre à Abraham, Isaac et Jacob; Dt 6, 12 ou 7, 8; Jr 11, 4) ou sur les exigences que cette libération crée pour Israël (par exemple Dt 6, 23-25; Lv 26, 45; Jr 7, 22; 11, 3-5; 31, 32; 32, 21; 34, 13 des textes qui évoquent l'alliance et

---

70 B.S. Childs, *Isaiah*, Louisville, Ky. – London, Westminster John Knox Press, 2001, p. 108; J. Ferry, *Isaïe*, Paris, Cerf, LD 221, p. 114; J. Gärtner, 2012, note 30, p. 145.

pour certains la promesse du don de la terre), le psaume (vv. 42-45) étant proche de ce dernier contexte littéraire.

Par ailleurs, dans le Ps 105, aux vv. 2 et 5 le peuple est appelé à raconter ou à se souvenir des *merveilles* (פלא au participe féminin *nifal*) de YHWH. Comme en Ps 78, 11-12, ce terme vient en parallèle à עלילה, *exploit*. Fréquent dans les psaumes où il peut prendre un sens large[71], il revient du reste trois fois dans le Ps 78 dans le cadre d'une évocation de l'exode et de l'errance au désert (Ps 78, 4. 11. 32) comme nous l'avons vu. Il est aussi utilisé en Ex 3, 20 pour se référer aux actions que YHWH accomplira pour convaincre les Egyptiens de laisser partir Israël libre et en Jg 6, 13 où il renvoie à l'agir divin de faire monter le peuple d'Egypte. Toujours en Ps 105, 2, le verbe שיר, *chanter* également fréquent dans les psaumes, est présent en Ex 15, 1. 21. S'il n'est pas envisageable sur des d'indices si légers de parler d'intertextualité, il n'en demeure pas moins possible de constater que le vocabulaire utilisé évoque l'événement de la sortie d'Egypte.

Le verbe זמר, *jouer,* qui vient en parallèle à שיר, est au *piel* presque exclusivement employé dans les psaumes. Il apparaît cependant aussi en Is 12, 5. De plus, alors qu'Is 12, 4 contient l'invitation à rappeler que le *nom* (שם) *de YHWH est exalté* (שגב au *nifal*), Ps 105, 3 appelle à se glorifier (הלל, au *hitpael*) de son *saint nom* (שם). La mention de la sainteté de YHWH, si elle n'est pas rattachée au nom, apparaît cependant en Is 12, 6: *il est grand au milieu de toi le saint d'Israël.* Ces correspondances de vocabulaire ne permettent pas d'établir des liens d'intertextualité aussi fermement que pour le premier verset, mais signalent encore une proximité thématique et lexicale entre les deux textes. Or le psaume d'Is 12 est généralement considéré comme relevant d'une intervention éditoriale postexilique, l'exil faisant d'ailleurs l'objet de l'oracle du chapitre 11. «Is 12 n'est pas... une action de grâce après l'épreuve, mais une action de grâce pour l'épreuve: *je te rends grâces, YHWH, car tu as fait peser ta colère sur moi; puisse ta colère se détourner, et tu me consoleras...* C'est là une donnée mise en valeur par H. Wildberger, sur la base des inaccomplis en 12, 1b[72]. Ecrivant à un moment d'insécurité (dans la période qui suivit l'exil), l'auteur du psaume consent à la colère de Dieu comme au passage obligé vers le salut »[73]. L'affirmation forte de ce poème est, par ailleurs, au v. 2 la citation d'Ex 15, 2: *ma force et mon chant c'est YHWH, il a été pour moi le salut.* Une telle citation constitue « autre chose qu'un phénomène purement sémantique; elle est d'abord un acte de langage et dès lors un phénomène pragmatique ». Sans exclure un lien du texte avec un contexte liturgique, il serait

71 J. Gärtner, 2012, p. 147.

72 H. Wildberger, *Jesaia 1,* Neukirchen-Vluyn, Neukircher Verlag, 1972, pp. 477-478; 485-486.

73 J.P. Sonnet, «Tu diras ce jour là... (Is 12, 1)», dans: *L'Ecriture âme de la théologie,* Institut d'Etudes Théologiques (Bruxelles), 1990, pp. 181-182.

possible de concevoir ce psaume comme « une action de grâce pour l'épreuve, au sein de la colère, dont on espère et dont on confesse l'issue consolante... Ce qui compte, dès lors, c'est de pouvoir, dans l'épreuve, prononcer les mots du salut : *ma force et mon chant, c'est YHWH...;* c'est de se surprendre à confesser, dans l'inaccomplissement, l'accomplissement que Dieu a déjà engagé (dans sa colère); c'est de dire dès aujourd'hui ce qui se dira *ce jour-là* »[74].

Ainsi la proximité du Ps 105, 1-5 avec Is 12 et la présence d'un registre lexical renvoyant à l'événement de l'exode avertissent peut-être de ce qui se joue dans la récitation historique des versets suivants : le récital des événements décisifs qui ont en quelque sorte préparé l'exode, l'ont accompagné et l'ont immédiatement suivi vise à motiver la louange et à confesser l'agir salvifique de YHWH. Mais il a peut-être également en temps d'épreuve l'objectif de donner des raisons d'espérer, comme le suggèrerait encore la triple exhortation à rechercher YHWH (vv. 3. 4): dans un poème qui parle de la promesse de posséder la terre à un peuple dépossédé, il inviterait à une nouvelle manière de chercher. Il s'agit de chercher *YHWH et sa force*, ce dernier terme apparaissant en Ex 15, 3 et 13 ; Is 12, 2 et Ps 118, 14 en référence à YHWH lui-même et à son intervention de salut. Quant à l'expression בקשו פניו, *recherchez sa face*, elle est présente sous un autre mode verbal en Os 5, 15 : *qu'ils recherchent ma face* (ובקשו פני); dans ce texte, elle se situe dans un contexte de jugement et de châtiment de YHWH à l'égard de son peuple. Celui-ci sera abandonné de YHWH jusqu'à ce qu'il se reconnaisse coupable et recherche sa face. S'il n'est pas possible de parler d'intertextualité sur des indices aussi ténus, les détours par l'Exode et le livre d'Osée, outre le lien avec Is 12, corroboreraient que l'invitation se donne à entendre en une situation difficile et appelle à espérer en la protection divine. Il est intéressant à ce propos que la LXX, la Peshitta et la Vulgate contiennent au v. 4 des leçons qui pourraient être traduite par *soyez forts*.

Le v. 5 n'utilise pas par ailleurs la formule stéréotypée *signes et prodiges* (אות ומופת) mais lui substitue מפתיו ומשפטי־פיו, *signes et jugements de sa bouche*. L'expression est originale et lie la nécessité de faire mémoire des *signes* de YHWH, de ses actions en Egypte (cf. Ex 4, 21; 11, 9-10), et des *jugements de sa bouche*, qu'il s'agisse de ses décisions ou lois, comme en Ps 119, 13 ou de ses actions de justice, de ses sentences. Associé à אות, *signe*, le terme *prodige* réapparaît au v. 27 : *ils mirent au milieu d'eux les signes dont il avait parlé, des prodiges au pays de Cham.* Dans ce dernier verset les signes et les prodiges, renvoyant aux plaies d'Egypte, sont mis en relation à la parole : ce que YHWH a dit s'accomplit par l'intermédiaire de Moïse et d'Aaron. Les prodiges décrits par la suite non seulement manifestent le caractère performatif de la parole de Dieu mais se révèlent aussi exécutions

---

74 J.P. Sonnet, *Ibid.*, pp. 183. 186-187.

de sentences punitives. Dans cette perspective, le v. 5 ouvrirait le fil narratif tissé par la répétition du mot clé *parole*: ce dont il faut se souvenir ce sont des paroles divines et les actions qui les accomplissent, sentences et actes de justice.

En tant que telle toutefois l'expression entre également en écho avec Dt 6, 20. 22: *pourquoi ces exigences, ces lois* (והחקים) *et ces ordonnances* (והמשפטים) *que YHWH votre Dieu vous a prescrites?... d'une main forte YHWH nous a fait sortir d'Egypte; YHWH a fait sous nos yeux de grands signes et de grands prodiges* (אותת ומופת) *pour le malheur de l'Egypte...* L'auteur de Dt 6, 20-22 entend probablement fonder les commandements et remonter jusqu'à leur origine pour en montrer la signification et l'importance. YHWH a fait sortir Israël d'Egypte et a prescrit les lois que le peuple doit observer: l'exode, acte de salut par excellence, fonde les lois du peuple d'Israël. Les signes et les prodiges, interventions salvifiques pour Israël, sont *grands* et *mauvais, nuisibles* pour l'Egypte. Dt 6, 23 poursuit en affirmant le but de la délivrance d'Israël: *pour nous faire entrer dans le pays qu'il a promis par serment à nos pères et pour nous le donner.* La libération et le don de la loi ont pour seul but le bonheur du peuple et sa vie en liberté (v. 24). Or la finale du psaume reviendra sur le lien entre la libération de l'Egypte, la promesse de la terre et le don de la loi: *il leur donna les pays des nations... pour qu'ils gardent ses décrets* (חקיו) *et observent ses lois* (v. 45). Pour le psalmiste aussi délivrance du peuple (v. 43) et arrêt punitif contre l'Egypte (v. 38), don de la terre (v. 44) et attente, en réponse, de l'observance des décrets et des lois par le peuple (v. 45) sont un même et seul agir divin. Si l'appel à craindre (ירא) *YHWH notre Dieu* (יהוה אלהינו) n'apparaît pas explicitement dans le psaume comme en Dt 6, 24, où il est en parallèle à l'exhortation à mettre en pratique les lois, la proclamation du v. 7 en constitue une contrepartie: *c'est lui YHWH notre Dieu, sur toute la terre ses jugements.*

Dans la séquence des vv. 6-15, le rappel de la promesse de la terre et des conditions dans lesquelles se trouvaient initialement ceux à qui elle était destinée, introduit la référence aux pères. Les expressions זרע אברהם, *postérité d'Abraham* et בני יעקב, *fils de Jacob* (v. 6) sont probablement des désignations de la communauté juive postexilique[75]. Il est du reste généralement admis que « tous les textes de la Bible hébraïque, en dehors du Pentateuque, qui mentionnent Abraham, datent du VIe au IIIe siècle avant notre ère »[76]. En tant que telle l'expression *postérité d'Abraham* se trouve Jr 33, 26 où elle désigne les exilés et se situe dans le contexte d'une promesse divine de restauration qui s'appuie sur l'alliance passée.

75 Cf. I. Fisher, *Wo ist Jahwe? : Das Volksklagelied Jes 63,7 – 64,11 als Ausdruck des Ringens um eine gebrochene Beziehung*, Stuttgart, Verlag Katholisches Bibelwerk, 1989, pp. 111-120. 193-198; E. Gerstenberger, 2001, p. 230; T. Römer, 1990, pp. 534. 542.
76 T. Römer, « Les histoires des patriarches et la légende de Moïse: une double origine? », p. 173.

Le texte prophétique élargit cependant l'expression en introduisant la triade des patriarches Abraham, Isaac et Jacob. Nous aurons à y revenir.

Seulement quatre fois nommée dans les psaumes (Ps 105, 6. 9. 42 et Ps 47, 10) la figure d'Abraham est utilisée deux fois comme complément de nom, d'une part de *Dieu* (Ps 47, 10), d'autre part de *postérité* (Ps 105, 6). Dans le cas du Ps 105, 6 l'usage de la référence à la descendance d'Abraham est conforme à une thématique dominante du cycle de ce patriarche, en sa première version comme en son développement sacerdotal[77], et à l'usage qui en est fait en Is 41, 8; 51, 2. Le thème de la descendance est prolongé par l'expression venant en parallèle *fils de Jacob*. Cette dernière se situe dans l'utilisation la plus courante de la figure de Jacob dans les psaumes : sur 34 occurrences, 19 mentions de ce patriarche se réfèrent en effet sous des formes variées au peuple d'Israël[78]. Le Ps 78, nous l'avons vu, faisait appel à cette désignation pour doubler la mention à Israël (vv. 5. 21. 71). 1 Ch 16, 13 substitue le nom d'Israël à celui d'Abraham quand il cite Ps 105, 6 ce qui renforce le parallélisme entre les deux stiques et confirme le renvoi au peuple. Le choix de la LXX qui donne au pluriel *serviteur* et *élu*, quoiqu'optant pour une autre version, pourrait avoir la même intention.

Abraham et les fils de Jacob sont en effet qualifiés : dans le texte massorétique l'un est nommé *serviteur* de YHWH, les autres *élus*. En ce qui concerne Abraham, la même qualification (עבד) revient au v. 42. Dans le cycle d'Isaac, elle apparaît à la première personne du singulier dans la bouche de YHWH : *Je suis le Dieu d'Abraham ton père... je te bénirai et rendrai prolifique ta descendance à cause de mon serviteur Abraham* (Gn 26, 24). D'une manière plus fréquente elle caractérise la triade Abraham-Isaac-Jacob (Israël) en Ex 32, 13; Dt 9, 27; 2 M 1, 2; Ne 9, 8. Quant à la qualification בחיר, *élus* elle réapparaît au v. 43 en parallèle avec *son peuple*. Son usage manifeste une proximité avec le livre d'Isaïe (Is 42, 1; 43, 20; 45, 4; 65, 9. 15. 22). En dehors de ces occurrences le terme n'est utilisé qu'en 2 S 21, 6; Ps 89, 4 et Ps 106, 5. 23; 1 Ch 16, 13. « Ce vocabulaire pourrait s'appliquer à Israël à toute période de son histoire, mais est particulièrement significatif pour ceux qui retournent d'exil. Afin de maintenir leur foi, ils doivent se souvenir de leur héritage. Ils doivent être conscients du fait qu'ils sont toujours les descendants d'Abraham, Isaac et Jacob. Ils doivent se souvenir de leur statut spécial comme peuple de Dieu. Ceci est crucial pour leur survie. Cet accent sur la postérité renforce aussi les liens entre ces figures de leur passé et la génération présente d'Israël. Tout comme Dieu a aidé son peuple dans le passé, ainsi peut-il les aider à

---

[77] Cf. T. Römer, *Ibid.*, pp. 175-177.
[78] C. Lombaard, « Some remarks on the Patriarchs in the Psalms », *OTE 11/1* (1998), p. 61.

nouveau, dans leur période de troubles »[79]. Les mêmes termes *serviteur* et *élu* sont liés en certains textes, en particulier du livre d'Isaïe (42, 1; 45, 4; 65, 9. 15), ce lien suggérant d'ailleurs une corrélation entre élection et mission. Ces qualifications sont intéressantes tant pour le fil narratif qu'elles tissent conjointement que pour les allusions qu'elles établiraient à d'autres textes, en particulier du livre d'Isaïe.

Quelques versets plus loin (vv. 8-10) non seulement Abraham et Jacob, mais aussi Isaac sont nommés. Abraham est cité le premier en référence à l'alliance que YHWH a conclue avec lui. Le « souvenir de l'alliance » comme l'éternité de l'alliance abrahamique sont des thématiques caractéristiques de la tradition sacerdotale[80]. Parmi les mentions du fait que YHWH se souvient de son alliance (Gn 9, 15-16; Ex 2, 24; Lv 26, 42; Ez 16, 60; Ps 106, 45; Ps 111, 5) sont intéressantes pour notre propos celles d'Ex 2, 24 et Lv 26, 42 parce qu'elles sont mises en lien avec la triade des patriarches, et pour le livre du Lévitique en lien aussi avec la thématique de la terre. Ce dernier passage se poursuit en faisant allusion à l'exil et met dans la bouche de YHWH les propos suivants : *je me souviendrai, en leur faveur, de l'alliance conclue avec leurs aïeux que j'ai fait sortir du pays d'Egypte sous les yeux des nations ; afin que pour eux je sois Dieu, moi YHWH* (Lv 26, 45). La proclamation du v. 7 du psaume confesse comme en écho à Lv 26, 45 que YHWH est Dieu[81].

En Lv 26, YHWH conclut son discours à Moïse au Sinaï par une description de l'exil et l'annonce de ce qui arrivera selon qu'Israël obéisse ou désobéisse aux lois. Composé au cinquième siècle, le chapitre constitue en soi une synthèse théologique et se caractérise par une diversité de sources, en évoquant à la fois l'alliance conclue avec Abraham et sa descendance (Lv 26, 42; cf. Gn 17) et l'alliance conclue avec la première génération sortie d'Egypte (Lv 26, 45; cf. Ex 19-24). Le chapitre s'ouvre par une introduction (vv. 1-2), dont les thèmes reprennent les commandements principaux du décalogue, à savoir l'interdiction de l'idolâtrie et l'injonction d'observer le sabbat. Les bénédictions et malédictions qui suivent introduisent le thème de l'alliance, laquelle est située dans la continuité de celle conclue avec les patriarches (v. 42), puis mise en relation avec

---

79 P. McMillion, *Restoration Quarterly 52/3* (2010), pp. 172-173; voir aussi: R. Davidson, *The Vitality of Worship: A Commentary on the Book of Psalms*, Grand Rapids, Eerdmans, 1998, p. 343; K. Schaefer, D.W. Cotter (eds.), *Psalms*, Collegeville, The Liturgical Press, 2001, p. 259.

80 G.J. Brooke, *RevQ 14* (1989-1990), p. 275 ; J.L. Vesco, *Le Psautier de David*, Paris, Cerf, LD 211, 2006, t. 2, p. 978; C. Nihan, *From priestly Torah to Pentateuch*, Tübingen, Mohr Siebeck, 2007, p. 541. L'influence de la théologie sacerdotale dans le Ps 105 a été notée par F. Crüsemann, *Studien zur Formgeschichte von Hymnus und Danklied in Israel*, Neukirchen-Vluyn, Neukirchener Verlag, 1969, p. 76; T. Römer, 1990, p. 342.

81 J. Gärtner évalue que cette affirmation générale est proche de la représentation monothéiste du Deutéro-Isaïe (par exemple Is 45, 18) ou de la confession postexilique de Dt 4, 34ss (J. Gärtner, 2012, p. 149).

celle conclue au terme de la sortie d'Egypte, au Sinaï (v. 45). Lv 26 représente ainsi une synthèse littéraire qui réinterprète des traditions assez diverses et relie l'alliance perpétuelle et infrangible (v. 42) du document sacerdotal et l'alliance révocable de la théologie deutéronomiste (v. 43 ; cf. Ex 32 ; Dt 27-28). Autrement dit, la restauration d'Israël après l'exil y est présentée comme la conséquence de la précédente alliance avec les patriarches de la tradition sacerdotale. Cette référence à l'alliance avec les patriarches introduit une réflexion ultérieure sur l'alliance de YHWH avec Israël (vv. 43-45), qui intègre la conception deutéronomiste dans la conception sacerdotale. « Le cœur de la reformulation des deux traditions se trouve au v. 44 : bien qu'Israël ait effectivement brisé l'alliance en *rejetant* ses *coutumes* et *en prenant en aversion* ses *lois* (v. 43b), Yahweh n'agira pas de la même manière. Il ne les rejettera pas ou ne les prendra pas en aversion et il ne rompra donc pas l'alliance de son côté (v. 44). Ainsi la possibilité de la rupture d'alliance est reconnue comme une concession faite par les traditions deutéronomistes et prophétiques, mais la ברית de Yahweh demeure en fin de compte une ברית עולם, comme en P. Avec ce développement, les deux traditions en conflit de la ברית dans la Torah sont maintenant rassemblées pour la première fois en une conception unique et unifiée. Ce développement est apparemment poussé un peu plus loin dans le verset suivant, le v. 45, où le 'souvenir' de Yahweh est appliqué à la ברית conclue avec la génération de l'exode, ce qui implique en fait l'équivalence entre les deux alliances »[82].

Dans le psaume l'alliance est qualifiée de ברית עולם, *alliance éternelle* (v. 10). Le v. 8 mentionne également que YHWH *s'est toujours* (לעולם) *souvenu de son alliance*. Il précise cependant que c'est une *parole qu'il a établie pour mille générations*. Or Dt 7, 9 nomme aussi l'alliance divine comme promesse pour *mille générations*, mais en introduisant une condition : *à ceux qui l'aiment et gardent ses commandements*. *Etablir* (צוה) ou *prescrire* une *parole* est une expression deutéronomiste (Dt 1, 18 ; 12, 28 ; 15, 15 ; 18, 18. 20)[83]. Le terme *serment* (שבועה) qui qualifie encore l'alliance apparaît dans le chapitre consacré à Isaac, en Gn 26, 3 (*... à toi et à ta descendance, en effet, je donnerai ces terres et je tiendrai le serment que j'ai prêté à ton père Abraham*). Toutefois Dt 7, 8 parle aussi d'un serment fait aux pères pour rendre compte de la libération d'Egypte : *si YHWH, d'une main forte, vous a fait sortir et vous a rachetés de la maison de servitude, de la main du Pharaon, roi d'Egypte, c'est que YHWH vous aime et tient le serment fait à vos pères*. Le verset est

---

82 C. Nihan, *Ibid.*, p. 542. Voir aussi T. Römer, *Ibid.*, pp. 549-550 ; R. Müller, « A Prophetic View of the Exile in the Holliness Code : Literary Growth and Tradition History in Leviticus 26 », in : E. Ben Zvi, C. Levin (eds.), *The Concept of Exile in Ancient Israel and its Historical Contexts*, Berlin-New York, De Gruyter, 2010,

83 Cf. S. Holm-Nielsen, *ASTI 11* (1978), p. 23.

précédé d'une mention de l'élection d'Israël qui précise qu'il est le moindre (מעט) de tous les peuples. C'est bien cette précision qu'introduira aussi le psaume au v. 12. Dans le psaume l'alliance est encore dite *érigée en décret pour Jacob* (v. 10), ce qui anticipe la formulation du but de la sortie d'Egypte et du don de la terre: *pour qu'ils gardent ses décrets* (v. 45). Ainsi entre les deux évocations de l'alliance éternelle que YHWH établit avec Abraham, Isaac et Jacob et leur descendance (vv. 8a. 10), le psaume semble faire allusion non seulement à l'alliance conclue avec la première génération sortie d'Egypte par le biais du terme *serment*, mais aussi aux exigences qui en résultent pour Israël, par le biais de l'expression *parole qu'il a établie pour mille générations* et de l'évocation du *décret*. Autrement dit au sein de références à l'alliance éternelle du document sacerdotal le psaume renverrait à l'alliance révocable de la théologie deutéronomiste[84].

Les termes *décrets* (חוקים) et *lois* (תורות) sont, de plus, associés en Lv 26, 46 et Ne 9, 13-14. Dans les deux cas référence est faite à l'alliance au Sinaï. Toutefois l'usage de חוקים dans le sens de *décrets* est principalement présent dans la tradition deutéronomiste (Dt 4, 1. 5. 6. 8. 14. 40. 45; 5, 1. 31; 6, 1. 17. 20. 24; 7, 11; 11, 32; 12, 1; 16, 12; 17, 19; 26, 16. 17; 27, 10) et dans des passages tardifs du Pentateuque comme Ex 15, 25. 26. Le terme תורות est largement présent dans la tradition deutéronomiste comme dans la législation cultuelle de Lv 1-16, alors qu'il n'apparaît pas en Lv 17-26 par ailleurs. Si la phraséologie de Lv 26, 46 atteste que ce colophon, d'ajout postérieur, vise à conclure non pas seulement le code de sainteté (Lv 17-26) mais l'entière législation commençant en Ex 19, ce qui confirmerait que le chapitre 26 en son entier prédit les conséquences de l'observance ou de la non observance d'une alliance déjà existante incluant et celle avec les patriarches (P) et celle avec la génération du Sinaï (Ex 19-24)[85], alors l'utilisation de חוקים et תורות dans la finale du psaume corroborerait qu'il effectue lui aussi une opération de synthèse.

L'expression ברית עולם, *alliance éternelle* se trouve en Is 24, 5 où il est indiqué qu'elle a été rompue et que les *lois* (תורות) et *décrets* (חק) ont été transgressés. C'est parce que la terre a ainsi été profanée qu'elle est dévorée par la malédiction. L'identification de l'*alliance éternelle* rompue d'Is 24 demeure un sujet de débat parmi les exégètes[86]. En tant que telle l'expression ברית עולם apparaît en

---

84 En examinant les liens du Ps 105, 8-10 avec Gn 17, 7. 13. 19 d'une part et Dt 7, 9-10a d'autre part, J. Gärtner parvient à une conclusion relativement semblable. Elle estime toutefois que la dimension de la faute, présente en Deutéronome, est totalement absente du psaume (J. Gärtner, 2012, pp. 151-156).

85 C. Nihan, 2007, p. 552.

86 D. Polaski, « Reflections on a Mosaic Covenant: the Eternal Covenant (Isaiah 24.5) and Intertexuality », *JSOT 77* (1998), pp. 55-73; S. Mason, « Another Flood? Genesis 9 and Isaiah's Broken

Gn 9, 16 (alliance noachique); Gn 17, 7. 13. 19 (alliance avec Abraham); Ex 31, 16 (à propos du sabbat); Lv 24, 8 (à propos des pains d'offrande); 2 S 23, 5 (alliance avec David) et dans les textes prophétiques qui annoncent une alliance future (Is 55, 3; 61, 8; Jr 32, 40; 50, 5; Ez 16, 60; 37, 26). Gn 17, 7-8 établit par ailleurs un lien entre l'*alliance éternelle* et la promesse du don de la terre, *propriété éternelle* pour Abraham et sa descendance. Mais Is 24, en utilisant des termes qui suggèrent l'exil (פוּר, בָּקַק)[87] semble indiquer que le châtiment divin face à l'alliance éternelle rompue et aux lois et décrets transgressés s'accomplira par la domination de puissances étrangères.

Les Ps 105, 42. 45 introduit, de surcroît, d'une part la notion de sainteté de la parole divine et d'autre part l'idée que le don de la terre avait pour but que le peuple garde les décrets et observe les lois de YHWH. Au v. 3 c'était le nom de YHWH qui était qualifié de *saint*, selon un usage plus commun de cet attribut (Lv 20, 3; 22, 2. 32; Ez 20, 39; 36, 20. 22; 39, 7. 25; 43, 7; Am 2, 7; Ps 33, 21; 103, 1; 106, 47; 145, 21; 1 Ch 16, 10); la sainteté qualifiant la parole n'apparaît ailleurs qu'en Jr 23, 9 (*ses paroles saintes*). Il y a donc là une originalité du psaume, qui du reste insiste sur le caractère performatif de la parole divine (vv. 31. 34. 40). Cette double occurrence de קֹדֶשׁ, *sainteté* reflète là encore peut-être la situation d'un peuple qui ne possède plus de lieu saint, de montagne sainte ou de sanctuaire saint, mais doit garder confiance en YHWH et en sa promesse.

Alors que 1 Ch 16, 16 et le Targum écrivent le nom d'Isaac avec un צ, ce qui est l'usage le plus courant, Ps 105, 9 l'orthographie avec un שׂ. Le nom d'Isaac est écrit de cette manière également en Jr 33, 26 et Am 7, 9. 16. L'orthographe d'Isaac avec un שׂ est généralement considérée comme tardive et comme témoignant d'une simplification linguistique[88]. En Amos la question peut se poser de savoir si Isaac désigne le royaume du Nord, en parallèle avec Israël, ou si c'est une addition postérieure réinterprétant le texte lorsqu'il parvient dans le Sud, pour avertir ceux qui définissent leur identité en relation avec ce patriarche qu'ils pourraient subir le même sort que le Nord s'ils font taire les voix prophétiques. Quant à Jr 33, 14-26 c'est un passage généralement considéré comme une addition secondaire, propre à la rédaction longue du livre qu'atteste le texte massorétique. Le passage relèverait «de la même activité rédactionnelle qui a transformé et remodelé le texte

Eternal Covenant », *JSOT 32.2* (2007), pp. 177-198.

87 Cf. D. Polaski, *Ibid.* note 31, p. 67.

88 H. Schmid, *Die Gestalt des Isaak: Ihr Verhältnis zur Abraham- und Jakobtradition*, Darmstadt, Wissenschaftliche Buchgesellschaft, 1991, p. 24; C. Lombaard, «What is Isaac doing in Amos 7?», *OTE 17/3* (2004), p. 439.

court tel que la LXX permet de l'entrevoir en un texte long autrement organisé »[89]. Le contexte des chapitres 30-33 TM recèle la promesse de la nouvelle alliance et, alors que Jr 33, 1-13 relate un oracle de restauration, le retour des captifs de Juda et d'Israël dans une Judée entre-temps devenue déserte, Jr 33, 14-26 annonce l'engagement pris par YHWH de ne jamais dissoudre ni son alliance dynastique avec David, ni son alliance cultuelle avec la tribu de Lévi. Du point de vue rédactionnel ce second oracle est « un collage de différents passage jérémiens »[90], les vv. 14-16 constituant une reprise de l'oracle dynastique de Jr 23, 5-6 et les vv. 19-26 de Jr 31, 35-37 quoiqu'en modifiant les destinataires. Jr 33, 24 met dans la bouche de gens méprisants et qui ne considèrent plus le peuple élu comme une nation l'affirmation que YHWH a rejeté *les deux familles* choisies, probablement celle de David et celle du prêtre lévitique. Mais l'oracle statue qu'ils sont dans l'erreur, car la double alliance avec David et Lévi est éternelle et il demeure assuré que YHWH ne cessera de prendre des chefs dans la postérité de David pour *la postérité d'Abraham, d'Isaac et de Jacob*. La datation et le *Sitz im Leben* de ce passage ont donné lieu à des hypothèses variées, de l'époque de la fin de l'exil, de celle de la reconstruction du temple sous l'égide de Zorobabel[91], à la période hellénistique et au cadre de la rivalité entre Lagides d'Egypte et Séleucides de Syrie[92], voire même à celle des souverains hasmonéens[93].

Jr 33, 23-26 présente une proximité de vocabulaire avec le psaume : outre l'orthographe particulière d'Isaac, la triade Abraham, Isaac et Jacob, apparaissent les termes זרע, *postérité*; עבד, *serviteur*; ברית, *alliance*. Mais les indices textuels sont trop ténus pour véritablement affirmer une dépendance d'un texte envers l'autre. Le psaume pourrait par ailleurs être rapproché du texte sacerdotal d'Ex 6, 2-8 dont K. Schmid a montré qu'il est dans le Pentateuque le passage qui relie l'histoire patriarcale à l'exode[94] et qui établit la sortie d'Egypte et l'entrée

89 P.M. Bogaert, « *Urtext*, texte court er relecture » : Jérémie XXXIII 14-26 TM et ses préparations », dans : J.A. Emerton (ed.), *Congress Volume Leuven 1989*, Leiden, Brill, 1991, pp. 236-247.

90 P. Piovanelli, « JrB 33,14-26, ou la continuité des institutions à l'époque maccabéenne », dans : A. Curtis, T. Römer (eds.), *The Book of Jeremiah and its Reception*, Leuven, Peeters, 1997, pp. 255-276. Voir aussi C. Karrer-Grube, « Von der Rezeption zur Redaktion: eine intertextuelle Analyse von Jeremia 33,14–26 », in: *Sprachen-Bilder-Klänge*, Münster, Ugarit-Verlag, 2009, pp. 105-121.

91 Y. Goldman, *Prophétie et royauté au retour de l'exil : Les origines littéraires de la forme massorétique du livre de Jérémie*, Fribourg, Universitätsverl ; Göttingen, Vandenhoeck & Ruprecht, 1992.

92 P.M. Bogaert, « *Urtext*, texte court et relecture », 1991, p. 237.

93 A. Schenker, « La rédaction longue du livre de Jérémie doit-elle être datée au temps des premiers Hasmonéens? », *EthL 70* (1994), pp. 281-293 ; P. Piovanelli, 1997, pp. 271-275.

94 K. Schmid, *Erzväter und Exodus. Untersuchungen zur doppelten Begründung der Ursprünge Israels innerhalb der Geschichtsbücher des Alten Testaments*, Neukirchen-Vluyn, Neukirchener Verlag, 1999; voir aussi J.L. Ska, « La place d'Ex 6, 2-8 dans la narration de l'Exode », *ZAW 94*

dans la terre comme accomplissement de la promesse (ברית) faite par YHWH aux patriarches. Comme en Ex 6, 4, Ps 105, 12 utilise le verbe גור, *séjourner, habiter comme étranger*. Il a été remarqué que «outre le renvoi à Gn 17, l'auteur de Ex 6 élargit l'alliance avec Abraham, Isaac et Jacob et fait de celle-ci la motivation pour l'agir de YHWH en faveur des Israélites opprimés en Egypte. En décrivant le séjour des Patriarches en Canaan par la racine g-w-r (Ex 6, 4), il donne à la promesse du pays de la Genèse une connotation eschatologique, et transforme ainsi l'histoire des patriarches en un prologue à l'époque exodique. Il est donc évident que le milieu sacerdotal a voulu harmoniser et combiner les deux traditions »[95]. Le psaume se situerait donc, comme évoqué plus haut, en concordance avec les textes qui élaborent tardivement le lien entre les patriarches et l'exode. Mais l'orthographe particulière d'Isaac, hormis le fait d'orienter dans le sens d'une datation tardive du psaume, ne semble pas livrer plus d'informations. Il est certes possible de supposer que l'utilisation de cette orthographe particulière cherche dans un des textes à suggérer un renvoi à l'autre, mais la vérification d'une telle hypothèse demeure d'une grande difficulté. A supposer qu'il en soit ainsi, il convient de remarquer que dans le psaume, contrairement au texte de Jr 33, aucune référence n'est faire à David. Or B. Gosse a cherché à démontrer que dans le Ps 105 lui est substitué un renvoi à Abraham[96]. Pour cet auteur, le Ps 105 suppose la disparition de la dynastie davidique après le retour d'exil et fait de l'alliance avec Abraham la seule véritable alliance. Il décèle aussi dans le psaume un transfert de vocabulaire caractéristique de l'exode à l'époque des patriarches: par ce biais le don de la terre y deviendrait une conséquence de l'alliance avec Abraham et les patriarches. Son hypothèse est que les Ps 90-106 donneraient une réponse à la disparition de la dynastie davidique constatée par le Ps 89[97]. Il se fonde en particulier sur le fait qu'en référence à Ps 89, 4 les titres de *serviteur* (עבד) et *élu* (בחיר) sont transféré à Abraham (Ps 105, 6). La substitution de l'alliance avec David par l'alliance avec Abraham serait particulièrement visible dans les vv. 8-10 du psaume. L'usage du verbe כרת, *conclure (une alliance)* et du substantif שבועה, *serment* en Ps 105, 9 correspondrait notamment à celui du verbe כרת en Ps 89, 4 et du verbe שבע en Ps 89, 4. 36. 50. Les termes עולם, *éternelle* et דוד,

(1982), pp. 530-548; *id.*, «Quelques remarques sur Pg et la dernière rédaction du Pentateuque», dans: A de Pury (éd.), *Le Pentateuque en question: les origines et la composition des cinq premiers livres de la Bible à la lumière des recherches récentes*, Genève, Labor et fides, 1989, pp. 95-125.
95 T. Römer, «Les histoires des patriarches et la légende de Moïse: une double origine?», p. 166.
96 Voir B. Gosse, «Le quatrième livre du Psautier, Psaumes 90-106, comme réponse à l'échec de la royauté davidique», *BZ* 46 (2002), pp. 239-252; «Abraham dans les Ps 105 et 47», *BZ* 54/1 (2010), pp. 83-91.
97 Voir aussi J.C. McCann, *The Book of Psalms*, The New Interpreter's Bible, vol. 4, Nashville, Abigdon Press, 1996, p. 1304.

génération utilisés pour signifier l'éternité ou la durée de cette alliance seraient empruntés à Ps 89, 5. Si les indices fournis par cette étude ne s'appuient parfois que sur la récurrence de mots isolés ou si des présupposés comme celui de faire du Ps 105 une évolution de la tradition des psaumes d'Asaf demanderaient à être argumentés et démontrés, l'hypothèse invite à en tenter une autre concernant les rapports du psaume avec Jr 33. Peut-être est-il possible de postuler que le texte de Jérémie, en faisant allusion au Ps 105, déplacerait la problématique : la référence aux patriarches, avec peut-être très implicitement le rappel de l'alliance éternelle établie avec eux, n'y servirait pas seulement à justifier la fidélité de YHWH malgré l'infidélité du peuple évoquée par la reprise de Jr 31, 35-37, mais plus encore fonderait la pérennité de la double alliance avec David et Lévi. De ce fait cette addition de la rédaction longue du livre de Jérémie constituerait peut-être une réponse au travail de compilation et d'organisation du quatrième livre du Psautier : en réponse à l'identification de la communauté postexilique à l'alliance avec les patriarches et contre le constat d'échec de l'alliance davidique, elle réaffirmerait la validité de cette dernière. La supposition de la datation de Jr 33, 14-26 à l'époque hasmonéenne prendrait d'ailleurs alors tout son sens.

L'alliance avec les patriarches, alliance éternelle pour Israël, est dans le psaume encore précisée : elle est promesse de la terre, *contrée en héritage* pour le peuple. Le lien entre חבל, *contrée* et נחלה, *héritage* (v. 11) apparaît aussi en Ps 78, 55 et en Dt 32, 9 où les mots sont liés avec le même état construit qu'ici. La séquence des vv. 42-45 du Ps 105 reviendra sur cette promesse. Le v. 44 établira en particulier que YHWH donna aux siens *les pays des nations et ils possédèrent le travail des peuples*. Là encore le texte est proche du Ps 78, 55 où il est fait mention du fait que YHWH a chassé devant son peuple les nations et lui a fait tomber la contrée en héritage, mais aussi des Ps 135, 12 et 136, 21. Récurrente donc dans les psaumes la thématique apparaît massivement dans le Deutéronome où le verbe ירשׁ, *prendre possession*, est maintes fois utilisé pour nommer le fait que le peuple élu peut prendre possession de la terre promise parce que YHWH lui en a fait don.

Les deux autres expressions utilisées par le v. 44 méritent l'attention : d'une part, *pays des nations* est au pluriel ; d'autre part, ce que le peuple possède n'est pas la terre mais le *travail des peuples*. Le pluriel de *pays* pourrait supposer un contexte postexilique où Israël est dispersé au milieu des nations (cf. Esd 3, 3 ; 9, 1-2 ; Ne 10, 29. 31-32). Quant aux *nations* elles sont maintes fois nommées dans le livre du Deutéronome, à la fois pour évoquer la conquête de la terre promise (7, 1. 22 ; 8, 20 ; 9, 1. 4-5 ; 12, 29 ; 19, 1 ; 28, 1 ; 31, 3), pour signaler que le peuple de Dieu n'est pas comme elles et doit s'en démarquer (4, 7-8 ; 12, 2 ; 17, 14 ; 18, 9. 14 ; 29, 15. 17) ou qu'il sera dispersé parmi elles s'il ne met pas en pratique les paroles de la loi (4, 27 ; 28, 65 ; 30, 1). Intéressant pour notre propos est la mention des nations en Dt 11, 23 en complément du même verbe ירשׁ deux fois utilisé, avec pour sujet respectivement YHWH et la seconde personne du pluriel. L'utilisation du verbe insiste du reste sur le but de l'exode (cf. Dt 4, 37-38)[98] mais aussi sur le fait que l'acte de déposséder les nations est un acte divin, néanmoins conditionné par le comportement du peuple (cf. Dt 9, 4. 5; 11, 23)[99]. Dt 4, 27 signale encore que YHWH dispersera son peuple et le réduira à un petit nombre parmi les nations s'il pratique l'idolâtrie et ce qui est mal aux yeux de YHWH. La suite du texte (v. 29) ajoute: *alors de là-bas vous rechercherez* (בקש) *YHWH ton Dieu; tu le trouveras si tu le cherches* (דרש)..., ce qui nous renvoie aux vv. 3-4 du psaume et oriente à nouveau vers l'idée que celui-ci a été composé en intégrant la théologie deutéronomiste et en un contexte de diaspora.

Ce que le peuple possède donc n'est pas la terre mais le *travail des peuples*. En soi la thématique ici effleurée est assez semblable à celle déployée en Dt 6, 10-13, qui formule ce que le peuple trouvera dans le pays promis, tous ces biens qui ne lui auront coûté aucun effort et qui apparaîtront comme des dons totalement gratuits de YHWH. Il n'y a pas de correspondance de vocabulaire cependant et l'utilisation de עמל, *travail, peine* dans le psaume est assez curieuse. La polysémie du terme (*travail, peine, iniquité*) est néanmoins intéressante puisqu'elle suggère que le peuple possède le fruit du labeur pénible et vain – peut-être connoté négativement – des peuples. Elle prend une tournure ironique, suggérant un renversement de situation, pour qui a en mémoire Dt 26, 7: *alors nous avons crié vers YHWH, le Dieu de nos pères, et YHWH a entendu notre voix; il a vu notre oppression, nos peines* (עמל) *et nos misères*, le texte se poursuivant par une évocation de l'exode et du don du pays ruisselant de lait et de miel.

Le Ps 105, 12-15 précise la situation dans laquelle se trouvaient ceux avec qui YHWH a fait alliance. Il précise d'abord qu'ils étaient מתי מספר, *des hommes qui peuvent être comptés*, une expression présente en Gn 34, 30; Dt 4, 27; Jr 44, 28; 1 Ch 16, 19. Dt 4, 27 formule, comme nous l'avons vu, la dispersion et la réduction en nombre du peuple en cas d'idolâtrie et d'infidélité et annonce la condition des exilés, en petit nombre au milieu des nations. En Jr 44, 28 ce sont ceux qui reviendront d'avoir cherché refuge en Egypte durant l'exil qui sont dits pouvant être comptés, un bon nombre périssant par l'épée sous le coup du châtiment divin sanctionnant leurs pratiques idolâtres. Le psaume les qualifie encore d'*immigrants*

---

98 ... *Parce qu'il aimait tes pères, il a choisi leur descendance après et il t'a fait sortir d'Egypte devant lui par sa grande force pour déposséder devant toi des nations... et te faire entrer dans leur pays et te le donne comme héritage...* (Dt 4, 37-38).
99 *Car si vous gardez vraiment tout ce commandement que je vous ordonne de mettre en pratique, en aimant le Seigneur votre Dieu, en suivant tous ses chemins et en vous attachant à lui, le Seigneur dépossèdera toutes ces nations devant vous, si bien que vous dépossèderez des nations plus grandes et plus puissantes que vous* (Dt 11, 22-23).

(גור) *peu nombreux* (כמעט). Si Dt 7, 7 mentionne l'élection d'Israël en précisant qu'il est le moindre (מעט) de tous les peuples, Dt 26, 5 professe: *mon père était un Araméen errant. Il est descendu en Egypte, où il a vécu en émigré* (גור) *avec le petit nombre* (במתי מעט) *des gens qui l'accompagnaient.* Le psaume semble proche de ce dernier texte et de Dt 6, 20-23 comme supposé précédemment, c'est-à-dire des passages que G. von Rad identifiait comme les «credo historiques», noyau primitif qu'aurait amplifié le Pentateuque[100]. De facture deutéronomique et deutéronomiste en réalité, ces brèves confessions de foi résument l'histoire d'Israël en détachant exode et don de la terre, alors que les patriarches ne sont que rapidement évoqués. Mais l'insistance de la tradition sacerdotale à présenter la terre de Canaan comme un pays de pérégrination (Gn 17, 8; 28, 4; 37, 1; 47, 9; Ex 6, 4) et le renvoi possible du psaume à Ex 6, 2-8 appuient encore la présentation de la sortie d'Egypte et de l'entrée dans la terre comme accomplissement de la promesse faite par YHWH aux patriarches.

Au v. 13 du psaume הלך au *hitpael, ils allaient et venaient* pourrait évoquer la promesse du don de la terre à Abraham en Gn 13, 17: *lève-toi, parcours le pays en long et en large* (הלך au *hitpael*), *car je te le donne.* Hormis le point commun de l'usage de ce verbe et le contexte de la promesse de la terre, il n'y a pas beaucoup d'indices néanmoins pour assurer qu'il s'agisse là d'un phénomène d'intertextualité. Comme le fait remarquer S. Holm-Nielsen, si les vv. 12-14 semblent résumer les récits patriarcaux, s'ils paraissent se référer aux traditions de la Genèse selon lesquelles YHWH protège toujours son peuple contre les attaques des rois et des nations étrangers (Gn 12; 20 et 26), la terminologie utilisée n'est pas la même que dans ces textes. Il est en particulier assez caractéristique que la racine עשק, *opprimer,* n'appartienne pas aux traditions de la Genèse mais soit en revanche utilisée pour évoquer la soumission du peuple d'Israël à des pouvoirs étrangers et une situation d'exil en Is 52, 4; 54, 14; Jr 50, 33. De la même façon, si au v. 15 où les patriarches sont désignés comme des *oints* (משיח) et des *prophètes* (נביא) et si les commentaires se réfèrent souvent à Gn 23, 6 où Abraham est appelé נשיא, *prince,* ou à Gn 20, 7 où il est nommé נביא, *prophète,* les indices textuels sont en réalité extrêmes faibles pour justifier le renvoi[101]. Est-il plus opportun de se référer à Lv 4, 3. 5. 16; 6, 15 qui évoquent l'onction des prêtres et des lévites postexiliques ou à Ex 19, 6 et Is 61, 6 qui se réfèrent à Israël comme à une dynastie de prêtres et une nation sainte comme H.-J. Kraus le propose et à sa suite S. Holm-Nielsen et J.L. Vesco[102]? En réalité il n'y a pas de terminologie commune entre le psaume et ces textes. En Gn 20, 6-7 Abraham est appelé נביא, *prophète,* par YHWH qui a empêché

---

100 G. Rad von, 1938, pp. 9-86.
101 S. Holm-Nielsen, *ASTI 11* (1978), p. 23.
102 H.-J. Kraus, 1961, p. 721; J.L. Vesco, 2006, p. 980.

Abimélek de le toucher (נגע, comme en Ps 105, 15a) mais aucun patriarche n'est appelé משיח et le psaume utilise les deux appellations au pluriel. Probablement le psaume transfère-t-il à l'époque patriarcale des titres associés à la monarchie davidique[103], ce qui renforcerait l'hypothèse que le quatrième livre du Psautier apporterait une réponse à la question de l'échec de la dynastie davidique posée par le Ps 89.

La séquence qui rappelle la promesse de la terre et les conditions dans lesquelles se trouvaient ceux à qui elle était initialement destinée contient l'énoncé de deux prises de parole de YHWH : le serment de donner le pays d'une part, et l'ordre de ne pas faire du mal au peuple d'autre part. L'unité suivante, les vv. 16-23, s'ouvre encore par la mention, en discours indirect, d'un propos divin. YHWH *appelle* (קרא) *la famine sur le pays*. Le verbe utilisé est extrêmement fréquent mais il est troublant que ce soit celui également utilisé dans le texte de la création de Gn 1 pour signifier que YHWH donne un nom aux éléments structurants de l'espace-temps du cosmos (vv. 5. 8. 10). L'acte d'appeler la famine apparaît ainsi comme un geste contraire à la création, une volonté de faire revenir la terre en un état de chaos. En tant que telle l'expression *appeler la famine* (קרא רעב) ne se trouve ailleurs qu'en 2 R 8, 1 à propos de la famine qui survient au temps d'Elisée. Dans ce dernier texte c'est d'ailleurs le prophète qui annonce le fléau aux ordres de YHWH de sorte que, s'il fallait garder l'hypothèse que Ps 105, 19 indique que c'est la *parole* (דבר) de Joseph qui s'accomplit, il serait possible d'y discerner une présentation de cette figure sous des traits prophétiques. Un lien serait ainsi assuré avec l'unité précédente (vv. 6-15).

Les vv. 16 et 19 pourraient tout aussi bien faire allusion à Gn 41, 54-57 et 42, 5 mais en insistant sur le fait que la famine est une initiative divine. Ce dernier élément est encore perceptible dans le stique suivant : *il coupa toute provision de pain*. Utilisé dans le sens de *détruire, couper*, le verbe שבר est dans le cycle de Joseph plus fréquemment employé avec la signification *acheter* ou *vendre* du blé, des vivres (Gn 41, 56. 57 ; 42, 2. 3. 5. 7. 10 ; 43, 2. 4. 20. 22 ; 44, 25 ; 47, 14). Quant à l'expression כל־מטה־לחם שבר, *couper toute provision de pain* (ou plus littéralement *briser tout bâton de pain*) elle est pratiquement identique au texte de Lv 26, 26 où elle apparaît dans les malédictions que YHWH prononce contre le peuple s'il ne se laisse pas corriger et ne se détourne pas de son infidélité (בשברי לכם מטה־לחם). Elle est présente aussi en Ez 4, 16 ; 5, 16 ; 14, 13 dans des oracles de jugements. Or il a été observé que le code de sainteté, en particulier dans les bénédictions et malédictions du chapitre 26, faisait allusion aux traditions de la destruction de

---

103 L.C. Allen, 1983, p. 38 ; B. Gosse, *BZ 54/1* (2010), pp. 83-89 ; J.L. Vesco, 2006, p. 980.

Jérusalem du livre d'Ezéchiel et les ordonnait à la Torah de Moïse de sorte que la chute de Sion et l'exil sont réinterprétés comme le résultat de l'incapacité d'Israël à observer les lois, en particulier celles révélées au Mont Sinaï[104]. La proximité ici encore du Ps 105 avec Lv 26 confirmerait à la fois l'hypothèse de la dépendance du second par rapport au premier et la supposition qu'il effectue lui aussi un travail d'interprétation. Elle suggérerait que, contrairement à ce que beaucoup de commentaires avancent, le psaume ne passe pas complètement sous silence le péché du peuple ; au moins le péché est-il insinué dans ce verset par le renvoi à l'idée d'une action divine de jugement.

Au v. 17 la figure de Joseph est introduite mais YHWH est présenté comme celui qui garde l'initiative : שלח לפניהם איש, *il envoya devant eux un homme, Joseph...* La formulation de ce geste divin reprend à la troisième personne du singulier ce que Joseph dit de lui-même en Gn 45, 5. 7. 8 :

כי למחיה שלחים לפניכם – וישלחני אלהים לפניכם –לא־אתם שלחתם אתי הנה כי האלהים

Car pour la conservation de la vie Dieu m'a envoyé devant vous – Dieu m'a envoyé devant vous – ce n'est pas vous qui m'avez envoyé ici c'est Dieu

Curieusement dans le psaume l'identité des personnages devant qui Joseph est envoyé n'est pas précisée, ce qui demande de revenir au v. 15 pour trouver un antécédent. Il est bien sûr possible d'imaginer que les destinataires du psaume connaissaient suffisamment le livre de la Genèse pour y déceler les allusions et comprendre le texte. Ceux devant qui Joseph est envoyé constituent cependant dans le psaume un groupe plus large : il ne s'agit pas simplement de ses frères ou du clan familial mais des *oints* et *prophètes* de YHWH, c'est-à-dire de tout le peuple. Comme Gn 45, 5 le second stique du Ps 105, 17 reprend l'idée que Joseph fut vendu (מכר) ; de nouveau cependant les responsable de l'action, les frères, ne sont pas nommés. YHWH reste ainsi le grand acteur des événements. A.R. Ceresko décèle dans ce stique un premier indice d'ironie : pour lui le mot עבד possède un double sens dans le psaume, qu'il désigne un serviteur de YHWH comme aux vv. 6. 25-26 et 42-43 ou l'esclave d'un maître humain comme en ce verset. Il en conclut que par ce biais le rédacteur du psaume partage au lecteur sa compréhension des faits : c'est en ayant été vendu comme esclave à un maître humain que Joseph aurait montré être un *serviteur* de YHWH comme l'étaient Abraham (vv. 6. 42) et Moïse (v. 26)[105]. Le psaume cependant ne qualifie jamais Joseph dans sa relation à YHWH. Si le texte est ironique alors c'est peut-être dans les déplacements que

---

104 C. Nihan, 2007, pp. 542-545.
105 A.R. Ceresko, *Bib 64* (1983), p. 33.

le registre de vocabulaire utilisé fait faire par rapport au livre de la Genèse : il n'y a aucune mention de ce que Joseph vend ou est celui à qui on achète (שבר) du pain (cf. Gn 41, 53-42, 2) ; en revanche la famine est attribuée à YHWH qui coupe (שבר) les provisions de pain. Joseph est envoyé mais il n'y a pas d'indications que c'est pour conserver la vie du peuple ou pour constituer des réserves qui lui permettront de vivre, comme en Genèse ; en revanche, ce qui vient en parallèle à l'affirmation selon laquelle YHWH envoie Joseph c'est qu'il est vendu comme esclave... Pour des familiers du cycle de Joseph, l'ironie se développe ainsi sur un fond d'attentes détrompées : les allusions sont perceptibles mais subrepticement la figure de Joseph perd de sa dimension positive et est reléguée en arrière-plan, YHWH demeurant celui qui conduit l'histoire. Sous cet aspect, il y a peut-être encore un indice d'ironie dans l'usage du verbe *vendre* (מכר) qui, s'il apparaît dans le cycle de Joseph, est utilisé également au *nifal* en Is 50, 1 et 52, 3 pour évoquer la situation d'Israël exilé. Le premier de ces textes prophétiques précise que c'est à cause de ses fautes que le peuple a été vendu et le second que c'est en vain qu'il l'a été. En Dt 32, 30 au *qal* et avec YHWH pour sujet le même verbe apparaît également en contexte de jugement pour signifier que YHWH abandonne son peuple. Dans le psaume, derrière la figure de Joseph, pourrait alors se profiler une évocation du peuple en exil, avec en arrière-fond l'idée que c'est en raison de ses péchés qu'il connaît une telle situation.

Vendu comme serviteur, Joseph a les pieds entravés[106] et il est mis aux fers (v. 18). Dans ce verset encore, la description semble renvoyer à l'exil, aux souffrances du peuple sous le joug d'une puissance étrangère. La traduction de ce verset est certes difficile et il pourrait prêter à une interprétation figurative des souffrances de Joseph en prison, notamment en faisant de ברזל, *fer* le sujet du second stique : *le fer a transpercé son âme* (cf. Jr 4, 10 ; Ps 69, 1 ; 124, 4), comme la Vulgate (*humiliaverunt in conpedibus pedes eius ferrum pertransiit anima eius*) et du Targum (דפרזל עלת בנפשיה). La figure de style exprimerait l'intensité de la peine de l'âme endurée par Joseph[107]. Mais outre qu'il n'y a pas de parallèle en Genèse, ברזל évoque en revanche en d'autres textes des puissances étrangères et dominatrices (Is 45, 2 ; 60, 17), l'infidélité et l'endurcissement du peuple (Is 48, 4) ou une sanction divine (Dt 28, 23. 48 ; Lv 26, 19 ; Jr 28, 13-14). L'Egypte est parfois décrite comme une *fournaise à fondre le fer* (Dt 4, 20 ; Jr 11, 4). Faut-il là encore voir de l'ironie dans le fait qu'on « entre » (בוא) Joseph dans les fers alors que la

---

106 Sur l'interprétation du verbe ענה dans le sens d'emprisonner, voir D.W. Thomas, « Hebrew עני 'Captivity' », *Journal of Theological Studies 16* (1965), pp. 444-445.
107 Cf. J. Brinktrine, « Zur Übersetzung von Ps 105 (104) 18: ברזל באה נפשו », *ZAW 64* (1952), pp. 251-258.

sortie d'Egypte est décrite avec l'image que YHWH fait sortir (יצא) son peuple d'Egypte (Ps 105, 37. 43), de la fournaise de fer (Dt 4, 20; Jr 11, 4)?

Le verset suivant utilise un verbe peu fréquent, צרף, qui avec un métal comme complément peut signifier *fondre, raffiner* (Is 1, 27; 40, 19; Jr 6, 29) ou bien *mettre à l'épreuve* (Is 48, 10; Jr 9, 6). Du difficile v. 18 au v. 19 il pourrait donc y avoir une métaphore filée évoquant l'épreuve-épuration subie par Joseph mis aux fers, laquelle serait une décision divine. Une ambiguïté demeure toutefois au v. 19 quant à la parole qui s'accomplit: le suffixe pronominal associé à דבר pourrait renvoyer à la parole de Joseph comme à celle de YHWH. Le contexte précédent suggérerait que c'est du propos du patriarche dont il s'agit, ce qui serait une lointaine allusion à l'accomplissement de l'interprétation que Joseph fait des rêves (Gn 41, 13. 28. 32). Dans l'ensemble du psaume cependant דבר a Dieu pour sujet (vv. 8. 27. 28. 42) et ce pourrait être encore le cas ici. Le verset pourrait alors faire allusion au fait que Joseph communique ce que YHWH lui-même fait connaître (Gn 41, 25. 28), ou plus probablement, דבר ayant toujours Dieu pour sujet et le second stique venant en parallèle au premier, il suggérerait un double parler de Dieu: une parole dont l'accomplissement se fait attendre laisse la place à une parole qui met à l'épreuve[108]. Joseph serait alors présenté comme soumis à une parole divine qui l'éprouve dans l'intervalle qui précède l'accomplissement d'une autre parole. Cette autre parole en attente d'accomplissement pourrait être celle évoquée au v. 16, le fait que YHWH appelle la famine sur le pays. Là encore le psaume détournerait l'histoire de Joseph du sens qu'elle possède en Genèse: non seulement il est envoyé sans que soit précisé que c'est pour conserver la vie du peuple mais plus encore dans l'intervalle entre l'appel de la famine et son accomplissement, Joseph est éprouvé. Il perd ainsi toute qualification positive. Plus probablement, cependant, la parole (דבר) en attente d'accomplissement renverrait à la parole (דבר) établie pour mille générations, à l'alliance et à la promesse de la terre (v. 8). Le séjour de Joseph en Egypte est ainsi présenté comme en attente de l'accomplissement de la promesse, à savoir le don de la terre. C'est de plus le même verbe בוא qui est utilisé dans les vv. 18 et 19: Joseph est mis (בוא) aux fers jusqu'au temps où la parole s'accomplit (בוא). Le verbe est en outre encore employé au v. 23 où il est rapporté qu'Israël entre en Egypte, de sorte que l'ironie ci-dessus mentionnée n'en est que renforcée: l'entrée (בוא) de Joseph dans les fers et du peuple en Egypte contraste avec la sortie (יצא) de leur descendants (vv. 37-38).

Dans les vv. 20-22 le sujet des verbes change: il y est question d'un *roi*, d'un *maître des peuples*. Le v. 20 commence cependant avec le même verbe que le

---

[108] Sur une mention de la parole de Dieu qui s'accomplit, avec usage du même verbe בוא, cf. Jos 23, 14-15.

v. 17 à savoir שׁלח, *envoyer*. YHWH avait envoyé Joseph mais c'est maintenant un roi (מלך) qui envoie le délier, ce qui peut faire allusion à Gn 41, 14 où il est raconté que le pharaon envoie (שׁלח) appeler Joseph. On peut certes toujours supposer que YHWH demeure le véritable protagoniste de l'histoire[109] mais c'est forcer le texte qui n'en laisse rien transparaître et semble au contraire poursuivre une description ironique de la figure de Joseph. Les rois châtiés du v. 14 ou ceux dont les chambres sont envahies de grenouilles (v. 30) deviennent un roi qui délie. Ce dernier verbe (נתר au *hifil*) est d'un usage rare: au même mode et avec un sens semblable il apparaît en Is 58, 6; Ps 146, 7 et Jb 6, 9. Même rare et parce qu'il apparaît dans des contextes littéraires très différents, l'emploi de ce terme ne permet pas cependant d'établir de liens d'intertextualité. Le verbe suivant פתח au *piel* ne l'autorise pas davantage quand bien même il est aussi utilisé en Is 58, 6. Quant à l'expression *maître des peuples*, que E. Gerstenberger déclare appropriée aux rois perses[110], elle semble propre au psaume; mais le même participe, présent en Gn 45, 8 et 25 pour qualifier Joseph *maître de tout le pays d'Egypte*, est repris dans le verset suivant du psaume: *il l'établit* (שׂים) *seigneur de sa maison* (אדון לביתו), *maître* (משׁל) *de tous ses biens*. Dans le texte de la Genèse *seigneur*, אדון, désigne Joseph dans la bouche de ses frères (Gn 42, 10. 30. 33; 43, 20; 44, 8. 9. 16. 18. 20. 22. 24. 33) ou dans la bouche de Joseph lui-même pour décrire sa situation: il a été établi (שׂים) par Dieu *seigneur de toute la maison* (לאדון לכל־ביתו) de pharaon (45, 8) ou *seigneur de toute l'Egypte* (45, 9). Si la référence à Dieu est bien présente dans l'interprétation que Joseph donne des événements dans le récit de la Genèse, elle est absente dans le psaume. Celui-ci se poursuit du reste de manière assez curieuse: *pour qu'il s'attache ses princes, et rende sage ses anciens* (v. 22). Les variantes de la LXX (*pour instruire*), de la Peshitta et de la Vulgate révèlent bien les difficultés d'interprétation du texte. Le verbe אסר, *attacher* en Gn 40, 3. 5 sert à exprimer que Joseph ou l'échanson et le panetier sont détenus. En Gn 42, 24 le verbe décrit l'action de Joseph faisant enchaîner Siméon. A l'infinitif construit précédé de la préposition ל, אסר peut indiquer dans le psaume une finalité comme le retient la traduction proposée ou une consécution: *de façon à*. Dans les deux cas la proposition est liée à la précédente (v. 21) de sorte que Joseph apparaît comme un instrument du roi. Par ailleurs, si l'adjectif חכם, *sage* qualifie Joseph en Gn 41, 39 le verbe de la même racine n'y est jamais utilisé. D'usage rare, il ne se trouve au *piel* qu'en Ps 105, 22; 119, 98 et Jb 35, 11. Dans ces deux dernières occurrences le sujet en est YHWH, qui rend sage.

109 Cf. G. Ravasi 1991, p. 153; J.L. Vesco, 2006, p. 982; J. Gärtner, 2012, pp. 166-167.
110 E. Gerstenberger, 2001, p. 233.

Dans le Psaume la référence à Joseph prend place entre l'évocation de l'alliance avec les patriarches et celle des plaies d'Egypte. Dans le Pentateuque les tensions narratives caractéristiques du cycle de Joseph ont conduit à poser l'hypothèse de son autonomie vis-à-vis de son contexte littéraire actuel et du travail postérieur de suture pour construire une continuité narrative « Abraham-Isaac-Jacob-Joseph-Exode »[111]. Les thématiques permettant de rendre compte de l'unité narrative de l'histoire de Joseph, de Gn 37 à Gn 50, à savoir celle de la vie et de la survie et celle du jeu des dialogues entre le héros et ses frères, n'apparaissent cependant absolument pas dans le psaume. La figure de Joseph, exemplaire dans le texte de la Genèse, y est raillée. Sa relation à Dieu que reconnaît même le pharaon en Gn 41, 38 y est complètement oblitérée et il apparaît comme pratiquement à la solde du roi : *pour qu'il s'attache ses princes, et rende sage ses anciens* (v. 22).

Jr 44 possède quelques expressions en commun avec le Ps 105. Le chapitre déploie une controverse qui est une tentative de donner une réponse à la question de savoir ce qui a pu provoquer la catastrophe de 586. Après l'annonce de l'arrivée de Nabuchodonosor en Egypte (43, 8-13), le prophète rappelle aux Judéens que le culte de divinités étrangères a causé la destruction et la désolation de Juda et de Jérusalem (44, 1-14). Il y est question des *serviteurs les prophètes* (נביא ; v. 4) envoyés aux Judéens dont l'idolâtrie a provoqué la ruine de Jérusalem et des villes de Juda. Les Judéens *émigrés* (גור) en Egypte périront par la *famine* (רעב), sous le coup de la sentence divine (v. 12) : parce qu'ils persistent dans le mal, ceux qui ont choisi la route de l'Egypte connaîtront un sort bien pire que celui de Jérusalem. Si les correspondances de vocabulaire entre ce texte et le Ps 105 ne sont pas suffisantes pour parler d'intertextualité, elles permettent peut-être cependant de formuler l'hypothèse que l'utilisation ironique de la figure de Joseph dans le psaume pourrait avoir une teneur polémique contre les Judéens établis en Egypte et qui se compromettent avec le pouvoir en place.

En inclusion avec le v. 16, le v. 23 formule le départ d'Israël pour l'Egypte. Il sert de transition avec la séquence suivante, l'évocation des plaies d'Egypte. Le peuple y est à nouveau décrit comme *émigré* (גור). La *terre* est désormais la *terre de Cham* et non plus la *terre de Canaan* ; les cinq références suivantes à la terre renverront toutes du reste à l'Egypte (vv. 27. 30. 32. 35. 36).

---

111 K. Schmid, « Die Josephsgeschichte im Pentateuch », in: J.C. Gertz und als. (eds.), *Abschied vom Jahwisten: die Komposition des Hexateuch in der jüngsten Diskussion*, Berlin – New York, De Gruyter, 2002, pp. 90-93; O. Artus, « Tensions littéraires et conflits d'identité dans l''histoire de Joseph' (Gn 37, 2-50, 226) », dans: O. Artus,, J. Ferry (dir.), *L'identité dans l'Ecriture*, Paris, Cerf, LD 228, 2009 p. 48.

Au v. 24, sans être nommé, YHWH redevient le sujet des actions: *il multiplia beaucoup son peuple, il l'a rendu plus puissant que ses ennemis*. Du point de vue lexical ce verset est proche d'Ex 1, 7 avec lequel il a en commun les verbes פרה, *multiplier* et עצם, *devenir puissant* mais dans le psaume les verbes sont au *hifil* alors qu'en Exode ils sont au *qal* avec les *fils d'Israël* pour sujet.

Ps 105, 24	ויפר את־עמו מאד ויעצמהו מצריו

> *Il multiplia beaucoup son peuple,*
> *il l'a rendu plus puissant que ses ennemis*

Ex 1, 7	ובני ישראל פרו וישרצו וירבו ויעצמו במאד מאד

> *Les fils d'Israël se multiplièrent, pullulèrent, ils s'accrurent,*
> *et devinrent de plus en plus forts*

Le premier verbe (פרה), au *hifil* et avec YHWH pour sujet, apparaît en Lv 26, 9 pour qualifier la bénédiction de ceux avec qui YHWH gardera son alliance parce qu'ils suivent ses lois et gardent ses commandements. En Gn 17, 6 YHWH promettait à Abram de le rendre fécond (פרה, *hifil*); en Gn 41, 52 Joseph reconnaît que YHWH l'a rendu fécond (פרה, *hifil*) dans le pays de sa misère et en 48, 4 Jacob rappelle la promesse de YHWH de le rendre fécond (פרה, *hifil*) et de lui donner la terre. Quant au verbe עצם la seule occurrence au *hifil* se trouve dans le psaume. Ce dernier introduit aussi l'idée que c'est face aux ennemis de son peuple que YHWH rend celui-ci puissant. Le terme צר, *ennemi* est surtout présent dans les psaumes, en particulier dans Ps 78, 42. 61. L'Egypte est ainsi qualifiée en référence au peuple de YHWH: elle est la nation ennemie. En un raccourci saisissant le Ps 105 oblitère totalement qu'Israël ait trouvé provision de pain en Egypte pour ne faire mémoire que de l'hostilité qu'il y a rencontrée.

En parallèle au v. 24 qui indiquait donc l'action de divine en faveur du peuple, le verset suivant déploie ce que YHWH accomplit chez les Egyptiens. Les deux versets sont liés par la répétition du mot-clé *son peuple* de sorte que le v. 24, qui pouvait être lu comme une action positive de YHWH en faveur d'Israël, semble être réinterprété négativement: YHWH l'a rendu puissant, puis a changé le cœur de ses ennemis pour qu'ils le haïssent. Comme en v. 21 les infinitifs שנא, *haïr* et נכל (hitpael), *former de mauvais dessein* précédés de la préposition ל peuvent indiquer une finalité ou une consécution. L'action de YHWH semble ainsi venir contrecarrer le projet du *maître des peuples* lorsqu'il établit Joseph *seigneur de sa maison... pour qu'il s'attache ses princes...* Le v. 25 utilise le verbe הפך, *changer*, qui réapparaît au v. 29 (*il changea leurs eaux en sangs et fit mourir les poissons*), ce qui appuie le caractère punitif de l'agir divin: par l'intermédiaire des enne- mis de son peuple YHWH châtierait les siens. Le changement d'attitude vis-à-vis d'Israël est donc attribué à YHWH et non, comme en Ex 1, 8, à un *nouveau roi*, *qui n'avait pas connu Joseph.* הפך, *haïr* n'est pas employé dans le livre de l'Exode; en revanche il qualifie la relation de Joseph et de ses frères: ils le haïssent (37, 3. 5. 8). De même נכל, un verbe très rarement employé (quatre occurrences dans tout l'Ancien Testament), ne se trouve pas en Exode mais en Gn 37, 18 également au *hitpael* et toujours avec les frères de Joseph pour sujet: *ils complotèrent de le faire mourir.* Le psaume semble vouloir ainsi délibérément associer le peuple à la figure de Joseph, la relation de celui-ci avec ses frères étant en arrière-fond de l'évocation de ce qui advient au peuple en Egypte. Cette impression est encore renforcée par le fait qu'en parallèle à *son peuple* est utilisée l'expression *ses serviteurs.* Or *serviteur* a qualifié jusque là la postérité d'Abraham et Joseph lui-même. Dans le contexte du v. 25 l'expression pourrait insister sur l'idée que le peuple est serviteur de YHWH et qu'il ne peut s'asservir à une puissance étrangère, fusse-t-il un peuple en diaspora.

Serviteur est le mot-crochet qui fait le lien avec le verset suivant: YHWH envoie *Moïse son serviteur et Aaron qu'il avait choisi.* En Ex 3, 10 YHWH dit à Moïse qu'il l'envoie (שלח) en Egypte et il lui précise que le signe de son envoi est qu'une fois libéré le peuple servira (עבד) YHWH. Moïse est qualifié de *serviteur* en Ex 14, 31; Nb 12, 7; Dt 34, 5; Jos 1, 2. 7; 9, 24; 11, 15; 1 R 8, 53. 56; 2 R 21, 8; Ml 3, 22; Dn 9, 11; Ne 1, 7; 9, 14; 10, 30; 1 Ch 6, 34; 2 Ch 24, 9. En revanche, בחר n'est pas utilisé ailleurs en référence à Aaron. Ce dernier est dans le livre de l'Exode associé à Moïse à partir du chapitre 4, 14 (cf. 7, 1). Dans le récit des plaies qui frappe l'Egypte, il est parfois mentionné au côté de son frère: *Moïse et Aaron firent comme YHWH l'avait ordonné* (7, 20). L'idée de ce dernier verset pourrait être la même que celle exprimée dans Ps 105, 27 mais les champs lexicaux ne sont pas identiques. Le vocabulaire du psaume n'est pas non plus le même qu'en Ex 4, 15 où YHWH annonce à Moïse et Aaron qu'il leur enseignera ce qu'ils devront faire. Il est plus proche en revanche d'Ex 19, 7: ... *Moïse mit* (שים) *devant eux toutes ces paroles* (דבר)...

| Ex 19, 7 | וישם לפיהם את כל־הדברים האלה |
| Ps 105, 27 | שמו־בם דברי אתותיו |

Le contexte toutefois n'est pas le même. Dans le livre de l'Exode, l'expression est utilisée dans un verset qui énonce que Moïse transmet aux anciens du peuple les paroles que YHWH lui a adressées sur la montagne, paroles d'alliance dont le prologue rappelle la sortie d'Egypte. Dans le psaume c'est au milieu des ennemis du peuple de Dieu, au pays de Cham que Moïse et Aaron *établirent les paroles de ses signes.* Ainsi tout en utilisant l'expression deutéronomique stéréotypée *signes et prodiges* (אות ומופת), il se pourrait que le Ps 105 situe subtilement les plaies d'Egypte dans un contexte d'alliance. Si tel est le cas, le fil narratif ouvert par le v. 5 prendrait un autre relief: *les jugements de sa bouche*, sentences et actes de justice, se trouveraient accomplis aux vv. 24-25 en châtiment de la compromission avec le pouvoir politique établi en Egypte que la figure de Joseph faisait apparaître. Quant aux *signes* ils renverraient aux plaies d'Egypte, prodiges par lesquels YHWH manifesterait la fidélité à l'alliance conclue avec Abraham, alliance éternelle avec Israël.

Le récit des plaies d'Egypte est développé dans les vv. 28-36. Ces versets ont été plus que le reste du psaume étudiés[112], les commentaires s'attachant généralement à déterminer leur dépendance – ou non – envers les sources du Pentateuque et le nombre de plaies. Sur ces deux points les conclusions divergent assez notablement. Pour A. Lauha, le Ps 105 donnerait huit plaies et non dix comme en Exode, la peste du bétail et les furoncles n'étant pas mentionnés. Le nombre des plaies et leur ordre d'évocation permettraient de déterminer que le psaume ne concorde exactement avec aucune des sources de l'Hexateuque mais qu'il résume à son gré les traditions de J, P et E[113]. F.C. Fensham pense, quant à lui, que A. Lauha comme J. Kühlewein[114] insistent trop sur les différences entre le récit du livre de l'Exode et Ps 105, 26-38. Selon lui « il est possible que le poète du Ps 105 ait écrit de mémoire avec pour résultat que certaines plaies aient changé de place et que d'autres soient omises. Ceci n'est certainement pas à imputer à une tradition différente de celle de l'Exode. Et puis il y a toujours la licence poétique... »[115]. Les arguments avancés, écriture de mémoire et liberté poétique, laissent toutefois perplexe.

Dans une étude détaillée B. Margulis, tout en établissant la dépendance du Ps 105 envers le Pentateuque, soulève la question de l'absence de la sixième plaie d'Ex 9, 8-12 (les furoncles) et le déplacement de la plaie des ténèbres en début de l'énumération. Il observe qu'en 11QPs[a] la ligne 5 du Ps 105, 28-29 comporte plus d'espace que requis par le TM, ce qui suggère l'existence d'une version plus longue, et que les lettres en finale de la ligne 4 (śm) ne peuvent être conciliées avec le TM. Il reconstruit et traduit alors le texte de la façon suivante:

---

112 A. Lauha, 1945, pp. 55-56; B. Margulis, « The Plague Tradition in Ps 105 », *Bib 50* (1969), pp. 491-496; S.E. Loewenstamm, *Bib 52* (1971), pp. 34-38; S. Holm-Nielsen, *ASTI 11* (1978), pp. 22-30; F.C. Fensham, *JNSL 9* (1981), pp. 35-51; E. Haglund, 1984, pp. 22-29; T. Booij, *VT 39* (1989), pp. 209-214; A.C.C. Lee, *VT 40* (1990), pp. 257-263; S.E. Loewenstamm, 1992, pp. 25-39; B. Lemmelijn, « Genesis' creation narrative: the literary model for the so-called plague-tradition? », in: A. Wenin (ed.), *Studies in the Book of Genesis*, Leuven, Peeters, 2001 , pp. 407-419; D. Tucker, « Revisiting the Plagues in Psalm CV », *VT 55* (2005), pp. 401-411; J. Gärtner, 2012, pp. 171-174.

113 A. Lauha, *Ibid.*, pp. 55-56

114 J. Kühlewein, 1973, p. 146.

115 F.C. Fensham, *JNSL 9* (1981), p. 41.

4. [hpk 't mymyhm l]dm . śm
5. [y'wrm lb'wš wyk bdbr mqnm wymt 't dgtm š] rṣh 'rsm

[He turned their waters into] blood	[Il changea leur eaux en] sang
[made their waters fetid;	[rendit leurs eaux fétides;
He smote their livestock with pestilence	Il frappa leur bétail de peste
And killed their fish. Their] land teemed	Et fit mourir leurs poissons. Leur] pays
with...	grouilla de...

L'importante omission de la peste du bétail dans le TM serait due à un *homoio-teleuton*. Par ailleurs, en raison de la tension existant entre les plaies de la peste et de la grêle, «le psalmiste restreint les effets de la grêle aux arbres et aux plantes, en excluant la vie animale (cp. Ex 9, 25). La raison est claire: ayant parlé (v. 29) de *deber* qui selon Ex 9, 6 a détruit tout le bétail des Egyptiens (tout en épargnant celui des Israélites), il ne pouvait garder la version de la grêle de l'Exode qu'au prix de la cohérence. Son traitement reflète qu'une transformation est mieux qu'une contradiction»[116]. Quant à l'omission de la plaie des furoncles, elle s'expliquerait par l'évocation de la *peste* (דבר) destructrice du bétail des Egyptiens (cf. Ex 9, 6) telle que reconstituée en 11QPs^a; elle serait aussi à comprendre comme un problème d'exégèse intra-biblique plutôt que comme la marque d'une tradition indépendante des plaies, la plaie des furoncles étant dans le récit de l'exode en tension avec celle qui précède (la peste du bétail; Ex 9, 1-7) et celle qui suit (la grêle; Ex 9, 13-35). Plutôt que de réinterpréter le texte d'Ex 9, 10 comme il le fait avec la plaie de la grêle, le psalmiste, probablement sous l'influence du Ps 78, aurait choisi de la supprimer.

B. Margulis est critiqué par S.E. Loewenstamm pour qui l'hypothèse de l'erreur d'un copiste ne se justifie pas au regard des caractères qu'il est possible de déchiffrer en 11QPs^a. Il ajoute que si le psalmiste a pu prendre la liberté de déplacer la plaie des ténèbres en début d'énumération, il n'y a pas lieu de supposer qu'il était soucieux de reproduire fidèlement sa prétendue source autorisée, à savoir le récit des plaies du livre de l'Exode. Pour S.E. Loewenstamm, selon toute probabilité, le texte plus long de 11QPs^a est simplement le résultat d'une description amplifiée de la plaie des eaux changées en sang. De plus, l'absence de la plaie de la peste du bétail dans la tradition tardive du Ps 105 ne serait pas surprenante au regard de son omission dans les écrits postbibliques d'Ezéchiel le tragique (*Exagogue* II. 132-147), d'Artapanus (cité par Eusèbe, *Préparation évangélique*, IX: 27, 28-31), de la Sagesse de Salomon et même de Flavius Josèphe (*Les Antiquités*

116 B. Margulis, *Bib 50* (1969), p. 496.

juives, II. XIV, 3). Ces sources tardives seraient des preuves que la peste du bétail n'appartient pas au noyau de la tradition des plaies et n'est pas non plus une part de son développement ultérieur. Elles rendraient également manifeste que la clôture du Pentateuque n'a pas mis fin au développement de la tradition des plaies, qui serait restée fluide à l'époque du second Temple. Il en conclut que le Ps 105 offre une forme unique de la tradition des plaies, au nombre de sept, le v. 31 n'en présentant qu'une et non deux comme le prétend B. Margulis : ténèbres ; eaux changées en sang ; grenouilles ; insectes et moustiques ; grêle ; criquets ; mort des premiers-nés. Comme indiqué précédemment, la tradition des sept plaies étant considérée comme la plus ancienne, S.E. Loewenstamm postule que la fusion des listes de sept plaies des Ps 78 et 105 est à l'origine de la tradition des dix plaies présente dans l'Exode[117].

E. Haglund évalue lui aussi que le psaume mentionne sept plaies. Il relève dans les vv. 29-31 et 34-36 des parallèles littéraires avec le texte de l'Exode mais conclut néanmoins, dans le sillage de A. Lauha, que le nombre des plaies et leur ordre ne permettent pas de parler de dépendance littéraire du psaume envers le Pentateuque. Pour lui, le psalmiste aurait connu les traditions sous-jacentes au Pentateuque et au livre de Josué, comme le montreraient les correspondances lexicales et thématiques, mais il ne se serait pas strictement lié à son matériel[118]. La conclusion est en réalité sans originalité et fondée sur un jugement préconçu qui ne se laisse pas ébranler par les observations faites sur le texte.

Avant lui, S. Holm-Nielsen parvenait à une conclusion sensiblement différente. Il établissait que le registre lexical de ces versets manifeste une telle proximité avec le récit de l'Exode qu'il n'est pas raisonnable de postuler une autre tradition. Une exception serait le v. 32 qui prendrait des libertés vis-à-vis de l'Exode en mentionnant vignes et figuiers (cf. Ps 78, 47). Pour lui, la description de chaque plaie se déploierait en deux hémistiches, à l'exception de la septième et de la huitième qui s'étaleraient sur deux versets (vv. 32-33 et 34-35). Le v. 31 combinerait les quatrième et troisième plaies. Le parallélisme entre les hémistiches serait ou synonymique (vv. 32-36) ou complémentaire, le second relatant dans ce cas les conséquences de la plaie mentionnée dans le premier (vv. 29 et 30). Le but de cette étude est de montrer que non seulement le psaume manifeste une proximité avec les traditions recueillies dans l'Exode, la source P devenant de ce fait le *terminus a quo* pour sa composition, mais aussi qu'il les traite à la lumière de l'exil comme des symboles de la déchéance et de la délivrance du peuple. En cela il pourrait être comparé à Is 40-55 avec qui il possède des simi-

---

117 S.E. Loewenstamm, *Bib 52* (1971), pp. 34-38 ; 1992, pp. 184-188.
118 E. Haglund, 1984, pp. 22-29.

litudes lexicales: dans l'un et l'autre texte, l'exil et la délivrance sont présentés comme une répétition de l'exode[119].

Plus récemment deux études ont porté leur attention sur le fait que le psaume aurait pu être modelé sur Gn 1[120] et une troisième propose que l'omission des cinquième et sixième plaies, tout comme le repositionnement de la neuvième plaie, soient à attribuer à la volonté du psalmiste de souligner la signification de la terre dans l'histoire d'Israël[121].

A.C.C. Lee part du constat émis par D.A. Fox pour qui la plaie des ténèbres, la neuvième du récit de l'Exode, est la clé de voûte de toute la série: « C'est en supprimant le pouvoir de Re (le soleil) comme aucune déité égyptienne rivale n'avait jamais pu le faire que Yahweh démontre de façon la plus saisissante son autorité »[122]. L'importance accordée à la plaie des ténèbres et l'omission des cinquième et sixième plaies qui dans l'Exode affectent à la fois les animaux et les hommes peuvent être expliquées par une comparaison entre Ps 105, 28-36 et le récit de la création de Gn 1. S'appuyant sur l'étude du récit de la Genèse de B.W. Anderson[123], A.C.C. Lee présente le tableau comparatif suivant:

Jour	Gn 1	Ps 105
1 + 4 Ciel	Lumière + luminaires (soleil, lune, étoiles)	Ténèbres (v. 28a) Il se fit ténèbres (v. 28b)
2 + 5 Eaux	Séparation des eaux la vie peuple l'eau	Eaux changées en sang (v. 29a) + poissons morts dans l'eau (v. 29b)
3 + 6 Terre	La terre sèche est créée + créatures vivantes selon leur espèce La végétation croît + l'humanité est créée	(a) terre envahie de grenouilles, insectes et moustiques (vv. 30-31) (b) Végétation détruite (vv. 32-35) + premiers-nés des Egyptiens morts (v. 36)

Le récit des plaies du Ps 105, 28-36 possèderait ainsi des similitudes de structure littéraire avec Gn 1: dans les deux récits se retrouve le même mouvement du ciel aux eaux et des eaux à la terre; dans l'acte de création comme dans l'exécution des plaies, la puissance de YHWH se manifeste; dans les deux cas, sa parole est

---

119 S. Holm-Nielsen, *ASTI 11* (1978), pp. 22-30

120 A.C.C. Lee, *VT 40* (1990), pp. 257-263; son étude est reprise par B. Lemmelijn, « Genesis' creation narrative: the literary model for the so-called plague-tradition? », pp. 407-419

121 D. Tucker, *VT 55* (2005), pp. 401-411.

122 D.A. Fox, «The Ninth Plague: An Exegetical Note », *JAAR* 14 (1977), p. 219. Pour une interpretation semblable, voir: T. Mascarenhas, «The Plague: Darkness and Its Significance», in: S. Paganini et al. (eds.), *Führe mein Volk heraus. Zur innerbiblischen Rezeption der Exodusthematik. Festschrift für Georg Fischer*, Frankfurt, Lang, 2004, pp. 79-93.

123 B.W. Anderson, «A Stylistic Study of the Priestly Creation Story», in: G.W. Coats and B.O. Long (eds.), *Canon and Authority*, Philadelphia, Fortress Press, 1977, pp. 148-162.

efficace. Comme il a créé la lumière au commencement et établi les luminaires pour présider au jour et à la nuit, il a aussi le pouvoir d'envoyer les ténèbres en Egypte ; comme il a séparé les eaux et fait proliférer la vie dans les eaux, il peut les changer en sang et y faire mourir les poissons ; comme il a créé la terre sèche et l'a couverte de végétation, créé les créatures vivantes selon leur espèce puis l'humanité, il détruit l'ordre de la création en envoyant en nombre grenouilles, insectes et moustiques qui envahissent des lieux qui ne leur étaient pas originellement assignés et qui détruisent toute l'herbe du pays, tout fruit du sol. En Gn 1, 29 toute herbe et tout arbre sont donnés (נתן) à l'humanité pour nourriture, mais en Ps 105, 32 YHWH donne (נתן) grêle et feu qui détruisent vignes et figuiers, les arbres du territoire. Enfin le climax de l'action créatrice de YHWH (Gn 1, 27) a sa contrepartie dans le climax de la série des plaies, la mort des premiers-nés des Egyptiens, qui manifeste définitivement le pouvoir de YHWH sur leurs divinités et son jugement sur leur pays.

Par une telle comparaison l'absence des cinquième et sixième plaies trouverait alors une explication plus satisfaisante que l'hypothèse selon laquelle le Ps 105 est une tradition indépendante et ne subissant pas l'influence du Pentateuque. Alors que ces deux plaies sont en contradiction dans la forme finale du récit de l'Exode, le psaume limite le pouvoir destructeur de la grêle à la végétation et omet la peste du bétail et des furoncles, cette dernière affectant aussi les hommes. Le psalmiste, en suivant la structure du récit de la création de Gn 1, préserve la vie du bétail et omet les plaies contre les hommes afin de notifier que les premiers-nés du bétail et des hommes sont frappés par YHWH.

Le récit des plaies dans le psaume présenterait de plus une similitude de style littéraire avec le récit de Genèse, particulièrement visible dans la reprise du schéma parole-accomplissement. De fait en Gn 1 la parole divine est immédiatement suivie de sa réalisation : *Dieu dit... et il en fut ainsi*. En Ps 105, 28, l'initiative divine et son accomplissement sont indiqués par deux termes dérivant de la même racine, חשך (*ténèbres, faire ténèbres*), tandis que dans les vv. 31 et 34 l'ordre divin est exprimé avec אמר et son exécution avec le *wayyiqtol* de la racine בוא : *il parla... et vinrent*. Par ailleurs, le lien entre le v. 28 et Gn 1 permettrait de clarifier la traduction et le sens du Ps 105, 27-28. Au v. 27 l'expression דבר־אתותיו, *paroles de ses signes*, est peu claire, pas plus que ne l'est le sujet de la forme plurielle שמו־בם, *ils mirent au milieu d'eux*. Mais « si nous supposons que la création est comprise comme ayant lieu au moyen d'événements de parole-accomplissement, l'expression *paroles de ses signes*, qui fait référence à l'exécution des plaies comme accomplissement de la parole divine, n'est plus une formule étrange »[124]. Le v. 28,

---

124 A.C.C. Lee, *Ibid.*, p. 262.

à la suite, résumerait le récit des plaies: ce sont les ténèbres, et non Moïse et Aaron, qui seraient sous le commandement et le contrôle de YHWH. La formule *ils ne furent pas rebelles à ses paroles* ferait référence aux événements de parole-accomplissement des signes et prodiges divins (v. 27). Son usage pour la première plaie anticiperait les plaies suivantes. Ce ne sont pas seulement les ténèbres, mais aussi les eaux, les grenouilles, la grêle... qui obéiraient au commandement divin. Bien que le verbe ברא, *créer* ne soit pas utilisé dans ce récit des plaies, lesquelles sont des forces d'opposition à la création, le fait que l'exode suive immédiatement la mort des premiers-nés donnerait l'impression que l'acte véritable de salut de Dieu en faveur d'Israël est une «rédemption créatrice. Yahweh fait sortir Israël, son premier-né, en tuant les fils premiers-nés du pharaon (Ex 7, 22-23).

Si la proposition que le récit de création de Gn 1 fournit le modèle de l'organisation structurelle, du mode stylistique et de la compréhension théologique des plaies présentées dans le Ps 105 est admise, elle a des implications importantes en ce qui concerne la datation du Ps 105 et de son lien historique avec la tradition sacerdotale d'une part, et le critère de sélection du matériel et de son organisation par le psalmiste d'autre part. De plus, elle éclairerait la conception propre et de la foi en un Dieu créateur et de la foi en un Dieu présent dans l'histoire. La position actuelle des deux psaumes historiques, qui suivent immédiatement l'hymne de création du Ps 104, pourrait également être liée avec l'organisation création-histoire dans le Pentateuque. La récitation historique des Ps 135, 136 et Ne 9 est aussi organisée selon un tableau semblable de création-histoire »[125].

D. Tucker fait néanmoins remarquer que les images cosmiques sont absentes du Ps 105, ce qui introduit un doute sur la pertinence de la proposition de lecture d'A.C.C. Lee. C'est l'accent mis sur la terre qui permettrait, en réalité, d'interpréter la tradition des plaies présente dans le psaume et qui fournirait une explication à l'omission des cinquième et sixième plaies comme au déplacement de la neuvième en début de série[126]. Prenant appui sur les études de R.J Clifford et A.R. Ceresko[127], D. Tucker avance que le psaume non seulement souligne le lien entre l'alliance avec les patriarches et le don de la terre mais présente aussi une compréhension de l'histoire entière d'Israël en relation à la terre. Le récit des plaies d'Egypte (vv. 24-38), au centre de la récitation historique, dessine l'image d'une terre décimée. Il remarque en effet que ces versets contiennent, par rapport à l'ensemble du psaume, la plus forte densité de termes relatifs à la terre. Alors que

---

125 A.C.C. Lee, *Ibid.*, p. 263. La perspective de A.C.C Lee est reprise par J. Gärtner quoique de manière plus nuancée puisqu'elle constate que le vocabulaire utilisé dans le psaume renvoie au récit de l'Exode (J. Gärtner, 2012, pp. 170-176).
126 D. Tucker, *VT 55* (2005), pp. 401-411.
127 R.J. Clifford, *Bib 60* (1979), pp. 420-427; A.R. Ceresko, *Bib 64* (1983), pp. 20-46.

dans le reste du psaume אֶרֶץ n'apparaît que quatre fois, dans cette seule section le substantif est cinq fois présent. De plus les deux termes connexes גְּבוּל (vv. 31. 33) et אֲדָמָה (v. 35) ne paraissent que dans cette même section. Sur la base de ces observations, il tire deux conséquences : d'une part ces trois termes sont également fréquemment utilisés en Ex 7-12 (אֶרֶץ, cinquante-cinq fois ; גְּבוּל, trois fois et אֲדָמָה deux fois), ce qui corroborerait l'hypothèse que le psalmiste ait quelque connaissance des traditions pentateucales. D'autre part, la répétition de termes connexes à la terre au long de cette section du psaume met en exergue la dévastation de la terre par YHWH comme résultat des plaies. Ces éléments pourraient alors fournir une explication à l'omission des cinquième et sixième plaies.

Remarquant qu'en Ex 7-11 chaque plaie est récapitulée par une formule qui établit que le fléau a bien eu lieu et qui en précise les effets, D. Tucker constate que les conclusions des huit plaies du livre de l'Exode citées dans le psaume mentionnent spécifiquement la terre. Plus précisément ces formules conclusives affirment l'effet désastreux des plaies sur la terre, ce que schématise le tableau[128] suivant :

Les plaies du Ps 105	Les formules de récapitulation en Ex 7-11
Neuvième plaie (v. 29)	*Moïse étendit sa main vers le ciel et, pendant trois jours, il y eut des ténèbres opaques sur tout le pays* (אֶרֶץ) *d'Egypte* (10, 22).
Première plaie (vv. 29-30)	*Moïse et Aaron firent comme YHWH l'avait ordonné... Les poissons du fleuve moururent, le fleuve devint puant et les Egyptiens ne purent boire les eaux du fleuve. Il y eut du sang dans tout le pays* (אֶרֶץ) *d'Egypte* (7, 20a. 21)
Deuxième plaie (v. 30	*Aaron étendit la main sur les eaux d'Egypte ; les grenouilles montèrent et couvrirent le pays* (אֶרֶץ) *d'Egypte* (8, 2)
Quatrième plaie (v. 31a)	*YHWH fit ainsi. La vermine entra en masse dans la maison du Pharaon, dans la maison de ses serviteurs et dans tout le pays; le pays* (אֶרֶץ) *était infesté de vermine* (8, 20).
Troisième plaie (v. 31b)	*Toute la poussière de la terre devint moustiques dans tout le pays* (אֶרֶץ) *d'Egypte* (8, 13).
Septième plaie (vv. 32-33)	*Moïse étendit son bâton vers le ciel et YHWH déchaîna le tonnerre et la grêle ; la foudre s'abattit sur la terre et YHWH fit tomber la grêle sur le pays* (אֶרֶץ) *d'Egypte* (9, 23).
Huitième plaie (vv. 34-35)	*Les sauterelles s'élevèrent au-dessus de tout le pays d'Egypte et se posèrent sur tout son territoire* (גְּבוּל)*... Elles recouvrirent tout le pays* (אֶרֶץ) *qui en* (אֶרֶץ) *fut obscurci. Elles mangèrent toute l'herbe du pays* (אֶרֶץ) *et tous les fruits des arbres restés après la grêle. Il ne resta rien de vert sur les arbres et dans les prairies de tout le pays* (אֶרֶץ) *d'Egypte* (10, 14a. 15).

---

128 D. Tucker, *VT 55* (2005), pp. 405-406.

D. Tucker note encore que la dixième plaie d'Exode est la seule qui apparaisse dans les Ps 78; 105; 135; 136, ce qui indique que dans les psaumes historiques elle assume la fonction d'image directrice de la série. De plus, la présentation de cette plaie dans les Ps 78 et 105 suggère que le second dépendait du premier en ce qui concerne la description de l'événement:

Ps 78, 51	Ps 105, 36
Il frappa tous les premiers-nés	*Il frappa tous les premiers-nés*
en Egypte,	*du pays,*
les prémices de la force	*prémices de toute leur force.*
sous les tentes de Cham.	

Ainsi, dans l'exposition de la dixième plaie, le Ps 105 maintient encore l'accent sur la terre: tandis que Ps 78, 51 indique que la plaie a eu lieu en Egypte, le Ps 105 modifierait l'expression et donne *du pays* ou *dans le pays*.

Dans le livre de l'Exode, les formules de récapitulation de la cinquième et la sixième plaie ne mentionnent pas la terre, ce qui pourrait expliquer pourquoi le psalmiste les omet. Quant au positionnement de la plaie des ténèbres en tête de la série, il s'expliquerait non par la volonté de calquer la récitation sur le texte de la Genèse comme le propose A.C.C Lee, mais plutôt par le souci de mettre en contraste ce que YHWH accomplit contre les Egyptiens et ce qu'il accomplit en faveur de son peuple: comme le soulignait R.J. Clifford[129], la première action de YHWH contre l'Egypte est la plaie des ténèbres (v. 28), tandis que celle en faveur d'Israël dans le désert est l'illumination de la nuit (v. 36). Dans les traditions penta-teucales, en outre, la lumière est signe de la présence divine; les ténèbres peuvent bien alors signifier inversement sa colère, comme en sont témoins des traditions ultérieures (Sg 17, 14; Philon, *De Vita Mosis* I, 146 par exemple). La corrélation entre plaie des ténèbres et mécontentement divin fournirait donc l'explication de son changement de place. En plaçant la neuvième plaie en tête, le psalmiste affirmerait non seulement que la terre est devenue ténèbres mais plus encore que l'Egypte est frappée de la colère divine. Les plaies ensuite nommées (vv. 29-35) illustreraient de façon éclatante que la dévastation est à l'œuvre sur une terre qui s'est attiré le châtiment de YHWH.

D. Tucker établit encore que l'accent sur la terre est l'indication de ce que le Ps 105 actualise l'histoire d'Israël en puisant abondamment dans la théologie deutéronomique. La récitation historique commence par le rappel de la promesse faite aux patriarches (v. 9) et se conclut par la proclamation que YHWH *s'est souv-*

---

129 R.J. Clifford, *Bib 60* (1979), p. 426.

enu de sa parole sainte, d'Abraham son serviteur (v. 42). Or, dans le Deutéronome, revient plusieurs fois l'évocation de *la promesse aux pères*; elle y est aussi associée à la terre. Par ailleurs, le psalmiste emploie un vocabulaire deutéronomique: il proclame par exemple dans le v. 44 que YHWH *leur a donné* (נתן) *le pays* (ארץ) *des nations*. Or au long du livre du Deutéronome sont répétées des affirmations qui allèguent que YHWH a donné (נתן) la terre (ארץ) à Israël[130]. Quant au second stique du Ps 105, 44 (*et ils possédèrent le travail des peuples*), il n'est pas sans évoquer la formule deutéronomique: *le pays que YHWH vous a donné en posses-sion* (Dt 3, 19. 31; 12, 1; 15, 4; 19, 2. 14; 25, 19). Ainsi le psalmiste décrirait le don de la terre avec un vocabulaire qui rappelle le Deutéronome. Un autre aspect de l'influence deutéronomique se donnerait à voir dans le v. 45 du psaume (*pour qu'ils gardent ses décrets, et qu'ils observent ses lois*). En effet, le Deutéronome établit clairement que le don de la terre et sa conquête sont conditionnés par l'observance de la loi (Dt 4, 26; 11, 17; 28, 63; 30, 19). L'observance de la loi est la *condition sine qua non* pour continuer à vivre sur la terre de la promesse. En revanche, la désobéissance conduit à la catastrophe, à la perte de la terre et à la mort (Dt 4, 26). Le psaume se conclurait donc en faisant écho à l'insistance du Deutéronome sur le lien entre obéissance à la loi et possession de la terre.

«Dans sa tentative d'accentuer la signification de la terre, le psalmiste a employé beaucoup du vocabulaire et de la théologie du Deutéronome. Cette impor-tance accordée à la terre explique aussi les modifications apportées au récit des plaies par le psalmiste et la signification que prend la 'terre' dans la présentation des plaies; la terre d'Egypte est présentée comme un lieu de 'catastrophe, de perte de la terre et de mort' – le type de terre habitée par un peuple désobéissant. En racontant les plaies, le psalmiste a présenté la terre d'Egypte comme un faire-valoir pour la terre d'Israël. Bien que la terre d'Egypte fonctionne encore comme rappel de la délivrance de YHWH, elle contribue aussi à la teneur deutéronomique du Ps 105. L'Egypte, telle que présentée par le Ps 105, apparaît comme un rappel menaçant de ce que ceux qui vivent dans la terre doivent choisir de *garder ses décrets et observer ses lois* – l'échec à accomplir cela attirera la colère divine et, en dernière instance, la désolation de la terre»[131].

Les deux interprétations ci-dessus évoquées, celle d'A.C.C Lee et celle de D. Tucker, ne sont peut-être pas, dans leurs grandes lignes, incompatibles. Si on admet que le récit de la création de Gn 1, 1-2, 4 a pu exercer une influence sur

---

130 Pour un usage complet de ces deux termes dans le Deutéronome, voir J. Plöger, *Literarkriti-sche, formgeschichtliche und stilkritische Untersuchungen zum Deuteronomium*, Bonn, P. Hanstein, 1967, pp. 124-126.
131 D. Tucker, *Ibid.*, pp. 410-411.

le texte d'Ex 7-11[132], alors le Ps 105 a pu être élaboré de manière à ce que soit conservée voire accentuée la suggestion que chaque plaie détruit une part de ce que YHWH a créé. En même temps, au vu des indices lexicaux, il est difficile de nier l'importance que le psaume attribue à la terre. Si comme l'affirme D.A. Fox la neuvième plaie est dans le livre de l'Exode la clé d'interprétation qui permet de comprendre que l'entière série établit progressivement la domination de YHWH sur, au dessus et en dessous de la terre, en la plaçant en ouverture de la section le psaume ne fait que renforcer sa fonction. En outre, si comme il le dit aussi, la sortie des Hébreux reproduit sur terre un des traits du triomphe cosmique de YHWH puisque comme celui-ci a « pillé » toutes les puissances égyptiennes en les frappant d'incapacité le peuple pille les Egyptiens, le psaume entérine la teneur du livre l'Exode en ouvrant et concluant le récit des plaies par l'envoi des ténèbres et la sortie victorieuse du peuple à qui YHWH donne or et argent (vv. 37-38)[133].

Il est certain que les ténèbres jouent dans le psaume un rôle particulier. En témoignent non seulement le fait qu'elles interviennent en tête de la série des plaies mais aussi l'usage du verbe שלח, *envoyer*. Dans le livre de l'Exode le verbe a pour objet ou Moïse et Aaron (par exemple 7, 16) ou les plaies (par exemple 9, 14). Mais dans le psaume le verbe n'est pas utilisé pour les autres fléaux alors qu'il est employé avec Joseph pour objet (v. 17), puis Moïse et Aaron (v. 26), YHWH étant toujours le sujet. De ce fait les ténèbres acquièrent un statut particulier et sont pratiquement personnifiées. Comme dans le texte de la Genèse l'initiative divine est immédiatement suivie d'effet : *il se fit ténèbres*. Au hifil le verbe חשׁך apparaît en Jr 13, 16 dans une exhortation à écouter la parole de YHWH et à lui rendre gloire *avant qu'il se fasse ténèbres* (חשׁך), *avant que vos pieds ne trébuchent dans les monts envahis par la nuit…* Si le peuple n'écoute pas il partira en captivité ; la déportation sera complète. חשׁך au *hifil* est également utilisé dans le livre d'Amos : celui qui change les *ténèbres en aurore et obscurcit* (חשׁך) *le jour en sombre nuit* (Am 5, 8) peut aussi enténébrer (חשׁך) *la terre en plein jour* si le peuple pratique l'injustice (Am 8, 9). L'action décrite par ce verbe manifeste la puissance divine ; elle peut être châtiment de YHWH et plus spécifiquement captivité et déportation pour le peuple. Si comme le souligne T. Booij, une des difficultés dans l'interprétation de ce verset est de rendre compte du *hifil* de חשׁך, si comme il le dit encore le *hifil* est assez peu utilisé dans un sens impersonnel, il reste possible comme il le fait pour Jr 13, 16 de supposer que YHWH est le sujet de ce verbe[134] : *il envoya les ténèbres et il enténébra*. Quoi qu'il en soit le sens de ce stique n'en n'est pas

---

132 Cf. Z. Zevit, « The Priestly Redaction and Interpretation of the Plague Narrative in Exodus », *JQR 66* (1976), pp. 193-211.
133 D.A. Fox, *JAAR 14* (1977), p. 219.
134 T. Booij, *VT 39* (1989), p. 209.

profondément modifié et la LXX, avec καὶ ἐσκότασεν, appuie le sens impersonnel de l'expression.

Comme indiqué dans les éléments de critique textuelle un autre embarras face à ce verset surgit avec le pluriel de מרה, *être rebelle*. En optant pour le texte du TM, Moïse et Aaron pourraient être le sujet de ce verbe, ce que soutiendrait la double occurrence de דבר au pluriel, *paroles*, dans les vv. 27 et 28: Moïse et Aaron ont mis au milieu des Egyptiens les paroles des signes de YHWH; ils n'ont pas été rebelles à ses paroles. Il se pourrait que le psaume, en écho au récit de l'Exode, garde à Moïse et Aaron un rôle d'intermédiaire (cf. Ex 10, 21) tout en affirmant que YHWH est en dernière instance celui qui agit et envoie les ténèbres, inaugurant ainsi le retour au chaos originel (cf. Gn 1, 2). En filigrane, par le détour par le livre de Jérémie, ce pourrait être l'exil et la déportation que le psaume évoque.

Dans le v. 29, l'évocation de la plaie des eaux changées en sang, le sujet reste YHWH: *il changea* (הפך au *qal* troisième personne du singulier) *leurs eaux en sang et fit mourir* (מות au *hifil* troisième personne du singulier) *les poissons*. En revanche en Ex 7, 20b-21a ce sont les eaux et les poissons qui sont sujets des verbes: ... *toutes les eaux du fleuve se changèrent* (הפך au *nifal* troisième personne du pluriel) *en sang. Les poissons du fleuve moururent* (מות au *qal* troisième personne singulier, דגה, *poisson*, étant au féminin singulier).

Ex 7, 20b-21a	ויהפכו כל־המים אשר־ביאר לדם
	והדגה אשר־ביאר מתה
Ps 105, 29	הפך את־מימיהם לדם וימת את־דגתם

Si le vocabulaire utilisé est le même – encore que le fleuve ne soit nommé que dans le livre de l'Exode – le psaume insiste donc sur l'agir divin.

En revanche, YHWH n'est pas nommé dans le verset suivant. La terre, ארץ, est le sujet du verbe שרץ, *grouiller*, également employé en Exode. Ce même verbe apparaît par ailleurs en Gn 1, 20: *que les eaux grouillent de bestioles vivantes...* de sorte que les grenouilles semblent sortir de la place qui leur était assignée dans la création et envahir le pays. En Exode, YHWH menace de frapper tout le territoire (גבול ; v. 27) du pharaon et de fait les grenouilles envahissent la chambre (חדר) de ce dernier; dans le psaume elles grouillent dans les chambres (חדר) des rois. Le pluriel *de leurs rois* est curieux et donne à penser que le drame prend une plus grande ampleur que dans le livre de l'Exode.

Ex 7, 28a	ושרץ היאר צפרדעים ועלו ובאו בביתך
	Le fleuve pullulera de grenouilles, elles entreront et monteront dans ta maison
Ps 105, 30	שרץ ארצם צפרדעים בחדרי מלכיהם
	Leur pays grouilla de grenouilles, dans les chambres de leurs rois

Là encore il y a une proximité de vocabulaire, mais dans le psaume ce n'est pas le fleuve qui grouille de grenouilles sinon la terre, de sorte que l'acte de décréation inaugurée avec la première plaie en semble amplifié.

Au v. 31 apparaît pour la première fois l'expression *il parla et vinrent…* une première série de plaies semble ainsi se conclure et une deuxième s'ouvrir, qui s'abat sur *leur territoire* (גבול ; vv. 31. 33) et sur *leur pays* (ארץ; v. 32). YHWH prend la parole (אמר) comme aux jours de la création et sa parole est efficace : ce qu'elle énonce s'accomplit. Le terme ערב, *insecte*, apparaît en Ex 8, 17. 18. 20. 25. 27; Ps 78, 45 et Ps 105, 31. Le Ps 105 les associe aux moustiques (כן; cf. Ex 8, 12), donnant ainsi en une plaie deux fléaux distincts de l'Exode. Le trait le plus distinctif du psaume est qu'insectes et moustiques envahissent le territoire sur ordre divin. Comme dans les versets précédents cependant les mots qui désignent les fléaux sont ceux utilisés dans le livre de l'Exode. La première plaie mis à part, et même si insectes et moustiques sont intervertis, l'ordre des fléaux est pratiquement identique dans les deux textes.

Le psaume ne mentionne pas en revanche les plaies de la peste du bétail et des furoncles qui suivent dans le récit de l'Exode. Il en vient à la grêle (ברד; Ex 9, 24. 28; Ps 78, 47-48) que YHWH donne en place de la pluie (גשם). Or Lv 26, 4 place dans la bouche de YHWH la bénédiction du don de la pluie si le peuple suit ses lois et garde ses commandements : *je vous donnerai* (נתן comme en Ps 105, 32) *les pluies* (גשם) *en leur saison ; la terre* (ארץ comme en Ps 105, 32) *donnera ses produits et les arbres* (עץ comme en Ps 105, 33) *des champs donneront leurs fruits.* Dans le psaume le don est châtiment puisqu'il s'agit de la grêle au lieu de la pluie, du *feu* (אש comme en Ex 9, 23-24) *et des flammes* (להבה). Feu et flamme apparaissent dans divers textes prophétiques pour indiquer un châtiment (par exemple Jr 48, 45; Ez 21, 3), en particulier dans le chapitre 47 du livre d'Isaïe. Dans un oracle contre Babylone, YHWH annonce diverses sanction : la fille des Chaldéens va entrer dans les ténèbres (חשך) et on ne l'appellera plus *dominatrice des royaumes* (v. 5); ceux qui l'ont conseillé et lui ont prédit l'avenir, *un feu* (אש) *les brûlera et ils ne pourront pas se soustraire à la main de la flamme* (להבה ; v. 14). Babylone sera privée d'enfants (v. 8). S'il n'est pas possible de parler d'intertextualité sur des indices lexicaux aussi ténus, il n'en reste pas moins intéressant de remarquer qu'un même registre de vocabulaire a pu servir à exprimer l'annonce du châtiment de la Babylonie.

Au v. 33 l'action divine semble gagner en intensité : YHWH frappe (נכה au *hifil*) et brise (שבר au *piel*). En Ex 9, 25 c'est la grêle qui frappe (נכה) *tout ce qui était au champ, hommes et bêtes… toute l'herbe des champs et* brise (שבר) *tous les arbres des champs.* Les verbes utilisés sont donc les mêmes mais de nouveau le psaume leur donne YHWH pour sujet en place de la grêle. Ce ne sont pas par ailleurs *les arbres des champs qui sont brisés* mais ceux du *territoire.* Ainsi on retrouve la double accentuation sur l'action divine et sur le pays/territoire. La mention des *vignes* et *figuiers* est assez curieuse. C.H. Middleburgh en propose plusieurs interprétations : le psalmiste pourrait citer les vignes et figuiers par souci de réalisme car ces deux plantes poussent en Egypte ; elles sont attestées en Israël (cf. Dt 8, 7-8) ; vignes et figuiers seraient une représentation conventionnelle de tous les arbres (cf. 1 R 5, 5 ; Jr 5, 17 ; Os 2, 14). Pour lui cependant l'explication la plus convaincante est que, par référence à Nb 20, 5 qui place une complainte dans la bouche du peuple regrettant la sortie d'Egypte et son arrivée dans un lieu qui ne semble bon ni pour les semailles du figuier, ni pour celle de la vigne ou du grenadier, le psalmiste aurait choisi de ne retenir que les deux premiers produits, car le mètre n'admettait que deux mots[135]. Outre le fait que l'hypothèse d'un choix par respect pour le mètre est conjecturale, l'explication de C. H. Middleburgh ne justifie pas pourquoi il faudrait présupposer un lien intertextuel avec Nb 20, 5 plutôt par exemple qu'avec Dt 8, 8 où avec le blé et l'orge, les mêmes végétaux apparaissent, le grenadier compris. Vignes et figuiers sont conjointement utilisés en 1 R 5, 5 mais aussi Mi 4, 4 ; Za 3, 10 pour évoquer sécurité et prospérité. Jr 5, 17 mentionne vigne et figuier que mangera la nation lointaine que YHWH enverra contre Israël. En Os 2, 14 YHWH annonce au peuple infidèle qu'il dévastera sa vigne et son figuier. En réalité ces références semblent éclairer plus judicieusement le psaume, qui pourrait alors suggérer qu'en frappant vignes et figuiers YHWH anéantit la sécurité et la prospérité du territoire.

Cet acte divin de destruction et de décréation se poursuit dans la troisième série des plaies qu'introduit à nouveau la formule : *il parla et vinrent* (v. 34). Comme en Ex 10, 4 après la grêle et le feu vient le fléau des criquets (ארבה). Le psaume ajoute toutefois comme élément original les *hannetons* (ילק). Ce dernier terme est assez rare dans l'Ancien Testament mais le livre de Jérémie l'utilise dans un oracle qui annonce le châtiment de Babylone et invite à la fuir. Les hommes et les chevaux, que YHWH va envoyer contre elle, sont comparés à des hannetons nombreux (51, 14. 27). En Na 3, 15 elle sera mangée par les hannetons, elle qui pullule comme le hanneton et la sauterelle (4, 16). En Jl 1, 4 et 2, 25 c'est Juda qui est dévoré par les hannetons. Dans les trois cas le contexte est celui d'un châtiment divin et par deux fois c'est encore contre la Babylonie qu'il est dirigé.

Criquets en hannetons *mangèrent toute l'herbe du pays... le fruit de leur sol* (Ps 105, 35). Le premier stique est quasiment équivalent à Ex 10, 15 :

---

135 C. H. Middleburgh, « The Mention of "Vine" and "Fig-Tree" in Ps. CV 33 », *VT 28* (1978), pp. 480-481.

Ps 105, 35a	ויאכל כל־עשב בארץ
Ils mangèrent toute l'herbe du pays	
Ex 10, 15b	ויאכל את־כל־עשב בארץ
Elles mangèrent toute l'herbe du pays	

Le second stique, en parallèle, est en revanche propre au psaume : *ils mangèrent le fruit de leur sol*. L'expression פרי אדמתם – et non פרי הארץ – est caractéristique du livre du Deutéronome où sous différentes variantes elle revient à maintes reprises (Dt 7, 13 ; 26, 2. 10 ; 28, 4. 11. 18. 33. 42. 51 ; 30, 9). Si en Dt 28 le fruit du sol peut être objet de la bénédiction divine (vv. 4. 11), il peut aussi être frappé de malédiction (v. 18). Le v. 33 énonce : *un peuple que tu ne connais pas mangera le fruit de ton sol...* (אכל comme en Ps 105, 35). Le v. 42 ajoute : *tous tes arbres et le fruit de ton sol, les insectes en prendront possession*, tandis que le v. 51 répète qu'une *nation au visage dur... mangera du fruit de tes bêtes et de ton sol...* Le Psaume pourrait évoquer une malédiction semblable et renvoyait de manière allusive à la domination d'une puissance étrangère, par qui viendrait le châtiment.

Au v. 36 arrive la dernière plaie, la mort des premiers-nés. Le premier stique présente une forte similitude avec Ex 12, 29 :

Ps 105, 36a	ויך כל־בכור בארצם
Il frappa tous les premiers-nés dans leur pays	
Ex 12, 29a	ויהוה הכה כל־בכור בארץ מצרים
YHWH frappa tout premier-né au pays d'Egypte	

En revanche dans ce verset aussi le second stique est sans équivalent dans l'Exode. L'expression *prémices de leur force* (ראשית לכל־אונם) est présente sous une forme quasi équivalente en Dt 21, 17 à propos du fil aîné (ראשית אנו לו), sans qu'il soit véritablement possible d'établir de lien d'intertextualité. Elle est aussi présente en Ps 78, 51.

A partir du v. 37, si YHWH reste le sujet, les bénéficiaires de ses actions changent en revanche : *il les fit sortir avec de l'argent et de l'or, et nul parmi ses tribus ne chancela*. En Ex 3, 10 YHWH envoie Moïse et lui ordonne de faire sortir (יצא au *hifil*) son peuple, les fils d'Israël. De nouveau encore, dans le psaume, Moïse disparaît et YHWH agit sans intermédiaire. « Le Ps 105 précise avec insistance que Dieu 'fit sortir Israël' (vv. 37, 43, cf. 38) ; le *hifil* du verbe יצא est le terme technique pour désigner l'exode d'Israël hors d'Egypte comme libération de l'esclavage. Cette forme verbale avec Dieu pour sujet est particulièrement utilisée dans ce sens par Jérémie, le Deutéronome et la loi de sainteté (Lv 17-26)... Le retour de l'exil babylonien est décrit comme le renouvellement du geste libérateur qui fera sortir Israël du milieu des peuples où il a été dispersé (Ez 20, 34, 41; 34, 13); c'est la perspective du Ps 105. La sortie d'Israël dans la joie, chargée d'or et d'argent, que le psaume célèbre (Ps 105, 37, 43), rejoint celle qu'annonce le second Isaïe (Is 48, 20; 42, 11; 55, 12)»[136].

YHWH est donc celui qui donne aux siens de sortir (יצא au *hifil*) *avec de l'argent et de l'or*. L'association כסף וזהב, *argent et or* est fréquente dans les textes vétérotestamentaires (Gn 24, 35; 44, 8; Nb 22, 18; 24, 13; Dt 7, 25; 8, 13; 17, 17; 29, 16; Jos 6, 19; 2 S 21, 4; 1, R 10, 2; 15, 15. 19; 2 R 7, 8...). Le livre de l'Exode parle d'objets (כלי) d'or et d'argent (Ex 12, 35) et met l'accent sur le fait que les Hébreux dépouillent les Egyptiens. Dans le psaume l'insistance est qu'Israël sort avec des richesses, qui seront celles annoncées pour le retour d'exil. Is 60, 9 annonce que les enfants de YHWH reviendront de loin *avec leur argent et leur or* (כספם וזהבם) et le v. 17 ajoute: *au lieu de bronze, je ferai venir de l'or, au lieu de fer, je ferai venir de l'argent...* Le Ps 105, 37b utilise une expression absente du livre de l'Exode mais qu'on retrouve partiellement à nouveau dans le livre d'Isaïe: ואין כושל, *nul ne chancela* (Is 5, 27). Fréquemment utilisé dans ce texte prophétique, le verbe כשל est repris dans le contexte d'un chapitre qui évoque le retour d'exil en faisant mémoire de l'exode: *celui qui les fit avancer dans les abîmes? Tel un cheval dans le désert, ils ne trébuchaient pas...* (Is 63, 13; voir aussi Jr 31, 9). D'une manière plus générale, sans la négation, כשל apparaît souvent dans des contextes d'évocation de l'exil (Jr 6, 15; 31, 9; 46, 6. 12. 16; 50, 32; Lm 1, 14; 5, 13) ou du retour d'exil (Is 35, 3; 40, 30).

La réaction des Egyptiens à la sortie du peuple, telle qu'évoquée dans Ps 105, 38, n'a pas d'équivalent dans l'Exode, dont le récit raconte qu'ils le pressèrent de partir par peur de mourir (Ex 12, 33). Sans mentionner le passage de la mer ou le don de la loi au Sinaï, le psaume en vient à l'évocation de la traversée du désert. Là encore il diffère d'Ex 14, la *nuée* (ענן) servant de rideau. Pourtant מסך, *rideau* ou *voile* n'est pas absent du livre de l'Exode: il est un élément de la demeure que YHWH fait construire à Moïse (Ex 26, 36. 37; 35, 12. 15. 17; 36, 37; 39, 34. 38. 40; 40, 5. 8. 21. 28. 33; voir aussi Nb 3, 25. 26. 31; 4, 5. 25. 26). Le terme n'est utilisé ailleurs qu'en 2 S 17, 19 pour désigner une bâche et en Is 22, 8 qui énonce que *la couverture de Juda est enlevée*, que le peuple est privé de protection. En un raccourci saisissant le psaume veut-il évoquer la tente de la rencontre et la présence de YHWH au milieu de son peuple dans le désert?[137] La seconde partie du verset est en revanche plus proche du texte de l'Exode:

---

136 J.L. Vesco, 2006, pp. 986-987.
137 C'est l'hypothèse retenue par J. Gärtner pour qui, dans le psaume, le cosmos acquiert une dimension cultuelle et pour qui aussi la tradition de la nuée et de la colonne de feu est interprétée avec la catégorie théologique du temple (J. Gärtner, 2012, p. 177).

Ps 105, 39b   ואש להאיר לילה
    et un feu pour les illuminer la nuit
Ex 13, 21c   ולילה בעמוד אש להאיר להם
    et la nuit colonne de feu pour les éclairer

Comme pour Ps 78, l'idée de colonne (עמוד) présente en Exode n'apparaît pas dans le Ps 105. Les Egyptiens ne sont pas nommés et l'accent continue d'être mis sur l'agir divin.

Les vv. 40-41 se référèrent respectivement aux prodiges des dons des cailles et du pain et à l'eau jaillissant du rocher. Les cailles, שלו, sont nommées en Ex 16, 13 et Nb 11, 31 mais le psaume est tout à fait original dans sa présentation de l'événement: si on conserve le TM avec שאל au singulier (*il demanda*) suivi de שלו ויבא, *et vinrent les cailles,* le verset pourrait dans la lignée des vv. 31. 34 poursuivre avec l'évocation de la parole performative de Dieu. Si, en revanche, on lit avec la LXX, la Peshitta, la Vulgate, le Targum et comme en Ps 78, 18 le verbe à la troisième personne du pluriel, le verset pourrait faire allusion à la rébellion du peuple et à sa demande de nourriture. La première hypothèse trouve un appui dans le fait que le verbe du second stique, comme du reste les verbes des versets précédents et suivants, est au singulier et avec YHWH pour sujet. Dans ce même verset, il n'est pas question de la manne mais du *pain des cieux* (לחם שמים), là où Ps 78, 24-25 parlait du *blé des cieux* et du *pain des forts.* Ex 16, 4 met dans la bouche de YHWH la promesse de faire pleuvoir du *pain du haut des cieux,* לחם מן־השמים, en réponse à la complainte du peuple, qui regrette le temps du séjour en Egypte quand il mangeait du pain *à satiété* (שבע; v. 3); Ex 16, 8. 12 met dans la bouche de Moïse et de YHWH l'annonce du pain qui rassasie (שבע). De nouveau le psaume semble souligner l'initiative divine: c'est lui qui rassasie (שבע au *hifil*) son peuple.

YHWH reste encore le sujet du verbe suivant: *il ouvrit le rocher.* L'expression *les eaux ont coulé* (ויזובו מים) est identique à celle utilisée en Ps 78, 20 et Is 48, 21. Comme précédemment noté, en de nombreux passages, la terre promise est également décrite comme un pays ruisselant (זוב). *Elles se sont répandues dans les steppes comme un fleuve,* précise le second stique. Des termes identiques sont présents dans Ps 78, 16-17: ציה, *steppe*; נהר, *fleuve* mais aussi en Is 48, 1 (ציה, *steppe*). Les verbes ne sont pas les mêmes toutefois et, contrairement au Ps 78, le Ps 105 ne mentionne pas ici non plus la rébellion du peuple. C'est sur l'abondance des eaux répandues par YHWH que le Ps 105 porte son attention.

Ainsi il a été possible d'établir un lien d'intertextualité entre l'encadrement du psaume (vv. 1-5 et 41-45) et l'action de grâce d'Is 12, particulièrement discernable dans la citation inversée du Ps 105, 1. 41. 43 en Is 12, 4-6. Si le chapitre 12 du livre d'Isaïe relève d'une édition postexilique, dont le but est de confesser le salut en temps d'épreuve et s'il est vrai que la dépendance entre les deux textes est de l'ordre d'une reprise du psaume par le texte prophétique, le Ps 105 pourrait être lui-même postérieur à l'exil et avoir pour objectif de donner des raisons d'espérer, d'exhorter à chercher YHWH en croyant en son intervention de salut et en observant ses décrets et ses lois. Il semblait également possible, quoique de façon moins précise, de déceler dans cet encadrement du psaume une proximité du vocabulaire avec le Deutéro-Isaïe, dont une caractéristique majeure est d'évoquer l'exode pour annoncer le retour d'exil.

Dans le verset initial de la séquence qui rappelle la promesse de la terre et les conditions dans lesquelles se trouvaient initialement ceux à qui elle était destinée (vv. 6-15), les expressions זרע אברהם, *postérité d'Abraham* et בני יעקב, *fils de Jacob* désignent la communauté juive postexilique. Cette séquence fait apparaître des thématiques caractéristiques de la tradition sacerdotale, à savoir le souvenir de l'alliance et l'éternité de l'alliance abrahamique, auxquelles elle joint une référence à l'alliance révocable de la théologie deutéronomiste. Comme Lv 26, le Ps 105 opérerait ainsi une synthèse littéraire qui réinterpréterait et relierait des traditions diverses. Cette caractéristique d'être un texte de synthèse se manifeste encore dans l'usage du verbe גור (*séjourner, habiter comme étranger*) à propos des patriarches, comme en Ex 6, 4, et dans le lien établi entre l'histoire patriarcale et l'exode. Si, par ailleurs, le psaume substitue à l'alliance avec David l'alliance avec Abraham, en réponse à la disparition de la dynastie davidique constatée dans le Ps 89, alors il est possible d'émettre l'hypothèse que Jr 33, 23-26, qui contient quelques correspondances de vocabulaire avec le Ps 105, pourrait être une réponse au travail d'organisation du quatrième livre du Psautier biblique et réaffirmer la validité de l'alliance davidique.

L'alliance avec les patriarches est présentée dans le psaume comme promesse de la terre (v. 11). Les expressions du v. 44, *pays des nations* et *travail des peuples*, suggèrent un contexte postexilique et un peuple en diaspora ; là encore, bien que des liens d'intertextualité ne puissent être fermement établis, le psaume semble s'inscrire dans la ligne de la théologie deutéronomiste qui indique que l'acte de déposséder les nations est un don de YHWH, néanmoins conditionné par le comportement du peuple. Le Ps 105 semble encore faire œuvre de synthèse en qualifiant les patriarches d'*hommes qui peuvent être comptés*, d'*immigrants peu nombreux* (v. 12) comme le fait le livre du Deutéronome (Dt 4, 27 ; 6, 20-23 ; 26, 5) et en présentant la terre de Canaan comme un pays de pérégrination comme le texte sacerdotal d'Ex 6, 2-8. Il paraît résumer les récits de Genèse concernant la protection divine dont les patriarches ont bénéficié face à des rois et des nations étrangers (Gn 12 ; 20 ; 26), en usant de termes tel עשק, *opprimer*, qui sert à évoquer la soumission du peuple d'Israël exilé à des puissances étrangères dans les textes prophétiques d'Isaïe et de Jérémie.

La séquence des vv. 16-23 ne révèle pas une grande proximité avec le cycle de Joseph tel que présent en Genèse. Il est bien sûr possible d'y déceler des allusions, mais le psaume manie l'ironie en détournant le sens que certains termes ont en Genèse ou en en modifiant leur contexte. La figure de Joseph n'y a pas de dimension positive et est reléguée en arrière-plan ; son histoire change de sens. L'emploi de mots tels que מכר, *vendre* ; ברזל, *fer* ; צרף, *mettre à l'épreuve* ; גור, *émigrer* ; רעב, *famine*..., sans permettre de parler d'intertextualité au sens strict du terme, donne à penser néanmoins que le psaume utilise un registre de vocabulaire bien présent dans le corpus prophétique et qui renvoie délibérément à l'exil, aux souffrances du peuple sous le joug d'une puissance étrangère, avec en arrière-fond l'idée que c'est en raison de ses péchés qu'il connaît une telle épreuve. La proximité du psaume avec Lv 26, perceptible dans la reprise de l'expression *couper toute provision de pain*, renforce la suggestion du châtiment divin pour le péché du peuple. Enfin, l'usage d'un vocabulaire commun dans cette séquence du psaume et Jr 44 autoriserait l'hypothèse que l'utilisation ironique de la figure de Joseph dans le psaume possède une teneur polémique contre les Judéens établis en Egypte et qui se compromettent avec le pouvoir en place. Si ces conclusions s'avèrent correctes il n'est pas possible d'arrêter, comme le fait J. Gärtner, que la miséricorde de YHWH se donne à voir dans l'histoire de Joseph, ni que les priants peuvent reconnaître, comme ses frères en Gn 45, que sa vie est sous la protection de Dieu. Le *leitwort* « envoyer » (vv. 17. 20. 26. 28) ne servirait pas simplement à mettre en parallèle l'envoi de Joseph d'une part, de Moïse et d'Aaron d'autre part (vv. 17. 26), pas plus que les renversements dans l'histoire du patriarche libéré par un roi et dans l'histoire du peuple dont la libération commence par l'envoi des ténèbres (vv. 20. 26). Il n'est alors pas non plus possible de conclure que le Ps 105 mettrait unilatéralement l'accent sur la bonté de Dieu à l'œuvre dans la création et dans l'histoire, tandis que le Ps 106 se focaliserait sur la faute du peuple[138].

Dans les versets qui introduisent à la séquence des plaies (vv. 24-25) apparaissent des termes communs avec Ex 1, 7 ou avec Gn 37, de sorte que le psaume associe intentionnellement, semble-t-il, le peuple à la figure de Joseph et son sort à ce qu'a connu le patriarche. La proximité du v. 27 et d'Ex 19, 7 situerait les événements dans un contexte d'alliance : les plaies d'Egypte sont les signes par lesquels YHWH manifeste sa fidélité à l'alliance conclue avec Abraham, et ce malgré l'infidélité du peuple et le châtiment exercé à son rencontre. Le récit des plaies dans les vv. 28-36 accorde à la plaie des ténèbres un statut particulier et pourrait, par un même usage que Jr 13, 16 du verbe חשך, *enténébrer,* au *hifil* évoquait l'exil et la déportation. Les plaies suivantes sont désignées par les même

---

138 J. Gärtner, 2012, pp. 164-168. 379-380.

termes qu'utilisés en Exode, mais le psaume insiste davantage sur l'agir divin, sur la dévastation de la terre, et présente les fléaux comme des actes de décréation. Des termes communs avec les livres prophétiques comme *vigne* et *figuier*, *hannetons* (ילק) semblent suggérer que derrière l'Egypte c'est de la Babylonie dont il s'agit, tandis que l'expression *ils mangèrent le fruit de leur sol,* proche de maints passages du Deutéronome, pourrait renvoyer à l'idée d'un châtiment par une puissance étrangère.

La mention de la sortie d'Egypte (vv. 37-38), en raison du vocabulaire employé et qui se retrouve particulièrement dans le livre d'Isaïe, évoque également le retour d'exil : les richesses avec lesquelles YHWH fait sortir Israël sont celles annoncées pour le retour d'exil ; pour parler de ce dernier par ailleurs le verbe כשל, *trébucher,* est fréquemment employé. Le psaume ne raconte pas le passage de la mer ni le don de la loi au Sinaï mais, dans l'évocation de la traversée du désert, conjoint une allusion à la tente de la rencontre et un renvoi au feu qui illumine le peuple de nuit. L'exposé des dons des cailles et du pain (v. 40) emploie les mêmes termes que le livre de l'Exode ou celui des Nombres (שלו, *cailles* ; לחם שמים, *pain des cieux* ; שבע, *rassasier*) mais a pour originalité dans la version du TM de maintenir l'accent sur l'initiative de YHWH qui dit et accomplit, rassasie son peuple. La même accentuation se retrouve dans le verset suivant à propos de l'eau jaillissant du rocher ; le vocabulaire toutefois est plus proche de celui du Ps 78 ou du livre d'Isaïe.

Au final il est peu aisé d'établir de réelles dépendances littéraires entre le Ps 105 et d'autres textes. La plus apparente concerne le poème d'Is 12 et l'encadrement du psaume et semble s'orienter dans le sens d'une reprise des versets introductifs et conclusifs du Ps 105 par le texte prophétique. Il paraît toutefois difficile de nier que le psaume se réfère au livre de l'Exode, en particulier au vu de la proximité de langage pour nommer les plaies. Il est toutefois apparu à plusieurs reprises que derrière l'Egypte se profilait la Babylonie et que la question de la terre était posée comme centrale.

Ce qui caractérise peut-être particulièrement le Ps 105 c'est qu'il établit des connexions étroites entre des sources disparates, indiquant de la sorte que des genres distincts doivent être lus en relation les uns avec les autres. Le psaume établit un lien entre histoire patriarcale et exode ; il fait œuvre de synthèse – et donc de réinterprétation – entre la tradition sacerdotale et la théologie deutéronomiste. Dans l'agencement du quatrième livre du Psautier il répond au constat de la disparition de la dynastie davidique (Ps 89) et substitue l'alliance avec Abraham à l'alliance avec David.

Un élément remarquable de ce psaume est encore l'utilisation ironique de la figure de Joseph, auquel le sort du peuple est associé : elle dessine une polémique contre les Judéens établis en Egypte et qui se compromettent avec le pouvoir en place.

3.1.5 Le Ps 105 : œuvre de synthèse et de polémique

Les observations faites ci-dessus orientent vers une datation postexilique du psaume. Le pluriel *pays des nations* du v. 44 pourrait de ce point de vue livrer l'ultime indice textuel suggérant un contexte de dispersion d'Israël parmi les nations, dans plusieurs pays. Il n'y est plus question d'errance *de nation en nation* (מגוי אל־גוי) ou *d'un royaume vers un autre peuple* (v. 13) mais de la possession, par don de YHWH, des *pays des nations* et *du travail des peuples*. Le psaume semble ainsi souligner la légitimité de la Golah, tout en maintenant ouverte la promesse du retour dans la terre.

La figure d'Abraham occupe dans ce psaume une place centrale. C'est à sa postérité qu'est adressée la récitation de l'histoire en une série de séquences chronologiquement agencées. Si les rédacteurs sacerdotaux ont inventé «l'idée d'une succession d'époques dans la révélation divine »[139] afin d'articuler les récits patriarcaux et l'épopée de l'exode, le psaume organise en effet la récitation de l'histoire selon un enchaînement de périodes au cours desquelles se dévoilent les *merveilles* divines. Il raconte les interventions puissantes de YHWH : l'alliance avec Abraham et la promesse de la terre ; l'envoi de Joseph en Egypte ; la famine qu'il provoque et qui fait fuir le peuple en cette même contrée ; le changement du cœur des ennemis du peuple et l'oppression qui s'ensuit ; les plaies qu'il envoie à ce pays ; sa présence bénéfique lors du séjour du peuple au désert ; le don des pays des nations. Il s'inscrit ainsi dans la lignée du travail d'harmonisation des traditions patriarcales et exodiques, initié par des rédacteurs issus du milieu sacerdotal au début de l'époque perse.

A la postérité d'Abraham sont rappelées non seulement l'alliance conclue avec le patriarche et la promesse de la terre mais aussi l'alliance conclue avec la première génération sortie d'Egypte et les exigences qui en résultent. Le psaume identifie le serment deutéronomiste du don de YHWH, lié à la tradition de l'exode, à la promesse du pays faite au patriarche. Au sein de la référence à l'alliance perpétuelle et infrangible du document sacerdotal, il rappelle l'alliance révocable de la théologie deutéronomiste. La proximité du psaume et de Lv 26, qui à la fin du cinquième siècle opère la synthèse de la théologie deutéronomiste et

---

[139] T. Römer, « La naissance du Pentateuque et la construction d'une identité en débat », dans : O. Artus, J. Ferry (dir.), *L'identité dans l'Ecriture*, Paris, Cerf, LD 228, 2009 p. 35.

de la tradition sacerdotale, oriente vers l'hypothèse d'une datation du psaume à la même époque ou peu après. Il présente les traditions patriarcales et celles de l'exode de telle façon que la communauté postexilique se souvienne qu'elle reste bénéficiaire d'une promesse et d'une alliance divines. Mais il rappelle aussi qu'elle est tenue à observer la loi comme un engagement de cette alliance et une réponse au don de YHWH.

Le profil exodique d'Abraham, que le texte de Genèse présente comme venant d'Our des Chaldéens (11, 31), est reporté sur ceux qui reçoivent la promesse du don de la terre de Canaan, des *immigrants peu nombreux* errant *de nation en nation*. Le psaume accorde aussi un rôle central à Moïse et Aaron, en attribuant de façon unique au second le qualificatif de *choisi*. La construction d'un sanctuaire dans le désert, que le milieu sacerdotal attribuait à Moïse, est implicitement suggérée dans l'évocation de la nuée *pour rideau* (מסך) qui accompagne le peuple lors de la sortie d'Egypte. Parce que le rideau est un élément de la demeure que YHWH fait construire à Moïse, la nuée qui en fait office pourrait en effet faire allusion à la présence de YHWH au milieu de son peuple dans le désert. Comme dans le récit sacerdotal, l'exode est présenté comme une conséquence de la promesse faite à Abraham et le séjour au désert n'est pas associé au don de la loi mais plutôt, implicitement, au culte. Ainsi par la mention d'Aaron *choisi* par Dieu, l'allusion au sanctuaire, l'invitation à chercher YHWH et à le louer présente dans l'invitatoire, le psaume accorde une importance certaine au culte. Cependant comme dans le Pentateuque aucune identification n'est faite entre le sanctuaire mobile au désert et le temple de Jérusalem. Il est alors difficile d'adhérer à la prise de position de G.A. Herion pour qui le rappel du passé a pour but, dans le psaume, de légitimer la domination d'Israël sur les nations et de rehausser le prestige du culte du temple[140]. L'absence de toute référence précise concernant le sanctuaire, outre le fait d'éviter d'alimenter un conflit entre les communautés judéenne et samarienne, manifeste la volonté de faire remonter l'institution du culte à l'origine même d'Israël et de concevoir la terre comme le lieu où réside « une nation sacerdotale parmi toutes les nations » de l'empire achéménide[141].

Les deutéronomistes et les auteurs sacerdotaux consentent à l'insertion de textes qui expriment des options théologiques différentes des leurs, comme c'est le cas pour le cycle de Joseph qui prend place entre l'histoire des patriarches et celle de Moïse et de l'exode. Le psaume fait directement allusion à l'histoire

---

140 G.A. Herion, *The role f Historical Narrative in Biblical Thought: The Tendencies Underlying Old Testament History*, JSOT 21 (1981), p. 41.
141 A. de Pury, « Abraham: The Priestly Writer's 'Ecumenical' Ancestor », in: S.L. McKenzie, T. Römer, *Rethinking the Foundations: Historiography in the Ancient World and in the Bible. Essays in Honour of John van Seters*, Berlin – New York, De Gruyter, BZAW 294, 2000, pp. 163-181.

concernant cette dernière figure et présuppose la rédaction finale du Pentateuque, qui rassemble et concilie les traditions des diverses communautés[142]. Pourtant, s'il renvoie à cette séquence de la Genèse, il en subvertit le sens. Derrière la figure de Joseph se profile probablement le groupe de Judéens ayant fui en Egypte et qui, contrairement à la Golah babylonienne n'éprouve pas de désir de retour. Comme le livre de Jérémie, le psaume polémiquerait contre la diaspora égyptienne; mais alors que Jr 41-42 insiste sur le fait qu'elle s'est constituée contre la volonté de YHWH, le Ps 105 la présente comme un châtiment divin: la famine qui est le prétexte invoqué par les Judéens qui fuient en Egypte en Jr 42, 16 est en Ps 105, 16 provoquée par YHWH. Contrairement à Gn 37-50, par ailleurs, le psaume ne décrit pas le séjour en Egypte comme bénéfique mais bien plutôt comme une situation d'exil qui est la conséquence du péché du peuple, de son incapacité à observer les lois. Elle est, dans le dessein de YHWH, une épreuve-épuration que le peuple doit vivre dans l'attente que s'accomplisse la promesse du don de la terre. Or Joseph n'est pas délivré des fers par une intervention divine mais par un roi, le maître des peuples. Alors que le roman de Joseph prône la cohabitation et l'intégration, le psaume ironise sur la compromission avec le pouvoir étranger. Il se pourrait qu'il se fasse l'écho des tenures reçues de l'administration perse, lesquelles favorisent l'installation durable des immigrés en terre d'Egypte.

Si l'histoire de Joseph peut dater du Vème siècle en ce qu'elle suppose la présence de groupes importants d'immigrés en Egypte et si son insertion entre les traditions de la Genèse et celles de l'Exode vise à montrer qu'un judaïsme est possible et légitime en diaspora, la reprise ironique qu'en fait le psaume manifesterait alors une opposition affirmés au judaïsme égyptien et corroborerait l'hypothèse qu'il n'aurait pu être écrit avant la seconde moitié du Vème siècle. L'histoire de Joseph, écrite pour que la diaspora égyptienne trouve son identité et pour s'opposer à l'impact des bâtisseurs de l'entité juive à Jérusalem au retour de la diaspora babylonienne, est tournée en dérision par le Ps 105. Ce dernier pourrait ainsi suggérer les conflits entre les Juifs d'Egypte et ceux de Jérusalem, que révèle l'histoire de la colonie juive d'Eléphantine.

---

142 Comme le souligne T. Römer, «il n'existe dans toute la Bible hébraïque qu'un seul texte qui fait directement allusion à l'histoire de Joseph, à savoir le Ps 105 (v. 18-23), un psaume qui présuppose clairement le Pentateuque dans sa forme finale», dans: T. Römer, «Les histoires des patriarches et la légende de Moïse: une double origine?», p. 179; voir aussi: 1990, p. 342; «La thématique de l'Exode dans les récits patriarcaux», dans: D. Marguerat (éd.), *La Bible en récit*, Genève, Labor et Fides, 2003, p. 189. Pour d'autres cependant le Ps 105 est basé sur un stade antérieur de la tradition: G. von Rad, «Josephsgeschichte und ältere Chokma», in: *Congress Volume*, Copenhagen, 1953, p. 120; E. Hilgert, «The Dual Image of Joseph in Hebrew and Early Jewish Literature», *BR 30* (1985), p. 6.

Au milieu de l'époque perse, les deutéronomistes et les auteurs sacerdotaux se sont accordés entre eux contre le milieu prophétique qui soutenait des
attentes d'une restauration de la dynastie davidique. Or le psaume prend acte de
sa disparition après le retour d'exil et transfère à l'époque patriarcale des titres
associés à la monarchie davidique. Il s'inscrit sous cet aspect aussi dans la lignée
de l'alliance du courant deutéronomiste et du courant sacerdotal. Il présente un
processus de réinterprétation collective de la promesse davidique qui n'est pas
sans rappeler le Deutéro-Isaïe. Si le Ps 89 reflète l'échec de la monarchie davidique
durant la période dévastatrice de l'exil à Babylone, le Ps 105 renvoie à l'alliance
avec Abraham, à la promesse de la terre et d'une postérité, malgré les humbles
commencements des patriarches, peu nombreux et errants sans terre ni temple.
Ainsi la référence à Abraham aurait pour fonction de permettre à la communauté
postexilique de dépasser l'écroulement de la monarchie davidique et de retrouver
une identité et unité comme postérité du patriarche, élu par YHWH.

De diverses manières le psaume semble affronter la question douloureuse de
la destruction des institutions qui définissaient la religion du Dieu national, à
savoir la perte de la terre, la faillite de l'institution monarchique, la destruction
du temple et l'exil des prêtres. Il n'est peut-être pas anodin que le psaume se
termine sur un non-accomplissement de la promesse de la terre, comme il en est
du Pentateuque sur lequel il calque l'organisation de sa récitation historique. Le
retour d'exil, initié vers 520 avant notre ère, a dû s'échelonner sur une période
de près d'un siècle et le psaume pourrait refléter cette période marquée d'incertitudes et de résistances.

Il est généralement admis que le Ps 105 est postérieur au Ps 78 et qu'il en constitue une évolution[143]. L'un et l'autre psaume invitent à faire mémoire des *merveilles*
(פלא) et des *exploits* (עלילה) de YHWH. Ils établissent un lien entre *contrée* (חבל)
et *héritage* (נחלה). Dans la séquence des plaies, ils présentent la dixième d'une
manière similaire, même si le Ps 105 parle du pays là où le Ps 78 nomme l'Egypte ;
ils emploient la même expression : *prémices de leur force* (לכל־אונם ראשית). Dans
la séquence du séjour au désert, l'idée de colonne (עמוד) pourtant présente en
Exode n'apparaît dans aucun des deux psaumes. Les deux utilisent l'expression
les eaux ont coulé (ויזובו מים), aussi présente en Is 48, 21. Pour B. Gosse, les deux
psaumes présentent des correspondances lorsqu'ils évoquent l'exode : ainsi Ps
105, 36 avec Ps 78, 51 ; Ps 105, 39 avec Ps 78, 14 ; Ps 105, 40 avec Ps 78, 24 ; Ps 105,
41 avec Ps 78, 15. D'une manière plus générale, pour lui, les emprunts du Ps 105
au Ps 78 auraient pour objectif de transférer des caractéristiques du temps de

---

143 Voir par exemple, A.F. Kirkpatrick, 1933, p. 614 ; C.A. Briggs, 1925-1927, p. 342 ; B. Gosse, *BZ*
54/1 (2010), p. 83.

l'exode sur les patriarches et de présenter l'exode comme une conséquence de l'alliance avec Abraham et les patriarches[144].

Il est toutefois imprudent de parler d'« emprunts » avec pour seuls appuis les correspondances ou les indices textuels ci-dessus mentionnés. Que le rédacteur de l'un des psaumes ait pu connaître l'autre n'est pas invraisemblable. Mais les parallèles sont trop ténus pour établir l'influence que le Ps 78 aurait pu exercer sur le Ps 105, ou inversement. Le déploiement du rappel du passé dans le Ps 78, avec sa présentation du vrai Israël comme centré autour de Jérusalem et son invitation sous-jacente aux Samariens d'entrer dans une cette vision des choses, la postérité du psaume et sa possible utilisation comme littérature de propagande à l'époque hasmonéenne, pourrait inviter à considérer l'hypothèse d'une postériorité de ce psaume par rapport au Ps 105, dont la polémique semble adressée aux immigrés établis en Egypte, sans traces de conflits entre la communauté de Juda et celle de Samarie, ni d'une rivalité entre le temple du mont Garizim et celui de Jéru-salem. De ce point de vue le Ps 105 s'accorderait avec l'édition et la publication du Pentateuque, probablement vers la fin du Vème ou le début du IVème siècle, qui semblent relever d'une collaboration entre les élites de Judée et de Samarie.

Le Ps 105 est une récitation historique qui invite à faire mémoire dans l'action de grâce de l'histoire passée d'Israël, laquelle est présentée comme la conséquence et l'accomplissement de l'alliance avec Abraham. Il proclame la présence agissante de YHWH dans l'histoire et le caractère performatif de sa parole, exécutions de sentences punitives contre les oppresseurs de son peuple et bienfaits pour ce dernier. Le châtiment des premiers est la dévastation du pays, alors qu'au second ont été donnés les pays des nations et que demeure pour lui, à jamais, la promesse du don de la terre.

La communauté destinataire, peut-être une assemblée cultuelle, est alors appelée à l'observance fidèle des lois divines en réponse même à la fidélité de YHWH à sa promesse. Le psaume agence et réinterprète les traditions narratives du Pentateuque et les fait entrer en résonance avec Lv 26 et quelques textes pro-phétiques pour donner à cette communauté postexilique des raisons d'espérer: « il fait appel à l'histoire pour l'aider à vivre le présent douloureux auquel il est affronté. L'histoire devient ainsi le credo qui lui permet d'envisager un avenir »[145]. La promesse de la terre n'est pas invalidée, même lorsque le retour d'exil s'éche-lonne sur une longue durée et se vit avec frictions et résistances. Plus largement, le psaume est un hymne à YHWH qui a promis la terre à son peuple et qui peut

---

144 B. Gosse, *Ibid.*, p. 88.
145 J.L. Vesco, 2006, p. 992.

être cherché en tout lieu et en tout temps parce sa promesse reste partout et en tout temps irrévocable.

Du fait de ce caractère définitif de la promesse du don de la terre, le psaume entre en polémique avec ceux qui font fi de cette *parole pour mille générations* et choisissent, en terre d'Egypte, de se compromettre avec le pouvoir en place. Dans la séquence faisant référence à Joseph l'intertextualité est non seulement un mode de fonctionnement du texte, mais également un ressort de son ironie : les allusions au cycle de ce patriarche en Genèse en subvertissent le sens et la distorsion ainsi introduite vaut pour condamnation. Etre *étranger* (גור) est la condition du peuple tant que la promesse est en attente d'accomplissement mais elle ne doit pas faire oublier qu'Israël n'est pas né en Egypte et détient le fondement de son identité dans la promesse de la terre, comme le suggère aussi le passage du *tu* (*à toi je donne la terre...*) au *vous* (*contrée en héritage pour vous*) du v. 11.

En proposant de faire mémoire des merveilles de YHWH, des signes et des jugements de sa bouche, le psaume fait entrer dans une dimension de louange qui n'est pas exempte de crainte. Le pays de la promesse peut bien devenir pays de désolation pour qui ne rechercherait pas YHWH, ne garderait pas ses décrets et n'observerait pas ses lois. De ce point de vue si le psaume est certes une récitation des grands actes salvateurs de YHWH, il sert également d'avertissement. La voie est ainsi préparée au travail d'édition qui donnera à lire ensemble les Ps 105 et 106.

3.2 Le Psaume 106

Le Ps 106 s'ouvre par une invitation à la louange, ce qui de prime abord donnerait à penser que nous avons à faire à un psaume d'action de grâce. Or la tonalité générale du texte est pénitentielle et son intention semble être de conduire ses auditeurs à un repentir sincère qui puisse obtenir le pardon des péchés[146]. Ce psaume est alors, du point de vue de la forme et du genre littéraire, particulier. Il semble enchaîner un appel à la louange (v. 1), une question rhétorique (v. 2), une béatitude (v. 3), des demandes (v. 4) qui se prolongent en propositions finales (v. 5), une courte confession (v. 6) qui débouche sur un récit de l'histoire (vv. 7-46), puis de nouveau une demande adressée à YHWH (v. 47), le tout s'achevant par une doxologie (v. 48). Ce constat aboutit à deux types d'interprétation : le premier établit, sous le caractère disparate des éléments du psaume, un *Sitz im Leben*

146 G. Bernini, «Salmo 106. Confessione di tutto il popolo», in: G. Bernini, *Le preghiere penitenziali del Salterio*, Roma, Università Gregoriana, 1953, p. 115.

spécifique et le second lit la relecture de l'histoire comme une prière de pénitence en raison de l'encadrement des vv. 6-7 d'une part et 46-47 d'autre part[147].

Dans le premier cas de figure, le psaume est souvent classé dans le genre littéraire des plaintes ou supplications pénitentielles et des tentatives sont faites d'en établir l'usage liturgique. Comme pour le psaume précédent F. Baumgärtel, par exemple, déduit un usage cultuel de ce psaume par comparaison avec la liturgie du renouvellement de l'alliance décrite dans la Règle de la communauté de Qumran (1QS 1, 16-2, 18), au cours de laquelle les prêtres rappelaient les interventions salutaires de YHWH, tandis que les lévites énuméraient les méfaits d'Israël et que les fidèles confessaient ensuite leurs péchés[148]. Reprenant cette hypothèse, A. Weiser place le Ps 106, comme le Ps 105, au sein d'une liturgie d'alliance et le met en lien avec la fête d'automne, ce que suggérerait l'utilisation du Ps 106, 1. 47-48 par 1 Ch 16, 34-36[149]. E. Gerstenberger souligne aussi que les différents éléments du psaume s'accordent au culte de la communauté postexilique : le psaume donnerait l'impression vive d'un rassemblement de Judéens en terre étrangère faisant mémoire de la providence divine et de l'échec des pères à y répondre adéquatement[150]. Dans cette perspective, la formule finale du psaume (*que tout le peuple dise: Amen*; v. 48) a pu être évaluée comme marqueur d'un usage liturgique et il a même été supposé que le Ps 106 ait été intentionnellement placé en finale du quatrième livre du Psautier parce qu'il possédait une doxologie adaptée[151]. Mais comme pour le Ps 105 il demeure assez hypothétique de fixer un usage cultuel du psaume ou d'en établir un fondement liturgique.

Le second type d'interprétations courantes de ce psaume considère comme secondaires[152] ou comme simple cadre liturgique les premiers et derniers versets du psaume, sous prétexte que leur genre littéraire est incompatible avec le corps du texte, la confession des péchés en vv. 4-47. Le psaume est alors considéré

---

147 W. Beyerlin, «Der nervus rerum in Psalm 106», *ZAW 86* (1974), p. 51; F.-L. Hossfeld, E. Zenger, 2008, pp. 121-122.

148 Il établit que sur les sept éléments de la liturgie du renouvellement de l'alliance les quatre premiers sont les suivants: 1. Les prêtres et les lévites rendent grâce à Dieu; 2) le prêtre proclame la fidélité dont Dieu fait preuve dans ses actions merveilleuses; 3) les lévites récitent les péchés d'Israël; 4) les fidèles confessent leurs péchés et ceux de leurs pères et louent Dieu pour sa miséricorde. Il voit un reflet de ces quatre éléments respectivement dans les vv. 1. 8-12. 13-43 et 6. 7 du Ps 106 (F. Baumgärtel, *ZAW 65* (1953), pp. 263-265).

149 A. Weiser, 1955, p. 466. Voir aussi W.I. Wolverton, *Canadian Journal of Theology 10* (1964), p. 174.

150 E. Gerstenberger, 2001, p. 244

151 H. Gese, «Die Entstehung der Büchereinteilung des Psalters», in: *Vom Sinai zum Zion: Alttestamentliche Beiträge zur biblischen Theologie*, München, Kaiser, 1974, pp. 57-64.

152 Par exemple B. Duhm, 1922, p. 382; C.A. Briggs, 1925-1927, pp. 348. 353.

comme un psaume communautaire de repentance ou de lamentation[153]. Il serait une récitation des péchés d'Israël dont l'objectif est d'implorer le secours de YHWH, le peuple désobéissant n'ayant d'autre recours que de compter sur la fidélité de YHWH[154].

Par contraste avec ces deux types d'interprétation, W. Beyerlin[155] offre une lecture originale et pertinente du psaume qui tente d'en maintenir l'unité et de faire droit à l'intention de sa structure d'ensemble. Il considère que les versets d'ouverture (vv. 1-3), qui sont une invitation à la louange, sont décisifs pour comprendre le texte. L'intention du psaume se manifesterait précisément dans la tension entre l'exigence de louange, affirmée aux deux extrémités du texte, et l'impossibilité de l'honorer du fait du péché et de circonstances extérieures douloureuses tels que présentés dans les vv. 6-46. Pour W. Beyerlin il est clair que le Ps 106 en son ensemble résulte de cette tension dans laquelle se trouvait la communauté appelée à louer YHWH et pourtant retenue de le faire par la culpabilité et la détresse. Etre appelé à louer et être incapable de le faire à cause de raisons intérieures et extérieures sans l'intervention de pardon de YHWH, c'est précisément ce que le psaume permettrait de dépasser. Comme Jr 33, 10-11, il donnerait à comprendre que la miséricorde de YHWH est non seulement la source du salut mais aussi ce qui rend Israël à sa mission de louange. Mais la communauté doit d'abord souffrir l'exil et reconnaître cette situation comme conséquence de ses péchés. Le v. 2 reflèterait ainsi l'incapacité à louer YHWH à cause des péchés commis (v. 6) et de l'absence de droit et de justice (v. 3). Les vv. 6-46 fonctionneraient non seulement comme une confession des péchés et une interprétation de l'exil comme châtiment divin mais mettraient aussi l'accent sur la présence bienfaisante de YHWH dans le passé et inciteraient à garder confiance que la déportation présente finira dans la louange. Le v. 47, l'ultime prière adressée à YHWH, livrerait la clé ultime d'interprétation du psaume en lui adressant la demande d'être rassemblé du milieu des nations pour pouvoir le louer (v. 48). L'assemblage des différentes formes littéraires livrerait ainsi la fonction du psaume: demande, confession, rappel du passé pour fortifier la confiance de la communauté préparent ensemble le renouvellement de la louange, que le renversement de situation opéré par YHWH rendra possible.

Si J. Gärtner note que dans la perspective proposée par W. Beyerlin les correspondances du Ps 106 avec d'autres textes du Psautier, et en particulier avec le

---

153 Par exemple H. Gunkel, 1929, pp. 464-465; F. Crüsemann, 1969, p. 77.

154 J. Trublet, J.N. Aletti, *Approche poétique et théologique des Psaumes*, Paris, Cerf, 1983, p. 93; W. Brueggemann, 1991, p. 18.

155 W. Beyerlin, *ZAW 86* (1974), pp. 50-64. Et dans une ligne d'interprétation semblable: B. Biberger, *Unsere Väter und wir. Unterteilung von Geschichtsdarstellungen in Generationen und das Verhältnis der Generationen im Alten Testament*, Berlin, Philo, 2003, pp. 476-478.

Ps 105, ne sont pas prises en compte, elle souligne cependant que Ps 106, 1-5 sont importants pour la compréhension de la conception de l'histoire de ce psaume. Ils introduisent des mots clés qui réapparaîtront dans la relecture de l'histoire et en façonneront l'interprétation : la bonté de YHWH qui met une limite à sa colère, (חסד; vv. 1. 7. 45), la prière pour que Dieu se souvienne (זכר; vv. 4. 7. 45), le salut (ישע; vv. 44. 8. 10. 21. 47) et l'élection du peuple (בחר; vv. 5. 23)[156].

L'hypothèse de W. Beyerlin et celle de J. Gärtner sont séduisantes. Il restera à vérifier si l'unité du psaume peut être maintenue et, partant, son intention d'ensemble.

3.2.1 Traduction

v. 1   *Louez YHWH.*
      Rendez grâce à YHWH, car il est bon,
      Car sa miséricorde est pour toujours.

v. 2   *Qui peut raconter les puissances de YHWH*
      et faire entendre toute sa louange ?

v. 3   *Heureux ceux qui observent le droit*
      et pratiquent la justice en tout temps.

v. 4   *Souviens-toi de moi YHWH dans ta complaisance pour ton peuple,*
      visite-moi en ton salut,

v. 5   *pour voir dans le bien de tes élus,*
      pour me réjouir dans la joie de ta nation, pour me glorifier avec ton héritage.

v. 6   *Nous avons péché comme nos pères,*
      nous avons failli, nous avons commis l'iniquité.

v. 7   *Nos pères en Egypte ne considérèrent pas tes merveilles,*
      ils ne se souvinrent pas de tes nombreuses miséricordes et ils se rebellèrent
      près de la mer, la mer des Joncs.

v. 8   *Il les sauva à cause de son nom,*
      pour faire connaître sa puissance.

v. 9   *Il menaça la mer des Joncs et elle s'assécha,*
      il les conduisit dans les abîmes comme au désert.

v. 10   *Il les sauva d'une main de celui qui haïssait,*
      il les délivra de la main de celui qui était hostile.

v. 11   *Les eaux recouvrirent leurs ennemis,*
      pas un ne resta.

---

156 J. Gärtner, 2012, pp. 190-192.

v. 12   *Ils se fièrent à ses paroles*
         et chantèrent sa louange.

v. 13   *Ils se hâtèrent d'oublier ses œuvres,*
         ils n'attendirent pas son dessein.

v. 14   *Ils désirèrent avec ardeur dans le désert,*
         et ils mirent Dieu à l'épreuve dans la solitude.

v. 15   *Il leur accorda leur demande,*
         mais il envoya le dépérissement dans leur vie.

v. 16   *Ils jalousèrent Moïse dans le camp,*
         Et Aaron le saint de YHWH.

v. 17   *La terre s'ouvrit et engloutit Datân,*
         elle recouvrit la bande d'Abiram.

v. 18   *Un feu dévora leur bande,*
         Une flamme brûla les impies.

v. 19   *Ils façonnèrent un veau à l'Horeb,*
         ils se prosternèrent devant de la fonte.

v. 20   *Ils échangèrent leur gloire,*
         pour l'image d'un bœuf mangeant de l'herbe.

v. 21   *Ils oublièrent Dieu qui les sauvait,*
         qui avait fait de grandes choses en Egypte,

v. 22   *des merveilles au pays de Cham,*
         des actes terribles près de la mer des Joncs.

v. 23   *Il parla de les exterminer si Moïse, son élu, ne s'était tenu sur la brèche devant lui,*
         pour détourner sa fureur destructrice.

v. 24   *Ils méprisèrent un pays de délice,*
         ils ne se fièrent pas à sa parole.

v. 25   *Ils murmurèrent dans leurs tentes,*
         ils n'obéirent pas à la voix de YHWH.

v. 2   *Il leva la main pour eux,*
         pour les faire tomber dans le désert,

v. 27   *pour faire tomber leur postérité parmi les nations,*
         pour les disperser parmi les pays.

v. 28   *Ils s'attachèrent à Baal Péor,*
         ils mangèrent les sacrifices des morts.

v. 29   *Ils le provoquèrent par leurs actions,*
         une plaie s'est abattue contre eux.

v. 30   *Pinhas se leva et jugea,*
         et la plaie s'arrêta.

v. 31   *Cela lui fut compté pour justice,*

de génération en génération, pour toujours.

v. 32 *Ils l'irritèrent près des eaux de Mériba,*
et cela fut funeste à Moïse à cause d'eux,

v. 33 *car ils se rebellèrent à son esprit,*
et il proféra de ses lèvres des paroles irréfléchies.

v. 34 *Ils n'exterminèrent pas les peuples*
dont YHWH leur avait parlé.

v. 35 *Ils se mêlèrent aux nations,*
et ils apprirent leurs œuvres.

v. 36 *Ils servirent leurs idoles*
et elles furent pour eux un piège.

v. 37 *Ils sacrifièrent leurs fils et leurs filles aux démons.*

v. 38 *Ils versèrent le sang innocent, le sang de leurs fils et de leurs filles qu'ils*
sacrifièrent aux idoles de Canaan et le pays fut profané par le sang.

v. 39 *Ils se souillèrent par leurs œuvres,*
ils se prostituèrent par leurs actions.

v. 40 *La colère de Dieu s'enflamma contre son peuple,*
et il eut en horreur son héritage.

v. 41 *Il les livra aux mains des nations,*
ceux qui les haïssaient les dominèrent.

v. 42 *Ceux qui leur étaient hostile les opprimèrent,*
ils furent humiliés sous leur main.

v. 43 *Bien des fois il les délivra mais ils se rebellèrent dans leur dessein,*
ils s'enfoncèrent dans leur péché.

v. 44 *Il vit leur détresse,*
quand il entendit leur supplication.

v. 45 *Il se souvint de son alliance en leur faveur,*
Il se laissa fléchir en sa grande miséricorde.

v. 46 *Il les livra à la miséricorde*
de ceux qui les tenaient captifs.

v. 47 *Sauve-nous YHWH notre Dieu et rassemble-nous du milieu des nations,*
pour que nous rendions grâce à ton saint nom en mettant notre gloire à
te louer.

v. 48 *Béni soit YHWH Dieu d'Israël depuis toujours et pour toujours.*
Que tout le peuple dise : Amen.
Louez Dieu.

3.2.2 Eléments de critique textuelle

v. 2: La LXX, la Vulgate et la Peshitta ont le pluriel de תהלה, *sa louange*, ce qui dans le parallélisme du verset peut se justifier; mais le TM, au singulier, est possible.

v. 3: Un certain nombre de manuscrits ont עשי, participe pluriel, au lieu de עשה, participe singulier. Le participe pluriel s'accorde avec celui de שמר, en début de verset, qui est aussi au pluriel. עשה pourrait être un singulier collectif. La LXX a deux participes au pluriel. Pour la traduction il est plus clair de conserver deux formes plurielles: *qui observent... qui pratiquent...*

v. 4: A la place de זכרני, *souviens-toi de moi*, deux manuscrits hébreux, la LXX et d'autres versions grecques (Aquila, Symmaque, Théodotion, Quinta), un manuscrit en Syriaque ont un pronom personnel à la première personne du pluriel, *souviens-toi de nous*. Une même variante par rapport au TM se trouve en deux manuscrits hébreux, la LXX et un manuscrit en Syriaque pour פקדני, *visite-moi*. La variante peut se justifier du fait que la première personne du pluriel apparaît au v. 6 et que des impératifs adressés à Dieu ont des suffixes à la première personne du pluriel au v. 47. Mais le TM est compréhensible.

v. 7: Dans le TM, la fin du verset comporte על־ים בים־סוף, tandis que la LXX donne ἀναβαίνοντες (qui correspondrait à un texte hébreu comportant עלים) ἐν τῇ ἐρυθρᾷ θαλάσῃ, *montant à la Mer Rouge*. Deux manuscrits hébreux, Aquila et Symmaque n'ont pas על־ים, *près de la mer*, et la Peshitta possède un texte qui correspondrait à על־מים, *près des eaux*. Dans le TM on trouve l'expression בים־סוף au v. 9 et על־ים־סוף au v. 22. En soi le TM se comprend bien et peut être traduit: *...rebellèrent près de la mer, la mer des Joncs.*

v. 9: plusieurs manuscrits hébreux ont במדבר, *dans le désert* au lieu de כמדבר, *comme au désert*; la LXX appuie le TM.

v. 15: רזון, *dépérissement* dans le TM. Mais la LXX a πλησμονή, *satiété* et la Peshitta un équivalent. A l'appui du TM, dont la leçon est sans doute plus difficile d'interprétation, Is 10, 16 contient la même expression שלח רזון, *envoyer le dépérissement*.

v. 16: Alors que le TM contient le *piel* de קנא, *ils jalousèrent*, la LXX donne καὶ παρώργισαν, qui correspondrait au *hifil* du verbe hébreu, *ils provoquèrent la jalousie*.

v. 17: תפתח ארץ, *la terre s'ouvrit* dans le TM, alors que la LXX a un verbe au passif avec *la terre* pour sujet: ἠνοίχθη ἡ γῆ. Le sens du verset n'en n'est pas modifié.

v. 20: כבודם, *leur gloire*. Le TM pourrait être une correction de scribes, un *tiqqûn sopherim*, pour כבדו, *sa gloire*. Mais il n'y a pas de versions anciennes qui corrigent le TM.

v. 27: La Peshitta corrige l'hébreu du TM ולהפיל, *pour faire tomber* par ce qui correspondrait à ולהפיץ, *pour les disperser*. Ez 20, 23 offrirait un bon parallèle. Mais il n'y a pas d'autres bases textuelles pour corriger le TM.

v. 33: המרו (verbe מרה au *hifil*), *ils se rebellèrent* (*à son esprit*) dans le TM; la LXX: παρεπίκραναν, *ils exaspérèrent* (*son esprit*), ce qui correspondrait à deux manuscrits hébreux (verbe מרר au *hifil*).

v. 43: même remarque que pour le v. 33; la LXX ajoute alors le pronom αὐτὸν (et également la Peshitta et le Targum).

v. 45: le *qere* (חסד au pluriel + suffixe troisième personne du singulier) corrige le *ketib* (חסד au singulier + suffixe troisième personne du singulier).

v. 47: 1 Ch 16, 35 et quelques manuscrits hébreux ajoutent והצילנו, *délivre-nous* après ...*rassemble-nous*; en revanche, la LXX de 1 Ch 16, 35 ne contient pas d'équivalent à וקבצנו, *rassemble-nous*.

3.2.3 Structure

Des propositions variées ont été formulées pour rendre compte de la structure du Ps 106. Comme le souligne N.H. Richardson beaucoup de commentateurs le divisent en trois strophes: vv. 1-5/6; 6/7-46; 47-48[157]. R.L. Alden, par exemple, en schématise la structure de la manière suivante:

> vv. 1-5: exhortation à la louange.
> vv. 6-46: relecture des rébellions de l'exode
> vv. 47-48: prière et bénédiction.

Comme le Ps 105, ce psaume commencerait et se terminerait par une sorte de bénédiction. Au centre, une longue section relirait l'exode en mettant l'accent sur l'infidélité du peuple à l'alliance. Un certain nombre de mots-clés lierait le prélude et le postlude: *salut* (ישועה) et *sauve-nous* (הושיענו) dans les vv. 4 et 47; *louez YHWH* (הללויה) dans les vv. 1 et 48; le tétragramme (יהוה) en position de vocatif dans les vv. 4 et 47; *nation* (גוי) dans les vv. 5 et 47; *rendre grâce* (ידה) dans

---

157 N.H. Richardson, «Psalm 106 – Yahweh's Succoring Love Saves from the Death of a Broken Covenant», in: J. Marks (ed.), *Love and Death in the Ancient Near East: Essays in Honor of Marvin H. Pope*, Guilford, Four Quarters Publishing Company, 1987, p. 191.

les vv. 1 et 47; *louange* (תהלה) dans les vv. 2 et 47; *toujours* (עולם) dans les vv. 1 et 48; *peuple* (עם) enfin dans les vv. 4 et 48[158].

En prenant davantage en compte la longue partie centrale, les propositions de structuration oscillent entre construction de type chiastique ou succession de tableaux. Le premier type d'hypothèses a ses représentants par exemple en J.L. Vesco ou J.A. Roetman et C. Visser't Hooft. Le premier propose de voir des correspondances entre les vv. 1-5 et 47-48 en raison des récurrences de vocabulaire déjà observées par R.L. Alden, entre les vv. 6-12 et 40-46, entre les vv. 13-22 et 35-39 et enfin entre les vv. 23-25 et 26-34. Les rapports sont justifiés en raison de thématiques communes plus que par des reprises lexicales et sont résumés de la façon suivante:

A. Invitatoire et demande (vv. 1-5)
    B. La révolte de la mer des Joncs et le salut divin (vv. 6-12)
        C. Les œuvres de Dieu (vv. 13-22)
            D. La marche au désert (vv. 23-25)
            D'. La marche au désert (vv. 26-34)
        C'. Les œuvres d'Israël (vv. 35-39)
    B'. Les révoltes d'Israël et les délivrances divines (vv. 40-46)
A'. Demande et doxologie (vv. 47-48)[159].

Les seconds proposent l'hypothèse que le psaume ait été «rédigé dans le souci de mettre en avant la figure de Moïse comme symbole de l'autorité centrale au sein de la société, et d'articuler cette autorité première en la contrastant avec l'autorité seconde de la classe sacerdotale, représentée par les figures d'Aaron et de Pinhas». Ils schématisent ainsi leur proposition de structure:

A. vv. 1-5
    B. vv. 6-12
        C. vv. 13-22 (Aaron)
            D. v. 23 (Moïse)
        C'. vv. 24-33 (Pinhas)
    B'. vv. 34-43
A'. vv. 44-47

---

158 R.L. Alden, «Chiastic Psalms (III): A Study in the Mechanics of Semitic Poetry in Psalms 101-150», *JETS 21* (1978), pp. 201-202.
159 J.L. Vesco, 2006, p. 997.

Ils laissent à part le v. 48, qui n'appartiendrait pas au psaume originel mais serait une doxologie ajoutée tardivement pour conclure le quatrième livre du Psautier.

Les correspondances entre les différentes séquences seraient repérables sur la base de critères tant lexicaux que thématiques et les auteurs renvoient à ce sujet au travail de M. Girard[160]. Le Ps 106 serait ainsi organisé de façon concentrique autour du v. 23 qui évoque l'action cruciale de Moïse intervenant pour empêcher Dieu de détruire son peuple[161].

En ce qui concerne une structuration du psaume sous forme d'une succession de tableaux, on en trouvera des exemples chez G. Ravasi[162], N.H. Richardson[163] pour qui il est possible de distinguer neuf strophes (vv. 6-12; 13-15; 16-18; 19-23; 24-27; 28-31; 32-33; 34-39; 40-46) ou R.J. Clifford pour qui les versets d'ouverture (vv. 1-6) et de conclusion (v. 47) encadrent un récit historique en sept épisodes (vv. 7-12, 13-15, 16-18, 19-23, 24-31, 32-33, 34-46). Outre le critère de contenu, cet auteur note que chaque épisode contient un nom de lieu: la mer des Joncs (vv. 7. 9); le désert (v. 14), le camp (v. 16), l'Horeb (v. 19), Péor (v. 28), Mériba (v. 32) et Canaan (v. 38)[164].

Quelques auteurs enfin tentent d'articuler les deux types de structuration comme par exemple P. Auffret dont la proposition pourrait être résumée de la façon suivante:

vv 1-5
    vv. 6-7: péché   vv. 8-12: salut
       vv. 13-14: péché   v. 15: châtiment
         v. 16: péché   vv. 17-18: châtiment
           vv. 19-22: péché   v. 23: Moïse intervient
vv. 24-25: péché   vv. 26-27: châtiment
         v. 28: péché   vv. 29-31: Pinhas intervient
       vv. 32-33: péché   v. 32b: châtiment
       vv. 34-39: péché   vv. 40-42: châtiment
     v. 43bc: péché   vv. 43a.44-46: salut.
vv. 47-48

160 M. Girard, *Les Psaumes redécouverts : de la structure au sens*, Saint-Laurent, Bellarmin, 1994-1996, p. 110.
161 R. Roetman, C. Visser't Hooft, « Le Psaume 106 et le Pentateuque », *ETRel 85* (2010), p. 237.
162 G. Ravasi, 1991, vol. 3, pp. 170-173.
163 N.H. Richardson, 1987, p. 191.
164 R.J. Clifford, *Psalms*, Nashville, Abingdon Press, 2002, pp. 156-157.

Dans cette dernière hypothèse, la structure littéraire de l'ensemble des vv. 6-46 présenterait une vaste symétrie concentrique autour des vv. 24-27. Les séquences qui encadrent cette partie centrale, les vv. 19-22 + 23 et les vv. 28 + 29-31, formule-raient la perspective d'un châtiment détourné soit par Moïse soit par Pinhas. Dans les deux cas, à propos du péché, il est question de manger, soit pour ironiser sur l'image du bœuf *mangeur* d'herbe (v. 20b), soit pour dénoncer ceux qui *mangèrent* les sacrifices des morts (v. 28b). Les séquences parallèles des vv. 16 + 17-18 et des vv. 32a.33 + 32b, comme celles des vv. 13-14 + 15 et des vv. 34-39 + 40-42, font suivre l'énoncé d'un péché par celui d'un châtiment. Qu'il soit dans le désert ou dans le pays même, le peuple ne sait que pécher, tenter YHWH et désobéir à ses ordres, provoquant ainsi sa juste colère. Aux extrêmes les deux enchaînements des vv. 6-7 + 8-12 et des vv. 43bc + 43a.44-46 font se succéder des mentions de péchés et de libérations miséricordieusement accordées par YHWH. P. Auffret constate donc au final que «cinq enchaînements aboutissent effectivement au châtiment, soit celui du centre, et ceux, successifs deux à deux, de 13-15 et 16-18, puis de 32-33 et 34-42. Les autres débouchent sur un salut dû à la miséricorde divine (6-12 et 43-46), suscitée par l'intervention d'un intercesseur (en 19-23 et 28-31)... La louange inclut le tout (1-5 et 47-48), louange pour les bienfaits miséricordieux de YHWH (6-12 et 43-46), premier et dernier mot de cette perspective d'ensemble sur l'histoire du peuple, l'emportant sur les sévères châtiments qu'il a bien fallu infliger à l'Israël rebelle (13-18, 24-27, 33-42), non d'ailleurs sans que de coura-geux intercesseurs ne parviennent encore à les lui épargner (19-23 et 28-31). La miséricorde l'emporte donc sur la colère, et si Israël reconnaît comme juste cette dernière, il reconnaît comme encore plus juste la première, plus conforme à la bonté divine proclamée dès le premier stique et à la sainteté reconnue au terme. En 1a comme en 47c la bonté et la sainteté sont objets d'action de grâce, les deux ayant été comme manifestées dans la vaste fresque de l'histoire d'Israël, qui nous est offerte dans ce psaume »[165].

Comme le fait remarquer A.R. Ceresko beaucoup de commentateurs basent leur hypothèse de structuration du psaume sur un critère de contenu. A vrai dire nous pourrions même parfois nous demander si ces propositions ne viennent pas en aide à une interprétation du psaume préalablement établie. Pour sa part A.R. Ceresko émet l'hypothèse que des traits alphabétiques aideraient à discerner le mouvement du Ps 106. Un premier indice de ces marqueurs alphabétiques inter-viendrait au v. 3 dont le mot initial, אשרי, commence par la première lettre de

165 P. Auffret, «'Afin que nous rendions grâce à ton nom'. Etude structurelle du psaume 106», *SEL 11* (1994), pp. 86-87. 95.

l'alphabet hébraïque א et dont le mot final, עת, se termine par la dernière lettre de l'alphabet hébraïque ת. Dans la récitation historique une confirmation de ce que le premier épisode se situe dans les vv. 7-12 résiderait dans le fait que le v. 7 commence avec une séquence א-ב, le terme אב. Le v. 12, verset conclusif de ce premier épisode, contient une série de consonnes : le א dans le terme initial אמן, suivi par un double ב dans le second mot, בדבריו, puis par le groupe de lettres ת-ש-ר dans la finale du verset : בדבריו ישירו תהלתו. S'appuyant sur la division en strophes proposée par R.J. Clifford il poursuit de la sorte pour les séquences suivantes : le v. 14 serait ainsi marqué par la répétition de א et de ב et le v. 23 par celle des lettres ר, ש, ת et צ ; le v. 24 par celle du א et le v. 33 par celle de ר, ש, ת ; le v. 34 par celle du א et le v. 47 par celle de ש et ת. Si le critère de contenu peut-être subjectif comme le souligne A.R. Ceresko lui-même, il est cependant difficile de ne pas lui adresser le même reproche, les lettres sélectionnées n'apparaissant pas toujours en début ou fin de mots et étant en réalité recherchées à partir d'une structure préalablement établie[166].

Aucun des travaux ci-dessus nommés ne note que YHWH n'est introduit comme sujet des verbes qu'à partir du v. 8. Au préalable, dans les vv. 1 à 7, il est présent comme objet ou comme destinataire de la prière. Le premier verset invite à le louer et à lui rendre grâce, puis en indique une double motivation : *car il est bon* (טוב), *car sa miséricorde* (חסד) *est pour toujours.* Un terme de la même racine que טוב se retrouve au v. 5 : טובה, tandis que le mot חסד réapparaîtra aux vv. 7 et 45.

L'Egypte et la mer des Joncs sont nommées au v. 7 et aux vv. 21-22 ; dans les deux cas il est fait mention des *merveilles* (פלא) divines que les pères ne considèrent pas (שכל ; v. 7) ou qu'ils oublient (שכח au v. 21). Au *hifil* comme c'est le cas ici, le verbe שכל, *considérer,* est fréquent dans le corpus des Ecrits mais est en revanche peu utilisé ailleurs. Avec la négation, il semble contenir l'idée d'absence de sagesse. Les pères oublient les merveilles de Dieu (v. 21) et ils ne se souviennent pas (לא־זכר ; au v. 7) de ses *nombreuses miséricordes* (v. 7). Or la miséricorde (חסד) de YHWH est bien ce qui commande la louange (v. 1) et ce qui justifie que Dieu prenne en pitié son peuple (v. 45). Le v. 7 précise encore que les pères se rebellèrent (מרה), un verbe qui réapparaît aux vv. 33 et 43.

Ainsi le v. 7 semble servir de charnière entre l'invitatoire des vv. 1-6 qui fait de YHWH l'objet ou le destinataire de la prière et la séquence des vv. 8-22, un certain nombre de termes revenant en inclusion aux vv. 21-22 (מצרים et ים־סוף ; פלא et les verbes לא־זכר – שכר).

---

166 A.R. Ceresko, « Endings and Beginnings: Alphabetic Thinking and the Shaping of Psalm 106 and 150 », *CBQ 68* (2006), pp. 37-42.

Dans la première partie des vv. 8-22 YHWH est sujet des verbes, alors qu'à partir du v. 12 ce sont les pères qui le deviennent. L'agir de YHWH est qualifié deux fois par le verbe *sauver* (ישׁע; vv. 8. 10), tandis qu'au v. 21 il est précisé que les pères oublièrent *Dieu qui les sauvait* (ישׁע). Le même verbe reviendra dans la supplication du v. 47 et dans le v. 4 l'orant demandait à YHWH qu'il le visite en son salut (ישׁועה). YHWH sauve les pères *à cause de son nom* (שׁם; v. 8) et l'orant du v. 47 demande que le peuple soit sauvé pour louer le nom (שׁם) de Dieu. Il sauve pour faire connaître sa puissance (גבורה), affirmation qui semble venir en écho au v. 2: *qui peut raconter les puissances (גבורה) de YHWH?* Il sauve de la *main de celui qui haïssait* (שׂנא) et les délivre de *la main de celui qui leur était hostile* (איב). Or cette affirmation du v. 10 est renversée aux vv. 41-42: *il les livra aux mains des nations, ceux qui les haïssaient* (שׂנא) *les dominèrent. Celui qui leur était hostile* (איב) *les opprima.*

Au v. 12 l'attitude des pères est positive: ils se fient aux paroles de YHWH et chantent sa louange. Or la première affirmation (ויאמינו בדבריו) est renversée au v. 24: *ils ne se fièrent pas à sa parole* (לא־האמינו לדברו), alors que la seconde semble venir en écho au v. 2: *qui peut... faire entendre sa louange* (תהלה)? A partir du v. 13 en revanche, l'attitude des pères est négative et en inclusion de cette sous-unité revient deux fois le verbe שׁכח, *oublier* (vv. 13. 21). Ce verset précise encore que les pères n'attendirent pas le *dessein* (עצה) de YHWH et le v. 43 ajoutera qu'*ils se rebellèrent dans leur dessein* (עצה).

Le v. 23 réintroduit YHWH pour sujet et semble aussi jouer un rôle de charnière. Il introduit le personnage de Moïse que l'on retrouvera au v. 32 et mentionne le projet de YHWH d'exterminer (שׁמד) les pères. Or au v. 34 le péché de ces derniers sera de ne pas avoir exterminé (שׁמד) *les peuples dont YHWH avait parlé*.

La mention du pays (ארץ) semble unifier la séquence des vv. 24-38: il n'est plus question du *pays de Cham* comme en v. 22 mais d'un pays de délice (v. 24) ou d'un pays profané (v. 38). Le terme ארץ apparaissait aussi au v. 17 mais le contexte laisse clairement apparaître qu'il ne s'agissait pas là du pays mais de la terre (*la terre s'ouvrit et engloutit...*); il est encore présent au v. 27 mais au pluriel et en parallèle avec *nations* du stique précédent (*pour faire tomber leur postérité parmi les nations, pour les disperser parmi les pays*). Le mépris du pays de délice et la désobéissance à YHWH ont pour conséquence que celui-ci lève la main sur eux pour les faire tomber (נפל), *pour faire tomber* (נפל) *leur postérité parmi les nations* (גוי). Or il est question des nations non seulement au v. 27 mais aussi aux vv. 35 et 41: YHWH se lève pour faire tomber leur postérité parmi les nations; les pères se mêlent aux nations; il les livre aux mains (יד) des nations. Au v. 27 il est donc question de la *postérité* et aux vv. 37-38 des fils et des filles qui sont sacrifiés aux idoles de Canaan. La main (יד) de YHWH (vv. 26. 42) et la main (יד) des nations (v. 41) concourent au châtiment des pères, en contraste au v. 10 où YHWH les sauvait de la main de leur oppresseur. Au v. 29 il est question des actions (מעלל) qui provoquent YHWH et au v. 39 des actions (מעלל) par lesquelles les pères se prostituèrent. Leurs œuvres (מעשה) les souillent (v. 39), eux qui apprennent les œuvres (מעשה) des nations (v. 35) et qui avaient oublié les œuvres (מעשה) de YHWH (v. 13). Leurs actions provoquent une plaie (מגפה ; v. 29) que Pinhas arrête (v. 30). Enfin le vocabulaire du sacrifice et de l'idolâtrie est très présent dans cette séquence avec les termes de la racine זבח, *sacrifice* ou *sacrifier* (v. 28. 37 ; 38) ; Baal Péor (בעל פעור ; v. 28) ; *idole* (עצב ; v. 36. 38) ; *démons* (שד ; v. 37).

A partir du v. 44 YHWH est le sujet d'une série de verbes positifs : il voit (ראה ; v. 44), il entend (שמע ; v. 44) alors même que les pères n'avaient pas entendu sa voix et, partant, ne lui avaient pas obéi (שמע ; v. 25). Il se souvient (זכר ; v. 45) alors que les pères ne se souvenaient pas (אל־זכר ; au v. 7) et que l'orant du v. 4 l'appelait à se souvenir (זכר). Il se laisse fléchir (נחם) *en sa grande miséricorde* (חסד ; v. 45), alors que les pères ne se souvenaient pas de ses miséricordes (v. 7) et que l'orant la louait (v. 1). Il les livre (נתן ; v. 46) à la miséricorde de ceux qui les tenaient captifs, alors qu'il les avait livrés (נתן) aux mais des nations (v. 41).

Puis l'orant en appelle à nouveau à YHWH pour que le peuple soit sauvé (v. 47 ; cf. v. 4), soit rassemblé (קבץ) du milieu des nations alors qu'il avait été dispersé (v. 27). Enfin, comme R.L. Alden l'observait, un certain nombre de termes liés à la louange ou à l'action de grâce sont présents dans le prélude et le postlude : *louez YHWH* (הללויה ; vv. 1 et 48) ; *rendre grâce* (ידה ; vv. 1 et 47) ; *louange* (תהלה ; vv. 2 et 47) ; *toujours* (עולם ; vv. 1 et 48) ; le tétragramme (יהוה) en position de vocatif (vv. 4 et 47).

Le tableau ci-dessous schématise les observations faites jusque-là :

Tableau des indices de structuration du Ps 106.

	termes structurant l'unité	termes délimitant des séquences	termes reliant des unités les unes avec les autres
vv. 1-6	טוב (vv. 1. 5)	חסד	חסד ישועה גבורה זכר הללויה ידה תהלה עולם יהוה
v. 7		ים־סוף et מצרים פלא לא־זכר	חסד מרה (לא) זכר

vv. 8-22 vv. 8-11 v. 12 vv. 13-22	ישע שכח	ים־סוף et מצרים פלא שכח	ישע שם גבורה ויאמינו בדבריו תהלה יד - איב + שנא עצה מעשה
v. 23		שמד	שמד
vv. 24-43 vv. 24-29 (v. 26) vv. 30-31 vv. 32-43 (vv. 40-41a)	מעלל מעשה מגפה עצב, זבח	ארץ גוי יד שמד	מרה לא־האמינו לדבר שמד מרה יד - איב + שנא עצה מעשה (לא) שמע נתן
vv. 44-46			חסד ישע שם שמע זכר נתן
vv. 47-48			הללויה ידה תהלה עולם יהוה

Si on relie les versets qualifiés plus haut de charnière (v. 7 et v. 23) avec la séquence qui suit en raison de correspondances de vocabulaire, le psaume semble donc présenter deux tableaux, l'un associé au pays d'Egypte et à la mer des Joncs et l'autre au pays de délice.

Dans le premier volet les lieux géographiques mentionnés, outre l'Egypte et la mer des Joncs, sont le désert (מדבר; vv. 9. 14) et la solitude (ישימון; v. 14), l'Horeb (v. 19). La mer des Joncs est un lieu de passage, *abîme, océan primordial* (תהום) et désert tout à la fois. Comme autre indication spatiale il est aussi question du *camp* (מחנה; v. 16), ce qui conserve le cadre du désert.

Les protagonistes en présence sont essentiellement YHWH et les pères. L'agir sauveur de YHWH a un but de révélation : faire connaître sa force (v. 8). Il se décline en parole performative : YHWH menace (גער) la mer des Joncs et elle s'assèche, et en présence protectrice : il conduit (הלך au *hifil*) dans les abîmes comme au désert

(v. 9). YHWH exerce son pouvoir sur les eaux et la mer des Joncs d'abord océan primordial (תהום) devient un désert. Dans ces deux lieux extrêmes et opposés que sont l'abîme et le désert, YHWH donc guide les siens. Son salut est encore acte de délivrance (גאל) de la main des oppresseurs, lesquels sont alors recouverts par les eaux au travers desquelles les pères ont été conduits.

La réaction première des pères face aux actions divines est la foi et la louange (v. 12). Mais si elle montre que YHWH a atteint son but, faire connaître sa force, elle est tout aussitôt relayée par une attitude opposée d'oubli, de refus du dessein divin et de mise à l'épreuve de YHWH (vv. 13-14). Le désert où les pères avaient été guidés se renverse en un lieu de désir et de provocation de YHWH. De ce point de vue le v. 12 sert de pivot autour duquel s'articulent l'évocation des œuvres puissantes de YHWH et le récit des rébellions humaines au désert et de leurs châtiments subséquents. Le v. 15 semble en quelque sorte livrer une clé interprétative des événements : YHWH répond au désir humain et accorde ce qui est demandé mais cette riposte même se révèle châtiment, le TM indiquant qu'il envoie *le dépérissement* (רזון) *dans leur vie*. Le dépérissement est à la fois une sorte de justice immanente établissant un lien de cause à effet entre péché et punition et intervention de YHWH à la mesure des comportements humains.

Deux péchés sont alors nommés : la jalousie de Moïse et d'Aaron dans le camp (v. 16) ; la fabrication et l'adoration du veau d'or à l'Horeb (v. 19). Dans la logique du psaume le premier semble attirer le châtiment de Datân et Abiram qui sont recouverts (כסה) par la terre (vv. 17-18), comme les ennemis avaient été recouverts par l'eau (כסה ; v. 11). Le second est suivi de la mention ironique de ses conséquences : ils ont échangé *leur gloire pour l'image d'un bœuf mangeant de l'herbe* (v. 20).

Le premier tableau est alors conclu par la répétition de l'oubli par les pères de celui qui les sauvait et avait accompli des merveilles en Egypte et à la mer des Joncs (vv. 21-22), ce qui forme une symétrie avec l'ouverture de cette unité textuelle (v. 7).

A la charnière entre les deux tableaux, le v. 23 formule que l'exaspération divine face à l'oubli des pères aurait pu entraîner l'extermination de ces derniers si Moïse, l'élu (בחיר), *ne s'était tenu sur la brèche devant lui, pour détourner sa fureur destructrice*. L'intervention de Moïse toutefois n'a pas d'impact sur le comportement des pères : après la mention de péchés en Egypte, à la mer des Joncs et au désert, ce sont des péchés à l'égard du pays qui sont introduits. Le premier d'entre eux est mépris du *pays de délice* (ארץ חמדה ; v. 24) et le dernier l'idolâtrie suprême : la profanation du pays par le sang des fils et des filles offerts en sacrifice aux idoles de Canaan (v. 38). Dans le pays tout se joue aussi dans le rapport aux nations (גוים) : le mépris du pays, le manque de foi et la désobéissance à la parole divine entraînent la dispersion des descendants parmi les nations (גוים) et parmi les pays (v. 27). Un péché plus loin nommé (v. 35) est de *se mêler aux nations* et d'en apprendre les œuvres (מעשה) au point qu'elles deviennent les œuvres mêmes des pères (מעשה; v. 39) et que YHWH les livre aux mains des nations (גוים; v. 41).

A propos du pays le premier péché mentionné est donc le mépris, le manque de confiance en la parole divine et la désobéissance. Il a pour châtiment que YHWH fait tomber les pères au désert et fait tomber leur postérité parmi les nations (v. vv. 26-27). Un autre péché s'ensuit néanmoins : ils s'attachent à Baal-Péor et, fait plus curieux, mangent les sacrifices des morts (v. 29). Ce deuxième péché mentionné entraîne lui aussi un châtiment, une plaie (מגפה; v. 29) que Pinhas arrête (v. 30).

Après Moïse, Pinhas est donc nommé comme intervenant pour arrêter un fléau qui est de l'ordre d'une sanction divine. Les vv. 30-31 qui le concernent fonctionnent eux aussi comme un pivot autour duquel s'organise l'évocation des péchés des pères. En effet, les pères à nouveau irritent YHWH et se rebellent contre son élu Moïse (vv. 32-34). Le psaume, à cet endroit, insiste sur le péché des pères et en manifeste les conséquences pour Moïse, en minimisant sa part de responsabilité : il profère des paroles irréfléchies à cause d'eux. La désobéissance à la parole divine se manifeste ensuite dans le refus d'exterminer les nations, qui a pour autre aspect que les pères se mêlent à elles et apprennent leurs œuvres (vv. 34-35) : culte des idoles des nations (v. 36) ; sacrifices des fils et des filles aux démons ; (v. 37) ; sacrifices des fils et des filles aux idoles de Canaan (v. 38). Ce *crescendo* d'idolâtrie a pour conséquence qu'ils sont souillés et prostitués par leurs actions et œuvres (v. 39). Là encore s'ensuit un châtiment : YHWH les livre aux mains des nations, de ceux qui les haïssent et leur sont hostiles (vv. 40-42).

Au terme des sept péchés rapportés dans ce second tableau l'agir de YHWH et corrélativement le sort du peuple sont complètement renversés : alors qu'au commencement du premier tableau il était rapporté que YHWH sauvait les pères de la main de ceux qui les haïssaient et opprimaient (v. 10), la finale du second tableau raconte que YHWH les livre aux mains des nations, de ceux qui les haïssent et oppriment. Ce renversement est la conséquence de ce que les pères n'ont eu de cesse de ne pas attendre le dessein divin (עצה; v. 13) et de se rebeller au contraire dans leur propre dessein (עצה; v. 43). Le v. 43 statue que YHWH a maintes fois délivré les pères mais que ceux-ci se sont endurcis dans leurs propres péchés au point de s'attirer le châtiment auquel YHWH les livre : c'est leur propre péché qui est la cause de leur humiliation.

Est-ce là le dernier mot cependant ? Avec les vv. 44-46 s'ouvre en quelque sorte un troisième volet qui semble suggérer que la situation dans laquelle se trouvent les pères dominés et humiliés au milieu des nations a connu un nouveau renversement, au moins partiel. YHWH est le sujet des verbes de ces versets : il voit, entend, se souvient et se laisse fléchir. Alors qu'il les avait livrés (נתן; v. 41) aux mains des nations, il les livre (נתן; v. 46) *à la miséricorde de ceux qui les tenaient captifs*. De ce point de vue YHWH renverse la situation telle que décrite dans les vv. 41-42: livrés aux mains des nations les pères étaient opprimés et dominés; ils sont désormais livrés à la compassion de ceux qui les tiennent captifs. Mais ce renversement n'est pas total: les vv. 44-46 ne disent pas à l'instar du v. 10 que YHWH les sauve et les délivre. Autrement dit, les pères restent captifs des nations, bien que rencontrant désormais une attitude de miséricorde au lieu de domination et oppression.

Au v. 47 l'orant peut alors reprendre la parole pour demander que le renverse-ment de situation soit porté à son accomplissement: *Sauve-nous YHWH notre Dieu et rassemble-nous du milieu des nations*. En lien avec le prélude au terme duquel l'orant reconnaissait que la communauté, le *nous* qu'il représente, a péché comme ses pères (v. 6) et a besoin d'être sauvée (v. 4), le postlude formule une imploration pour ce salut et précise qu'il est rassemblement du milieu des nations. Alors la communauté pourra faire monter sa louange vers YHWH (v. 47) comme y invitait le v. 1. Dans cet encadrement du psaume, qui donne la parole à la communauté et invite à la louange tout autant qu'à la supplication, le v. 3 peut paraître hors de propos. Mais il livre peut-être encore une clé herméneutique: la béatitude de *ceux qui observent le droit et pratiquent la justice en tout temps* donne à voir comme en miroir la situation qui aurait pu être celle des pères et qui pourrait être celle du *nous* si les uns et les autres n'avaient pas péché. C'est parce qu'ils n'ont pas observé le droit ni pratiqué la justice que les uns et les autres sont châtiés.

3.2.4 La dynamique de «Fortschreibung» à l'œuvre dans le psaume

Comme le Ps 105, le Ps 106 s'ouvre par une invitation à louer Dieu (הודו ליהוה) mais ajoute une motivation à la louange: *car il est bon*, qui réapparaît ailleurs dans les quatrième et cinquième livres du Psautier (Ps 100, 5; 107, 1; 118, 1. 29; 136, 1). Mis à part Ps 100, 5 ces invitatoires contiennent aussi la seconde motiva-tion avancée par le Ps 106: *car sa bonté est pour toujours*, qui revient comme un refrain dans le Ps 136.

La question en revanche sans parallèle du v. 2 pourrait trouver sa réponse au v. 3: *heureux ceux qui observent le droit et pratiquent la justice* (שמר משפט עשה צדקה) *en tout temps*. Cette béatitude proclame le bonheur de ceux qui mettent en pra-tique le commandement divin qu'Is 56, 1 exprime dans les mêmes termes, à ceci près que les verbes y sont à l'impératif et que l'indication temporelle (בכל־עת) du psaume n'apparaît pas. Bien qu'il soit impossible d'établir un lien d'intertextualité entre les deux textes sur la base de cette seule formule, il n'en reste pas moins que le texte d'Isaïe motive le commandement par l'annonce de la proximité du salut (ישועה) de YHWH. Or l'orant appelle YHWH à le visiter en son salut (ישועה) en Ps 106, 4.

Si dans le v. 4 il est fait référence à Israël avec le terme généralement utilisé, עם (*peuple*), dans le verset suivant le substantif employé est גוי (*nation*). Or celui-ci est ordinairement réservé à la désignation des nations païennes. Parmi les hypothèses avancées pour en expliquer l'usage en relation à Israël, A. Cody retient celle qui en fait ici un simple parallèle à עם[167]. Mais dans la mesure où le terme revient deux fois dans le second tableau, pour évoquer la dispersion parmi les nations ou le fait de se mêler à elles, et une fois dans le postlude, il y a lieu de s'interroger sur le sens de son emploi au v. 5. Avec le texte de So 2, 9 (... *ce qui reste de mon peuple les pillera, ce qui subsiste de ma nation en prendra possession*) ce verset est le seul à employer le suffixe personnel renvoyant à YHWH et se rapportant à *nation*. L'expression est par ailleurs complétée par *ton héritage* (נחלה). Il est alors possible que l'emploi de גוי ici réfère au peuple élu en tant qu'il est appelé à posséder la terre promise. Vient à l'appui de cette hypothèse le fait que גוי peut être utilisé dans le contexte de la conquête de la terre (par exemple en Jos 3, 17; 4, 1) comme c'est le cas aussi pour נחלה (Ps 78, 55. 62. 71; Ps 105, 11).

Le v. 6 qui conclut le prélude[168] a pour caractéristique de formuler une confession des péchés à la première personne du pluriel avec un *crescendo* de verbes qui ne se retrouve qu'en 1 R 8, 47; 2 Ch 6, 37 et Dn 9, 5: חטא, *pécher;* עוה, *faillir;* רשע, *commettre l'iniquité.* Or le contexte de ces occurrences, en référence avec la thématique du psaume, n'est pas sans intérêt: 1 R 8, 47 fait prononcer au roi Salomon une prière dans laquelle il prévoit la possibilité que le peuple irrite YHWH par ses péchés et soit, pour cela, emmené captif dans un pays ennemi; si en pareille circonstance le peuple se repent et reconnaît avoir péché, failli et commis l'iniquité, alors YHWH pourrait pardonner à son peuple et à son héritage. 2 Ch 6, 37 répète la même prière de Salomon dans le même contexte. Quant au livre de Daniel, il donne une confession semblable dans la bouche du héros qui admet que la situation d'exil est la conséquence du péché du peuple.

A partir du v. 7 commence donc la récitation historique. Introduit par ce verset le premier tableau est d'abord un rappel de l'exode. Dès le séjour en Egypte, Israël n'a pas considéré les merveilles de YHWH, les plaies d'Egypte auxquelles

---

167 A. Cody, « When is the Chosen People Called a Gôy? », *VT 14* (1964), p. 2. Sur les différentes hypothèses de l'usage du terme, voir aussi: L. Rost, « Die Bezeichnungen für Land und Volk im Alten Testament», in: A. Alt, F. Baumgärtel, W. Eichrodt (et al.), *Festschrift Otto Procksch: zum Sechzigsten Geburtstag am 9. August 1934 Überreicht,* Leipzig, A. Deichert'sche Verlagsbuchhandlung: J.C. Hinrichs'sche Buchhandlung, pp. 125-148.
168 Contre J. Gärtner, 2012, p. 197.

le terme פלא renvoie généralement. La difficulté que soulève G.W. Coats en ce qui concerne ce verset est en réalité significative de la tendance à lire le psaume à travers le prisme du Pentateuque et sous l'influence d'une précompréhension liée à la connaissance des données qu'il fournit. Pour G.W. Coats, le problème est que le livre de l'Exode fait état de l'incapacité des Hébreux à vivre l'annonce de leur salut à venir à cause de leur oppression et de leur découragement (cf. Ex 5, 20-21; 6, 9; cf. 4, 1. 8). Il considère que cet élément ne peut être assimilé à un oubli des actions divines ni être une partie de la tradition de la rébellion. Si les actions de YHWH en Egypte se réfèrent alors aux plaies et sont associées à la préparation de l'exode, elles ne peuvent avoir été oubliées quand le peuple y séjournait encore. Il ajoute que la juxtaposition de la mention de l'oubli des œuvres de YHWH et de celle de l'événement de la mer (v. 7b) pourrait cependant impliquer que les événements oblitérés se situent avant l'exode et il émet alors l'hypothèse que la première soit une référence à un acte d'idolâtrie. Toutefois, comme une mention de l'idolâtrie des Hébreux en Egypte n'apparaît pas dans le Pentateuque, il en conclut que cette allusion refléterait une tradition qui n'est simplement pas présente dans le matériel du Pentateuque à notre disposition[169]. Outre le caractère abscons du raisonnement le souci de faire coïncider le psaume avec les données du Pentateuque en interdit la perception de la logique propre. Il n'y a pas lieu en réalité de refuser la perspective d'une rébellion d'Israël antérieure à l'exode, comme le livre d'Ezéchiel l'évoque aussi (Ez 20, 6-9)[170]. Le terme פלא cependant accorde crédibilité à l'hypothèse de l'incompréhension des pères face aux plaies d'Egypte, aux bontés manifestées par YHWH.

Thématiquement ce verset pourrait aussi faire allusion à Ex 14, 11-12 et aux murmures du peuple lorsqu'il se voit pris au piège entre l'armée égyptienne et la mer, mais il n'y a pas de vocabulaire en commun entre les deux textes. La mer des Joncs est elle-même nommée en Ex 15, 4. 22; 23, 31; Nb 14, 25; 21, 4; 33, 10; Dt 1, 40; 2, 1; 11, 4; Jos 2, 10; 4, 23; 24, 6; Jg 11, 16; 1 R 9, 26; Jr 49, 21; Ps 136, 13. 15; Ne 9, 9. Une première série de textes (Ex 15; Dt 11, 4; Jos 2, 10; 4, 23; 24, 6; Ps 136, 13. 15; Ne 9, 9) évoque le fait que YHWH a asséché la mer des Joncs et a permis à son peuple de la traverser alors qu'il y a fait sombrer les Egyptiens. En revanche Ex 23, 31 met dans la bouche de YHWH la promesse du don de la terre et la délimitation de son étendue, *de la mer des Joncs à la mer des Philistins et du*

169 G.W. Coats, 1968, p. 226.
170 Pour J. Gärtner, il faut penser que le psaume reste ouvert. L'effacement de l'événement historique, en quelque sorte, laisserait la place à une réflexion sur cet événement, qui marque aussi l'interprétation du salut à la mer des Joncs (J. Gärtner, 2012, p. 200). Sur le fait que l'expression « mer des Joncs » soit un indice de ce que le psaume se réfère au Pentateuque en sa forme finale, cf. la note 181, p. 200.

désert au fleuve. Le contexte de Nb 14 et de Dt 1-2 est celui de la révolte du peuple au moment d'entrer en terre promise ; YHWH le renvoie alors dans le désert en direction de la mer des Joncs. Nb 21, 4 fait aussi état d'une rébellion du peuple durant son séjour au désert. Nb 33 retrace les étapes parcourues par le peuple lorsqu'il sortit d'Egypte. Dans le Ps 106, la première mention de la mer des Joncs précède le rappel de sa traversée alors que la seconde (v. 22) conclut le premier tableau et devance l'évocation du mépris du pays de délice. Le psaume semble ainsi s'accorder aux textes qui racontent la traversée de la mer des Joncs comme à ceux où elle est mentionnée en lien avec le pays promis.

Les vv. 8-11 racontent la traversée de la mer. Ils indiquent d'abord le motif du salut accordé par YHWH : *à cause de son nom, pour faire connaître sa force* (v. 8). Ex 14, 18 indique en revanche que YHWH sauve son peuple pour que les Egyptiens reconnaissent que c'est lui le Seigneur. La première expression du psaume (*à cause de son nom*) est en réalité relativement fréquente dans les livres prophétiques, en particulier en Ezéchiel (20, 9. 14. 22. 44 ; 36, 21-22 ; 39, 25) mais avec le suffixe de la première personne du singulier : au chapitre 20, YHWH rappelle lui-même ce qu'il a accompli en faisant sortir son peuple d'Egypte pour le mener en un pays *ruisselant de lait et de miel, splendide entre tous les pays.* Le peuple s'est révolté contre YHWH et n'a pas abandonné les idoles d'Egypte. C'est pourquoi, YHWH a déversé contre lui sa fureur (v. 8). Mais il précise : *cependant je me suis mis à l'œuvre à cause de mon nom, pour qu'il ne fût pas profané aux yeux des nations parmi lesquelles ils habitaient. Je me fis connaître à eux, sous les yeux de ces nations en les faisant sortir du pays d'Egypte* (v. 9). Une séquence semblable d'événements, racontés avec les mêmes expressions, revient dans les vv. 10-14 : YHWH a fait sortir son peuple pour le mener au désert. Ce dernier s'est rebellé contre YHWH et a enflammé sa fureur. YHWH à nouveau s'est mis *à l'œuvre à cause de son nom, pour qu'il ne fût pas profané aux yeux des nations* à la vue desquelles il les avait fait sortir (v. 14). Le chapitre se termine par une déclaration générale : *vous connaîtrez que je suis YHWH, quand j'agirai avec vous à cause de mon nom et non pas à cause de votre mauvaise conduite et de vos actions corrompues, maison d'Israël – oracle de YHWH Dieu* (v. 44). Au chapitre 36, il s'agit encore de profanation du saint nom de Dieu parmi les nations par la maison d'Israël ; et c'est à cause de son nom que YHWH se met à l'œuvre. La seconde expression du psaume (*pour faire connaître sa force*) n'a pas d'équivalences dans d'autres textes. Dans la logique du psaume elle vient en écho à la question du v. 2 : *Qui peut raconter les puissances de YHWH ?* Comme en Ezéchiel le psaume semble supposer que YHWH agit pour se faire connaître de son peuple, des pères, et non des Egyptiens. Mais il demeure textuellement difficile de prouver la dépendance littéraire d'un texte envers l'autre.

Le salut de YHWH s'accomplit d'abord par le biais d'une parole performative : YHWH menace la mer des Joncs et elle s'assèche. Le verbe גער, *menacer* est assez peu utilisé dans l'Ancien Testament et le psaume fait preuve d'originalité en lui donnant la mer pour complément. Une expression semblable toutefois se trouve en Na 1, 4 à ceci près que le texte prophétique ne précise pas qu'il s'agit de la mer des Joncs.

Na 1, 4   גוער בים ויבשהו
    Il menaça la mer et l'assécha
Ps 106, 9a   ויגער בים־סוף ויחרב
    Il menaça la mer des Joncs et elle s'assécha

Cette maîtrise divine des eaux est encore exprimée de façon relativement semblable en Is 50, 2 (*voici que par ma menace j'assèche la mer*) et 51, 10 (*n'est-ce pas toi qui as asséché la mer*). Par ailleurs, cette dernière occurrence d'Isaïe utilise comme le second stique du Ps 106, 9 le substantif תהום, *abîme*, déjà rencontré dans Ps 78, 15. Comme en Is 51, 10 et Is 63, 13 le terme est employé pour évoquer le passage de la mer. Le psaume a aussi ceci de commun avec Is 63, 13 qu'il mentionne dans le même verset la mer et le désert:

Is 63, 13   מוליכם בתהמות כסוס במדבר לא יכשלו
    Qui les fit avancer dans les abîmes. Tel un cheval dans le désert ils
    ne trébuchent pas
Ps 106, 9b   ויוליכם בתהמות כמדבר
    il les conduisit dans les abîmes comme au désert

Le psaume est ainsi proche du texte d'Isaïe dans l'évocation de la marche dans les abîmes devenus comme un désert.

En deux stiques parallèles, le v. 10 mentionne ensuite le salut de la main des ennemis. Ex 15, 6. 9 nomme l'Egypte comme l'ennemi qui *est hostile* (איב) à Israël. Ce verbe est dans le psaume associé à שנא, *haïr*. Mais le verbe גאל, *délivrer* qui est associé à ישע, *sauver* s'il est employé en Ex 15, 13 est surtout caractéristique du livre d'Isaïe (35, 9; 43, 1; 44, 22. 23; 48, 20; 51, 10; 52, 9; 62, 12; 63, 9), où certains textes établissent un lien entre la sortie d'Egypte et le retour de l'exil à Babylone. Dans le psaume les eaux recouvrent les ennemis au point que pas un ne reste. Le premier fait est rapporté en Ex 14, 28; 15, 5. 10 avec le même verbe (כסה) et le second également en Ex 14, 28 mais avec un verbe différent. Le v. 12 qui conclut cette première séquence de la récitation historique semble combiner des éléments d'Ex 14, 31 (אמן) et d'Ex 15, 1-2 (שיר)[171].

---

171 Sur des reprises possibles d'Ex 13, 17-15, 21 dans cette séquence du psaume, voir J. Gärtner, 2012, pp. 202-206

A partir du v. 13 les traditions auxquelles se réfère le Ps 106 semblent plus facilement repérables. Dans l'unité des vv. 13-22, le texte décrit comment YHWH a été mis à l'épreuve par les pères dans le désert. L'encadrement de cette partie (v. 13 et vv. 21-22) insiste sur l'oubli des actions divines salvatrices ; il n'est pas sans rappeler Ps 78, 11. 42 et les nombreux passages du Deutéronome qui mettent en garde contre l'oubli de ce que YHWH accomplit pour son peuple (Dt 4, 9. 23 ; 6, 12 ; 9, 7 ; 25, 19 ; 32, 18). Le second stique du v. 13 précise que les pères, au désert, n'ont pas attendu le dessein divin, ce qui constitue une thématique proche de celle de l'interprétation que propose le Targum du Ps 78, 9. Le verbe חכה, *attendre*, au *piel* contient en soi l'idée de confiance ou d'espérance. Du contexte immédiat il apparaît que le peuple ne fait pas confiance à YHWH pour sa subsistance et sa protection. L'incapacité à attendre le dessein divin est en effet déployée dans les versets suivants qui rappellent trois épisodes présents dans le Pentateuque et notamment dans le livre des Nombres : la manne et les cailles (vv. 14-15 ; Nb 11, 4-6. 31-35) ; la rébellion de Datân et d'Abiram (vv. 16-18 ; Nb 16, 1-3 ; 31-35) ; le veau d'or (vv. 19-23 ; Ex 32, 1-6).

Le v. 14 introduit d'abord le thème du désir et de la convoitise. Le verbe utilisé (אוה, *désirer*) est le même qu'en Nb 11, 4. 34 et du Ps 78, 29-30 :

Ps 106, 14	ויתאוו תאוה במדבר
Nb 11, 4	התאוו תאוה
Nb 11, 34	קברות התאוה כי־שם קברו את־העם המתאוים
Ps 78, 29-30	ותאותם יבא להם
	מתאותם

Alors que dans le Ps 78 la tradition du désir suit la tradition de la manne, en Nb 11, 4 elle la précède. Dans le Ps 106 l'évocation du désir suggère sans les nommer les traditions de la manne et des cailles, mais précise qu'il s'agit d'une mise à l'épreuve de YHWH. De par le vocabulaire utilisé ce stique est proche du Ps 78, 40-41 : *Que de fois ils se rebellèrent contre lui dans le désert, ils l'irritèrent dans la solitude* (ישימון). *Ils recommencèrent à mettre Dieu à l'épreuve* (נסה), *au saint d'Israël, ils donnèrent des limites.* Le verbe נסה, *mettre à l'épreuve* est employé cependant également en Nb 14, 22 qui signale qu'aucun des hommes qui ont vu les signes opérés par YHWH en Egypte et dans le désert et l'ont mis à l'épreuve n'entreront dans le pays promis. Quant à la *solitude* (ישימון) elle est nommée en Nb 21, 20 dans le contexte du récit de la conquête de la Transjordanie.

Que dans Ps 106, 14 la mise à l'épreuve de Dieu soit demande de nourriture, trouve une confirmation au v. 15 : *il leur accorda leur demande, mais il envoya le dépérissement dans leur vie.* L'expression est paradoxale : Dieu répond au désir des pères et la LXX en introduisant dans le second stique la notion de satiété comprend que c'est une nourriture satisfaisant leurs besoins que YHWH envoie.

Toutefois avec שלח רזון, *envoyer le dépérissement,* le TM est plus curieux et semble suggérer que l'assouvissement de la demande est en réalité châtiment : YHWH donne aux pères ce qu'ils revendiquent mais la satisfaction de leur désir les rend malades[172]. Il est bien sûr possible de lire מזון, *nourriture,* comme le suggère l'apparat critique de *la Biblia Hebraica Stuttgartensia,* ou de considérer que רזון est une métathèse d'un terme (זרון ; *dégoût*) dérivé de זרא que l'on trouve en Nb 11, 20, ou encore de supposer un jeu de mots entre רצון, *faveur, complaisance* et רזון dont le but serait de surprendre l'auditeur ou le lecteur du psaume ; mais l'expression שלח רזון se rencontre aussi en Is 10, 16 : contre l'arrogante Assyrie qui s'octroie les mérites de ses victoires YHWH envoie le dépérissement. Ainsi l'incapacité de reconnaître l'agir de YHWH ou le manque de confiance envers le dessein divin s'attire le châtiment du dépérissement. En soi dans le Ps 106 la thématique est proche de celle de Nb 11, 34 ou du Ps 78, 30-31 : le désir du peuple, une fois satisfait, a entraîné sa mort.

Le Ps 106, 16 évoque ensuite la jalousie de Datân et Abiram à l'égard de Moïse et d'Aaron comme motif de leur révolte. A l'instar de Dt 11, 6, le psaume ne parle pas de la rébellion de Coré, fils de Lévi, et de ses partisans. Datân et Abiram sont nommés conjointement en Nb 16, 12. 25. 27 ; 26, 9 et Dt 11, 6. Mais le verbe קנא, *jalouser* n'est pas utilisé à leur sujet dans le Pentateuque. Si Nb 11, 29 l'utilise, c'est dans la bouche de Moïse à propos de Josué ; comme le psaume, ce texte situe l'événement raconté *dans le camp* (במחנה). Aaron est appelé le *saint de YHWH,* ce qui constitue aussi un élément original du psaume, encore que l'expression *consacré à YHWH* (קדש ליהוה) apparaisse en Ex 39, 30 dans la description du fleuron, insigne de la consécration, destiné à Aaron et ses fils. En revanche le v. 17 est proche de Nb 16, 32 et 26, 10 par l'utilisation des mêmes termes ארץ, *terre* ; פתח, *s'ouvrir* et בלע, *engloutir* :

Ps 106, 17	תפתח־ארץ ותבלע דתן ותכס על־עדת אבירם
	La terre s'ouvrit et engloutit Datân, elle recouvrit la bande d'Abiram
Nb 16, 32	ותפתח הארץ את־פיה ותבלע אתם ואת־בתיהם
	Ouvrant sa bouche la terre les engloutit eux et leurs maisons
Nb 26, 10	ותפתח הארץ את־פיה ותבלע אתם
	Ouvrant sa bouche la terre les engloutit eux...

Quant au verbe כסה, *recouvrir,* il se trouve en Nb 16, 33 :

ותכס עליהם הארץ	*La terre les recouvrit*

---

172 Sur les différentes traductions, corrections et lectures de ce verset voir : M.D. Gray, *SJOT 7* (1993), pp. 125-133.

Un feu est aussi évoqué en Nb 16, 35 : il consume les fils de Coré et ses partisans ; le verbe utilisé toutefois n'est pas le même que dans le psaume. Il est par contre question d'un feu qui dévore (בער) en Nb 11, 1 en châtiment du peuple qui murmure ; l'épisode précède la demande de nourriture. Enfin le psaume conclut cette séquence en indiquant qu'*une flamme brûla les impies* (רשעים), un qualificatif aussi utilisé en Nb 16, 26. Ainsi même si le psaume ne mentionne pas Coré et ses deux cent cinquante partisans il entre en écho avec une tradition où les révoltes de Coré et de ses partisans d'une part, de Datân et Abiram d'autre part étaient liées. Oblitérant la révolte des lévites, il inscrit cet épisode dans une succession de péchés des pères au désert : il est significatif à cet égard que la jalousie à l'égard de Moïse et d'Aaron soit évoquée avec un verbe à la troisième personne du pluriel (v. 16), avant même que ne soit nommés Datân et Abiram (v. 17).

Dans la logique du psaume l'élimination des impies n'a pas suffi à enrayer la révolte des pères puisque les vv. 19-20 font référence au veau d'or, dont Ex 32 et Dt 9, 8-21 racontent la fabrication. Le v. 19 possède des expressions en commun avec Ex 32, 8 :

Ps 106, 19   יעשו־עגל בחרב וישתחוו למסכה
Ils façonnèrent un veau à l'Horeb, ils se prosternèrent devant de la fonte

Ex 32, 8   עשו להם עגל מסכה וישתחוו־לו
Ils se sont fait pour eux un veau de fonte, ils se sont prosternés devant lui

Un point de divergence existe cependant entre les deux textes, le livre de l'Exode situant la scène au Sinaï (cf. Ex 31, 18) tandis que le psaume, comme Dt 9, 8, indique l'Horeb.

Le psaume poursuit avec ironie en ajoutant qu'ainsi *ils échangèrent* (מור) *leur gloire* (כבוד) *pour l'image d'un bœuf mangeant de l'herbe* (v. 20). Son vocabulaire manifeste une proximité avec celui du reproche que YHWH adresse à son peuple en Jr 2, 11 : *une nation change-t-elle de dieux ? Et pourtant ce ne sont pas des dieux ! Mon peuple, lui, échange* (מור) *sa gloire* (כבוד) *contre ce qui ne sert à rien*[173]. En revanche, le terme תבנית, *image* est utilisé en Dt 4, 16-18 dans une exhortation à ne pas se fabriquer d'idole sous quelque forme que ce soit, figure d'humain ou d'animal ; le contexte est celui du récit du don de la loi à l'Horeb. Par ailleurs, dans un chapitre qui annonce la ruine de Jérusalem, Ezéchiel dénonce l'idolâtrie qui souille le temple : *J'entrai et je regardai ; il y avait toutes sortes d'images* (תבנית)

---

[173] Le même rapprochement est opéré par J. Gärtner. Faut-il cependant comme elle le propose estimer que dans le psaume la reproduction perd son statut d'image cultuelle et renvoie exclusivement au veau comme créature de YHWH, ce qui soulignerait la confusion entre le Créateur et sa créature ? (J. Gärtner, 2012, pp. 211-212).

de reptiles et de bêtes – une horreur – et toutes les idoles de la maison d'Israël dessinées tout autour sur le mur (Ez 8, 10).

Les vv. 21-22 concluent le premier tableau en reprenant le thème de l'oubli si présent dans la tradition deutéronomique (Dt 4, 9. 23; 6, 12; 8, 11. 14. 19; 9, 7; 32, 18; Os 2, 15; Jr 2, 32; Ps 78, 7. 42). Les pères ont oublié *YHWH qui les sauvait* en accomplissant de *grandes choses* (גדלות; cf. Dt 10, 21), des *merveilles* (נפלאות) des *actes terribles* (נוראות; cf. Dt 10, 21).

Le v. 23, qui sert de transition et introduit le second tableau, mentionne le projet de YHWH d'exterminer les pères et l'intercession de Moïse. Cette mention a un parallèle de contenu en Ex 32, 11-14. 31-35; Dt 9, 18-20. 25-29 et Nb 14, 11-24. Le verbe שמד, *exterminer* d'abord utilisé pour indiquer le projet divin se trouve en Dt 9, 14. 19 – comme souvent ailleurs en Deutéronome – mais n'apparaît pas dans les livres de l'Exode et des Nombres. Le Ps 106 et Dt 9 ont encore en commun חמה, *fureur*, et la racine שחת au *hifil*: dans le psaume la fureur divine est qualifiée de *destructrice*; en Dt 9, 26 Moïse demande à YHWH de ne pas détruire son peuple, qu'il a fait sortir d'Egypte. En revanche le psaume fait œuvre unique en attribuant à Moïse l'adjectif *élu*, que pour sa part Ps 105, 6 transférait à Abraham. Quant à l'expression עמד בפרץ לפניו, *se tenir sur la brèche devant lui* elle se trouve quasi à l'identique en Ez 22, 30: *J'ai cherché parmi eux un homme qui relève la muraille, qui se tienne sur la brèche devant moi* (עמד בפרץ לפני), *pour le bien du pays, afin que je ne le détruise* (שחת au *piel*) *pas: je ne l'ai pas trouvé.* YHWH est comme l'assiégeant dont Moïse réussit à arrêter la fureur destructrice. Ici encore la proximité avec le texte d'Ezéchiel introduit comme en surimpression à l'évocation de l'errance au désert celle de l'exil à Babylone. Mais comme le souligne J. Gärtner, par contraste avec le texte d'Ezéchiel, Moïse est dans le psaume présenté comme un prophète idéal. Comme élu de YHWH, Moïse se tient sur la brèche pour son peuple et éloigne la fureur destructrice; le peuple est en quelque sorte inclus dans l'élection de Moïse, comme le signale l'usage du même terme בחר en vv. 5 et 23, et il vit de ce choix: la limite de la colère divine est fondée dans l'acte même de l'élection de Moïse.[174]

A partir de là le second tableau relate la rébellion des pères en lien avec le *pays de délice* (vv. 24-43). En tant que telle l'expression ארץ חמדה, *pays de délice*, n'apparaît ailleurs qu'en Jr 3, 19 et Za 7, 14; ces deux textes ont pour contexte des rappels de l'exil. Le verbe מאס, *mépriser* est employé en Nb 14, 31: *le pays que vous avez méprisé.* Mais le v. 25a est bien plus proche de Dt 1, 27, seul autre texte où apparaît le verbe רגן, *murmurer*:

---

174 J. Gärtner, *Ibid.*, p. 215.

Ps 106, 25	ויורגנו באהליהם
Ils murmurèrent dans leurs tentes	
Dt 1, 27	ותרגנו באהליכם
Vous avez murmuré dans vos tentes	

Or le contexte de Dt 1, 27 est aussi celui du rappel du refus du peuple de monter au pays promis et de sa rébellion à la parole de YHWH. Le second stique du Ps 106, 25 est, lui, plus proche de Nb 14, 22 qui met dans la bouche de YHWH l'annonce que n'entreront pas dans le pays ceux qui se sont rebellés au désert ou de Dt 9, 23 qui formule le refus du peuple d'obéir à l'ordre divin de prendre possession du pays :

Ps 106, 25	לא שמעו בקול יהוה
ils n'obéirent pas à la voix de YHWH	
Nb 14, 22	ולא שמעו בקולי
... qui n'ont pas écouté ma voix	
Dt 9, 23	ולא שמעתם בקלו
Vous n'avez pas écouté sa voix	

La conséquence de ces murmures et de cette désobéissance est que YHWH *leva la main pour eux, pour les faire tomber au désert* :

Ps 106, 26a	וישא ידו להם
Il leva la main pour eux,	
Nb 14, 30	אל־הארץ אשר נשאתי את־ידי לשכן
...le pays où j'avais levé la main pour vous installer	

La main levée dans le serment de donner le pays (Nb 14, 30 ; cf. Ex 6, 8) se lève dans le psaume pour un châtiment :

Ps 106, 26b	להפיל אותם במדבר
...pour les faire tomber dans le désert	
Nb 14, 29	במדבר הזה יפלו פגריכם
(cf. v. 32) *... dans ce désert tomberont vos cadavres*	

En Ps 106, 27 le châtiment se redouble : *pour faire tomber* (même verbe נפל au *hifil* que dans le v. 26b) *leur postérité parmi les nations* (v. 27). Comme le remarque F.-L. Hossfeld, le psaume adopte ici la pensée et la formulation d'Ez 20. « Ce qui apparaît là en deux phases (les pères au désert : Ez 20, 25 ; les descendants au désert : Ez 20, 23) est assemblé ici : les ancêtres tombent dans le désert par la main de YHWH (cf. Nb 14, 29. 30. 32) et les fils tombent en exil parmi les nations et parmi (d'autres) pays »[175].

Ps 106, 27   ולזרותם בארצות
pour les disperser parmi les pays
Ez 20, 23   להפיץ אתם בגים ולזרית אותם בארצות
pour les disperser parmi les nations et les répandre parmi les pays

La dispersion parmi les nations est encore décrite avec le même vocabulaire dans les malédictions de Lv 26, 33. Une allusion à l'exil ou plus précisément à la situation de diaspora est ainsi introduite dans le psaume, qui suggère le contexte oppressant dans lequel il a pu être écrit.

Les deux versets suivants traitent de l'apostasie au Baal Péor, un fait qui est raconté en Nb 25, 1-13 et Dt 4, 3. L'événement est considéré, dans le psaume, comme ayant eu lieu au désert. La terminologie employée est proche de celle de Nb 25, 3. 5 : צמד לבעל פעור, *s'attacher à Baal Péor*. Le verbe צמד au *nifal* n'apparaît qu'en Nb 25 et dans le psaume à propos de et événement ; il suggère qu'Israël a été subjugué et s'est mis sous le joug du dieu de Péor, ce que Os 9, 10 stigmatise en décrivant que les pères *se sont voués* (נזר) *à la Honte et sont devenus des abominations comme l'objet de leur amour.* L'élément original du psaume est l'introduction d'une spécification de ce péché des pères : *ils mangèrent les sacrifices des morts.* Il s'agit là d'un hapax qui pourrait faire allusion à Nb 25, 2 : *elles (les filles des Moabites) invitèrent le peuple au sacrifice de leurs dieux ; le peuple y mangea et se prosterna devant leurs dieux.* Mais si dans les deux cas il est question de sacrifices (זבה), le psaume n'introduit pas l'idée de tentation par des femmes étrangères et spécifie qu'il s'agit de *sacrifices des morts,* ce qui pourrait constituer ou une référence à un culte des morts (Dt 26, 14 ; Is 8, 19) ou une dénonciation des faux dieux comme idoles mortes (Lv 26, 30). Il est possible qu'ici aussi le psaume utilise un jeu de mots entre פעור, *Péor* et פגר, *cadavre* (cf. 2 R 19, 35 où פגר apparaît aux côtés de מות au participe *qal* comme dans le psaume).

Ainsi les pères ont-ils provoqué (כעס comme en Ps 78, 58) YHWH *par leurs actions, une plaie s'est abattue contre eux* (v. 29). Le terme מגפה, *plaie,* est aussi utilisé en Nb 25, 8. Dans le psaume, comme dans le livre des Nombres, c'est Pinhas qui arrête la plaie. Dans le livre des Nombres, Pinhas agit avec zèle pour arrêter la plaie qui frappe le peuple pour son apostasie : il prend une lance et transperce deux transgresseurs, Zimri le fils de Salu et Cozbi la Madianite. Pour cette raison YHWH lui fait don de son alliance de paix (Nb 25, 10-15). Dans Ps 106,

---

175 F.-L. Hossfeld, E. Zenger, 2008, p. 130.; cf. aussi J. Gärtner, 2012, p. 218.

30 l'intervention de Pinhas prend une tonalité judiciaire : *Pinhas se leva et jugea, et la plaie s'arrêta*. Ainsi le psaume substitue-t-il à l'action violente décrite dans le récit sacerdotal de Nb 25 un acte non-violent. Dans le livre des Nombres, le prêtre est présenté comme faisant respecter de manière exemplaire la pureté rituelle semblablement aux Lévites d'Ex 32, 26-29 et son action fonctionne comme étiologie de sa prééminence sacerdotale. Dans le psaume l'intervention de Pinhas acquiert davantage une dimension juridique et son rôle est prophétique. B. Janowski propose que le premier verbe, עמד, soit à comprendre non dans un sens littéral mais plutôt dans un sens technique et « probablement comme un usage elliptique » de עמד בפרץ, *entrer dans la brèche*[176]. Si tel est le cas, la figure de Pinhas serait alors présentée en parallèle à celle de Moïse (cf. v. 23). En se tenant de la sorte sur la brèche Pinhas aurait agi « comme un agent ou comme un avocat pour Israël ; il se leva comme un médiateur (פלל ; v. 30a) pour son peuple apostat et conduisit le fléau à sa fin (v. 30b ; Nb 17, 12-13). On peut par conséquent traduire פלל ou par 'être un agent, agir comme un agent' ou 'intercéder, plaider' »[177]. C'est alors pour son rôle comme intercesseur que Pinhas est récompensé et présenté comme modèle de piété. L'expression employée en Gn 15, 6 à propos de la récompense accordée à Abraham pour sa foi est en effet ici appliquée à Pinhas : *Cela lui fut compté pour justice*.

Ps 106, 31	ותחשב לו לצדקה
Gn 15, 6	ויחשבה לו צדקה

La justice de Pinhas bénéficie même pour ses descendants *de génération en génération, pour toujours*. Il pourrait y avoir là une allusion à Nb 25, 13 qui parle d'une alliance à perpétuité pour Pinhas et ses descendants mais le psaume ne mentionne ni alliance ni sacerdoce[178]. M. Fishbane observe que Moïse et Pinhas ainsi présentés dans le psaume sont des figures d'espérance pour le psalmiste en exil et ses coreligionnaires qui, portant le poids de leur péché et des péchés passés, imploraient la miséricorde divine et attendaient la délivrance de la dispersion (vv. 4. 6. 46-47)[179].

---

176 B. Janowski, « Psalm CVI,28-31 und die Interzession des Pinchas », *VT 33* (1983), p. 241.

177 B. Janowski, *Ibid.*, p. 243. L'argumentation est reprise par J. Gärtner, 2012, p. 221. Sur le sens du verbe פלל, voir aussi : E.A. Speiser, « The Stem PLL in Hebrew », *JBL 82* (1963), pp. 301-306.

178 Contre J. Gärtner, qui discerne dans cette séquence la légitimation et l'ancrage du sacerdoce et de sa succession dans l'histoire du salut, l'institution du sacerdoce reliant le temps du désert et le temps de la communauté priante et étant subordonnée à la fonction prophétique de Moïse (J. Gärtner, 2012, pp. 221-222).

179 M. Fishbane, *Biblical Interpretation in Ancient Israel*, Oxford, Clarendon Press, 1985, p. 399.

Le v. 32 en revient au récit des péchés et des provocations des pères. Le verbe קצף, *irriter*, utilisé au *hifil* pour décrire leur action ne se retrouve pas dans les épisodes du Pentateuque qui relatent la rébellion du peuple à Mériba. En revanche il est employé au même mode grammatical en Dt 9, 7. 8 et 22 pour nommer la révolte du peuple au désert, à l'Horeb, à Taveéra, Massa et Qivroth-Taawa; il signale ainsi la persistance de cette attitude rebelle. L'expression על-מי מריבה, *près des eaux de Mériba* est présente à l'identique en Dt 33, 8 et les *eaux de Mériba* sont aussi nommées en Nb 20, 13. 24, tandis que Ex 17, 7 conclut: *il appela ce lieu du nom de Massa et Mériba – épreuve et querelle – à cause de la querelle des fils d'Israël et parce qu'ils mirent YHWH à l'épreuve en disant: 'YHWH est-il au milieu de nous, oui ou non?'* Le psaume poursuit en signalant le caractère néfaste de l'agir des pères pour Moïse: *cela fut funeste à Moïse à cause d'eux.* La formulation de ce stique n'a pas de parallèle strict mais l'idée que Moïse ait à souffrir les conséquences de la rébellion du peuple apparaît en Dt 1, 37; 3, 26 et 4, 21. Par ailleurs, Nb 20, 12 signale que Moïse ne mènera pas le peuple dans le pays donné pour n'avoir pas su montrer la sainteté de YHWH aux fils d'Israël. Le Ps 106, 33 en vient même à préciser que la rébellion du peuple fit que Moïse *proférera de ses lèvres des paroles irréfléchies*, une expression (בטא בשפתים) présente en Lv 5, 4 où elle signale un péché par inadvertance. Ce verset semble ainsi combiner la dénonciation de la responsabilité des pères et de celle de Moïse: la rébellion des pères déclencherait celle de Moïse. A l'inverse de ce qui apparaît en Nb 20, 10-12 et Dt 32, 48-52 Aaron n'est pas associé à son frère: pas plus qu'aux vv. 19-23, qui rapportaient l'épisode du veau d'or, sa responsabilité n'est pas nommée.

A propos du Ps 106, 34-39 F.-L. Hossfeld fait remarquer que la séquence « abandonne le récit du Pentateuque et continue l'histoire dans le pays. La présentation change radicalement: il n'y a plus de noms de lieux, de personnes ni d'évocations de scènes spécifiques »[180]. La dénonciation des péchés des pères se poursuit néanmoins: ils ont profané le pays. Le premier délit nommé est qu'ils *n'exterminèrent pas les peuples dont YHWH leur avait parlé* (v. 34). Dt 7 auquel le psaume pourrait faire allusion prescrit de vouer totalement à l'interdit les nations que YHWH aura chassées devant son peuple en le faisant entrer dans le pays pour qu'il en prenne possession. Le texte utilise le verbe שמד, *exterminer* aux vv. 23 et 34. En Jos 9, 24 le même verbe apparaît dans la bouche des Gabaonites qui disent à Josué: *on avait en effet souvent rapporté à tes serviteurs ce que YHWH, ton Dieu, avait prescrit à son serviteur Moïse: vous donner tout le pays et exterminer* (שמד) *tous les habitants du pays devant vous...* Le Ps 106 fait du délit des pères un refus d'obéissance à la parole divine concernant les peuples à exterminer. Il n'est pas inintéressant de

---

180 F.-L. Hossfeld, E. Zenger, 2008, p. 132.

remarquer par ailleurs que le verbe שמד a souvent YHWH pour sujet et le peuple pour objet: Dt 4, 26 annonce par exemple que si Israël se corrompt dans le pays en fabriquant une idole, il sera exterminé et dispersé parmi les peuples; Dt 7, 4 précise que s'il contracte un mariage avec les nations du pays pourtant vouées à l'interdit, YHWH l'exterminera; Dt 28 énonce les malédictions qui frapperont le peuple s'il n'obéit pas aux commandement divins et avertit qu'il sera exterminé (vv. 20. 24. 45. 48. 51. 61. 63)... Le Ps 106, 23 annonçait aussi que YHWH pensait exterminer les pères si Moïse n'était pas intervenu.

Non seulement les pères donc n'exterminèrent pas les peuples mais Ps 106, 35 ajoute qu'ils se mêlèrent aux nations et apprirent (למד) leurs œuvres (מעשה). Dans des termes différents Ex 34, 12-16 et Dt 7 mettent dans la bouche de YHWH l'exhortation à ne pas faire alliance avec les nations et à ne pas prendre leurs filles pour les fils d'Israël. Dt 18, 9 et 20, 17-18 avertissent de ne pas apprendre (למד) à faire (עשה) les mêmes abominations que les nations présentes dans le pays. Ainsi par voie d'allusion le psaume suggère que les pères n'ont pas obéi au commandement divin formulé dans le livre du Deutéronome. Le verbe ערב (*se mêler à*) utilisé au *hitpael* en Ps 106, 35 est d'un usage rare; il est attesté en Esd 9, 2: *...la race sainte s'est mêlée aux gens du pays*. Le verset suivant du psaume précise que les actions que les pères apprirent auprès des nations furent le culte des idoles et les sacrifices d'enfants. Par un jeu d'allitération le psaume suggère que se mêler aux nations (ערב) a pour corollaire immédiat de servir (עבד) leurs idoles (עצב). Celles-ci *furent pour eux un piège* (מוקש): la dénonciation est semblable à celles d'Ex 23, 33; Dt 7, 18; Jg 2, 3 même si le psaume ne parle plus des *dieux* des nations mais de leurs idoles (עצב).

Dans la logique du psaume, le comportement des pères est présenté selon un *crescendo* d'idolâtrie allant de l'adoption des manières d'agir des nations au culte de leurs idoles et du culte des idoles aux sacrifices des enfants. Le tout est encadré par l'inclusion que forme le terme מעשה, *œuvre* aux vv. 35 et 39. Le v. 37 nomme un sacrifice des fils et des filles *aux* démons (שדת), l'expression *sacrifier aux démons* ne réapparaissant que dans le cantique de Moïse en Dt 32, 17:

Ps 106, 37	ויזבחו... לשדים
Dt 32, 17	יזבחו לשדים

Le verset suivant introduit en parallèle l'idée que les fils et les filles furent sacrifiés *aux idoles de Canaan* et amplifie la description de l'abomination des pères en précisant que c'est du sang innocent qui fut versé (שפך דם נקי), un reproche qui apparaît dans les mêmes termes et avec une certaine fréquence dans les textes deutéronomistes (2 R 21, 16; 24, 4; Jr 7, 6; 22, 3...). La dénonciation des vv. 37-38 procède ainsi par la répétition de termes (דם, בת, בן, זבר) pour conduire à son *climax: le pays fut profané par leur sang.*

> Ils *sacrifièrent*   *leurs fils et leurs filles*   *aux démons*
> Ils versèrent le *sang* innocent
>   le *sang*   de *leurs fils et de leurs filles*
> qu'ils *sacrifièrent*   *aux idoles de Canaan*
> et le pays fut profané par le *sang*.

La profanation du pays est énoncée en Is 24, 5; Jr 3, 1. 2 (même verbe חנף). Mais les mentions du sang des fils et des filles et du sacrifice aux idoles de Canaan du Ps 106, 38 sont souvent considérées comme secondaires. Dans sa forme finale le verset pourrait accuser les pères de transgression de la loi de refuge telle que formulée en Dt 9, 10 et Nb 35, 33[181], après s'être référé au temps des juges (se mêler aux nations, vv. 34-36), puis au temps des Rois (sacrifices d'enfants, vv. 37-38)[182].

A l'accusation de profanation du pays, le v. 39 ajoute que les pères *se souillèrent par leurs œuvres, se prostituèrent par leurs actions*. Dans la littérature prophétique l'attitude de *se souiller* (טמא) et de *se prostituer* (זנה) est souvent dénoncée. En Ez 20, 30, le prophète dit aux anciens d'Israël venus consulter YHWH: *C'est pourquoi, dis à la maison d'Israël: Ainsi parle YHWH Dieu: Alors! vous vous êtes souillés* (טמא) *en suivant la conduite de vos pères, en vous prostituant* (זנה) *avec leurs horreurs!* En Ez 36, 17 un même type d'accusation apparaît: *Ecoute, fils d'homme: la maison d'Israël qui résidait sur son sol l'a souillé* (טמא) *par sa conduite et ses actions. Sa conduite a été devant moi comme la souillure d'une femme.* Quant à l'imputation de prostitution (même verbe זנה), elle apparaît en Ex 34, 15-16; Nb 25, 1; Lv 20, 5-6; Dt 31, 16; Jg 2, 17; 8, 27. 33; Os 1, 2; 2, 17; 3, 3; 4, 12-15; 9, 1; Jr 3, 1-9; Ez 6, 9; 16, 16-17. 26-28; 20, 30; 23, 3.5. 19-20..., des textes qui se réfèrent tous à l'idolâtrie.

Ce *crescendo* de souillure et de prostitution provoque une réaction divine (v. 40): *la colère de YHWH s'enflamma* (ויחר־אף יהוה), expression très fréquente dans la littérature deutéronomiste et en particulier dans les livres des Nombres et des Juges (Nb 11, 1. 10; 12, 9; 16, 15; 22, 22. 27; 24, 10; 25, 3; 32, 10. 13; Jg 2, 14. 20; 3, 8; 9, 30; 10, 7; 14, 19). La divine colère *contre son peuple* vient contrecarrer le dessein de faire sortir Israël d'Egypte pour que précisément il devienne le peuple de Dieu, son héritage (cf. Dt 4, 20; 9, 29). La colère de YHWH est encore *horreur de son héritage*, ce qui constitue la seule occurrence du verbe תעב avec YHWH pour sujet. Elle souligne avec force le rejet du peuple par Dieu, qu'accentue encore le v. 41: *Il les livra aux mains des nations, ceux qui les haïssaient les dominèrent*. En

---

181 F.-L. Hossfeld, E. Zenger, 2008, p. 132.
182 T. Römer, «Extra-Pentateuchal Biblical Evidence for the Existence of a Pentateuch? The case of the 'Historical Summaries', especially in the Psalms», in: T.B. Dozeman, K. Schmid, B.J. Schwartz (eds.), *The Pentateuch. International Perspectives on Current Research*, Tübingen, Mohr Siebeck, 2011, p. 485.

Jg 2, 14 c'est *aux mains des pillards* que le peuple est livré, tandis que le psaume nomme les nations et ceux qui les haïssent, ce qui dans la logique du texte vient contrarier le projet salvifique du v. 10. La conséquence fut pour le peuple oppression (לחץ) et humiliation (כנע, v. 42). Ce peuple que YHWH avait libéré de l'oppression des Egyptiens (même verbe לחץ en Ex 3, 9) est désormais livré à l'oppression de celui qui le hait par décision divine. Le verset opère peut-être un jeu de mot entre le verbe כנע au *nifal* et Canaan (v. 38), comme il fait peut-être allusion à Lv 26, 41 où le même verbe apparaît : *je me suis alors opposé à eux et les ai amenés dans le pays de leurs ennemis* (איב) ; *alors leur cœur incirconcis s'humiliera* (כנע) *et leur châtiment s'accomplira.* Le Ps 106, 42 contient au demeurant, comme les versets des Juges et du Lévitique ci-dessus cités, la référence à l'ennemi, *celui qui leur était hostile* (איב). Le v. 43, s'il utilise des termes courants comme נצל, *délivrer* ou מרה, *se rebeller*, est original lorsqu'il précise en écho au v. 13 que c'est dans leur dessein (עצה) que les pères se rebellèrent ou lorsqu'il utilise le verbe מכך au *qal*, *s'humilier*, ce qui constitue un hapax. Les jeux d'allitérations et d'assonances, comme aussi la cadence du rythme de la seconde partie de ce verset pourrait justifier le choix du verbe מכך (*s'humilier*) : ימרו בעצתם וימכו בעונם.

La séquence suivante, les vv. 44-46, rappelle la miséricorde de YHWH malgré les rébellions des pères. *Il vit leur détresse, quand il entendit leur supplication* (v. 44) n'est pas sans rappeler Ex 3, 7 même si les substantifs employés ne sont pas les mêmes. Quant au v. 45 il utilise l'expression *se souvenir de son alliance* de la théologie sacerdotale mais comme pour Ps 105, 8 a son plus proche parallèle en Lv 26, 45 qui fait référence à l'alliance conclue avec la première génération sortie d'Egypte :

Ps 106, 45	ויזכר להם בריתו
Lv 26, 45	וזכרתי להם ברית ...

Le second stique du Ps 106, 45 associe au souvenir de l'alliance le fait que YHWH se laisse fléchir en sa bonté. Ainsi, comme en Dt 5, 10 ; 7, 9. 12, alliance et bonté sont nommées conjointement. Dans le livre du Deutéronome, ce binôme fonctionne dans le contexte de l'évocation de ce que YHWH accomplit en faveur de ceux qui sont fidèles à son alliance : *il garde l'alliance et la fidélité jusqu'à la millième génération envers ceux qui l'aiment et qui observent ses commandements* (5, 10). Dans le psaume, il sert plutôt à souligner que YHWH se laisse fléchir et renonce à son châtiment : lui qui avait livré les pères aux mains des nations (v. 41) les livre désormais *à la miséricorde de ceux qui les tenaient captifs* (v. 46), ce qui n'est pas sans lien thématique avec Lv 26, 44. Des correspondances lexicales toutefois permettent un rapprochement plus sûr avec 1 R 8, 50 : la demande que Salomon adresse à YHWH, alors qu'il envisage que les membres du peuple pécheur aient été amenés captifs dans un pays ennemi (אֹיֵב; v. 46) et que repentant ils supplient (חָנַן; v. 47) YHWH *en direction de leur pays, le pays... donné à leurs pères* (v. 48), trouve un accomplissement dans le psaume:

Ps 106, 46   ויתן אותם לרחמים לפני כל־שוביהם

Il les livra à la miséricorde de ceux qui les tenaient captifs

1 R 8, 50   ונתתם לרחמים לפני שביהם ורחמום

Fais les prendre en pitié par ceux qui les retiennent captifs: qu'ils aient pitié d'eux

Ainsi le psaume suggére-t-il la fin de l'oppression en terre étrangère et ouvre-t-il la perspective d'un renversement de situation[183].

Le v. 47 peut alors redonner la parole au *nous* qui confessait ses péchés et son iniquité au v. 6 et faire monter la demande d'être sauvés (יָשַׁע, au *hitpael*) et rassemblés (קָבַץ, au *piel*) du milieu des nations. Comme 1 R 8, 50-51 motivait la demande d'être livré à la miséricorde des conquérants par le fait qu'il s'agit du peuple de YHWH et de son héritage, de ceux que YHWH a fait sortir d'Egypte, le psaume par la même utilisation du verbe יָשַׁע lie cette supplique aux vv. 8. 10 et à l'exode hors d'Egypte. YHWH avait sauvé les pères *pour l'honneur de son nom* (Ps 106, 8) et la requête d'être sauvés apporte maintenant pour motivation: *pour que nous rendions grâce à ton saint nom*. Par ailleurs, le livre d'Ezéchiel qui nomme le *saint nom* de YHWH (Ez 20, 39-40; 36, 20-22; 43, 7-8) dénonce le fait qu'il a été profané par le sang versé sur le pays et par l'idolâtrie (36, 18), ce qui a eu pour châtiment la dispersion parmi les nations; il annonce que pour montrer la sainteté de son nom YHWH prendra son peuple du milieu des nations et le rassemblera de tous les pays (36, 24). Il est clair que dans le livre prophétique le rassemblement du peuple (*ce n'est pas à cause de vous que j'agis, maison d'Israël, mais bien à cause de mon saint nom que vous avez profané parmi les nations...*; 36, 22) n'est pas lié au repentir de ce dernier mais à une pure initiative divine. Le Ps 106 ne fait, pour sa part, aucune mention d'une quelconque conversion du peuple. L'intervention divine y est expliquée par le fait qu'il voit la détresse des pères, qu'il se souvient de son alliance et qu'il se laisse fléchir en sa bonté. Quant au rassemblement du

---

183 J. Gärtner propose de rapprocher Ps 106, 45-46 de Jl 2, 13 et Jon 4, 2. Mais s'il est vrai que la bonté et la miséricorde de YHWH sont soulignées dans ces deux textes prophétiques, les correspondances ne vont pas plus loin et il demeure difficile de voir dans le psaume la réception d'une formule de miséricorde qui serait empruntée à ces textes prophétiques tardifs. Plus intéressante est l'observation selon laquelle le lien entre colère et miséricorde divines constitue l'horizon de pensée des actions de YHWH dans l'histoire (J. Gärtner, 2012, pp. 232-233).

milieu des nations, une expression semblable se trouve en Dt 30, 3 (même verbe קבץ) mais le psaume mentionne les nations (גוים) là où le livre du Deutéronome parle des peuples (העמים). Enfin la motivation *pour que nous rendions grâce à ton saint nom* est complétée par une expression (*en mettant notre gloire à te louer*) qui utilise le verbe שבח au *hitpael*, dont le seul autre usage se trouve en 1 Ch 16, 35. Le peuple ne trouvera sa consistance que dans la louange d'un Dieu qui le sauve à cause de son saint nom et ce, malgré la persistance des rébellions.

Le v. 48 anticipe en quelque sorte la louange annoncée dans le verset précédent. Il pourrait être un colophon en conclusion du quatrième livre du Psautier, déjà attesté à l'époque perse comme l'indique son utilisation en 1 Ch 16, 36 à la suite de la citation des vv. 1 et 47 du même psaume. Le livre des Chroniques ajoute, après avoir cité le premier verset du psaume, *et dites* pour introduire le v. 47 et il formule la louange du v. 48 de manière à la rendre plus visiblement effective : *tout le peuple dit*. Néanmoins ce dernier verset du psaume possède du vocabulaire en commun avec le v. 1 (הללויה; עולם) de sorte que la bénédiction de *YHWH Dieu d'Israël depuis toujours et pour toujours* entre en écho avec l'invitation à la louange du v. 1, motivée par la miséricorde *pour toujours* de Dieu[184].

En résumé le premier volet de la récitation historique s'ouvre au v. 7 par un renvoi à l'exode comme le signale le terme פלא et l'évocation de la mer des Joncs. L'indication que c'est *à cause de son nom* que YHWH agit (v. 8) laisse pressentir une possible allusion au livre d'Ezéchiel (en particulier aux chapitres 20 et 36). Elle sera confirmée par d'autres allusions du psaume au texte prophétique.

En revanche, la description de la traversée de la mer des Joncs présente quelques correspondances avec le livre d'Isaïe (50, 10 ; 63, 13) : on trouve dans les deux textes la dimension performative de la parole de YHWH qui menace (גער) la mer et l'assèche (חרב) et l'évocation de la marche dans les *abîmes* (תהום) devenus comme un *désert* (מדבר). Le Ps 106, 10 utilise le verbe גאל, *délivrer* à côté de ישע, *sauver,* un terme fréquemment employé en Isaïe, y compris dans des passages qui établissent un lien entre la sortie d'Egypte et le retour de l'exil à Babylone. Cette séquence combine également des expressions en commun avec Ex 14 et Ex 15, ce qui est particulièrement perceptible dans la mention des eaux qui recouvrent (כסה) les ennemis et dans celle de l'effet produit par cette traversée victorieuse de la mer : le peuple se fie (אמן, cf. Ex 14, 31) et chante (שיר, cf. Ex 15, 1-2) la louange de YHWH.

---

184 Pour un développement plus ample des correspondances intertextuelles entre le Ps 106, 1. 47-48 et son usage en 1 Ch 16, 34-36, voir J. Gärtner, 2012, pp. 236-239.

Dans la seconde partie de ce premier volet de la récitation historique (vv. 13-22) les traditions auxquelles se réfère le psaume sont aisément identifiables : la manne et les cailles (vv. 14-15 ; Nb 11, 4-6. 31-35) ; la rébellion de Datân et d'Abiram (vv. 16-18 ; Nb 16, 1-3 ; 31-35) ; le veau d'or (vv. 19-23 ; Ex 32, 1-6). En ce qui concerne l'allusion à la manne et aux cailles, les évocations du désir ou de la convoitise des pères (אוה), de la mise à l'épreuve de Dieu (נסה) et de la solitude (ישימון) manifestent une plus grande proximité avec le livre des Nombres qu'avec le livre de l'Exode. Par ailleurs, l'expression paradoxale du v. 15 : שלח רזון, *envoyer le dépérissement*, a un parallèle en Is 10, 12 : incapacité à reconnaître l'agir de YHWH et manque de foi dans le dessein divin attirent pour châtiment le dépérissement. La reprise du récit de la rébellion de Datân et Abiram ne cite pas Coré, à l'instar de Dt 11, 6 ; mais la description du châtiment qui frappe les rebelles est textuellement assez proche de Nb 16 et 26, en particulier par l'utilisation des mêmes termes ארץ, *terre ;* פתח, *s'ouvrir ;* בלע, *engloutir ;* כסה, *recouvrir :* la terre s'ouvre et engloutit, elle recouvre les impies. Un feu les consume. Il est possible que le psaume opère ainsi une jonction entre les récits des révoltes de Datân et Abiram d'une part, de Coré et de ses partisans d'autre part. La référence au veau d'or enfin combine des expressions en commun avec Ex 32, 8 (חוה ;עשה עגל) ; Dt 4, 16-18 (תבנית) et 9, 8 (חרב) ; Jr 2, 11 (כבוד ;מור). La conclusion de cette séquence (vv. 21-22), qui mentionne l'oubli des actions divines, est proche de la tradition deutéronomique.

Pour transition entre le premier et le second volet de la récitation historique, le v. 23 mentionne le projet de YHWH d'exterminer les pères et l'intercession de Moïse, ce qui du point de vue du contenu pourrait être mis en parallèle avec Ex 32, 11-14. 31-35 ; Dt 9, 18-20. 25-29 et Nb 14, 11-24. Le psaume possède en commun avec Dt 9 le verbe שמד, *exterminer ;* חמה, *fureur,* et la racine שחת au hifil, *détruire.* En revanche, l'expression עמד בפרץ לפניו, *se tenir sur la brèche devant lui* se trouve quasi à l'identique en Ez 22, 30, ce qui à nouveau introduit comme en surimpression à l'évocation de l'errance au désert celle de l'exil à Babylone et de la situation de diaspora qui s'ensuivit.

Les vv. 24-29 semblent avant tout emprunter à Nb 14 (מאס, *mépriser ;* לא שמע בקול, *ne pas écouter la voix ;* נשא יד, *lever la main ;* נפל במדבר, *faire tomber dans le désert*), avec peut-être aussi une allusion à Dt 1, 27 (רגן, *murmurer*) et Ez 20 (leur postérité tombera parmi les nations et sera dispersée sur la terre), ce qui constituerait à nouveau un renvoi implicite à l'exil. Les vv. 28-29 qui racontent l'apostasie au Baal Péor emploient une terminologie plus proche de Nb 25 (צמד לבעל פעור, *s'attacher à Baal Péor*) que de Dt 4. L'intercession de Pinhas, racontée aux vv. 30-31, arrête la plaie (מגפה) comme en Nb 25 mais prend une allure juridique et prophétique que le livre des Nombres ne contient pas. Peut-être présenté comme un intercesseur, Pinhas devient modèle de piété (ותחשב לו לצדקה) comme Abraham en Gn 15, 6.

Le récit de la rébellion du peuple à Mériba (vv. 32-33) n'a pas de strictes cor-respondances textuelles avec les textes du Pentateuque, sinon l'expression même *les eaux de Mériba*, et Aaron n'y est pas nommé aux côtés de son frère. L'idée toutefois que Moïse ait à supporter les conséquences du péché du peuple est bien présente en Dt 1, 37 ; 3, 26 et 4, 21 tandis que Nb 20, 12 signale que Moïse ne mènera pas le peuple dans le pays donné, pour n'avoir pas manifesté la sainteté de YHWH devant les fils d'Israël.

A partir du v. 34, comme noté, le psaume abandonne le récit du Pentateuque et continue l'histoire dans le pays. S'il est possible, sur la base de quelques termes (שמד, *exterminer* ; למד ממעשיה, *apprendre leurs actions* ; מוקש, *piège*...), de postuler que le psaume pourrait faire allusion aux livres de l'Exode, du Deutéronome, de Josué ou des Juges, les seules expressions en commun avec d'autres textes sont : ויזבחו... לשדים, *ils sacrifièrent... aux démons* (cf. Dt 32, 17) ; שפך דם נקי, *verser du sang innocent* et ויחר־אף יהוה, *la colère de YHWH s'enflamma* (deux expressions fréquentes dans les textes deutéronomistes) ; ויזכר ... בריתו, *se souvenir de son al-liance* (cf. Lv 26, 45). Comme en Ezéchiel, et en particulier à nouveau Ez 20 et 36, le psaume précise que les pères se sont souillés (טמא) et prostitués (זנה). Enfin, la formule du v. 46 ויתן אותם לרחמים לפני כל־שוביהם (*il les livra à la miséricorde de ceux qui les tenaient captifs*) a un parallèle net en 1 R 8, 50. Or en fin du prélude du psaume, le v. 6 formulait une confession des péchés avec des termes présents en 1 R 8, 47 (חטא, *pécher ;* עוה, *faillir ;* רשע, *commettre l'iniquité*) et suggérait par ce biais une possible situation d'exil et de diaspora en conséquence du péché du peuple. Le v. 46 ouvre quant à lui la perspective d'un changement de situation, que confirme la demande d'être sauvés (ישע) et rassemblés (קבץ) du milieu des nations du verset suivant (cf. 1 R 8, 50-51). La requête du v. 47 reçoit par ailleurs une motivation (*pour que nous rendions grâce à ton saint nom*) proche de celle que le livre d'Ezéchiel place dans la bouche de YHWH lorsqu'il annonce le ras-semblement du peuple du milieu des nations (20, 39-40 ; 36, 20-22 ; 43, 7-8).

Dans le corps du psaume, la récitation historique débute par l'évocation de la rébellion des pères dans un temps précédent l'exode, pendant le séjour en Egypte (v. 7). L'insistance porte toutefois sur la période de la traversée du désert et un bon nombre d'épisodes de la tradition du murmure sont repris, avec visiblement pour perspective d'insister sur la désobéissance et la révolte des pères malgré leur expérience de l'intervention salvifique de YHWH. Les pères n'entrent pas dans le dessein divin et chacune de leurs actions s'attire un châtiment. Comme noté plus haut, du v. 13 au v. 33 les traditions du Pentateuque auxquelles se réfère le psaume sont identifiables sans difficulté et l'analyse du vocabulaire montre le plus souvent une proximité avec le livre des Nombres. Les épisodes relatés n'y apparaissent cependant pas dans le même ordre puisqu'en particulier l'épisode de l'apostasie au Baal Péor précède celui à Mériba. Le psaume par ailleurs se réfère à l'incident du veau d'or pourtant non mentionné en Nombres. Le choix de se référer essentiellement à ce livre du Pentateuque tient probablement à la volonté de souligner l'opposition du peuple au projet de YHWH, ce qui constitue le fil narratif dominant de Nb 11-22 et du récit du péché sédentaire de Nb 25. L'apostasie au Baal Péor est située au désert dans le psaume et aucune mention de la conquête du pays n'apparaît après l'épisode à Mériba. Plus encore que dans le livre des Nombres le sort de la première génération apparaît comme paradigmatique, comme le laissait pressentir le v. 6 en formulant la confession d'avoir péché comme les pères. L'absence de toute référence à la conquête du pays pourrait être un indicateur de ce que le psalmiste considérait le Pentateuque comme distinct des livres qui le suivent. Ce point pourrait être confirmé par le fait que le v. 33 mentionne les paroles irréfléchies de Moïse, ce qui pourrait indirectement évoquer le châtiment qui le frappe dans les récits du Pentateuque, à savoir l'interdit d'entrer en terre promise (Dt 34, 4; Nb 20, 12). Dans cette perspective il est possible de comprendre pourquoi le psaume se réfère en dernier lieu à l'épisode à Mériba : dans le livre des Nombres, YHWH annonce en cet endroit précis à Moïse qu'il ne fera pas entrer le peuple dans le pays promis pour n'avoir pas eu assez de foi en YHWH pour montrer sa sainteté (Nb 20, 12). Comme Nb 20, et à la différence de Dt 1, 37; 3, 23-28, le psaume conçoit l'idée d'un péché de Moïse mais il l'atténue : ses paroles irréfléchies sont imputables aux rébellions du peuple. Il est possible alors que le psalmiste ait tenté d'harmoniser les différentes traditions de la non-entrée de Moïse en terre promise : il souligne la jalousie dont il est l'objet (v. 16), son rôle d'intercesseur (v. 23) et reconnaît aux vv. 32-33 sa faute mais en signalant que c'est à cause de l'attitude des pères qu'il agit lui-même de façon funeste. Ainsi le sort de Moïse est-il associé à celui des pères qui méprisèrent le pays (v. 24) et qui pour cela tombèrent dans le désert (v. 26). Autre est le sort de la génération suivante (v. 27), dont la rébellion prend part dans le pays (vv. 35-43).

Après la narration des événements de la «vie de Moïse» (vv. 7-33), le récit de la rébellion des pères dans le pays du fait de sa prise de distance vis-à-vis de sources antérieures et de sa terminologie deutéronomiste pourrait se référer aux temps des juges comme des rois, à la longue période entre l'entrée dans le pays promis et l'exil à Babylone qui en plusieurs passages apparaît en surimpression à l'évocation de l'exode. Là encore le texte insiste sur la persistance de la récalcitrance des pères, de leur idolâtrie et de leur prostitution. La conséquence en est la profanation du pays. Le châtiment divin qui s'ensuit n'est pas formulé en termes de destruction du pays mais de dispersion parmi les nations.

Les relations intra-bibliques du Ps 106 avec le corpus des prophètes semblent jouer sur deux registres. Assez curieusement aux vv. 6 et 46 le psaume se réfère à 1 R 8, 46-53 c'est-à-dire à la finale de la prière de Salomon, de facture deutéronomiste[185], qui envisage l'exil et la captivité en terre étrangère comme conséquences des péchés et des iniquités du peuple. Par la résonance avec le texte de 1 R 8, 46 il est suggéré que la confession du Ps 106, 6 est formulée dans le pays où le « nous » est captif, en châtiment de ses péchés. A la fin du psaume, le v. 46 manifeste que dans le passé YHWH s'est déjà laissé fléchir et a livré les siens à la miséricorde de ceux qui les tenaient captifs, répondant ainsi à la prière de 1 R 8, 50 et se rendant à l'argument de 1 R 8, 51 : *car il s'agit de ton peuple et de ton héritage, de ceux que tu as fait sortir d'Egypte, du milieu de la fournaise à fondre le fer.* Si dans ce dernier verset la référence à la sortie d'Egypte est associée à l'idée de l'élection du peuple et de sa mise à part pour YHWH, le v. 5 du psaume peut être lu dans la même perspective. Malgré l'importance que prend la dénonciation de l'attitude des pères, le psaume maintient donc une espérance de rassemblement du milieu des nations, que soutient la double référence à 1 R 8, 46-50. Mais pas plus que dans ce dernier, le retour dans le pays n'est explicitement évoqué, ce que fait pourtant Dt 30, 1-10 auquel la finale de la prière de Salomon semble faire allusion.

En ce qui concerne les prophètes postérieurs, les résonances les plus marquées sont avec le livre d'Ezéchiel et dans une moindre mesure avec celui d'Isaïe. Dans les deux cas, elles introduisent en surimpression à l'évocation de l'exode celle de l'exil à Babylone et de la situation de diaspora qui s'ensuivit. Les allusions au livre d'Ezéchiel se concentrent essentiellement sur les chapitres 20, 22 et 36, 16-38 de ce dernier. Or Ez 20 est un rappel historique de l'idolâtrie d'Israël depuis l'exode et l'annonce du rétablissement futur du peuple dans le pays. Ez 22 et Ez 36, 16-38 sont respectivement un oracle contre Jérusalem et un oracle sur le rassemblement du peuple dispersé parmi les nations. Ainsi le psaume conserve-t-il du texte prophétique, d'une part, la construction d'une représentation de la communauté passée caractérisée par la persistance de ses péchés et fonctionnant de ce fait comme un anti-modèle, et d'autre part, dans une moindre mesure, la perspective d'une possible restauration. Le retour dans le pays n'y est pas plus envisagé qu'en Ez 22 et 36 mais apparaît l'espoir d'un rassemblement du milieu des nations, le texte semblant ainsi s'adresser au peuple en diaspora. Contraire-ment au livre d'Ezéchiel toutefois, et en particulier à sa rédaction pro-diaspora responsable des passages qui annoncent la dispersion de Juda parmi les nations et son rassemblement final dans le pays[186], le psaume ne donne pas une dimension

---

185 Voir J.G. McGonville, « 1 Kings 8, 46-53 and the Deuteronomic Hope », *VT 42* (1992), pp. 67-80.
186 Pour l'histoire de la rédaction du livre d'Ezéchiel, voir: K.F. Pohlmann, *Ezechielstudien. Zur Redaktionsgeschichte Des Buches Und Zur Frage Nach Den Altesten Texten,* Berlin/New York, De Gruyter, BZAW 287, 1992; J. Lust, « Exile and Diaspora: Gathering from Dispersion in Ezekiel », in: J.M. Auwers, A. Wénin (éds.), *Lectures et relectures de la Bible. Festschrift P.M. Bogaert,* Leuven, Peeters, 1999, pp. 99-122.

universelle à la restauration d'Israël: elle n'est pas envisagée dans le but que la puissance de YHWH et la sainteté de son nom soient manifestées à toutes les nations mais pour que la communauté restaurée loue Dieu et célèbre son nom.

3.2.5 Le Ps 106, un psaume d'espérance? Un éclairage par ses premières lectures et utilisations.

Parmi les écrits pseudépigraphiques retrouvés à Qumran quelques textes recourent à des figures anciennes pour présenter une pseudo-prophétie qui passe en revue une longue période de l'histoire. Les fragments du Pseudo-Daniel (4Q243, 4Q244, 4Q245) sont de ce type. 4Q243 et 4Q244 se recoupent et appartiennent clairement au même manuscrit et J.T. Milik propose que 4Q245 appartiennent à la même composition[187], ce que d'aucuns mettent en doute[188]. 4Q243-244 présentent un discours de Daniel à la cour royale, qui prend la forme d'un survol de l'histoire depuis Noé jusqu'à la période hellénistique. Le texte préservé dans ces manuscrits, daté du IIème ou Ier siècle, est dans un état très fragmentaire. Après une évocation de la sortie d'Egypte, il décrit l'apostasie des Israélites en des termes vraisemblablement empruntés au Ps 106:

> [15][...] mais leurs descendants [péchèrent...] [16][...] [17][...] les enfants d'Israël se dérobèrent à [la présence de Dieu] [18][et sacrifi]èrent leurs enfants aux démons des idoles (Ps 106, 37). «Alors Dieu s'emporta contre eux» (Ps 106, 40) «et commanda qu'ils fussent livrés [19]au pouvoir» (Ps 106, 41) de Nabu[chodonosor, roi de Ba]bylone, et que leur terre leur fût enlevée par la dévastation, et tout ce que [...][189]

Ainsi ces manuscrits établissent-ils un lien de causalité entre l'apostasie du peuple dans le pays qui en est profané et l'exil à Babylone. Ils se poursuivent par une mention de la dispersion du peuple pendant soixante-dix ans, puis de son salut par la main puissante de YHWH. Comme le fait remarquer L. Ditommaso, ils visent à relire l'histoire d'Israël de sorte à souligner le rôle actif de YHWH dans des épisodes au cours desquels s'est manifestée la rébellion des hommes. L'exil y est expliqué dans un style typiquement deutéronomiste comme la culmination d'une longue histoire de désobéissance et le châtiment des péchés d'Israël. La

---

187 J.T. Milik, « 'Prière de Nabonide' et autres écrits d'un cycle de Daniel », *RB* 63 (1956), pp. 411-415.
188 J.J. Collins, « Pseudo-Daniel Revisited », *RevQ* 17 (1996), pp. 111-135; P.W. Flint, « 4Qpseudo-Daniel arc and the Restoration of the Priesthood », *RevQ* 17 (1996), pp. 137-150.
189 M. Wise, M. Abegg, J.E. Cook (éds.), *Les manuscrits de la mer Morte*, Paris, Plon, 2001, p. 327.

dimension de rétribution est dans cette relecture de l'histoire le principe explicatif qui permet d'envisager le rassemblement des justes du milieu des nations[190].

M. Bregman cite, par ailleurs, un intrigant extrait d'un midrash de la Torah dans lequel la référence à Pinhas selon Ps 106, 30 devient la base d'une expression d'espérance[191]. Dans la péroraison de ce texte homilétique sur Nb 25, dont le but est de conclure sur une note d'espérance, la rédemption messianique future est évoquée. Avec pour objectif d'établir une transition entre l'élaboration haggadique sur la leçon biblique – l'exécution de Zimri et Kozbi – et le motif de sa conclusion, le texte établit une analogie: Pinhas a exécuté le jugement et la plaie s'est arrêtée; un maître de justice viendra qui exécutera le jugement et la justice dans la reconstruction de Jérusalem. Le verbe פלל utilisé dans Ps 106, 30 y est interprété à la lumière d'Ex 21, 22, *il paiera selon la décision des juges* (נתן בפללים); une fonction judiciaire est ainsi attribuée au maître de justice qui représenterait une figure messianique.

Toutefois les traits de caractère les plus saillants de la figure de Pinhas dans la tradition postbiblique sont d'une part son zèle et d'autre part son rôle d'intercesseur. Le premier est plus directement associé à l'épisode de Nb 25; le second est souvent évoqué dans la littérature rabbinique et targumique en faisant appel au Ps 106, 30 où le *piel* de פלל, par le détour du *hitpael*, est interprété dans le sens de « intercéder, plaider » ou « prier ». Ces attributions auraient pour but de souligner l'importance de la prière, laquelle est un aspect principal de la praxis et de la théologie rabbiniques. Elles font de Pinhas une figure mosaïque qui intercède pour son peuple à un moment crucial de la période de l'errance au désert. Il y est de plus représenté comme l'héritier de son grand-père Aaron, que le targum appelle « colonne de la prière d'Israël » (PsJ Nb 20, 29)[192]. Ces relectures et utilisations de la figure de Pinhas suggèrent au demeurant, comme le psaume, que la prière relève du ministère prophétique: la dimension juridique de plai-

---

190 L. Ditommaso, « 4QPseudo-Daniel A-B (4Q243-4Q244) and the Book of Daniel », *DSD 12* (2005), pp. 101-133. Sur le sacrifice aux démons (et le renvoi implicite à l'exil dans les textes de Dt 32; Ps 106 et 4Q243-4Q244), voir B. Reynolds, « What are Demons of Error? The Meaning of שידי טעותא and Israelite Child Sacrifices », *RevQ 88* (2006), pp. 593-613.

191 M. Bregman, « Another Reference to 'A tracher of Righteousness' in Midrashic Literature », *RevQ 10* (1979-81), pp. 97-100. Pour le texte du Midrash, voir. J. Mann, I. Sonne, *Bible as Read and Preached in the Old Synagogue: A Study in the Cycles of the Readings from Torah and Prophets, as well as from Psalms, and in the Structure of the Midrashic Homilies. Vol II. The Palestinian Triennal Cycle: Leviticus and Numbers to Seder 106*, Cincinnati, Hebrew Union College, 1966, p. 94.

192 Voir par exemple: D. Bernat, « Phinehas' intercessory Prayer: a Rabbinic and Targumic Reading of the Baal Peor Narrative », *JJS 58* (2007), pp. 263-282.

doyer que le verbe פלל concède au psaume est par exemple perceptible dans le Targum du Pseudo-Jonathan : « il (Pinhas) a prié de sa bouche pour le peuple de la maison d'Israël[193].

A la lumière de ces utilisations du Ps 106, il n'est peut-être pas impossible de jeter un nouveau regard sur les figures qui y apparaissent : Moïse, Aaron et Pinhas sont trois figures de prière ou d'intercession et le psaume insiste davantage sur celles qui ont pu être comprises comme s'étant tenues sur la brèche. L'une et l'autre ont respectivement arrêté la fureur destructrice et la plaie. En formulant la supplication du v. 4 le psalmiste pourrait reprendre à son actif le ministère prophétique d'intercession pour un peuple encore marqué par le châtiment qu'il s'est attiré. Il se présenterait comme *l'homme qui se tient sur la brèche* devant Dieu afin que le peuple puisse enfin être rassemblé du milieu des nations.

3.2.6 Le Ps 106 : prière de celui qui se tient sur la brèche devant Dieu

La tonalité dominante du Ps 106 est à première lecture la dénonciation des péchés des pères et de ceux de la génération présente, qui est invitée à implorer le salut de Dieu. Le corps du psaume raconte cette histoire de récalcitrances et de rébellions, des commencements du peuple en Egypte, avant même l'exode, jusqu'à l'exil. La supplication du v. 47, en demandant le rassemblement du peuple du milieu des nations, est fortement évocatrice d'un contexte de diaspora. Au-delà de l'exil, les migrations forcées et la dispersion parmi les nations (v. 41) sont évoquées comme un châtiment particulier sanctionnant la profanation du pays. Si exil et diaspora sont deux réalités conjointes, la dispersion parmi les nations est décrite dans le psaume comme humiliation dans son propre péché (v. 43) : idolâtrie et prostitution déjà vécues dans le pays demeurent le forfait majeur d'un peuple mêlé à d'autres nations. De ce point de vue, le psaume ne fait pas de distinction entre l'abomination produite dans le pays et celle produite parmi les nations. S'il les présente en une séquence chronologique, il est aussi possible de penser qu'à la manière du livre d'Ezéchiel (cf. 20, 1-3 ; 29-31) il vise à présenter identiquement l'iniquité de ceux qui sont restés dans le pays pendant et après l'exil et celle de ceux qui vivent en diaspora.

Par ailleurs, le texte manifeste de clairs liens d'intertextualité avec le Pentateuque, particulièrement avec le livre des Nombres, et avec les livres prophétiques, particulièrement avec 1 R 8, les livres d'Isaïe et d'Ezéchiel. Or la compréhension

---

193 C. Tassin, « Un grand prêtre idéal ? Traditions juives anciennes sur Pinhas », *REJ 167* (2008), p. 3.

des récits de révoltes dans les Nombres requiert la mémoire des récits parallèles en Exode : le psaume se réfère à un livre lui-même appuyé sur les autres traditions du Tétrateuque et ayant déjà opéré un travail de réinterprétation de ses sources. La seconde partie du livre des Nombres, à laquelle le psaume renvoie, montre la sollicitude de YHWH envers son peuple mais surtout, contrairement à Ex 16-17, le châtiment qu'il exerce contre toute rébellion. Dans le psaume comme dans le texte dans lequel il puise les rébellions du peuple sont dirigées d'abord contre Moïse et Aaron, puis elles sont successivement refus du pays, opposition à YHWH lui-même et à Moïse, pour culminer dans l'idolâtrie et l'apostasie. La prière de Salomon en 1 R 8, qui fournit une explication à l'exil et à la diaspora, a pour particularité de faire mention du *pays donné aux pères* et d'évoquer la situation de personnes qui prient depuis un autre pays, en formulant leur requête en direction de la terre des pères, de la ville et du temple. Le psaume entre enfin en consonance avec le livre d'Ezéchiel pour évoquer le jugement divin en raison des péchés répétés du peuple et le rassemblement à venir du milieu des nations. Comme le livre prophétique sa tonalité est plutôt favorable à la diaspora. Ainsi le Ps 106 s'insère-t-il dans un processus d'interprétation et de réinterprétation de textes eux-mêmes caractérisés à la fois par un travail de relecture de traditions antérieures et par la tentative de fournir une explication aux catastrophes de l'exil et de la diaspora. Ces différents éléments orienteraient vers une datation du psaume dont le *terminus a quo* serait la seconde moitié du Vème siècle. Elle pourrait être située entre la fin du Vème siècle et la première moitié du IVème siècle.

En faisant comme le livre d'Ezéchiel commencer l'apostasie des Israélites avant même la sortie d'Egypte, en racontant leurs actes répétés de prostitution et de souillure dans le pays et hors du pays depuis l'errance au désert jusqu'à l'exil, en associant la communauté présente à la communauté passée, en définitive en décrivant toute l'histoire du peuple dans le temps et dans l'espace comme une suite ininterrompue de rébellions, le psaume rend solidaires tous les membres du peuple de Dieu. Le fait que ni la conquête du pays, ni le retour au pays donné aux pères ne soient mentionnés interdit de penser que le psaume lie strictement l'identité d'Israël à la terre. Par ailleurs, si Moïse et Pinhas sont valorisés dans leur rôle d'intercesseurs, ni l'autorité mosaïque ni l'autorité sacerdotale ne sont particulièrement soulignées. Le psaume manifeste à cet égard une transformation de la tradition à laquelle il se réfère : en Nb 25, Israël se met sous le joug du Baal-Péor et se mêle aux sacrifices offerts aux dieux des filles de Moab provoquant ainsi la colère divine que Pinhas arrête en mettant à mort deux transgresseurs ; par contraste, dans le psaume l'intervention de Pinhas acquiert une tonalité judiciaire qui le rend semblable à Moïse intercédant pour le peuple après qu'il se soit fabriqué un veau d'or à l'Horeb. Ainsi l'action de Pinhas ne fonctionne-t-elle plus comme étiologie de sa prééminence sacerdotale mais comme mise en exergue de son rôle d'intercesseur auprès de YHWH. Sous cet aspect le psaume s'inscrit dans la lignée de la tradition exodique qui construit l'identité d'Israël en relation à une expérience de salut, et ici de salut répété, sous la conduite de figures de type prophétique. Pinhas et Moïse émergent dans le psaume comme des figures d'espérance qui manifestent que des prophètes se tenant sur la brèche devant Dieu et plaidant pour le peuple peuvent détourner la colère divine et, partant, entraîner un changement de situation.

En implorant le salut de Dieu et en élevant une supplication pour un rassemblement du milieu des nations, le psalmiste reprend en quelque sorte à son actif le ministère prophétique d'intercession. L'expérience du salut de YHWH peut se renouveler. C'est pourquoi, en réponse à l'exhortation qui lui est adressée la communauté est appelée à reconnaître son infidélité passée et présente, dans ses dimensions de non-observance du droit et d'absence de pratique de la justice, de non-reconnaissance des merveilles de YHWH et de sa puissance, de défiance en ses paroles et de désobéissance à sa voix, et surtout de compromission avec les nations et d'idolâtrie, et à mettre sa confiance en la miséricorde divine. Ainsi le psaume vise-t-il peut-être à unifier, dans un même mouvement de reconnaissance des iniquités commises et d'espérance dans le salut de Dieu, les membres du peuple restés dans le pays et ceux vivants en diaspora.

Les correspondances de vocabulaire qui lient le prélude et le postlude, comme l'ensemble de termes reliant les unités les unes aux autres tout au long du texte, orientaient vers l'hypothèse de l'unité du psaume, à l'exception peut-être du v. 3 sur lequel nous reviendrons plus loin. Les liens d'intertextualités qu'il a été possible d'établir entre le psaume et les textes du Pentateuque ou plus encore entre le psaume et les prophètes antérieurs et postérieurs ont confirmé la plausibilité de cette supposition : la situation d'exil et de diaspora en conséquence des péchés du peuple affleure en plusieurs versets et comme en surimpression à l'évocation de l'exode et de l'errance au désert. Mais l'espérance du rassemblement du milieu des nations est maintenue et son enjeu souligné, lequel est louange de Dieu et célébration de son nom par la communauté restaurée. L'intention de la structure d'ensemble du psaume se dessine ainsi dans l'articulation entre confiance en la miséricorde divine qui agira en faveur de la communauté comme il l'a déjà fait dans le passé et reconnaissance de sa propre responsabilité dans la situation présente, supplication d'être sauvé et louange qui manifeste la certitude d'être entendu.

L'objet de la supplication qui s'articule à la fois autour de l'aveu des péchés passés et présents et de la confession de la bonté de YHWH est non seulement le rassemblement du milieu des nations mais plus encore, en dernière instance, la restauration du peuple en sa vocation de louange. La tension entre l'exigence de louange et l'impossibilité de la réaliser ne sera résolue que par une intervention divine mettant fin, une fois encore, au châtiment encouru du fait de l'idolâtrie. La restauration du peuple, qui signifierait que le péché est enlevé, peut-être espérée parce que YHWH a déjà maintes fois manifesté sa miséricorde en Egypte, au désert, et dans le pays promis. L'action de rendre grâce au saint nom de Dieu viendrait alors mettre un terme à une histoire de péchés ayant culminé dans les pratiques idolâtres qui ont pollué le pays et souillé ceux qui les ont pratiquées là comme au milieu des nations. Alors que le v. 6 reconnaît que la communauté présente s'inscrit dans cette longue histoire de rébellions et est elle-même pécheresse, l'encadrement du psaume (vv. 1. 47) prononce l'action de grâce qui confesse la miséricorde de YHWH *depuis toujours et pour toujours*, pour l'aujourd'hui donc de celui qui fait entendre sa voix, l'aujourd'hui d'un peuple vivant encore en diaspora. En définitive, l'espérance est le dernier mot de cette relecture de l'histoire que le psaume opère.

3.3 Juxtaposition et articulation des Ps 105 et 106

> « ...Le rédacteur ayant lié les deux psaumes a sans doute voulu exprimer que dans la louange de Dieu les deux proclamations sont profondément unies : l'exaltation de l'inébranlable alliance de Dieu et l'aveu public de la dimension peccamineuse de l'histoire du peuple de Dieu, dans laquelle chaque membre individuel se sait impliqué. Cette dimension peccamineuse conduit à une profondeur de laquelle peut seul sauver le miracle de la fidélité de Dieu envers sa promesse d'alliance. L'une ne peut être entendue sans l'autre »[194].

Entre le Ps 105 et le Ps 106, il existe des correspondances de vocabulaire. Il est probable que ces deux psaumes originellement distincts aient été ensuite unis en raison de leurs récitations complémentaires de l'histoire d'Israël, la première commençant avec Abraham pour finir à l'exode, la seconde reprenant à l'exode pour aller jusqu'à la période postexilique. Un des psaumes ou les deux ont alors certainement été soumis à une réélaboration et des relations lexicales ont pu être établies[195].

---

194 W. Zimmerli, « Zwillingspsalmen », 1974, p. 270.
195 En plus de correspondances de vocabulaire entre les deux psaumes, J. Gärtner décèle une analogie de structure : ils commenceraient tous deux par des versets introductifs à la réflexion sur l'histoire (Ps 105, 1-6 ; 106, 1-5), livreraient l'un une confession monothéiste (Ps 105, 7) et l'autre

Le Ps 105 s'ouvre par une invitation à invoquer le nom de Dieu, à se glorifier de son saint nom (שֵׁם קָדְשׁ; vv. 1. 3); le Ps 106 précise que c'est à cause de son nom que YHWH sauva les pères (v. 8) et il se conclut par une supplication d'être sauvé pour que soit rendu grâce au saint nom de Dieu (v. 47). Dans l'association des deux psaumes, la mention du saint nom de Dieu vient ainsi en inclusion. L'enjeu est pour la communauté priante de faire mémoire pour se glorifier du saint nom de Dieu, de mettre sa gloire à le louer.

Le Ps 105 invite à proclamer et à se souvenir des merveilles (פלא) accomplies par YHWH (vv. 2. 5); le Ps 106 évoque l'oubli des merveilles (פלא) que YHWH a faites en Egypte (v. 7) et au pays de Cham (v. 22). Dans les deux psaumes, du reste, l'Egypte est nommée par l'expression inhabituelle *pays de Cham* (Ps 105, 23. 27; 106, 22) et est décrite comme haïssant (שׂנא) le peuple de Dieu (Ps 105, 25; 106, 10), avant que le même verbe soit appliqué aux nations (Ps 106, 41). Dans le Ps 105 Moïse et Aaron sont envoyés pour accomplir des signes au pays de Cham (v. 26); dans le Ps 106, les deux sont jalousés (v. 16) et Moïse est celui qui se tient sur la brèche pour intercéder (v. 23). Le premier psaume signale que YHWH se souvient de son alliance, une alliance éternelle (Ps 105, 8. 10); le second contient une mention presque équivalente (Ps 106, 45):

| Ps 105, 8 | זכר לעולם בריתו, | *il s'est toujours souvenu de son alliance* |
| Ps 106, 45 | ויזכר להם בריתו, | *il se souvint de son alliance en leur faveur* |

Le Ps 105 se termine sur une proclamation de ce que YHWH a fait sortir son peuple, ses élus (בחיר) dans un cri de joie (v. 43); l'orant du psaume suivant appelle le salut de YHWH pour son peuple, pour qu'il voie le bien de ses élus (בחיר ; v. 5). Le Ps 105 présentait ce peuple allant de nation en nation (גוי; v. 13) avant d'en recevoir la terre (v. 44); le Ps 106 le représente dispersé parmi les nations (גוי; vv. 27. 35. 41), du milieu desquelles il sera un jour rassemblé (v. 47). Dans Ps 105,

---

un aveu d'avoir péché (Ps 106, 7), fonderaient une théologie de l'histoire (la fidélité de YHWH à son alliance en Ps 105, 8-11; le passage de la mer des Joncs comme paradigme de l'histoire du salut en Ps 106, 7-11), reliraient les événements du passé (Ps 105, 12-41; 106, 7-42), pour s'achever chacun sur une réflexion conclusive (Ps 105, 42-45; Ps 106, 43-45). A la fin de la réflexion sur l'histoire du second psaume les priants seraient renvoyés au premier, par le biais de la réception de la théologie de l'alliance du Ps 105, 8. 42 en Ps 106, 45, lequel associe la catégorie d'alliance à celle de fidélité / bonté (חסד) de YHWH. Les priants sont invités à ne pas oublier, comme leurs pères, les bontés de YHWH, qui lui se souvient de son alliance. Ainsi le salut de YHWH est à la fois manifesté dans le fait qu'il se souvient de son alliance et met, dans sa bonté, un frein à sa colère. La perspective du Ps 106, centré sur le peuple de Dieu, suppose la perspective plus universaliste du Ps 105, dans lequel les merveilles du souverain de l'univers dans la création et dans l'histoire doivent être annoncées parmi les peuples (J. Gärtner, 2012, pp. 244-259).

11 YHWH avait donné à son peuple le pays de Canaan en héritage (נחלה); l'orant au Ps 106, 5 attend l'intervention salvifique de YHWH pour pouvoir se glorifier avec son héritage (נחלה). Dans le premier psaume, non seulement la terre est donnée, mais aussi les pays des nations; dans le second, la terre est méprisée (v. 24), profanée (v. 38) et implicitement elle est perdue (vv. 40-47). Le peuple est lui-même livré aux mains des nations (vv. 27. 41).

Dieu est confessé comme *YHWH notre Dieu* (הוא יהוה אלהינו; v. 7) dans le premier psaume; dans le second, il est imploré pour venir sauver (יהוה אלהינו; v. 47). Le Ps 105 se conclut en affirmant que les pays des nations sont donnés pour que le peuple garde (שמר) les décrets et les lois de YHWH; si le Ps 106 contient la béatitude de ceux qui observent (שמר) le droit et pratique la justice en tout temps (v. 3), il insiste davantage sur la rébellion du peuple. Comme évoqué plus haut, cette béatitude pourrait fournir une réponse à la question rhétorique du v. 2 et donner à voir comme en miroir la situation qui aurait pu être celle des pères et qui pourrait être celle de la communauté destinataire si les uns et les autres n'avaient pas péché. Mais parce qu'il reste en dehors du réseau de correspondances lexicales du psaume (en particulier entre les vv. 1-2. 4-5 et 47-48), ce verset pourrait être considéré comme un ajout postérieur. Si tel est le cas, il pourrait être un indicateur d'un travail rédactionnel visant à établir une jointure entre le Ps 106 et le Ps 105.

Le dernier verset du Ps 106 a aussi été interprété comme un ajout postérieur, au même titre que les doxologies finales des Ps 41; 72; 89 et 150 dont le but serait de conclure un livre. Toutefois, comme le remarque J.M. Auwers «les doxologies des quatre premiers livres sont trop disparates pour qu'on puisse les attribuer à une seule main, d'autant plus qu'un même éditeur aurait sans doute ajouté une formule du même type à la fin du Ps 150, afin de conclure le dernier livre de la même manière que les premiers»[196]. Si cet auteur admet que les trois premières doxologies peuvent être imputables aux compilateurs de collections, il considère que celle du Ps 106 mérite un traitement particulier[197]. Les correspondances lexicales qu'il est possible d'établir entre ce verset et l'ouverture du psaume (vv. 1-2) infirme en effet la supposition d'un ajout tardif et laisse penser que le Ps 106 a été délibérément choisi pour clore la collection des Ps 90-106 parce qu'il possédait la doxologie appropriée. Il est alors également possible de supposer que les Ps 105-106 aient été regroupés pour former la conclusion du quatrième livre du Psautier, peut-être comme le suggère B. Gosse pour apporter une réponse à la

---

196 J.M. Auwers, *La composition littéraire du Psautier. Un état de la question*, Paris, Gabalda, Cahiers de la revue biblique 46, 2000, pp. 79-80.
197 Voir le résumé des prises de position à ce sujet: J.M. Auwers, *Ibid.*, pp. 80-82.

question posée dans le Ps 89 au sujet de la disparition de la dynastie davidique en opérant un transfert en faveur des patriarches et de leur descendance[198].

Selon J. Gärtner, pour qui en revanche la doxologie finale du Ps 106 aurait été insérée postérieurement dans le but de créer un lien avec le Ps 107, l'activité éditoriale de chantres lévitiques aurait agencé les Ps 105 et 106 de sorte qu'ils forment ensemble un double psaume. Mais les psaumes qui les entourent auraient connu des adaptations semblables : des correspondances entre le Ps 103, 1-18 et le double psaume 105-106 indiquent un même travail de rédaction, lequel aurait donné lieu à une composition dans laquelle se reflète la bonté de YHWH, sous une dimension à la fois anthropologique et théologique (théologie de l'histoire). Cette composition aurait été complétée du Ps 104, un psaume sur la création dans lequel il est possible de déceler plusieurs correspondances avec le Ps 105 (en particulier les thématiques communes de la souveraineté de YHWH sur le cosmos, de la maîtrise divine des ténèbres par laquelle est maintenu l'ordre de la création, et la représentation monothéiste de Dieu). Un processus rédactionnel aurait ici relié le Ps 104 au Ps 103 à ses extrémités (Ps 104, 1. 35 ; Ps 103, 1. 22) et ajouté Ps 103, 19-22 où apparaît la thématique de la souveraineté de YHWH que comporte Ps 104, 1. 4. Une composition aurait ainsi été élaborée, qui s'ouvrirait avec le thème de la bonté de YHWH à l'égard de l'humanité (Ps 103) et qui s'achèverait avec une explication de la bonté de YHWH dans l'histoire (Ps 106). Dans le cadre littéraire des Ps 103. 106, les actions créatrices de YHWH seraient rappelées, tant ses actes de création (Ps 104) que ses manifestations dans l'histoire (Ps 105). La bonté de YHWH serait la catégorie herméneutique, permettant d'interpréter ses actions dans la création et dans l'histoire. La conception de la bonté de YHWH ainsi forgée lierait par ailleurs les Ps 103-106 avec le Ps 107, comme le ferait également l'usage de la même formule de louange en Ps 107, 1 et 106, 1. L'invitation à la louange et à l'action de grâce du Ps 107, 2ss renverrait au Ps 106 et réciproquement la demande du rassemblement des nations du Ps 106, 47 serait comme déjà accomplie en Ps 107, 2ss, ce qui constitue le motif de la louange et de l'action de grâce. La composition des Ps 103-106 aurait cependant connu une nouvelle accentuation avec l'insertion plus tardive de la suscription ou souscription « alléluia » en Ps 104, 35 ; 105, 45 ; 106, 1. 48. Le Ps 103, qui ne comporte pas de telle suscription ou souscription, aurait été détaché de la composition des Ps 104-106, de sorte qu'une « petite histoire universelle » aurait été créée qui, de la création à l'exil, déploie les œuvres du Dieu Roi, YHWH. Par l'insertion plus tardive de la doxologie finale du Ps 106, 48, un lien linguistique aurait été créé entre Ps 106, 48 et 107, 2 et les frontières entre le quatrième et le cinquième livre du Psautier rendues per-

---

198 B. Gosse, *BZ 46* (2002), pp. 239-252.

méables. En même temps, cette doxologie finale soulignerait l'ordonnancement des Ps 104-106 et ferait de cette petite histoire universelle en forme hymnique la conclusion du quatrième livre, laquelle soutiendrait la division en cinq parties du Psautier. Dans la reconstruction de cette conception et composition du Psautier, les Ps 105-106 apparaîtraient comme des textes clés herméneutiques. En eux la bonté de YHWH se profilerait comme catégorie d'interprétation des actions de YHWH dans la création et dans l'histoire et les deux psaumes acquerraient ainsi un rôle d'importance au croisement du quatrième et cinquième livre du Psautier[199].

Quoi qu'il en soit du rôle joué par les Ps 105-106 dans la quatrième collection du Psautier, leur association propose une relecture de l'histoire d'Israël en deux diptyques. Le Ps 105 semble s'appuyer sur la forme finale du Pentateuque, qu'il fait entrer en résonance avec Lv 26 et quelques textes prophétiques. Il établit un lien entre histoire patriarcale et exode et fait œuvre de synthèse entre la tradition sacerdotale et la tradition deutéronomiste. Le Ps 106 se réfère au Pentateuque, et surtout au livre des Nombres, comme aussi dans une moindre mesure à 1 R 8, aux livres d'Isaïe et d'Ezéchiel. Ainsi toute l'histoire d'Israël, depuis Abraham aux situations d'exil et de diaspora, est revisitée dans des reprises et réinterprétations des traditions du Pentateuque et du corpus prophétique. Ces réinterprétations sont à leur tour infléchies par l'agencement des deux psaumes.

Ecrits tous deux peut-être vers la fin du Vème ou le début du IVème siècle, ils ont en commun d'évoquer un contexte de diaspora. Par l'utilisation ironique de la figure de Joseph, le Ps 105 entre en polémique avec la diaspora égyptienne et rappelle qu'Israël détient le fondement de son identité dans la promesse de la terre. Mais il signale aussi que le pays de la promesse peut devenir pays de désolation en cas de non-observance des décrets et lois de YHWH. Le Ps 106 raconte précisément une histoire de récalcitrances qui conduit à l'exil, à la dispersion du peuple et élève une supplication pour un rassemblement du milieu des nations. L'action de grâce d'un Dieu qui s'est toujours souvenu de son alliance avec Abraham et a accompli des merveilles pour les siens se meut en une polyphonie combinant la voix de la confession d'une histoire de rébellions ayant conduit à l'exil et à la dispersion et la voix de l'espérance du salut de YHWH et du rassemblement du milieu des nations. La réaffirmation de la promesse de la terre, partout et en tout temps irrévocable, se meut en action de grâce pour la miséricorde de YHWH depuis toujours et pour toujours pour ceux qui sont en terre d'Israël comme pour ceux qui vivent en diaspora, dans l'attente du rassemblement qui rendra le peuple tout entier à sa vocation de louange. La polémique contre les Judéens établis en

---

199 J. Gärtner, 2012, pp. 259-290.

Egypte s'estompe dans la solidarité que le Ps 106 construit entre ceux qui sont dans le pays et ceux qui sont hors de lui. L'accent mis sur la figure d'Abraham, avec sa fonction de permettre à la communauté postexilique de trouver une identité et unité comme postérité du patriarche, se meut en intérêt pour des figures, Moïse et Pinhas, assumant le ministère prophétique d'intercession. L'alliance avec Abraham et la promesse de la terre ne sont pas invalidées mais dans un contexte de diaspora leur accomplissement demande à être appelé par des hommes se tenant sur la brèche.

Unis, les deux psaumes racontent donc une histoire qui s'inaugure avec la promesse de la terre et se conclut avec sa perte et la dispersion du peuple. La relecture qu'ils élaborent pourrait donner à penser que dans certains milieux la construction de l'histoire produite par l'Ennéateuque, dans son agencement des récits de la prise de possession du pays promis (Gn-Jos) et de sa perte (Jg-R), a pu faire sens. Cette supposition ne permet pas de confirmer qu'il y ait eu projet de créer un Ennéateuque « canonique », elle suggère simplement que des traditions antérieures ont pu être relues dans la perspective de sens offerte par l'ensemble Gn-R. En se terminant par la requête d'un rassemblement du milieu des nations, par ailleurs, le diptyque a peut-être créé un lien ténu entre les traditions de Gn-R et les prophètes postérieurs, corpus où se rencontrent des affirmations décisives pour l'avenir d'Israël.

Dans la réinterprétation de traditions anciennes par chacun de ces deux psaumes se créent de fait, comme le soulignait A. Passaro[200], de nouvelles traditions. Le corps de traditions ainsi produit engendre à son tour, par l'agencement des deux psaumes, un nouveau *traditum* qui n'oblitère pas la diversité des interprétations de l'histoire mais se propose néanmoins comme un tout faisant sens. L'histoire n'est pas seulement le lieu où se lisent de manière dichotomique les merveilles de YHWH et la désobéissance du peuple, la promesse de la terre et le châtiment de la diaspora... Au travers du désordre apparent des événements, de la collusion des libertés divine et humaine, dans une recherche d'identité qui ne s'avère ni totalement liée à la terre, ni totalement au culte, ni totalement à l'observance de la loi, la relecture de l'histoire offerte par l'assemblage de ces deux psaumes est un faire mémoire des merveilles de YHWH pour que le passé donne sens au présent sans cesse mouvant de communautés aux intérêts divergents. Le diptyque, sous sa forme finale et dans la diversité des perspectives qu'il conserve, est peut-être en soi une tentative de rassemblement des Judéens restés dans le pays, de ceux en diaspora en Babylonie et de ceux qui se sont établis en Egypte, dans un même mouvement de louange et d'aveu d'infidélité.

---

200 A. Passaro, « Theological hermeneutics and its historical motifs in Pss 105-106 », pp. 43-55.

4 Autres sommaires historiques dans le Psautier

Des trois psaumes étudiés jusqu'ici, nous sommes parvenus à l'hypothèse que le Ps 78 était, au sein de versions concurrentes, une tentative d'élaborer l'identité du vrai Israël. Le prologue mis à part, le texte fonctionne comme un diptyque composé de deux volets renvoyant l'un à l'autre. De part et d'autre il s'agit bien d'une récitation des actions de YHWH dans l'histoire d'Israël, qu'elles soient nommées comme des *merveilles* ou comme *des signes et des prodiges*. Il est également question de rébellion et de mise à l'épreuve de YHWH, qu'elles soient dans un cas mise en doute de la capacité divine à fournir de la nourriture et dans l'autre idolâtrie. La colère de Dieu monte ou YHWH s'irrite, ce qui a pour conséquence le châtiment de la manne et de la viande ou le rejet d'Israël et de Silo. Mais YHWH est miséricordieux et pardonne l'iniquité d'une part et il ouvre un avenir en choisissant la tribu de Juda, la montagne de Sion et David, de l'autre.

Le premier volet révèle la maîtrise divine sur les éléments, que le passage de la mer illustre magnifiquement (v. 13). Le second semble plutôt décrire un retour au chaos, consenti et provoqué par YHWH en raison du péché récurrent des pères. Le passage de la mer, à nouveau mentionné (v. 53), y est porté à son accomplissement en débouchant ultimement sur l'élection de Juda et de David pour gouverner tout Israël, le territoire judéen comme le territoire non-judéen. En reprenant la tradition de l'exode à la fois telle qu'elle est relue par le «canon prophétique deutéronomiste» (Am; Os; Jr) et telle qu'elle est utilisée par Isaïe, le psaume légitime Juda contre Joseph et affirme la permanence du choix du premier. Les références croisées aux textes du Pentateuque comme aux textes des prophètes antérieurs et postérieurs établissent ainsi une connexion étroite entre des sources disparates et ayant déjà subies des relectures.

Nous sommes parvenus à établir que dans la logique de ce psaume, peut-être écrit à la fin de la période perse ou au début de la période hellénistique, si les Samariens acceptaient les enseignements divins tels que perçus dans la perspective de Juda, ils pourraient être admis comme constituant le vrai Israël. Ils doivent accepter l'autorité des traditions d'un Israël centré autour de Jérusalem et le gouvernement de ceux qui génèrent le message véhiculé par ces traditions. En ce sens le psaume s'oppose à une compréhension strictement judéenne de l'identité israélite, cherchant à en exclure les éléments Samariens. Par la suite, lorsque les tensions entre les Samaritains et Judéens atteignirent leur point culminant, à l'époque hasmonéenne, il a pu servir de propagande aux partisans du régime en place, comme on peut le supposer de l'utilisation qu'en font les *Pesharim*, en particulier 4Q171.

Le Ps 105 est la plus complète relecture de l'histoire d'Israël : elle se déploie en une série de séquences chronologiquement agencées, de la promesse faite aux patriarches au don des pays des nations. Après un invitatoire, le psaume se déploie en quatre tableaux, le premier et le dernier soulignant la fidélité de YHWH à sa parole et ceux qui sont au centre montrant les acteurs humains éprouvés et en attente que s'accomplisse la parole divine ou agissant de telle sorte qu'elle soit manifestée. Diverses figures bibliques sont évoquées : Abraham, dont la postérité est le destinataire de la récitation qui présente l'histoire d'Israël comme l'accomplissement de l'alliance et la promesse de la terre faite au patriarche ; Joseph, dont l'évocation subversive alimente la polémique contre la diaspora égyptienne ; Moïse et Aaron, dont la mention manifeste la volonté de faire remonter le culte à l'origine même d'Israël et de faire de la terre le lieu où réside cette nation sacerdotale.

Si son encadrement est repris en une citation inversée en Is 12, le psaume se caractérise lui-même par une diversité de sources et établit un lien entre histoire patriarcale et exode, l'alliance conclue avec Abraham et sa descendance et l'alliance conclue avec la première génération sortie d'Egypte. En résonance avec Lv 26, il fait ainsi œuvre de synthèse littéraire en reliant l'alliance perpétuelle et infrangible de la tradition sacerdotale et l'alliance révocable de la tradition deutéronomiste. Il fait aussi référence à l'histoire de Joseph dont le cycle prend place dans le Pentateuque entre l'histoire des patriarches et celle de Moïse et de l'exode. A ce sujet, nous avons fait l'hypothèse que si le psaume renvoie à cette séquence de la Genèse il en subvertit le sens en présentant de manière ironique Joseph. Derrière cette figure c'est le peuple en exil à cause de ses péchés qui pourrait être évoqué et plus précisément encore, comme en Jr 44, les Judéens établis en Egypte après 586 et qui se compromettent avec le pouvoir en place. Le séjour en Egypte y est décrit comme la conséquence du péché du peuple, une épreuve et épuration qu'il doit subir dans l'attente de l'accomplissement de la promesse du don de la terre. Ainsi le psaume laisse-t-il percevoir le conflit entre les Juifs d'Egypte et ceux de Jérusalem, au retour de la diaspora babylonienne. Enfin comme les deutéronomistes et les auteurs sacerdotaux qui se sont accordés entre eux contre le milieu prophétique qui soutenait des attentes d'une restauration de la dynastie davidique, le Ps 105 prend acte de la disparition de cette dernière après le retour d'exil et transfère à l'époque patriarcale des titres associés à la monarchie davidique. De ce fait, il vise à construire l'identité de la communauté postexilique comme postérité d'Abraham. Comme le Pentateuque il se termine sur un non-accomplissement de la promesse de la terre, qui demeure toutefois valide dans une période marquée d'incertitudes et de troubles, au cours de laquelle le retour d'exil s'accomplit très progressivement.

Le Ps 105 semble s'accorder avec l'édition et la publication du Pentateuque, œuvres d'une collaboration entre les élites de Judée et de Samarie probablement vers la fin du Vème ou le début du IVème siècle. Contrairement au Ps 78, il ne porte pas de traces de conflits entre la communauté de Juda et celle de Samarie et se présente plutôt comme une polémique adressée aux immigrés établis en Egypte qui font fi de la promesse du don de la terre. L'identité d'Israël trouve ainsi son fondement dans cette promesse qui constitue une clé de lecture de toute l'histoire. C'est pourquoi aussi le psaume se conclut sur le lien entre obéissance aux lois et décrets divins et possession de la terre.

Contrairement aux deux psaumes précédents, on ne trouve aucune trace de polémique dans le Ps 106 dont la tonalité est à première lecture largement pénitentielle. La récitation historique raconte en effet les actes de rébellion et d'idolâtrie du peuple depuis le séjour en Egypte jusqu'à l'exil. Le «nous» qui s'exprime en finale du psaume situe la supplication de la communauté orante en un contexte de diaspora, vécu comme expérience de persistance du péché parmi les nations.

Ouvert par un invitatoire, il déploie ensuite deux tableaux, l'un associé au pays d'Egypte et à la mer des joncs, l'autre au pays de délice. Dans le premier tableau, YHWH est d'abord le sujet de verbes qui expriment le caractère performatif de sa parole et sa présence protectrice auprès de son peuple dans les abîmes de la mer des Joncs comme dans le désert. Il est loué par les pères qui, pourtant, tout aussitôt le mettent à l'épreuve et le provoquent. Il les châtie alors. Le second tableau déploie un septénaire d'idolâtries et de péchés des pères dans le pays de délice qui se transforme en pays profané. YHWH, chaque fois, châtie. Pourtant, dans un troisième et bref tableau, il redevient sujet de verbes positifs qui révèlent sa miséricorde. Les pères restent néanmoins captifs des nations et c'est pourquoi la finale du psaume demande que le renversement de situation soit porté à son accomplissement. Ce postlude précise que le salut sera rassemblement du milieu des nations; il autorisera la louange de la communauté.

Nous avons émis l'hypothèse que les personnages bibliques évoquées dans le Ps 106, Moïse, Aaron et Pinhas, soient des figures de prière ou d'intercession. Le psalmiste reprendrait à son actif le ministère prophétique d'intercession pour un peuple subissant le châtiment qu'il s'est attiré. Il se présenterait comme *l'homme qui se tient sur la brèche* devant Dieu afin que le peuple puisse enfin être rassemblé du milieu des nations.

Les traditions auxquelles se réfère ce psaume sont assez clairement identifiables. Dans les premier et deuxième tableaux il est possible de déceler des liens d'intertextualité avec le Pentateuque, particulièrement le livre des Nombres, et les prophètes, particulièrement 1 R 8, Isaïe et Ezéchiel. Nous avons pu établir que le Ps 106 se réfère ainsi à des livres ayant déjà opéré un travail de réinterprétation de sources antérieures et se caractérisant par leur tentative de donner une explication aux catastrophes de l'exil et de la diaspora. La reprise des traditions du murmure et la référence conséquente au livre des Nombres ont pour effet de souligner l'opposition au projet divin. La conquête du pays n'est pas évoquée, ce qui pourrait d'une part indiquer que le psalmiste considérait le Pentateuque comme un livre distinct de ceux qui le suivent et d'autre part garder l'insistance sur l'exil et la dispersion parmi les nations, compris comme conséquences des péchés et des idolâtries du peuple. Il se pourrait, du reste, que le psaume tente d'harmoniser les différentes traditions qui fournissent une explication au fait que Moïse n'entre pas en terre promise. Les reprises des prophètes antérieurs et postérieurs servent à la fois la dénonciation de la persistance de l'attitude pécheresse du peuple et l'espoir d'un rétablissement futur.

Ecrit entre la fin du Vème siècle et la première moitié du IVème siècle, le Ps 106 construit l'identité d'Israël en relation à une expérience de salut. Il vise peut-être à créer une solidarité entre les membres du peuple restés dans le pays et ceux vivant en diaspora : tous doivent reconnaître leurs infidélités et mettre leur confiance en la miséricorde divine. Rassemblé du milieu des nations le peuple entier pourra louer Dieu et célébrer son nom. Tel est au final le message que livre le psaume : il est possible d'espérer la restauration du peuple en sa vocation de louange.

Assemblés les Ps 105-106 relisent l'histoire d'Israël, d'Abraham à la période postexilique, dans des reprises et réinterprétations des traditions du Pentateuque et du corpus prophétique. Ces réinterprétations sont à leur tour infléchies par l'agencement des deux psaumes. Unis ils racontent une histoire qui s'inaugure avec la promesse de la terre et se conclut avec sa perte et la dispersion du peuple. Nous avons alors formulé l'hypothèse que leur relecture des traditions antérieures accorde crédit à la perspective de sens offerte par l'ensemble Gn-R, à l'histoire produite par l'Ennéateuque. En se terminant par la requête d'un rassemblement du milieu des nations, par ailleurs, le diptyque semble créer un lien ténu entre les traditions de Gn-R et les prophètes postérieurs. Plus tardif sans doute le Ps 78 construit, quant à lui, une relecture de l'histoire qui sélectionne les traditions et les ordonne plus librement, selon le but poursuivi. Il travaille à nier la prétention de l'Israël du Nord à être le peuple de Dieu malgré l'élection liée à l'exode et, en combinant la tradition de l'exode et celle de David et de Sion, il propose la perspective d'une fin de l'hostilité entre Ephraïm et Juda, le ralliement des tribus du Nord au temple de Jérusalem et à une autorité se réclamant de David. La dimension politique et polémique du texte est ainsi nettement plus accentuée que dans les deux autres psaumes.

A côté de ces trois psaumes historiques, de ces *Legenden*[1] dans lesquels la narration occupe une place centrale, d'autres psaumes produisent aussi, dans une moindre mesure, une relecture de l'histoire d'Israël. Le propos est maintenant d'en parcourir quelques uns, en partant de ceux dans lesquels la récitation historique est encore relativement déployée pour terminer avec ceux qui ne contiennent que de brèves allusions à quelques événements de l'histoire d'Israël.

4.1 Psaumes 135-136

Les Ps 135 et 136, deux psaumes voisins et jumeaux[2] «ont tous deux pour thème les "origines canoniques de l'histoire d'Israël" de l'exode à l'occupation de la terre. Le Ps 135 étend son arc jusqu'à l'occupation de Canaan à l'ouest du Jourdain; le Ps 136 finit plus tôt, à savoir avec la prise des royaumes à l'est du Jourdain des rois des Amorites, Sihôn et Og. Mais l'histoire n'y est pas présentée sous la forme d'un credo narratif (comme Dt 6, 21-25; 26, 5-9), sinon comme une louange hymnique de YHWH, parce qu'il a manifesté son unicité divine face aux dieux des nations et a recouru à sa puissance royale contre les rois qui oppriment son peuple et même le détruisent. Ainsi les deux psaumes décrivent, de manière conséquente et claire, YHWH comme un "Dieu qui frappe"»[3].

Il a été observé que ces deux psaumes se recoupent l'un l'autre, concordent partiellement d'un point de vue littéraire[4] ou, plus précisément que le Ps 135 dépend du Ps 136[5]. Nous y reviendrons.

Le premier de ces psaumes, le Ps 135, tisse un canevas d'allusions et de reprises et H. Gunkel le qualifie de «paraphrase et compilation en vue du culte»[6]. Il se présente comme un hymne à composition anthologique, une mosaïque de citations sélectionnées et assemblées pour présenter, à première vue, YHWH comme Seigneur de la nature et de l'histoire. Il prend place «dans le courant de traditions au sein duquel le thème central de l'exode d'Egypte et de l'entrée en terre de Canaan est déterminant»[7].

1 H. Gunkel, 1933, p. 324.
2 E. Zenger, «Komposition und Theologie des 5. Psalmenbuchs 107-145», *BN* 82 (1996), p. 109.
3 F.-L. Hossfeld,E. Zenger, 2008, p. 661.
4 R. Scoralick, «Hallelujah für einen gewalttätigen Gott? Zur Theologie von Psalm 135 und 136», *BZ* 46 (2002), p. 253.
5 T. Römer, «Extra-Pentateuchal Biblical Evidence for the Existence of a Pentateuch? The case of the 'Historical Summaries', especially in the Psalms», p. 484.
6 H. Gunkel, 1929, p. 577.
7 H.-J. Kraus, 1961, p. 1074.

Les quatre premiers versets de ce psaume déploient une exhortation à la louange. En ouverture, le v. 1 est semblable à Ps 113, 1 à cette différence près que les deux stiques qui suivent l'*alléluia* initial sont en ordre inverse : *louez le nom de YHWH. Louez-le serviteurs de YHWH.* Le verset suivant précise l'identité des *serviteurs de YHWH* (יהוה עבד) : ils se tiennent *dans la maison de YHWH, sur les parvis de la maison de notre Dieu.* Quoiqu'avec une construction syntaxique différente la première spécification est la même qu'en Ps 134, 1, de sorte qu'une jointure apparaît entre Ps 135 et les psaumes de pèlerinage. Un deuxième alléluia introduit les vv. 3-4. L'appel à louer YHWH y reçoit une première motivation : *car* (כי) *il est bon YHWH* (v. 3a), une formulation caractéristique de la liturgie du temple postexilique (cf. Jr 33, 11 ; Es 3, 11 ; 1 Ch 16, 34 ; 2 Ch 5, 13 ; 7, 3. 6)[8]. Il est tout aussitôt suivi d'un autre impératif qui commande de chanter *son nom car il est plaisant.* Le dernier verset de cet invitatoire précise encore les raisons de louer Dieu et de chanter son nom : *car YHWH a choisi Jacob pour lui, Israël pour sa part personnelle.* L'expression סגלה, *possession, part personnelle* apparaît aussi en Ex 19, 5, un texte qui met dans la bouche de YHWH une exhortation à l'adresse de la maison de Jacob et des fils d'Israël pour qu'ils se souviennent de la sortie d'Egypte et gardent l'alliance, afin d'être sa part personnelle parmi tous les peuples. Le même terme est encore présent en Dt 7, 6 ; 14, 2 et 26, 18 : dans le premier cas, YHWH s'adresse au peuple en lui indiquant ce qu'il devra faire lorsqu'il entrera en possession du pays promis ; dans les deux autres occurrences, au commencement et à la fin du code deutéronomique, YHWH rappelle son engagement envers le peuple qui doit, en retour, observer ses commandements en terre promise. Libération d'Egypte, élection et alliance sont en arrière-fond de tous ces textes de la tradition deutéronomiste.

Le v. 5, même s'il est encore introduit avec un כי, produit une césure : un « je » apparaît qui sait que YHWH est grand et surpasse tous les dieux. La déclaration de ce locuteur se présente comme une citation quelque peu altérée d'Ex 18, 11 :

Ps 135, 5	כי אני ידעתי כי־גדול יהוה ואדנינו מכל־אלהים
	Oui, je sais, YHWH est grand, notre Dieu au dessus de tous les dieux
Ex 18, 11	עתה ידעתי כי־גדול יהוה מכל־האלהים
	Maintenant je sais que YHWH est grand au dessus de tous les dieux

Le contexte d'Ex 18, 11 est celui de la rencontre de Moïse et de son beau-père Jéthro. Le premier a raconté au second tout ce que YHWH a fait en faveur d'Israël pour le faire sortir d'Egypte et le prêtre de Madiân s'écrie alors qu'il sait désormais que

---

8 F.-L. Hossfeld, E. Zenger, 2008, p. 666.

YHWH est grand au dessus de tous les dieux, puis il participe à l'offrande d'un holocauste et de sacrifices. La reprise d'Ex 18, 11 dans le psaume pourrait ouvrir la perspective d'une dimension de reconnaissance universelle de YHWH[9]. Elle suggère tout au moins que même aux yeux des nations YHWH peut se révéler un Dieu incomparablement puissant.

Ce verset ouvre la partie centrale du psaume que viendront clore les vv. 19-20 en un nouvel invitatoire. Dans les vv. 6-7 la grandeur de YHWH est à première vue décrite à partir des merveilles de la création : *tout ce qu'a voulu YHWH, il l'a fait dans les cieux et sur la terre, dans les mers et dans tous les abîmes. Soulevant les nuées des extrémités de la terre il fait les éclairs pour la pluie et fait sortir le vent de ses réserves*[10]. L'action de YHWH est caractérisée par le vouloir (חפץ) et le faire (עשה). Le commencement du v. 6 est proche du Ps 115, 3b :

Ps 135, 6a   כל אשר־חפץ יהוה עשה
               tout ce qu'a voulu YHWH, il l'a fait

Ps 115, 3b   ... כל אשר־חפץ עשה
               tout ce qu'il a voulu, il l'a fait

Sous des formes légèrement modifiées mais contenant les mêmes mots clés אשר חפץ + עשה + כל l'expression se retrouve en Is 46, 10 ; Jon 1, 14 et Qo 8, 3. Exception faite de la dernière occurrence, elle a YHWH pour sujet et dénote le pouvoir illimité d'une autorité suprême qui peut faire ce qu'elle veut. A. Hurvitz établit qu'il ne s'agit pas là d'un simple cliché littéraire mais de l'adoption d'une formule légale dont le *Sitz im Leben* est à chercher dans le domaine de la jurisprudence. Il en recherche l'origine et l'histoire en la comparant à une formule araméenne apparentée qui, dans diverses sources, apparaît dans des contextes strictement juridiques. Au terme de son étude, il en vient à conclure que la formule hébraïque est un emprunt littéraire de ce qui à l'origine était une proposition juridique[11]. S'il en est ainsi, on peut se demander si l'expression garde dans le Ps 135 la connotation juridique par ailleurs plus visiblement conservée en Isaïe, Jonas, Qohélet et probablement Ps 115.

---

9 Sur les discussions au sujet des liens entre Ps 135, 5 et Ex 18, 11, cf. J. Gärtner, 2012, p. 327, en particulier la note 100.

10 Pour M. Rogland, Ps 135, 7 comme Jr 10, 13 sont des références intertextuelles à Gn 2, 6. Mais l'argumentation est assez peu convaincante d'autant qu'il n'y a pas de vocabulaire en commun entre ces textes (M. Rogland, « Interpreting את in Genesis 2.5-6 : Neglected Rabbinic and Intertextual Evidence », *JSOT 34* (2010), p. 387).

11 A. Hurvitz, « The History of a Legal Formula : *kōl' ᵃšer-ḥăpeš ʿaśāh* (Psalms CXV 3, CXXXV 6) », *VT 132* (1982), pp. 275-267.

Le verset suivant, le v.7, est lui fort proche de Jr 10, 13 et 51, 16:

Ps 135, 7   מעלה נשאים מקצה הארץ ברקים למטר עשה מוצא־רוח מאוצרותיו
*soulevant les nuées des extrémités de la terre il fait les éclairs pour
la pluie et fait sortir le vent de ses réserves*

Jr 10, 13   …ויעלה נשאים מקצה ארץ ברקים למטר עשה ויוצא־רוח מאצרתיו
*… (du fait) qu'il soulève des nuées des extrémités de la terre, qu'il fait
les éclairs pour la pluie et qu'il fait sortir le vent de ses réserves*

Jr 51, 16   …ויעל נשאים מקצה־ארץ ברקים למטר עשה ויצא רוח מאצרותיו
*qu'il soulève des nuées des extrémités de la terre, qu'il fait les éclairs
pour la pluie et qu'il fait sortir le vent de ses réserves*

D'un texte à un autre les variantes sont minimes, le psaume ayant des participes là où Jérémie présente des verbes à l'inaccompli. Dans les doublets du livre de Jérémie, le contexte des versets cités est celui d'un hymne au Dieu créateur, lui-même inséré dans une polémique contre les idoles. Or dans le psaume une même opposition aux idoles qui ne peuvent que mener à la ruine apparaîtra dans les vv. 15-18. Ainsi l'accent n'est-il peut-être pas tant placé sur l'acte divin de création ou de maîtrise des éléments naturels que sur la puissance agissante de YHWH, en contraste avec l'inefficacité des idoles. Cette dimension est appuyée par le fait que les verbes עלה, *soulever* et יצא, *faire sortir* tous deux au participe *hifil*, sont fréquemment employés pour décrire l'agir de YHWH en faveur de son peuple lors de l'exode hors d'Egypte[12].

Dans Ps 135, 8-9 la tradition des plaies se fait jour sans ambiguïté. Mais assez curieusement le psaume ne mentionne que la dernière plaie, puis introduit la formule stéréotypée *signes et prodiges* (אות ומופת): *c'est lui qui frappa les premiers-nés d'Egypte, de l'homme jusqu'au bétail. Il envoya des signes et des prodiges au milieu de toi, Egypte, contre pharaon et contre tous ses serviteurs.* Le rappel de la mort des premiers-nés semble une forme abrégée de la narration qu'en fait Ex 12, 29:

Ps 135, 8   שהכה בכורי מצרים מאדם עד־בהמה
*c'est lui qui frappa les premiers-nés d'Egypte, de l'homme jusqu'au
bétail*

Ex 12, 29   … ויהוה הכה כל־בכור בארץ מצרים מבכר פרעה … וכל בכור בהמה
*… YHWH frappa tous les premiers-nés au pays d'Egypte du premier-né
de pharaon… à tous les premiers-nés du bétail*

---

12 cf. Ex 3, 8. 17; 8, 1. 3; 17, 3 pour le premier et 3, 10. 11. 12; 6, 6. 7. 13. 26. 27; 7, 4. 5; 8, 14; 12,
17. 39. 42. 51; 13, 3. 9. 14. 16; 14, 11; 16, 3. 6. 32; 18, 1 pour le second.

C'est le même verbe נכה, *frapper*, au *hifil* qui est employé dans les deux textes. Dans les deux cas aussi l'objet en est les premiers-nés de l'Egypte mais le psaume utilise ensuite une formule générale, *de l'homme jusqu'au bétail*, qui ne cite ni le pharaon, ni les captifs dans la prison. Ainsi le psaume acquiert-il une tonalité plus générale que le texte de l'Exode. En fait, une expression tout à fait semblable est présente en Nb 8, 17 (באדם ובבהמה), mais elle se réfère aux premiers-nés des fils d'Israël qui appartiennent à YHWH, car le jour où il a frappé tous les premiers-nés dans le pays d'Egypte (הכתי כל־בכור בארץ מצרים) il se les a consacrés. Si Israël n'est pas mentionné dans le psaume, l'agir divin à l'encontre de l'Egypte apparaît comme un renversement de l'action de YHWH envers son peuple telle que décrite dans le livre des Nombres. Il est la manifestation de son pouvoir de faire ce qu'il veut. Par rapport aux idoles nommées plus loin le psaume insiste sur le fait que c'est bien à YHWH qu'il faut attribuer la mort des premiers-nés. Dans une interpellation fictive l'Egypte est alors appelée à reconnaître qu'au milieu d'elle il a envoyé *signes et prodiges contre pharaon et contre tous ses serviteurs* (v. 9).

En une formulation parallèle au v. 8, le v. 10 introduit l'idée que YHWH a frappé des nations nombreuses : והרג מלכים עצומים שהכה גוים רבים (*c'est lui qui frappa des nations nombreuse, et abattit des rois puissants*). De la sorte, la mort des premiers-nés de l'Egypte est pratiquement élevée en paradigme de ce que YHWH peut accomplir à l'égard de toutes les nations. Le verbe הרג, *abattre*, employé en Ps 78, 31. 34 pour décrire l'action de YHWH à l'encontre de son peuple est aussi utilisé en Ex 13, 15 pour dire l'agir divin contre les premiers-nés des Egyptiens. Ainsi Ps 135, 10 renforce-t-il le lien entre ce que YHWH fait à l'encontre des premiers-nés de l'Egypte et ce qu'il accomplit contre des rois puissants. « Pour le Ps 135, la mort des premiers-nés de l'Egypte surgit comme la première d'une série des victoires remportées contre les ennemis. Dieu a "frappé" les premiers-nés comme il a "frappé" les grands rois, Sihon et Og dont il donne la terre en héritage à Israël »[13].

Sihôn, roi des Amorites et Og, roi de Bashân sont donc ces rois puissants qui, pour avoir voulu entraver le chemin d'Israël vers la terre promise, ont été abattus par YHWH, comme l'ont été aussi *tous les royaumes de Canaan* (v. 11). Les victoires d'Israël sur le roi des Amorites et sur celui de Bashân sont racontées en Nb 21, 21-31 ; Dt 2, 24-3, 7 tandis que la suite de la conquête est décrite dans le livre de Josué. Maintenant le parallèle entre le v. 8 et les vv. 10-11, le Ps 135 infléchit quelque peu les textes auxquels il fait allusion en attribuant uniquement à YHWH l'acte de *frapper* et d'*abattre* alors que les récits correspondants en Nombres, Deutéronome et Josué en font une victoire des Israélites. Le v. 12 conclut cette séquence : *il donna leur terre en héritage, en héritage à Israël son peuple.* La construction en

---

13 J.L. Vesco, 2006, p. 1259.

forme de chiasme de ce verset accentue le don de la terre comme héritage pour Israël; elle vise à présenter YHWH comme un roi fort, qui agit en faveur de son peuple en lui donnant la terre conquise aux royaumes puissants. Israël n'est pas nommé comme tel dans ces versets mais est évoqué par ce qui est fondateur de son identité: il est le peuple de YHWH qui reçoit la terre en héritage. Le Ps 135 adopte la perspective de l'Hexateuque en concluant cette séquence non seulement par le don du pays des royaumes à l'est du Jourdain mais aussi du pays de tous les royaumes de Canaan à l'ouest du Jourdain (cf. Jos 12).

Le v. 13 interrompt la récitation de ce que YHWH a accompli en en tirant les conséquences pour le présent et pour l'avenir et en s'adressant directement à lui: *YHWH ton nom pour toujours, YHWH ton souvenir de génération en génération.* La mémoire du nom divin et son souvenir de génération en génération reçoit en quelque sorte une justification dans le verset suivant:

כי־ידין יהוה עמו ועל־עבדיו יתנחם

car YHWH juge son peuple, il a compassion de ses serviteurs

Ce verset est sans altération la reprise des deux premiers stiques de Dt 32, 36. Le psaume fomule que YHWH juge son peuple et qu'il a pitié, accomplissant ainsi en quelque sorte ce que le Deutéronome annonçait. Apparaît par ailleurs dans ce verset, de manière explicite, la dimension juridique qui était implicite au v. 6. YHWH semble exercer la justice envers son peuple en raison de sa compassion mais aussi en démonstration de sa puissance face aux idoles. Dt 32, 36 et Ps 135, 14 sont tous deux suivis d'une référence aux idoles ou aux faux dieux; dans les deux cas l'impuissance des idoles est affirmée. Le psaume cependant, et contrairement à Dt 32, ne semble pas faire de référence explicite à l'infidélité ou l'idolâtrie du peuple: en faisant la jointure entre les vv. 5-12 et les vv. 15-18, les vv. 13-14 paraissent introduire la nécessité pour le peuple de faire mémoire, en réponse à la justice divine expérimentée lors de la sortie d'Egypte et du don du pays. Une dimension dialogique serait ainsi introduite dans le psaume et le v. 14, qui pourrait citer Dt 32, 36a, énoncerait sous forme de principe ce que les versets précédents ont raconté. Il faudra vérifier cependant si cette lecture est la seule possible.

Les vv. 15-18, qui concernent les idoles, sont une reprise légèrement modifiée du Ps 115, 4-6. 8:

Ps 135, 15-18

עצבי הגוים כסף וזהב מעשה ידי אדם
פה־להם ולא ידברו עינים להם ולא יראו
אזנים להם ולא יאזינו אף אין־יש־רוח בפיהם
כמוהם יהיו עשיהם כל אשר־בטח בהם

Les idoles des nations d'argent et d'or, œuvre de main d'homme
Elles ont une bouche et ne parlent pas, des yeux et ne voient pas,
elles ont des oreilles et ne prêtent pas l'oreille, il n'y a même pas de
souffle dans leur bouche.
Qu'ils soient comme elles ceux qui les font, qui se confient en elles.

Ps 115, 4-6. 8 עצביהם כסף וזהב מעשה ידי אדם
פה־להם ולא ידברו עינים להם ולא יראו
אזנים להם ולא ישמעו אף להם ולא יריחון
...כמוהם יהיו עשיהם כל אשר־בטח בהם

Les idoles d'argent et d'or, œuvre de main d'homme
Elles ont une bouche et ne parlent pas, des yeux et ne voient pas
Elles ont des oreilles et n'entendent pas, elles ont un nez et ne sentent
pas
... Qu'ils soient comme elles ceux qui les font, qui se confient en elles.

Une première divergence est l'ajout des nations (גוים) au Ps 135, 15 pour préciser de qui sont les idoles. Puis est introduit un changement de verbe dans Ps 135, 17 : אזן, *prêter l'oreille* au lieu de שמע, *entendre* (Ps 115, 6). Le mot אף, *nez*, de Ps 115, 6 est dans Ps 135, 17 l'adverbe *même* et le verbe רוח au hifil inaccompli (*sentir*), troisième personne masculin pluriel, a été remplacé par le substantif qui suggère ici le *souffle* de la respiration. De ce fait, Ps 135, 17b acquiert une certaine proximité avec Jr 10, 14d ou Jr 51, 17d : ולא־רוח בם, *pas de souffle en elles*, ce qui accentue la description des idoles comme objets morts. Le v. 7 du Ps 115 n'a pas été repris dans le Ps 135.

Pour accentuer l'opposition entre YHWH et les idoles le Ps 135 utilise la même racine עשה, *faire*, pour évoquer que l'un fait ce qu'il veut (v. 6) et que les autres sont faites de main d'homme, que deviendront comme elles ceux qui les font et qui se confient en elles (vv. 15. 18). « Les idoles elles-mêmes ne font rien et pourtant elles œuvrent : elles apportent la mort à ceux qui se confient en elles »[14].

Ps 135, 16-17 et Ps 115, 5-6 ont également un parallèle textuel en Is 6, 9b-10a :

שמעו שמוע ואל־תבינו וראו ראו ואל־תדעו
השמן לב־העם הזה ואזניו הכבד ועיניו השע פן־יראה בעיניו ובאזניו ישמע

Ecoutez bien mais sans discerner, regardez bien mais sans comprendre,
Engourdis le cœur de ce peuple, appesantis ses oreilles et aveugle ses
yeux, qu'il ne voie pas de ses yeux et de ses oreilles n'entende pas...

---

14 R. Scoralick, « Hallelujah für einen gewalttätigen Gott? Zur Theologie von Psalm 135 und 136 », p. 258

Dans le Ps 135 le contexte de jugement, déjà perceptible aux vv. 6. 14, est clairement formulé au v. 18. Les fabricateurs d'idoles et ceux qui se confient en elles
seront rendus semblables à l'œuvre de leurs mains, à savoir s'il est tenu compte
du contexte immédiat : ayant une bouche et ne parlant pas, des yeux et ne voyant
pas, des oreilles et ne prêtant pas l'oreille, n'ayant pas même de souffle dans
leur bouche. Rétrospectivement il convient peut-être alors de revenir sur le sens
de Ps 135, 14 : s'il n'est pas explicitement fait référence à l'infidélité ou à l'idolâtrie du peuple, il n'est pas exclu qu'une discrimination soit introduite entre le
peuple dont il est dit que YHWH le juge et *ses serviteurs* dont il a compassion. Le
verset ne serait donc pas construit en un parallélisme synonymique mais en un
parallélisme antithétique. Cette hypothèse pourrait recevoir confirmation dans
le fait qu'Is 6, 9b-10a décrit Israël pécheur sous la métaphore d'idoles (des yeux
qui ne voient pas, des oreilles qui n'entendent pas…) et prononce un jugement
qui trouve sa conclusion dans une expression personnifiant Israël par une idole
brûlée, comparable au chêne et au térébinthe des lieux sacrés qui seront abattus : … *et s'il y subsiste encore un dixième, à son tour il sera livré au feu comme
le chêne et le térébinthe abattus* (v. 13a). On trouve du reste ailleurs dans le livre
d'Isaïe l'image de chênes ou de térébinthes brûlés pour signaler la destruction des
idoles par YHWH. Apparaît en particulier en Is 1, 29-31 la seule autre occurrence
de אלה, *térébinthe* de tout le livre et il est aussi associé au verbe בער, *brûler* :
*vous serez bien déçus des térébinthes que vous aimiez tant, vous aurez honte de
vos jardins d'élection, car vous serez alors comme le térébinthe au feuillage flétri,
comme un jardin d'où l'eau s'est retirée. L'homme fort devenu amadou, son travail
étant l'étincelle, tous deux ensemble brûleront, et personne pour éteindre.* Ce passage est clairement une représentation d'Israël jugé par YHWH en raison de son
idolâtrie[15]. Ainsi, dans l'un et l'autre texte d'Isaïe, Israël aura le même sort que
les arbres qui signalent son idolâtrie, ce qui exprimerait sous forme d'oracle ce
que le principe de Ps 115, 8 et Ps 135, 18 énonce.

Dans le Ps 135, les *serviteurs* en faveur de qui Dieu a compassion étaient
déjà nommés aux vv. 1-2 : ce sont qui le louent et se tiennent dans la maison
de YHWH. Ce sont ceux donc qui rendent un culte à YHWH et dont on pourrait
penser qu'ils se distinguent des membres idolâtres du peuple, devenus comme
les nations idolâtres.

Il est peut-être encore une référence qui peut éclairer le Ps 135. En Dt 29, 3
Moïse, qui a rappelé au peuple tous les signes et prodiges accomplis par YHWH
pour le faire sortir d'Egypte, formule :

---

15 G.K. Beale, « Isaiah VI 9-13: 'A Retributive Taunt against Idolatry' », *VT 41* (1991), pp. 257-278.

ולא־נתן יהוה לכם לב לדעת ועינים לראות ואזנים לשמע עד היום הזה
YHWH ne vous avait pas donné un cœur pour reconnaître, ni des yeux pour voir, ni des oreilles pour entendre jusqu'à aujourd'hui

Il est possible de penser que Moïse livre ainsi une explication au fait que la première génération n'a pas répondu positivement à la délivrance opérée par YHWH. Mais le texte se poursuit par un avertissement dans lequel la référence aux idoles des nations est bien présente (cf. Dt 29, 15-20; 30, 17-18. Voir aussi Dt 31, 16-18. 20; 32, 15-18. 37-39), de sorte qu'on peut se demander si en écho à Is 6, 9-10 il ne prophétise pas l'endurcissement du peuple comme exercice de la justice de YHWH sur les libertés humaines endurcies, comme partie d'une logique historique en forme de jugement. Du côté du peuple l'endurcissement est une incapacité à reconnaître l'action de YHWH non seulement lors de la sortie d'Egypte, mais aussi lors de la marche au désert, de la victoire contre Sihôn et Og (Dt 29, 6-7), lors des fléaux infligés dans le pays et de son rejet dans un autre pays (Dt 29, 21-27).

Pour le Ps 135 le jugement du peuple s'exercerait alors peut-être à deux niveaux, le texte passant d'une relecture de l'histoire à la critique des idoles: il prendrait en compte d'une part la non-reconnaissance de l'agir divin lors des événements de la sortie d'Egypte, de la victoire contre les rois puissants et du don du pays et d'autre part la fabrication d'idoles en qui on place sa confiance[16]. La mémoire du nom divin et son souvenir de génération en génération (v. 13) pourrait alors fonctionner sur le même mode que la prise de parole de la génération suivante dans Dt 29, 21-22, c'est-à-dire comme le mémorial de la justice divine à l'œuvre dans l'histoire.

Les vv. 19-21 introduisent à la suite un nouvel invitatoire, un appel à bénir YHWH: *Maison d'Israël, bénissez YHWH. Maisons d'Aaron, bénissez YHWH. Maison de Lévi, bénissez YHWH. Et ceux craignant YHWH, bénissez YHWH. Béni soit YHWH depuis Sion, lui qui demeure à Jérusalem. Alléluia.* Les groupes interpellés sont les mêmes qu'en Ps 115, 9-11 et Ps 118, 2-4 avec l'ajout toutefois de la maison de Lévi. La mention de la *maison de Lévi* est la seule de tout le Psautier[17]. De la sorte le peuple (*maison d'Israël*), les prêtres (*maison d'Aaron*), ceux qui sont au service du temple (*maison de Lévi*) et ceux qui craignent YHWH sont tous appelés à le *bénir*,

---

[16] Contre J. Gärtner, pour qui le texte serait moins une polémique contre les idoles qu'une affirmation de l'unicité de YHWH (J. Gärtner, 2012, p. 336).

[17] J. Gärtner décèle dans cette mention de la maison de Lévi une perspective prolévitique et note que l'influence des chantres lévitiques offre une bonne explication au processus éditorial à l'œuvre dans le Ps 135 et plus généralement dans l'élaboration du Psautier. Mais l'indice est ici ténu et les conclusions pour l'ensemble du Psautier demanderaient à être davantage étayées (J. Gärtner, 2012, pp. 339-340).

non à *se confier* en lui comme dans le Ps 115 ou à redire sa fidélité comme dans le Ps 118. Le verbe ברך revient sous forme de participe *qal* au v. 21 : *béni soit YHWH*.

L'expression יראי יהוה, *ceux craignant YHWH* est d'interprétation difficile. Si certains comprennent qu'elle désigne les païens convertis au yahvisme, D. Hamidović formule l'hypothèse qu'elle nomme le peuple élu en sa totalité, c'est-à-dire la *maison d'Israël* et la *maison d'Aaron* au sens des laïcs et des prêtres au retour de l'exil babylonien. « Ces deux entités, désormais à la direction de la Palestine avec la disparition de la royauté, formeraient un mérisme pour indiquer le peuple élu dans sa totalité, appelé 'ceux qui craignent YHWH' ». Il n'exclut pas pourtant que la locution puisse qualifier les étrangers convertis et note qu'utilisée dans des psaumes postexiliques, elle « soulignerait le mélange avec les populations voisines attestées pendant et après l'exil »[18]. Il établit que 4Q279 présente une leçon du psaume car ce manuscrit distingue quatre groupes dans la communauté, dont l'unique parallèle vétérotestamentaire se trouve en Ps 135, 19-20 :

> Maison d'Israël, bénissez YHWH
> Maison d'Aaron, bénissez YHWH
> Maison de Lévi, bénissez YHWH,
> Ceux qui craignent YHWH, bénissez YHWH.

Il conclut que « en adoptant le postulat que le passage décrit la hiérarchie de la communauté à l'*eschaton,* il ressort que les prêtres d'Aaron, vraisemblablement les prêtres dans leur ensemble – schismatiques et hiérosolymites-, secondés par les Lévites, dirigent les membres laïcs de la communauté et/ou le peuple élu dans son intégralité avec les étrangers convertis, les prosélytes. Dans ce résumé de l'humanité digne d'intérêt pour un Israélite, au sens théologique du terme, c'est-à-dire excluant les étrangers et sans encore déployer des préoccupations universalistes, il est souhaité que le gouvernement soit assumé à la fin des temps par la caste sacerdotale, comme YHWH l'a voulu en tirant les lots ; cette marque est vraisemblablement celle d'un écrit sacerdotal ».[19]

Cette utilisation postérieure du psaume, si elle souligne le rôle particulier attribué aux prêtres, livre en réalité peu d'éclairage sur le sens possible de l'expression יראי יהוה, *ceux craignant YHWH* et D. Hamidović lui-même ne tranche pas sur l'interprétation qu'il convient d'en faire. Dans un psaume qui n'hésite pas à reprendre les paroles mises sur les lèvres d'un prêtre de Madiân en Exode (v. 5), une perspective d'ouverture aux étrangers pourrait sembler possible. Mais l'inclusion

---

18 Sur les diverses positions, voir la note 42 p. 178 de D. Hamidović, « 4Q279, 4QFour Lots, une interprétation du psaume 135 appartenant à 4Q421, 4QWays of Righteousness », *DSD* 9 (2002), p. 178.

19 D. Hamidović, *Ibid.* p. 185.

sous forme d'invitatoires en début (vv. 1-4) et fin (vv. 19-21) du psaume laisse peu de place pour cette lecture dans la mesure où elle insiste sur la louange dans le temple ou dans ses parvis, sur le choix de Jacob et d'Israël comme *part personnelle* de YHWH, sur Sion et sur Jérusalem. De plus, si le v. 14 peut être compris comme impliquant une différenciation entre le peuple que YHWH juge et ses serviteurs dont il a compassion, entre ceux qui se fient aux idoles des nations et ceux qui le reconnaissent à l'œuvre dans l'histoire et le louent, l'expression יראי יהוה peut fort bien se référer aux seconds.

Au v. 21 la référence à Sion vient faire écho au temple mentionné au v. 2. Les psaumes de montées (Ps 120-134) trouvant leur conclusion dans le Ps 134 dont le dernier verset appelle la bénédiction de YHWH depuis Sion, il est possible que la proximité des deux psaumes dans l'agencement du Psautier ait conduit à une réélaboration du Ps 135 et à l'établissement de liens textuels entre les deux textes. La proximité des deux psaumes inviterait ainsi à penser que non seulement YHWH bénit ses serviteurs et ceux qui se tiennent dans sa maison depuis Sion (Ps 134, 1. 3) mais aussi, en retour, que la bénédiction de YHWH ait à s'élever vers lui depuis Sion (Ps 135, 21).

Il se peut aussi que derrière le Ps 135 se profile un discours d'incitation à vivre dans le pays donné, à abandonner les idoles et à rendre un culte à Jérusalem, à un moment où le temple était déjà reconstruit. L'évocation des traditions de la sortie d'Egypte et don de la terre comme les références à Sion, à la *maison d'Aaron* et à la *maison de Lévi*, aux prêtres et aux chantres du temple donc s'inscrivent dans une perspective hexateucale qui lie l'identité d'Israël au culte et à la terre. Le psaume insiste sur la grandeur des interventions divines qui ont permis le don de la terre et qui manifestent la puissance du Dieu d'Israël face aux idoles des nations. Il est un appel au peuple d'Israël, aux prêtres et aux lévites à louer YHWH. L'interpellation étrange de l'Egypte au v. 9 pourrait prendre sens dans cette perspective. Même si l'éditeur de l'apparat critique de la Bible hébraïque suggère de supprimer l'expression בתוככי מצרים, *au milieu de toi Egypte* que comporte aussi la LXX (ἐν μέσῳ σου, Αἴγυπτε), il est possible de faire l'hypothèse que cette incise soit à l'adresse des Juifs d'Egypte. Dans la logique du psaume, si les *serviteurs* en faveur de qui YHWH a compassion (v. 14) sont ceux qui le louent et se tiennent dans sa maison (vv. 1-2), s'ils se différencient des membres idolâtres du peuple devenus comme les nations idolâtres, ils se distinguent encore des *serviteurs de pharaon* (v. 9). Ainsi le psaume encouragerait-il à rendre un culte à YHWH à Jérusalem et subrepticement adresserait-il un signal aux Juifs d'Egypte, qui adoraient YHWH mais vénéraient aussi des divinités syncrétistes. Plus généralement, dans la mesure où ce que YHWH accomplit en Egypte est pour ainsi dire élevé en paradigme de ce qu'il peut accomplir à l'égard de toutes les nations, le psaume pourrait s'adresser à tous les Juifs en diaspora. Le caractère anthologique du psaume en manifeste le caractère tardif et à titre d'hypothèse on pourrait imaginer de le situer au IVème siècle.

Peut-on rétrospectivement tirer quelques éclairages complémentaires à partir du rouleau 11QPs^a ?

P.W. Skehan propose de lire dans ce rouleau l'enchainement des Ps 135; 136; 118 et 145 comme un bloc cohérent constitué pour un usage liturgique. La composition s'ouvrirait par le Ps 135, dans lequel une voix individuelle appelle l'assemblée composée de prêtres, de lévites, d'israélites et de craignant Dieu à la louange. 11QPs^a présente quelques variantes par rapport au texte massorétique du Ps 135, 1-2 :

Ps 135, 1-2 TM	11QPs^a, col. XIV, ll. 7-9
הללו יה הללו את שם יהוה הללו עבדי יהוה שעמדים בבית יהוה בחצרות בית אלהינו	הללו עבדי יהוה הללו את שם יהוה הללו יה ורוממו יה שעומדים בבית יהוה בחצרות בית אלהינו ובתוכך ירושלים
Louez Ya Louez le nom de YHWH louez, serviteurs de YHWH, Vous qui vous tenez dans la maison de YHWH, dans les parvis de la maison de notre Dieu	Louez serviteurs de YHWH Louez le nom de Yah, louez Ya et *exaltez Ya*, vous qui vous tenez dans la maison de YHWH, dans les parvis de la maison de notre Dieu, *et au milieu de toi, Jérusalem.*

Le rédacteur de 11QPs^a placerait en tête l'invitation adressée aux serviteurs de YHWH, comme pour insister sur la qualification de la communauté appelée à la louange. Un ajout à la fin du passage insiste également sur la localisation de cette assemblée à Jérusalem et dans le temple.

Après Ps 135, 6 TM le manuscrit de Qumran procède également à un autre ajout :

Ps 135, 6 TM	11QPs^a, col. XIV, ll. 12-14
כול אשר־חפץ יהוה עשה בשמים ובארץ בימים וכול־תהמות	אשר חפץ יהוה עשה בשמים ובארץ לעשית יעשה אין כיה אין כיהוה יאין שיעשה כמלך אלהים בימים ובכול תהמות
Tout ce qu'a voulu YHWH, il l'a fait, au ciel et sur la terre dans les mers et tous les abîmes	Ce qu'a voulu YHWH, il l'a fait, au ciel et sur la terre *Pour faire il a fait.* *Il n'y en a pas comme Ya,* *il n'y en a pas comme Yahvé,* *et il n'y en a pas qui ait agi comme le roi des dieux,* dans les mers et *dans* tous les abîmes.

11QPsª ajoute très visiblement l'affirmation de la certitude que Dieu agira comme il le veut et une triple acclamation de son unicité. Pour P.W. Skehan cet ajout, qui rompt la logique du Ps 135 tel que transmis dans le texte massorétique, est une interruption du chantre par l'assemblée qui élève une acclamation. A la fin du psaume en 11QPsª l'assemblée reprendrait la parole pour répondre à nouveau au chantre: *Que YHWH te bénisse de Sion, lui qui demeure à Jérusalem!*[20]

Sans entrer dans la question de savoir si le rouleau 11QPsª est une collection de textes liturgiques que la communauté de Qumran aurait utilisée pour des cérémonies cultuelles ou celle de savoir si les ajouts sont à interpréter le plus souvent comme des acclamations de l'assemblée, deux éléments de 11QPsª peuvent être retenus pour notre propos: l'insistance sur la localisation à Jérusalem et celle sur la puissance et l'unicité divines. Nous pourrions avoir là un indice de ce que le Ps 135 était compris comme un psaume appelant au culte à Jérusalem pour que soit honoré YHWH, Dieu d'Israël, dont la puissance est sans égale parmi tous les dieux.

Le Ps 136, second du binôme, est un hymne dont la caractéristique est de répéter à chaque verset un même refrain: *car sa fidélité est pour toujours* (כי לעולם חסדו). Il apparaît ainsi d'emblée que les *merveilles* (פלא) de YHWH racontées dans le psaume sont considérées comme autant de marques de sa fidélité. Sa composition sous forme de litanie de louanges, sans doute antiphonée, pourrait orienter vers une utilisation cultuelle dès l'origine, même s'il demeure impossible de trancher si le psaume a pu être créé pour une fête particulière (la Pâque, le Nouvel An ou la fête des Tabernacles).

Comme le psaume précédent, il est structuré en trois sections: il débute par une invitation à la louange (vv. 1-3), puis déploie un récit des merveilles accomplies par YHWH (vv. 4-25), pour terminer par un dernier verset qui invite à célébrer le Dieu des cieux. J. Bazac y voit une structuration géométrique, dans laquelle les neuf premiers versets ouvriraient le psaume par une description de la création. La deuxième partie (vv. 10-18) raconterait l'exode d'Egypte et l'errance d'Israël dans le désert, tandis que la troisième partie (vv. 19-22) aurait trait à la conquête de Canaan et à l'installation dans le pays. Enfin une quatrième partie (vv. 23-26) décrirait le miracle présent et constituerait la conclusion de l'ensemble du psaume[21]. L'entreprise visant à démontrer que le texte est composé sous forme d'un trapèze inversé présente pour le moins un caractère incongru mais elle attire l'attention sur l'organisation du texte en séquences successives et quasiment chronologiquement agencées du récit des actes divins. Sous cet aspect d'autres études font remarquer

20 P.W. Skehan, «A Liturgical Complex in 11QPsª», *CBQ* 34 (1973), pp. 195-205.
21 J. Bazac, «The Geometric-Figurative Structure of Psalm CXXXVI», *VT* 35 (1985), pp. 129-138.

que le Ps 136 a pu s'inspirer des textes du Pentateuque. K. Seybold imagine par exemple que la section hymnique en trois strophes de quatre lignes (vv. 4-7; 10.13-15. 16. 17. 21. 22), encadrée par les impératifs des vv. 1-3. 26, a pu être enrichie au cours du temps par des versets provenant de la lecture de la Torah (vv. 8-9; 11-12; 18-20), d'une actualisation (vv. 23-24) ou de formules conventionnelles[22]. Pour C. Macholz, la description de l'agir créateur de Dieu est semblable à celle de Gn 1, 6-8. 9-10. 14-18; le v. 15 qui rapporte que YHWH a précipité pharaon et son armée dans la mer des Joncs serait dépendant d'Ex 14, 27, seul autre verset où le même événement est narré; contrairement au Ps 135, ce psaume s'arrête au don de la terre à l'est du Jourdain. Pas plus que dans le Pentateuque il n'est question du don du pays à l'ouest du Jourdain, pourtant dernière action merveilleuse de YHWH. De ces observations, C. Macholz conclut que le Ps 136 dépend du Pentateuque et ne peut avoir vu le jour qu'à une époque où celui-ci était achevé et possédait une autorité canonique. Il remarque encore que la structure du psaume est marquée par des constructions participiales dans les vv. 4-22, dans lesquels est soulignée la domination de YHWH sur un certain nombre de puissances: l'histoire sainte y est retenue sous l'aspect des actions combattives de YHWH. En revanche, les vv. 23-24 n'ont pas de participes et sont introduits par le pronom relatif ש (celui qui). Un nous y prend la parole qui professe que YHWH l'a arraché de la main de ses ennemis. L'identité de ce nous et l'abaissement dont il est question au v. 23 ne sont pas clairs. Mais C. Macholz suggère de penser à la période maccabéenne, sans qu'on puisse définir à quels événements le texte fait allusion. Ces versets révèlent en tout cas que la communauté qui s'y exprime interprète ses propres expériences comme des actions de YHWH dans la continuité de celles de l'histoire racontée dans le Pentateuque. Le v. 25 enfin ne se comprendrait pas dans le contexte du psaume; il s'agirait donc d'une glose[23].

Indéniablement les trois premiers versets répètent une invitation à la louange: הודו, louez. Elle réapparaît encore au v. 26, de sorte que la récitation des merveilles de YHWH est encadrée par deux invitatoires. Cet encadrement est encore accentué dans la LXX qui répète, à la suite du v. 26, le v. 3. Au commencement du psaume l'appel à la louange s'ouvre par une formule liturgique typique: Louez YHWH car il est bon, car sa fidélité est pour toujours (v. 1)[24]. Le destinataire de la louange est nommé différemment d'un verset à un autre: au v. 1 Dieu est désigné par le

---

22 K. Seybold, *Die Psalmen*, Tübingen, Mohr, 1996, p. 507.

23 C. Macholz, «Psalm 136: Exegetische Beobachtungen mit methodologischen Seitenblicken», in: E. Blum (ed.), *Mincha: Festgabe für Rolf Rendtorff zum 75. Geburtstag*, Neukirchen-Vluyn, Neukirchener, 2000, pp. 177-186.

24 A.A Anderson, 1972, p. 894; K. Seybold, 1996, p. 507; E. Gerstenberger, *Psalms, Part 2 and Lamentations*, FOTL 15, Grand Rapids, Eerdmans, 2001, p. 384; D.J. Human, «Psalm 136: A Liturgy

tétragramme (ליהוה), tandis que dans le v. 2 la louange s'adresse au *Dieu des dieux* (לאלהי האלהים) et au v. 3 au *Seigneur des seigneurs* (לאדני האדנים). Le v. 26, quant à lui, invite à louer le *Dieu des cieux* (לאל השמים)[25]. Cette accumulation de diverses appellations de Dieu est en soi assez curieuse. Ces mêmes titulatures apparaissent dans le livre du Deutéronome au sein d'une séquence qui est un rappel de l'histoire évoquant les rébellions d'Israël (9, 1-11, 32): *Car c'est YHWH* (יהוה) *votre Dieu* (אלהיכם) *qui est le Dieu des dieux* (אלהי האלהים) *et le Seigneur des seigneurs* (ואדני האדנים), *le Dieu grand* (האל הגדל), *puissant et redoutable...* (Dt 10, 17). Les superlatifs qui viennent en complément au tétragramme accentuent l'unicité du Dieu d'Israël face aux divinités des cultures environnantes, pour lesquelles des titulatures semblables pouvaient être utilisées. L'expression du v. 26, unique dans le Psautier, semble apparaître à l'époque perse (cf. Esd 1, 2; 5, 11-12; Ne 1, 4; 2, 4; Dn 2, 19. 28; 5, 23; mais aussi Gn 24, 3. 7) et se rencontre également dans la littérature extrabiblique[26]. Dans la récitation des vv. 4-25, en revanche, Dieu n'est plus nommé quoique sujet des verbes qui décrivent son agir.

Le récit des merveilles de Dieu commence au v. 4 par une affirmation qui confesse que YHWH seul, le Dieu des dieux et Seigneur des seigneurs est l'auteur de grandes merveilles[27]. Par trois fois le même participe, לעשה, *à lui faisant...* se répète en début de versets (vv. 4. 5. 7). La louange y est donc adressée à celui qui fait. Le premier objet de son faire est indiqué par l'expression נפלאות גדלות, *grandes merveilles*; elle apparaissait déjà dans les psaumes précédemment étudiés. Si dans l'ensemble du Psautier elle prend des sens variés et parfois très généraux, dans les textes du Pentateuque elle renvoie à la sortie d'Egypte (Ex 3, 10) ou à l'entrée dans le pays promis (Ex 34, 10; Jos 3, 5). Cette première affirmation, *lui qui seul fait de grandes merveilles*, pourrait alors introduire la première partie de la récitation (vv. 5-9) comme le suggère la triple répétition de לעשה ou l'ensemble de cette même récitation (vv. 5-25) comme la série de participes dans le psaume (vv. 4. 5. 7. 10. 13. 16. 17) et le sens de *merveilles* dans le Pentateuque pourraient le laisser entendre.

---

with Reference to Creation and History », in: D.J Human, J.A. Vos Cas (ed.), *Psalms and Liturgy*, London, T&T Clark International, 2004, p. 77.

25 J. Gärtner perçoit dans cet encadrement du psaume une confession monothéiste, une affirmation claire de l'unicité de YHWH que le corps du texte déploiera en racontant les merveilles de Dieu dans la création (vv. 5-9), dans l'histoire (vv. 10-22) et dans le présent (vv. 23-25) de la communauté priante (J. Gärtner, 2012, pp. 295. 300).

26 Cf. G. Ravasi, 1991, p. 742, note 20; D.J. Human, 2004, p. 78.

27 Sur la nécessité de rapporter le v. 4 à la récitation historique ou au contraire à ce qui précède voir le bref état de la question dans: P. Auffret, « Notes sur la structure littéraire du Psaume CXXXVI », *VT 27* (1997), pp. 1-2.

Quoi qu'il en soit, les *grandes merveilles* divines sont ensuite déployées en référant d'abord aux œuvres de la création: *lui qui fait les cieux avec intelligence...*, *lui qui étend la terre sur les eaux...*, *lui qui fait les grandes lumières...*, *le soleil pour dominer sur le jour...*, *la lune et les étoiles pour dominer sur la nuit...* (vv. 5-9). Comme noté plus haut, alors que les parties invitatoires contiennent de nombreuses titulatures divines, cette séquence n'en contient pas. Or en Gn 14, 19. 22 apparaît un titre qui nomme le Dieu créateur: *Dieu très-haut qui crée cieux et terre* et dans certains psaumes l'expression: *YHWH qui a fait les cieux et la terre* (Ps 115, 15; 121, 2; 124, 8; 134, 3; 146, 6). Ces titulatures sont insérées dans des formules de bénédictions ou de confessions du secours apporté par Dieu[28]. Il se peut que des éléments de ces formules subsistent dans le Ps 136 mais sous forme d'énumération des activités qui manifestent la puissance de YHWH, parmi lesquelles la création des cieux et de la terre. Comme en Jr 32, 17-23 la création des cieux et de la terre n'est que la première d'une série de merveilles accomplies par YHWH: les prodiges au pays d'Egypte, l'exode, le don de territoires. Les actes divins de création sont ainsi associés aux interventions de YHWH dans l'histoire d'Israël.

La description des actes divins de création est structurée par paires: cieux et terre; soleil et lune; jour et nuit. De manière très implicite il pourrait être suggéré ici que la création est une œuvre de séparation. Mais le verbe בדל, *séparer*, utilisé en Gn 1, 14. 18 pour exprimer la séparation du jour et de la nuit (vv. 14. 18), des cieux et de la terre (vv. 15. 17), du grand luminaire et du petit luminaire (v. 16) n'apparaît pas dans le psaume. L'évocation de ce que Dieu a fait les cieux avec intelligence (תבונה) suggère l'œuvre de création comme manifestation de la sagesse divine. Alors que le terme תבונה n'apparaît jamais en Genèse, une expression semblable se trouve en Jr 10, 12 et 51, 15: ובתבונתו נטה שמים, *il a déployé les cieux par son intelligence*; en Pr 3, 19: כונן שמים בתבונה..., *...affermissant les cieux par sa sagesse*. Is 40, 28 nomme dans un contexte plus général l'intelligence du créateur: *ne sais-tu pas, n'as-tu pas entendu? YHWH est le Dieu de toujours, il crée les extrémités de la terre. Il ne faiblit pas, il ne se fatigue pas; nul moyen de sonder son intelligence* (תבונה). Le verbe רקע, *étendre*, qui décrit l'action divine concernant la terre n'est pas davantage présent en Genèse. Mais le substantif qui en est dérivé est utilisé en Gn 1, 6-8 et associé à l'idée de séparation: *... qu'il y ait une étendue* (רקיע) *entre les eaux et qu'elle sépare les eaux d'avec les eaux. Dieu fit l'étendue et il sépara les eaux qui sont au dessous de l'étendue d'avec les eaux*

---

[28] Cf. N. Habel, « Yahweh, Maker of Heaven and Earth: A Study in Tradition Criticism », *JBL* 91 (1972), p. 333.
N. Habel considère, de plus, que ces titulatures fonctionnent comme des formules liturgiques traditionnelles évoquant la bénédiction de Dieu dans le culte.

qui sont au dessus de l'étendue. Ce déploiement de la terre est cependant décrit en Is 44, 24[29] où il est associé à celui des cieux:

אנכי יהוה עשה כל נטה שמים לבדי רקע הארץ מי אתי

Moi, YHWH, qui fais toute chose. Seul j'ai déployé les cieux. Seul j'ai étendu la terre.

L'expression רקע הארץ (*étendre la terre*), présente seulement dans le Deutéro-Isaïe et dans le Ps 136 où elle est d'ailleurs dans les deux cas en parallèle avec une mention de la création des cieux, est interprétée par T.M. Ludwig comme le fruit de traditions cultuelles antérieures, relatives à la mise en ordre du cosmos. À l'origine l'image serait celle d'aplatir la terre et elle servirait à décrire la mise en ordre du cosmos comme une lutte contre les forces du chaos. Dans le psaume la terre serait alors étendue sur les eaux primordiales[30].

Dans Ps 136, 5-6 avec cieux, terre et eaux est établie une structure cosmique: l'espace est mis en place. Les versets qui suivent sont consacrés à l'organisation du temps.

En Ps 136, 7 Dieu *fait les grandes* lumières. Le substantif utilisé ici au pluriel (אורים) est un *hapax legomenon* de l'Ancien Testament et 11QPs[a] reprend le mot de Gn 1, 14; 15. 16 (מאור) en ajoutant: *le soleil et la lune, car éternel est son amour* entre les vv. 7 et 8 du psaume. Ps 136, 8-9 nomment le soleil, la lune et les étoiles et le vocabulaire utilisé est proche de celui de Gn 1, 16:

Ps 136, 8-9	את־השמש לממשלת בים
	את־הירח וכוכבים לממשלות בלילה

le soleil pour dominer sur le jour
la lune et les étoiles pour dominer sur la nuit

Gn 1, 16	את־המאור הגדל לממשלת היום
	ואת־המאור הקטן לממשלת הלילה ואת הכוכבים

Le grand luminaire pour dominer le jour,
le petit luminaire pour dominer la nuit et les étoiles

La grande différence consiste en ce que le psaume nomme soleil et lune, alors que Genèse évite de le faire, cette discrétion du vocabulaire manifestant peut-être un souci de récuser l'idolâtrie dont font l'objet l'un et l'autre. Gn 1, 16 utilise le mot מאור, *luminaire* qui est le terme pour désigner les lampes de la Tente de la

---

29 En référence à la terre, le même verbe רקע associé à ארץ se trouve en Is 42, 5.

30 T.M. Ludwig, «The Traditions of Establishing the Earth in Deutero-Isaiah», *JBL 92* (1973), pp. 348-349.

rencontre (Ex 35, 8. 14 ; Lv 24, 2 ; Nb 4, 9. 16). L'univers créé est ainsi décrit comme le temple de Dieu, une dimension qui disparaît du psaume. Soleil et lune en Ps 136 servent toutefois comme les luminaires de Genèse à la structuration du temps.

De stricts parallélismes de formulation avec d'autres textes vétérotestamentaires sont absents de cette première partie de la récitation du Ps 136. Mais une proximité se dessine avec le texte de Gn 1 et quelques passages de Jérémie ou d'Isaïe. Ce psaume, dont le texte apparaît déjà quelque peu de facture tardive, semble combiner assez librement différentes allusions au texte de la création en Genèse et dans une moindre mesure aux textes prophétiques, sans qu'on puisse toutefois aller jusqu'à dire qu'il les paraphrase[31].

La séquence des vv. 10-16 est scandée par trois participes : *lui qui frappe* (v. 10) ; *lui qui coupe* (v. 13) ; *lui qui mène* (v. 16). La première action divine est une référence à la dernière plaie d'Egypte que seul le psaume retient à l'instar du Ps 135 : *lui qui frappe l'Egypte dans ses premiers nés* (v. 10). La formulation de ce verset est propre au psaume quoique le vocabulaire soit le même qu'en Ex 12 ou Ps 135. La phrase est syntaxiquement liée avec le premier stique du v. 11 : *et il fit sortir Israël du milieu d'eux*, de sorte que sont mises en relation les actions de YHWH à l'encontre de l'Egypte et celles en faveur d'Israël. Outre une légère allitération entre מצרים (*Egypte*) et מתוכם (*du milieu d'eux*), la seconde expression (מתוכם) pourrait contenir un jeu de mots. Avec une vocalisation différente en effet il est possible de lire : *de leur oppression*, תך signifiant précisément oppression. Le verbe יצא au *hifil* est le verbe classique des traditions deutéronomistes comme sacerdotales pour exprimer la délivrance hors d'Egypte. Il est dans le psaume complété au v. 12 par la formule stéréotypée : *à main forte et à bras étendu* (cf. Dt 4 34 ; 5, 15 ; 7, 19 ; 9, 29 ; 11, 2 ; 26, 8...), qui attire l'attention sur la force du Dieu vainqueur de ses adversaires. Elle prépare la transition avec ce qui suit, où le texte raconte la force divine à nouveau à l'œuvre mais pour affronter cette fois-ci un adversaire aux dimensions cosmiques, la mer.

Les vv. 13-15 décrivent de fait le passage de la mer des Joncs : *lui qui coupa en morceaux la mer des Joncs... et fit passer Israël en son milieu... et il précipita pharaon et son armée dans la mer des Joncs*. Le verbe גזר qui signifie *couper, diviser* (cf. 1 R 3, 25 ; 2 R 6, 4 ; Ha 3, 17), d'usage assez rare, n'est utilisé qu'ici avec la mer pour objet. Il est renforcé par le substantif de la même racine : לגזר ... לגזרים. YHWH « morcelle en morceaux » ou « tranche en tranches » la mer des Joncs. L'expression

---

31 Contre l'appréciation de M. Oeming pour qui le psalmiste a en vue le récit sacerdotal de Gn 1, 1-2, 4a, qu'il paraphraserait librement (M. Oeming, *Das Buch der Psalmen*, Psalm 1-41, Stuttgart, Verlag Katholisches Bibelwerk, *NSK.AT* 13/1, 2000, p. 192) ou de J. Gärtner, pour qui le psaume cite Gn 1, 16 même si elle observe également les différences entre les deux textes (J. Gärtner, 2012, pp. 302-303).

garde peut-être un écho du mythe babylonien du démembrement de Tiamat[32]. Dans tous les cas elle prolonge la perspective d'une action divine combattant les forces de chaos et souligne la toute-puissance de YHWH, qui peut alors faire passer Israël au milieu de la mer divisée (v. 14). Bien que le vocabulaire soit différent, la narration suit thématiquement le récit d'Ex 14, 21b-22a: *...les eaux se fendirent et les fils d'Israël pénétrèrent au milieu de la mer*. Le verbe עבר au *hifil* (*faire passer*) de Ps 136, 14 est le même qu'en Ps 78, 13. La précision בתוכו, *en son milieu*, vient en écho au v. 11, de sorte que le passage de la mer est situé dans le prolongement de la sortie du milieu de l'Egypte. La victoire de YHWH menant son peuple au milieu de la mer divisée s'exerce aussi aux dépend du pharaon et de son armée. Le verbe employé au *piel*, נער (*précipiter*), est le même qu'en Ex 14, 27: *...et YHWH précipita* (נער) *les Egyptiens au milieu de la mer*, tandis que l'expression pharaon et son armée (פרעה וחילו) se rencontre en Ex 15, 4 dans le même contexte du passage de la mer.

Ps 136, 16 poursuit en évoquant l'errance au désert: *lui qui mène son peuple au désert*. Le verbe employé, הלך au *hifil* (*mener*), est aussi utilisé dans la tradition deutéronomiste pour la marche au désert (Dt 8, 2. 15; 29, 4; Jr 2, 6. 17; Am 2, 10). Israël qui était nommé aux vv. 11 et 14 est maintenant appelé *son peuple*, ce qui non seulement situe la marche au désert en continuité avec la sortie d'Egypte et le passage de la mer mais signale aussi l'élection d'Israël. Peut-on aller jusqu'à penser qu'est ainsi aussi suggérée l'alliance scellée au désert?

R. Scoralick discerne en Ps 136, 16 un jeu de sonorités subtil mais puissant entre le participe מוליך (*hifil* de הלך) et le participe *qal* de מלך, *régner* de sorte qu'en surimpression à la proclamation que YHWH est celui qui mène son peuple au désert résonne la déclaration qu'il est roi pour son peuple ou gouverne son peuple au désert. Par ce jeu «le v. 16 fait une allusion masquée aux événements dans le désert du Sinaï. Le jeu de mots est renforcé par le quadruple usage de (ים)מלך dans les quatre versets suivants (vv. 17-20). Dans ce contexte le v. 16 manifeste quelques particularités. Pour la première fois, le discours sur l'action de YHWH en faveur d'Israël est direct. La caractéristique des autres louanges relatives à l'histoire (commençant aux vv. 10. 13 et 17) est de débuter chaque fois par une action de Dieu contre une autre entité (Egypte, la mer des Joncs, les rois) pour parler ensuite du traitement positif d'Israël. En ceci, les trois autres exemples utilisent le mot ישראל. Seul le v. 16 parle de *son peuple* (עמו) et le v. 22 complète ישראל עבדו, *Israël son serviteur*. Les particularités de ces versets rendent

---

32 Voir le poème l'*Enuma Elish* IV, 137-138. P. Talon, *The standard Babylonian Creation Myth Enūma Eliš. Introduction, Cuneiform Text, Transliteration, and sign List with a Translation and Glossary in French*, Helsinki, Neo-Assyrian Text Corpus Project, State archives of Assyria cuneiform texts 4, 2005, p. 94.

plausible un jeu de mot faisant allusion aux événements du Sinaï »[33]. R. Scoralick ajoute que derrière le v. 25 du Ps 136 le Roi universel, YHWH, est en conséquence à reconnaître comme celui qui approvisionne tout ce qui vit. Si les observations sur le texte sont pertinentes et l'hypothèse d'un jeu de mots recevable, il semble en revanche difficile de conclure à une allusion à l'alliance ou au Sinaï[34]. Tout au plus pourrait-on souligner le contraste entre ce que YHWH accomplit contre l'Egypte, la mer et les rois et ce qu'il réalise en faveur de son peuple. Le psaume parle du reste positivement de l'agir de YHWH menant son peuple dans le désert, sans faire aucune mention de la désobéissance d'Israël. Cette dimension est encore accentuée dans la LXX qui insère au v. 16 une citation de Dt 8, 15 : *c'est lui qui pour toi a fait jaillir l'eau du rocher du granit,* suivie de l'habituel refrain.

Le v. 17 ouvre une nouvelle séquence (vv. 17-22) sur le même mode et avec le même verbe que le v. 10, de sorte que ce que YHWH accomplit contre les rois puissants est mis en parallèle avec ce qu'il a accompli contre l'Egypte : *lui qui frappe de grands rois..., il abattit des rois superbes...* (vv. 17-18). Il est possible qu'il y ait là encore un jeu d'assonance visant à donner au texte un ton ironique et à tourner les rois en dérision : למכה מלכים גדלים. Les versets suivants précisent l'identité de ces rois : *Sihôn le roi des Amorites... et Og le roi de Bashân...* (vv. 19-20); puis les vv. 21-22 concluent la séquence : *et il donna leur pays en héritage, en héritage à Israël son serviteur.* Les variantes de cette séquence par rapport au texte du Ps 135, 10b-12 sont assez minimes. Le Ps 136 semble là encore être construit à partir de paires : grands rois – rois superbes ; Sihon – Og ; héritage – héritage. Cette construction souligne que ce que YHWH accomplit contre les rois grands et superbes à l'est du Jourdain a pour but de donner leur pays en héritage à Israël. Le peuple est ici nommé comme *serviteur* de Dieu, ce qui semble suggérer qu'il ait à reconnaître le Dieu qui lui donne la terre en héritage comme son Seigneur, à moins comme le propose L. Alonso-Schökel qu'il faille donner à l'appellation une connotation cultuelle[35]. La grande différence avec le Ps 135 réside toutefois dans le fait que le Ps 136 lie la tradition de l'exode avec la conquête du territoire transjordanien sans mentionner la conquête du territoire à l'ouest de Jourdain.

---

33 R. Scoralick, *BZ* 46 (2002), pp. 266-267.
34 C'est aussi l'avis de V. Pröbstl, pour qui la brève notice du v. 16 ne permet pas d'identifier une allusion à l'alliance ou au Sinaï. Cf. V. Pröbstl, *Nehemia 9, Psalm 106 und Psalm 136 und die Rezeption des Pentateuchs,* Göttingen, Cuvillier Verlag, 1997, p. 196.
35 L. Alonso-Schökel, « Psalmus 136 (135) », *VD* 45 (1967), p. 132. Voir également J. Gärtner pour qui le psaume implicitement suggère que le cosmos peut devenir le lieu de la présence divine, le lieu où les priants peuvent apprendre la bonté de YHWH (J. Gärtner, 2012, p. 309). Il y a toutefois peu d'indices textuels pour appuyer de telles interprétations.

Israël n'entre pas en Canaan, le Ps 136 restant fidèle en cela à la perspective du Pentateuque[36].

Les vv. 23-25 rompent avec les séquences précédentes de la récitation des merveilles de YHWH. D'un point de vue grammatical ces versets ne sont pas introduits avec un participe précédé de la préposition לְ, mais avec la conjonction relative שׁ suivie de בְּ et d'un verbe à l'accompli. Le locuteur est par ailleurs un groupe qui s'exprime à la première personne du pluriel et proclame son expérience de la présence divine, pour l'élargir ensuite à une considération générale: *celui qui se souvint de nous dans notre abaissement..., il nous arracha de nos adversaires..., il donne du pain à toute créature...* Il n'est pas exclu que ces versets constituent un ajout postérieur visant à prolonger la récitation de l'histoire et à l'actualiser pour les besoins de la communauté destinataire.

Si le verbe שׁפל, *être abaissé*, se rencontre en un certain nombre d'occurrences dans les textes bibliques, le substantif qui en est dérivé n'apparaît que dans ce psaume et Qo 10, 6. Selon Ex 3, 7. 17 YHWH voit la misère (עֳנִי) de son peuple en Egypte et le fait monter de cette misère vers le pays de Canaan, mais le vocabulaire utilisé n'est pas le même que dans le psaume. Comme le fait remarquer E. Zenger, il n'est pas clair de savoir à quoi ces versets font allusion. «L'éventail des opinions est large: il s'étend de l'hypothèse qu'il y ait là une allusion au temps de l'occupation de la terre (la soi-disant période des Juges) à la suggestion que ce soient les guerres maccabéennes qui sont en vue. Il est aussi supposé ou que les vv. 23-24 considèrent la fin de l'exil ou qu'ils reflètent une fois encore "l'histoire des origines d'Israël" évoquée dans les vv. 10-22»[37]. E. Zenger considère lui-même qu'il pourrait y avoir référence à l'histoire d'Israël, dramatique depuis ses commencements, telle qu'elle est racontée en vv. 10-22: Israël était alors un peuple assailli de tous côtés par ses ennemis, mais en raison de sa relation particulière à YHWH il a toujours été sauvé. La communauté du Ps 136 interpréterait un certain nombre d'expériences historiques positives comme des actes de salut du Dieu d'Israël, distingués certes des actions divines merveilleuses rapportées dans le Pentateuque mais demeurant en continuité avec elles. Elle ferait ainsi parce

---

36 J. Gärtner fait toutefois remarquer que le don du territoire à l'ouest du Jourdain est érigé en paradigme pour le don de la terre elle-même et qu'il fait du peuple tout entier le serviteur de YHWH, tandis que dans le Pentateuque il se limite aux tribus de Ruben, de Gad et à la demi tribu de Manassé (. J. Gärtner, *Ibid.*, p. 310).

37 F.-L. Hossfeld, E. Zenger, 2008, p. 681. L'hypothèse que ces versets se réfèrent à l'époque des Juges est par exemple celle de H.-J. Kraus, 1961 p. 1081.

234 - Autres sommaires historiques dans le Psautier

qu'elle se reconnaîtrait elle-même comme l'Israël pour qui les actions divines de l'histoire de fondation ont été accomplies[38].

Toutefois Isaïe, qui sans contestation est le livre qui utilise le plus souvent le verbe שפל, s'en sert à deux exceptions près pour évoquer le châtiment divin (2, 9. 11. 12. 17; 5, 15; 10, 33; 13, 11; 25, 11. 12; 26, 5; 29, 4; 32, 19). Il est possible de se demander alors s'il n'y a pas en Ps 136, 23 une allusion à une situation interprétée à la fois comme châtiment divin et comme expérience de délivrance par YHWH lui-même. Le fait que Dieu se souvienne (זכר) est un thème sacerdotal (cf. Gn 8, 1; 9, 15; Ex 2, 24; 6, 5) qui manifeste la sollicitude de YHWH à l'égard de l'humanité. Le verbe פרק (*arracher*), employé au *qal* au verset suivant, est d'usage assez rare. Au même mode verbal on le retrouve en Lm 5, 8 dans le contexte d'une méditation sur le traumatisme physique et moral causé par le désastre politique de la ruine de Jérusalem en 587-586: *Des esclaves dominent sur nous: personne pour nous arracher de leur main!* Quant à l'expression מצרינו (*de nos adversaires*) elle pourrait constituer un jeu de mot avec מצרים (*Egypte*), de sorte que l'oppression en Egypte servirait de point de comparaison à toute autre situation d'abaissement et que l'exode serait érigé en paradigme du salut que YHWH peut accomplir pour délivrer son peuple. La construction en chiasme des vv. 23a-24b inviterait à lire *abaissement* et domination par des *adversaires* en parallèle, tandis que le fait que Dieu se souvienne de son peuple serait concrètement traduit en acte de délivrance, avec un verbe (פרק) qui souligne la violence que cet agir nécessite pour pouvoir advenir. Il est possible que derrière ces versets se profile une allusion à l'exil à Babylone et que le *nous* qui s'exprime en cette séquence cherche à montrer la continuité entre ce qui est arrivé en Egypte à Israël et ce qui advient à la génération qui connaît l'abaissement de l'exil.

Le v. 25, qui conclut la récitation, est une affirmation de l'amour divin prenant soin de toutes les créatures: en tout temps (le verbe est au participe) Dieu *donne du pain à toute chair*. Comme en Ps 104, 27 ou Ps 145, 15, le Dieu créateur semble en ce verset proclamé comme celui qui garantit la nourriture de toute créature. Certes le pain est ce que YHWH donne au désert après la sortie d'Egypte (Ex 16, 4. 12), ce que le peuple trouvera en terre promise sans être rationné (Dt 8, 9) mais l'expression כל־בשר désigne en d'autres contextes tous les vivants (Gn 6, 12. 17. 19; 7, 21; 8, 17) ou toute l'humanité (Nb 16, 22; 27, 16), si bien qu'en inclusion avec les premiers versets de la récitation historique le psaume semble en revenir à la louange du Dieu Créateur[39].

---

38 Voir aussi C. Macholz, « Psalm 136: Exegetische Beobachtungen mit methodologischen Seitenblicken », p. 185.

39 J. Gärtner fait du v. 25 la signature du psaume, le résumé des merveilles de YHWH dans la création et dans l'histoire, le culminé de l'affirmation de la sollicitude du Créateur pour sa

En partant de la considération que les marges du Psautier sont longtemps restées fluides et qu'il est possible de déceler des traces de différentes étapes ayant précédé sa constitution finale, C. Levin formule la thèse que le Ps 136 ait pu être pendant un certain temps la doxologie finale du livre des psaumes. Il se base sur le lien que le Ps 136 pourrait avoir avec le Ps 118. Il constate que ce dernier est composite et que son dernier verset, identique au premier, se retrouve aussi en ouverture des Ps 106; 107; 136. Si la conclusion du Ps 118 est alors aussi un commencement de psaumes hymniques, elle doit renvoyer au-delà d'elle-même. Or le Ps 136 commence avec le même verset et on pourrait donc supposer que la finale du Ps 118 y renvoie. La proximité des deux psaumes est du reste confirmée par la liturgie de la Pâque juive, au cours de laquelle on chante les six psaumes traditionnellement appelés le *Hallel égyptien* (Ps 113-118) et le Ps 136, dit le *grand Hallel*. De plus, en 11QPs^a, le Ps 118 suit le Ps 136, dont la version est d'ailleurs quasi semblable à celle du texte massorétique. L'instruction de Ps 118, 2-4 (*qu'Israël le redise: éternelle est sa fidélité. Que la maison d'Aaron le redise: éternelle est sa fidélité. Que ceux qui craignent YHWH le redisent: éternelle est sa fidélité*) appellerait alors la réponse que livre le Ps 136 en rendant grâce à YHWH pour sa fidélité. Les Ps 118, 5-29; 119; 120-134 et 135 auraient été ensuite insérés entre Ps 118, 4 et Ps 136, 1: les Ps 120-134 auraient été introduits comme une unité; le Ps 135 pourrait être compris comme un lien secondaire: il aurait été inséré en même temps que les psaumes des montées pour rétablir les liens entre les Ps 111-118 et le Ps 136; le Ps 119 serait une insertion tardive[40].

Il est vrai que 11QPs^a joint les Ps 118 et 136 et la proposition de lecture selon laquelle le second viendrait accomplir l'instruction des vv. 2-4 du premier est séduisante. Mais la reconstruction de l'histoire de la composition de l'ensemble des Ps 118 à 136 demeure hypothétique, d'autant que l'analyse laisse de côté certains aspects des textes comme par exemple le fait que les Ps 106. 107. 118 et 136 débutent tous de la même façon. Elle ne tient pas compte non plus du fait que les mêmes groupes sont interpellés en Ps 115, 9-11; Ps 118, 2-4 et Ps 135, 19-21 avec toutefois pour ce dernier cas l'ajout de la maison de Lévi. Plus plausible peut-être est l'hypothèse que le Ps 136 ait été originellement conçu comme une conclusion du Psautier. En effet la dimension laudative du Ps 136, qui interprète les hauts faits de YHWH comme des preuves de sa fidélité (חסד), est indéniable. YHWH est celui qui seul fait des merveilles et son agir est avant tout un combat contre des forces de destruction ou de mort, que celles-ci soient les forces du chaos, l'Egypte, les rois grands et superbes ou les adversaires qui abaissent. La

---

créature (J. Gärtner, 2012, p. 312).

40 C. Levin, « Psalm 136 als Zeitweilige Schlussdoxologie des Psalters », *SJOT* 14 (2000), pp. 17-27.

fidélité de Dieu est ainsi reconnue dans le déploiement d'actes de salut : dans la création de l'univers comme dans l'histoire d'Israël YHWH surgit pour libérer et, parce que sa fidélité est éternelle, un avenir reste toujours possible.

Les objections formulées au sujet des conclusions de C. Levin sont en partie traitées par J. Gärtner. Elle retient elle aussi l'hypothèse que le Ps 136 ait pu constituer la conclusion d'un Psautier transitoire. Mais elle considère que l'utilisation de l'invitation à la louange en Ps 106, 1 et 107, 1 correspond à un même usage en Ps 118, 1. 29 et 136, 1. Car cette formule clôt la collection des Ps 101-106 et encadre le groupe des Ps 107-118. Elle clôture le groupe des Ps 111-118, tandis que la dernière collection des psaumes de David (Ps 138-145) est ouverte avec le Ps 136. Par la même invitation à la louange, de plus, un lien serait créé entre le Ps 136 et Ps 100, 4. Au niveau du texte final, il serait donc possible de déceler que cette formule d'invitation à la louange établit des jonctions au sein des Ps 100/101-136 et fonctionne à l'intersection des Ps 101-106 et des Ps 107-118. Elle dessinerait ainsi une composition des Ps 101-106. 107-118 au Ps 136, qu'il serait possible de faire refluer jusqu'au Ps 100. En même temps l'organisation parallèle des paires des Ps 106-107 et 118-136 étayerait la thèse d'une ancienne collection qui se serait terminée au Ps 136 et qui ne contiendrait pas les psaumes de pèlerinages.

La composition des Ps 100-136 aurait pour caractéristique de souligner la bonté de YHWH, ce que signalerait l'invitation à la louange. Au Ps 135, qui est indéniablement une compilation, reviendrait la fonction de recréer un lien entre les Ps 111-118 et le Ps 136, après que les psaumes de pèlerinages (Ps 120-134) aient été insérés. Par ailleurs, il formerait un pont rédactionnel entre ces mêmes psaumes de pèlerinages (Ps 135, 1 avec Ps 134, 2 ; Ps 135, 21 avec Ps 134, 3) et leur contexte littéraire. Il serait donc possible de conclure que le Ps 135 provient du processus rédactionnel qui aurait aussi inséré les psaumes de pèlerinage dans un Psautier déjà existant, composé des Ps 2-136 moins les Ps 120-134. 135. Si, de plus, le Ps 135 ne possède pas la structuration que constitue l'invitation à la louange des Ps 118 et 136, il est en revanche muni d'un alléluia qui encadre le corps du psaume (vv. 1-3. 21). Les invitatoires qui ouvrent le psaume et le concluent établiraient alors des liens avec les collections qui précèdent. Sur un autre plan rédactionnel, Ps 135, 8-12. 15-18 citent presque littéralement les Ps 136, 10. 17-22 et 115, 4-8 et Ps 135, 19-20 fait référence à Ps 118, 2-4, alors que les Ps 118 et 136 étaient déjà reliés l'un à l'autre avant l'insertion des psaumes de pèlerinages. En définitive, le Ps 135 pourrait être défini comme un texte rédactionnel, à caractère de compilation, créé pour son contexte littéraire. La réception, presque littérale mais différemment orientée, du Ps 115, 4-8 et du Ps 136, 10-22 en Ps 135, 8-12. 15-18, livrerait le thème du Psaume : l'exclusivité de YHWH. De ce point de vue, il introduirait une confession monothéiste de YHWH, Dieu de la création et de l'histoire.

Avec l'élargissement du Psautier dû à l'insertion de la dernière collection des psaumes de David (Ps 138-145) et du *Hallel* final (Ps 146-150), le Ps 136 aurait perdu sa position de conclusion. J. Gärtner démontre sous cet aspect que les Ps 145-147 sont reliés à la collection des Ps 104 et 107, sans que soit prise en compte la position de conclusion occupée un temps par le Ps 136. Les liens seraient établis en particulier autour de la thématique du don de la nourriture et du soin que le Créateur prend de sa créature (Ps 145, 15-16 cite Ps 104, 27-28 ; Ps 146, 7 serait emprunté à Ps 136, 25 et combiné à Ps 107, 5. 9. 36 ; le contexte de création du Ps 104, 14ss serait recueilli en Ps 147, 9). Les Ps 145 et 147 ne se réfèreraient pas spécifiquement au Ps 136 mais recourraient au contraire au Ps 104. Le Ps 146 se réfèrerait probablement en revanche au Ps 136 mais serait en même temps relié au Ps 107. Quant au Ps 135, d'un point de vue rédactionnel, il aurait certes pour fonction de renforcer le lien entre le Ps 136 et les Ps 111-118 après l'insertion des psaumes de pèlerinage, mais sans souligner la position finale de Ps 136. De plus, la rédaction qui a ajouté le *Hallel* final et éventuellement aussi la dernière collection des psaumes de David donnerait à la structure construite par *l'alléluia* un nouveau profil dans le cinquième livre et masquerait ainsi en quelque sorte la fonction structurante de l'invitation à la louange. Avec ce processus rédactionnel, le Ps 136 perdrait là encore sa fonction de psaume final. En même temps, par l'insertion des Ps 120-134 et du psaume charnière, le Ps 135, se serait formée une nouvelle structuration des quatrième et cinquième livres du Psautier. Enfin, comme l'expression *lui seul fait de grandes merveilles* du Ps 136, 4 apparaît aussi en Ps 72, 18 un autre lien aurait été créé entre le Ps 136 et la finale du deuxième livre du Psautier, les deux psaumes ayant au demeurant en commun de louer l'unicité de YHWH et sa puissance à l'œuvre dans le monde.

Les Ps 135 et 136 s'avéreraient, dans ce contexte, des textes clés herméneutiques, en ce que par eux la confession de YHWH, Dieu de la création et de l'histoire, serait un pivot signifiant dans la formation du Psautier[41].

Au-delà des réticences à voir de véritables liens d'intertextualité entre les Ps 145-147 et 104. 107. 136 et contre la tendance de J. Gärtner à voir dans tous les psaumes historiques étudiés une référence à a création, un aspect remarquable du Ps 136, et qui le rend unique, est que non seulement il résume plusieurs périodes de l'histoire d'Israël mais aussi qu'il débute par une évocation de la création divine. Il se présente comme une récapitulation de la trame narrative du Pentateuque, à l'exception notable des récits concernant les patriarches. Après la mention de la création qui semble emprunter au récit sacerdotal de Genèse même s'il le combine assez librement à des renvois aux textes prophétiques d'Isaïe et

---

41 J. Gärtner, 2012, pp. 344-372.

de Jérémie, ce psaume passe directement à l'évocation de l'exode, présenté à la fois comme un combat contre les eaux et contre les Egyptiens, puis à la période du désert et à la conquête des territoires transjordaniens. Comme dans le Pentateuque, si la conquête des territoires à l'est du Jourdain est mentionnée, l'entrée en Canaan, à l'ouest du Jourdain, ne l'est pas. Cette récitation des merveilles de YHWH dans la création et dans l'histoire suscite la réponse de la communauté, qui s'exprime en reprenant un thème sacerdotal: en vv. 23-24, un *nous* prend la parole, qui reconnaît que YHWH se souvient. Ces versets semblent évoquer le salut de YHWH expérimenté en situation d'exil, sans toutefois que le retour sur la terre soit envisagé. Le psaume enfin acquiert une dimension d'universalité avec la mention du pain donné à toute créature et la conclusion sous forme d'un nouvel invitatoire. Il est ainsi souligné que la réponse normative d'Israël à la fidélité salvatrice de Dieu est la prière et la gratitude.

Le Ps 136 se présente donc en quelque sorte comme un résumé du Pentateuque, dont il ne reprend pas pourtant les récits des patriarches ni la tradition du murmure. Faut-il alors comme le propose C. Macholz conclure que le Ps 136 ne peut avoir vu le jour qu'à une époque où celui-ci était achevé et possédait une autorité canonique? En réalité, le fait que le psaume ne se réfère pas à l'histoire patriarcale ne permet peut-être pas d'affirmer avec certitude qu'il suppose un Pentateuque achevé, la Torah en sa forme canonique. Ce psaume pourrait peut-être plutôt confirmer l'antagonisme entre la tradition exodique liant l'identité d'Israël à une expérience de salut et la tradition patriarcale liant l'identité d'Israël à l'appartenance à une terre. Entre ces deux traditions concurrentes des origines, il opte pour la première et déploie une louange de Dieu pour ses actions salvifiques. L'absence de mention de l'entrée en Canaan, dans les territoires à l'ouest du Jourdain, maintiendrait la perspective pentateucale d'un possible judaïsme de diaspora. Les vv. 23-24 corroboreraient cette dimension en renvoyant à la fin de l'exil sans évoquer le retour sur la terre, sans qu'il soit forcément nécessaire de les considérer comme un ajout postérieur[42]. Le Ps 136 aurait pu être écrit à la fin du Vème siècle ou au début du IVème.

Les Ps 135-136 ont en commun un certain nombre d'expressions et de références; ils se correspondent également l'un l'autre au niveau de la composition d'ensemble. Les deux psaumes sont des hymnes de louanges pour ce que YHWH a accompli en faveur d'Israël en le menant hors d'Egypte et en lui accordant les territoires de rois puissants. YHWH est celui qui combat pour son peuple en en frappant les ennemis.

---

42 Cf. par exemple H. Spieckermann, *Heilsgegenwart: Eine Theologie der Psalmen*, Göttingen, Vandenhoeck und Ruprecht, FRLANT 148, 1989, p. 162.

Les deux psaumes présentent toutefois aussi des divergences. Si le Ps 135 a été rédigé en fonction du Ps 136, il en modifie à plusieurs égards la perspective. Comme déjà noté, le Ps 135 ne place pas tant l'accent sur l'acte divin de création que sur la puissance agissante de YHWH face à l'inefficacité des idoles. De même, après avoir formulé que c'est YHWH qui frappe les premiers-nés, il interpelle fictivement l'Egypte pour qu'elle reconnaisse ce qu'il accomplit au milieu de ceux qui la gouvernent. Il oppose YHWH aux idoles des nations et implicitement condamne les membres idolâtres d'Israël. De ce point de vue le v. 13 livre une clé herméneutique : ce qui est en jeu est la louange du nom divin pour toujours, son souvenir de génération en génération. Le Ps 135 porte véritablement l'accent sur la reconnaissance du Dieu unique, le Dieu d'Israël. Deux différences notables encore entre les Ps 135-136 tiennent au fait que le premier fait mention de l'entrée en Canaan et qu'il invite à la louange dans le temple ou dans ses parvis, en insistant sur le choix de Jacob et d'Israël comme *part personnelle* de YHWH.

S'il s'avère vrai que le Ps 135 dépend du Ps 136, alors il viendrait le «corriger» ou le «contrecarrer» et soutenir la perspective hexateucale qui lie l'identité d'Israël au culte et à la terre. Nous aurions là confirmation du statut spécial que les psaumes accordaient au Pentateuque et de la contribution de l'écriture de ces textes à l'élaboration de logiques concurrentes, pentateucale ou hexateucale. De plus, si l'hypothèse selon laquelle le Ps 136 aurait était originellement conçu comme conclusion du Psautier est exacte, il apparaîtrait que celui-ci a été assez rapidement conçu comme ne pouvant être lu indépendamment de la Torah. Par la suite, la division du Psautier en cinq livres confirmera la volonté d'en établir la composition sur le modèle du Pentateuque.

4.2   Psaume 81

A première lecture, en ouverture du Ps 81 une série d'impératifs appelle à se réjouir et à jouer pour Dieu (vv. 2-4) car c'est là un décret pour Israël, un témoignage pour Joseph quand il sortit contre le pays d'Egypte (vv. 5-6a). Ces versets d'introduction sont suivis d'un discours de Dieu en style direct, dans lequel apparaissent des allusions à l'exode et à l'errance au désert (vv. 6b-8). Cette prise de parole débouche sur une exhortation à l'écoute (vv. 9-11) puis sur une lamentation de n'avoir pas été entendu (vv. 12-15). Deux versets de conclusion suggèrent les conséquences positives d'une obéissance à YHWH (vv. 16-17). Ce psaume a pour caractéristique d'allier une référence à un *jour de fête* et une parénèse sous forme d'un discours divin. Il est centré sur la loi divine et la désobéissance du peuple.

Le titre donne une indication sur le type d'interprétation musicale attendu (cf. Ps 8, 1; 84, 1) et place le psaume dans la collection d'Asaph: *Du maître de* chant. Sur la Guittith. D'Asaph (v. 1). Il est immédiatement suivi d'un appel à la prière dont la première expression est une invitation à la joie: *criez de joie pour Dieu, notre force; élevez un cri pour le Dieu de Jacob* (v. 2). Les deux verbes, רנן (*crier de joie*) et רוע (*élever un cri*), se retrouvent en parallèle en Ps 95, 1 et 98, 4. Suivent des indications concernant le chant du psaume: *Elevez la musique et donnez du tambour, de la lyre mélodieuse, avec la harpe. Sonnez du cor à la nouvelle lune, à la pleine lune pour notre jour de fête* (vv. 3-4). Les instruments mentionnés accompagnent le chant et le son du cor donne le signal du début de la fête. Les versets suivants fondent dans la tradition la pratique cultuelle en affirmant que la fête a été prescrite par Dieu lui-même. Il en a fait un *décret* (חק), un *jugement* (משפט) et un *témoignage* (עדות): *car c'est là un décret pour Israël, un jugement pour le Dieu de Jacob, un témoignage qu'il a placé en Joseph, quand il sortit contre la terre d'Egypte....* (vv. 5-6b). Les deux termes du v. 5 (*décret* et *jugement*) appartiennent au champ sémantique de la justice et ils peuvent être compris ou comme un hendiadys ou comme deux expressions spécifiques. En prenant appui sur le processus à l'œuvre dans le récit de 1 S 30, où il est exposé comment David pour régler un cas de litige communautaire énonce une sentence qui assume ensuite la valeur d'une loi générale, N. Lohfink suggère qu'on ait ici aussi affaire à un décret (חק) reposant sur une décision prise dans le contexte d'une situation ouverte ou peu claire (משפט)[43]. Il y a peu d'éléments toutefois dans le psaume pour appuyer cette hypothèse et la symétrie des deux stiques du v. 5 semble plutôt suggérer que les termes חק et משפט sont synonymes, indiquant ce qu'un jugement divin implique aussi pour Israël. Les deux termes apparaissent du reste de manière coordonnée (חק ומשפט) en Ex 15, 25 où ils semblent équivalents l'un de l'autre: dans le contexte du récit du miracle de l'eau de Mara, il est indiqué que Dieu donne au peuple des décrets et des jugements. Le don divin est associé au geste d'adoucir l'eau, en réponse à la rébellion du peuple et le texte se poursuit en précisant que c'est là que Dieu les mit à l'épreuve. Quant au terme *témoignage* (עדות), il venait en Ps 78, 5 en parallèle à *instruction* (תורה): *il a établi un témoignage en Jacob, une instruction il a mis en Israël...* Les vv. 5-6a du Ps 81 semblent donc plutôt déployer une séquence en forme de parallélisme complémentaire: Dieu donne à Israël un décret et un jugement, qui sont pour lui un témoignage, une instruction. Le comportement du peuple pourra être jugé à l'aune de ce décret, jugement et témoignage. Les désignations *Israël*, *Jacob* et *Joseph* – dont le nom est écrit avec une orthographe inhabituelle un ה ayant été ajouté – sont ici équivalentes et pourraient renvoyer aux tribus du Nord.

---

43 Cf. N. Lohfink, «Noch einmal *h@oq ûmis\pa3t@* (zu Ps 81, 5f)», *Bib* 73 (1992) pp. 253-254.

Le v. 6b (*il sortit contre la terre d'Egypte*) est curieux. Le verbe יצא en lien avec l'Egypte n'est pas sans rappeler les récits de l'exode (cf. Ex 20, 2), mais la préposition qui accompagne habituellement le verbe est מן, ce qui explique le choix de la LXX et de la Vulgate (*sortir de*) ; ces versions font par ailleurs de Joseph le sujet du verbe. En hébreu l'expression יצא על apparaît toutefois en d'autres textes, par exemple en Gn 19, 23 ; 41, 45 ; Dt 23, 10 ; 2 R 24, 12 ; Za 5, 3 ; Est 1, 17. La première occurrence se situe dans une expression qui ne pose pas de problème : *le soleil se levait sur la terre…* Dt 23, 10 évoque la situation de camper contre les ennemis. En 2 R 24, 12 l'expression semble signifier que le roi Yoyakîn se rend au roi de Babylone. En Za 5, 3 elle est généralement traduite de telle sorte à laisser comprendre que la malédiction se répand sur tout le pays. En Est 1, 17 l'idée est que l'action de la reine viendra à la connaissance de toutes les femmes.

Mais c'est en réalité la seconde occurrence qui présente une réelle affinité avec le psaume :

Gn 41, 45   ויצא יוסף על־ארץ מצרים
        Joseph partit pour le pays d'Egypte

Ps 81, 6   בצאתו על־ארץ מצרים
        quand il sortit contre la terre d'Egypte

Faut-il alors comme le propose P.A.H. de Boer déceler dans le psaume une allusion à l'histoire de Joseph, à son pouvoir et à l'autorité qu'il exerça en Egypte[44] ou y lire, comme P. Auffret, une sortie guerrière de Dieu, qui autoriserait celle de son peuple, tandis qu'*aller* selon les chemins divins (v. 14) serait ce qui permettrait au peuple d'atteindre la terre promise[45] ? A qui renvoie le suffixe de la troisième personne singulier : Dieu ou Joseph ? Faut-il encore comprendre la préposition ב qui précède le verbe à l'infinitif comme une indication temporelle ou lui donner un sens causal : *parce que…*[46] ? L'orthographe inhabituelle de *Joseph* (יהוסף) a-t-elle pour but de suggérer la lecture *Juda* (יהודה) et constitue-t-elle de ce fait une indication de l'opposition des Judéens à ceux qui soutenaient l'espoir d'une restauration de la maison de Joseph ?[47]

---

44 P.A.H. de Boer, « Psalm 81.6a : Observations on Translation and Meaning of one Hebrew Line », in : P.A.H. de Boer *Selected Studies in Old Testament Exegesis*, Leiden, Brill, 1991, p. 217.
45 P. Auffret, « 'Ecoute mon peuple !' Etude structurelle du psaume 81 », *SJOT* 7 (1993), pp. 298-299.
46 A.R. Johnson, *The Cultic Prophet and Israel's Psalmody*, Cardiff, University of Wales Press, 1979, p. 6.
47 P.A.H. de Boer, « Psalm 81.6a : Observations on Translation and Meaning of one Hebrew Line », p. 221.

La *lectio difficilior* du TM place l'expression בצאתו (*quand il sortit*) à la suite du verbe שׂים (*placer*) auquel est aussi associé un pronom suffixe troisième personne du singulier. Que le ב qui précède l'infinitif de יצא soit temporel ou causal, la construction du verset tend à indiquer que le sujet de ce verbe est le même que pour שׂים. Dieu place un témoignage en Joseph et sort contre l'Egypte. En Ex 11, 4 le texte place dans la bouche de YHWH l'énonciation du projet de sortir au milieu de l'Egypte (אני יוצא בתוך מצרים). Dans ce contexte le verbe יצא annonce bien une intervention punitive à l'encontre de l'Egypte: la suite du discours divin précise que tout premier-né y mourra. Dans le psaume l'intervention divine pourrait alors être une action punitive contre l'Egypte et constituer dans le même temps un témoignage pour Israël. A l'appui de cette lecture vient le fait que חק, משׁפט et עדות sont associés en Dt 4, 45 (*voici les témoignages, les décrets et les jugements que Moïse énonça aux fils d'Israël après leur sortie d'Egypte*) et 6, 20 (*... que signifient les témoignages, les décrets et les jugements que Moïse vous prescrivit...*), deux versets où sont également évoqués l'exode et les signes que YHWH a accompli en terre d'Egypte. Or l'appel à l'écoute au sein duquel Dt 4, 45 est situé introduit le corpus légal successif, le décalogue (Dt 5, 6-21); parallèlement dans Ps 81, 9-11 une exhortation à l'écoute et une allusion au décalogue suivront. Le détour par Ex 11 et Dt 4 et 6 orientent donc dans le sens de déceler en Ps 81, 6 une référence à l'exode.

Quant à l'orthographe inhabituelle du nom de Joseph, un *hapax legomenon* dans les textes bibliques mais apparaissant massivement dans les inscriptions de l'époque hasmonéenne, il est aussi peu convaincant d'y voir une allusion à Juda que d'y déceler un indice parfaitement fiable de la rédaction tardive de ce psaume[48]. Un même phénomène de changement orthographique se retrouve par exemple pour Youkal dont la forme longue apparaît en Jr 37, 3 (יהוכל) et la forme brève en Jr 38, 1 (יוכל). La difficulté à expliquer cette unique occurrence biblique de l'orthographe longue du nom de Joseph doit en tout cas rendre prudent, pour éviter le risque de l'utiliser arbitrairement dans le but d'étayer sa propre interprétation du psaume.

La finale du Ps 81, 6 présente encore quelques difficultés: *un langage que je ne connaissais pas j'ai entendu.* Est-ce, dans le cadre supposé d'une situation liturgique, la mystérieuse introduction d'un oracle divin qui condamne et que le psalmiste doit transmettre alors qu'il vient d'appeler à la joie?[49] Aucune proximité de formulation avec des oracles prophétiques ne permet d'aller en ce sens. L'usage de la première personne du singulier inviterait à lier ce stique à ce qui

---

48 S.C. Layton, «Jehoseph in Ps 81, 6», *Bib* 69 (1988), pp. 406-411. Cet auteur situe l'écriture du psaume à l'époque du second temple.
49 T. Booij, «The Background of the Oracle in Psalm 81», *Bib* 65 (1984), pp. 465-475.

suit, le discours de Dieu. Peut-on penser que ce sont les premiers mots du discours divin? L'hypothèse aurait pour avantage de ne pas considérer ce propos comme une interruption de la récitation historique, même s'il a pu être ajouté postérieurement, et de lui garder un sens dans le contexte littéraire où il est situé. Dans la logique d'ensemble du psaume, le fait que Dieu entende ce langage qu'il ne connaît pas entre en contraste avec le souhait des v. 9 et 14 (*Israël si tu m'écoutais*) et le constat divin que le peuple n'écoute pas (v. 12). Comme le fait remarquer F.-L. Hossfeld, à partir du v. 6 la caractéristique du psaume est d'associer tristiques (vv. 6. 8. 11) et distiques (vv. 9. 12. 14). Dans chaque tristique le dernier stique semble être un indicateur du contexte suivant: le v. 6c introduit la majeure partie du discours divin; le v. 8c, avec sa référence à la mise à l'épreuve par Dieu, annonce la parénèse qui suit; le v. 11c anticipe la promesse de la nourriture future au v. 17[50]. Mais alors que F.-L. Hossfeld voit dans le «je» du v. 6c la voix du psalmiste, la structure qu'il propose pourrait corroborer la supposition que le sujet qui s'exprime est le même que dans les versets suivants. Ce langage que Dieu ne connaît pas pourrait être le cri d'Israël sous l'oppression égyptienne ou, moins probablement cependant, la rébellion du peuple à Mériba suggérée mais non explicitement nommée au v. 8. L'hypothèse certainement reste fragile, aucun indice lexical ne la confirmant véritablement.

Au v. 7, le «je» qui prend la parole est plus clairement Dieu lui-même: *j'ai ôté son épaule du fardeau, ses mains ont lâché le chaudron*. Le terme סבל, fardeau, est utilisé en 1 R 11, 28 où il désigne la corvée imposée par Salomon à la maison de Joseph et en Ne 4, 10 où il fait référence aux fardeaux que portent ceux qui rebâtissent la muraille. Mais la même racine se retrouve en Is 9, 3; 10, 27; 14, 25 où elle est l'image du joug assyrien que YHWH ôte de l'épaule d'Israël. Dans les deux dernières occurrences, les correspondances avec Ps 81, 7a sont fortes:

Ps 81, 7a	הסירותי מסבל שכמו
j'ai ôté son épaule du fardeau	
Is 10, 27	יסור סבלו מעל שכמך
Son fardeau sera ôté de ton épaule	
Is 14, 25	וסבלו מעל שכמו יסור
Son fardeau sera ôté de son épaule	

Le terme apparenté סכלה est présent en Ex 1, 11; 2, 11; 5, 4. 5; 6, 6. 7 où il nomme toujours les travaux pénibles imposés par l'Egypte à Israël. Mais ni le verbe סור (*ôter*) ni le substantif שכם (*épaule*) n'y sont employés dans le même contexte.

---

50 F.-L. Hossfeld, E. Zenger, 2000, p.470.

Quant au second stique de ce verset il est propre au psaume. Malgré l'absence de réelles correspondances de vocabulaire on pourrait imaginer que ce sont les lourds travaux imposés par l'Egypte aux Hébreux qui sont évoqués. La proximité avec le texte d'Isaïe interroge toutefois et il se peut qu'en surimpression à l'évocation de l'oppression égyptienne s'ajoute celle de la domination assyrienne.

Entre les vv. 7 et 8, on passe de la troisième personne à la deuxième personne en ce qui concerne le destinataire du discours divin : *dans ta détresse tu criais et je t'ai délivré, je t'ai répondu dans le secret du tonnerre, je t'ai éprouvé près des eaux de Mériba. Pause.* Il est difficile de savoir à quoi renvoie le terme צרה, *détresse* ; fréquemment utilisé dans les psaumes il peut nommer des situations très différentes et hormis deux occurrences en Genèse (35, 3 ; 42, 21) il n'est pas utilisé dans les textes du Pentateuque. L'usage du verbe חלץ, *délivrer*, essentiellement employé au *piel* dans les psaumes, ne permet pas davantage l'identification de la situation évoquée. Le terme רעם, *tonnerre*, est également d'usage rare et ne livre pas plus d'informations. En bref, il est quasi impossible de déterminer avec précision les événements évoqués par le psaume et d'y lire avec certitude des allusions au passage de la mer et à la théophanie du Sinaï. L'expression על־מי מריבה, *près des eaux de Mériba* est présente à l'identique en Dt 33, 8 et Ps 106, 32 ; en revanche, le verbe בחן, *éprouver*, n'apparaît pas dans les textes du Pentateuque qui se réfèrent à cet événement. Il est présent en diverses occurrences dans les psaumes pour signifier que YHWH met le juste ou le peuple à l'épreuve (Ps 11, 4-5 ; 66, 10) ou sonde les cœurs et les reins (Ps 7, 10 ; 17, 3 ; 26, 2 ; 129, 23). Les livres de Jérémie et de Job l'utilisent aussi pour dire que YHWH éprouve l'homme ou le sonde, mais sans qu'il soit possible d'établir de liens d'intertextualité entre ces textes et le psaume, les contextes où le verbe apparaît étant bien différents. L'idée que YHWH tente et conteste Israël à Massa et Mériba est présente en Dt 33, 8 où les verbes utilisés sont respectivement נסה et ריב. En Ex 15, 25 c'est à Mara que YHWH donne à Israël des décrets et des ordonnances et le tente (נסה) ; il le tente aussi au désert de Sîn et au Sinaï (Ex 16, 4 ; 20, 20). Mais le verbe נסה est en réalité plus fréquemment employé pour dire qu'Israël met YHWH à l'épreuve. Comme en Ps 106, 32 ; Dt 32, 51 et Nb 20, 13 ; 27, 14 où YHWH annonce à Moïse qu'il n'entrera pas en Canaan pour avoir été infidèle, il est en Ps 81, 8 seulement question de Mériba. Dans ces textes du Pentateuque qui font seulement référence à Mériba c'est la manifestation de la sainteté de Dieu qui est en jeu et Mériba est la frontière du pays promis que Moïse ne dépasse pas. En Ez 47, 19 et 48, 20, les eaux de Mériba à Qadesh fixent aussi la frontière méridionale du pays que les tribus d'Israël doivent se partager. Ainsi, bien que la récitation historique du Ps 81, 5-8 ne permette pas de déterminer de manière ferme les événements visés par les allusions, elle semble renvoyer en un raccourci saisissant et suggestif à l'exode et à l'errance au désert, en arrêtant le mémorial aux événements de Mériba, la frontière du pays promis, et en omettant délibérément toute mention de l'entrée dans ce même pays.

L'épreuve près des eaux de Mériba (v. 8c) annonce encore le v. 9: Israël va-t-il entendre la parole qui lui est adressée? *Ecoute mon peuple et je t'avertirais. Israël si tu m'écoutais.* La formulation est presque identique à celle du Ps 50, 7 et les appels à l'écoute retentissent en plusieurs exhortations du Deutéronome (4, 1; 5, 1; 6, 4; 9, 1; 20, 3; 27, 9). Quant au verbe עוד au *hifil* (avertir), il est utilisé en Ex 19, 21. 23 dans le contexte de la théophanie du Sinaï qui précède le don de la loi. Moïse reçoit l'ordre d'avertir le peuple de ne pas monter au Sinaï pour voir YHWH. En Dt 8, 19, Moïse qui vient d'inciter Israël à faire mémoire de la sortie d'Egypte et de la protection divine au désert l'avertir (עוד) que s'il sombre dans l'idolâtrie il périra. En Dt 32, 46 il avertit les membres du peuple d'ordonner aux fils de veiller à mettre en pratique toutes les paroles de la loi qu'il vient d'énoncer. En Jr 11, 7 le prophète, qui a reçu l'ordre d'exhorter le peuple à suivre les commandements de l'alliance prescrite aux pères le jour où Dieu les fit sortir d'Egypte, doit ajouter de la part de YHWH: *Car j'ai instamment averti vos pères, quand je les fis monter du pays d'Égypte, et jusqu'aujourd'hui même, sans me lasser je les ai avertis en disant: Ecoutez ma voix!* Comme en Jr 11, 2-8 le psaume semble associer étroitement exode et don de la loi de sorte qu'en définitive il n'est pas exclu qu'il renvoie à la tradition du Sinaï et présente un résumé d'Ex 19-20, dans lequel il inclurait l'épisode de Mériba.

La parole qu'Israël doit écouter est en effet vraisemblablement le commandement qui suit au v. 10, un commandement proche de celui d'Ex 20, 3 et Dt 5, 7. Le v. 11 le prolonge en donnant la titulature, qui dans les deux versions d'Exode et de Deutéronome introduit le décalogue. *Il n'y aura pas chez toi de dieu autre, tu ne te prosterneras pas devant un dieu étranger. C'est moi YHWH ton Dieu qui t'ai fait monter de la terre d'Egypte. Ouvre grand ta bouche et je l'emplirai.* La formulation du v. 10 ne suit pas en réalité celle du décalogue dans ses deux versions. Son premier stique utilise une expression (אל זר; *dieu autre*) qui est aussi présente en Ps 44, 2. L'adjectif זר sert généralement à désigner quelqu'un qui n'est pas de la famille ou qui est d'un autre pays, une chose étrange ou profane. En Ez 16, 32 Israël est comparé à une femme adultère qui reçoit des étrangers (זר) au lieu de son mari. En Jr 2, 25; 3, 13 la même racine est utilisée pour évoquer l'idolâtrie. Is 43, 12 place dans la bouche de YHWH la déclaration que c'est lui le sauveur et pas un dieu autre. Comme dans le psaume, dans tous ces textes c'est bien l'idolâtrie qui est en jeu. En revanche la formulation de Ps 81, 10b est équivalente à celle d'Ex 34, 14 (ולא תשתחיה לאל נכר) et assez proche de celle de Dt 32, 12.

La titulature du v. 11 est presque identique à celle d'Ex 20, 2 ou de celle de Dt 5, 6, à ceci près que le verbe utilisé n'est pas le même:

Ps 81, 11ab	אנכי יהוה אלהיך המעלך מארץ מצרים
Ex 20, 2	אנכי יהוה אלהיך אשר הוצאתיך מארץ מצרים
Dt 5, 6	אנכי יהוה אלהיך אשר הוצאתיך מארץ מצרים

Le psaume utilise le verbe עלה au *hifil* (*faire monter*) en place du verbe יצא (*faire sortir*). Mais עלה est aussi utilisé en Ex 3, 8. 17 et à la forme participiale en une formulation presque identique à celle du psaume en Dt 20, 1 :

כי־יהוה אלהיך אשר הוצאתיך מארץ מצרים (*car YHWH ton Dieu qui t'a fait monter de la terre d'Egypte...*).

Il est possible qu'ici le psaume paraphrase le texte du Deutéronome ou tout au moins qu'il emploie sciemment le verbe עלה et non יצא. La formule apparaît en Dt 20 dans le contexte de l'énoncé d'une loi relative au combat contre les ennemis. YHWH y est présenté comme celui qui combat pour son peuple. Le chapitre 3 de l'Exode possède également tous les aspects d'une annonce d'une guerre de YHWH contre l'Egypte. Le verbe עלה y est associé à une « descente » de YHWH : il est descendu (ירד) pour faire monter (עלה) du pays d'Egypte dans un pays bon et vaste. En revanche יצא a pour sujet Moïse : il fera sortir le peuple d'Egypte (Ex 3, 10. 11. 12). Dans le Ps 81 l'accent est mis sur l'agir divin, sans que ne soit évoqué le rôle de Moïse. Ce Dieu qui fait monter de la terre d'Egypte est mis en contraste avec les dieux autres ou dieux étrangers. Il est un Dieu qui combat pour son peuple ; il est *YHWH ton Dieu*.

Le v. 11c (*ouvre grand ta bouche et je l'emplirai*) prend curieusement place à la fin de ce tristique et l'apparat de la Bible hébraïque suggère de le déplacer à la suite du v. 6. Il peut ou bien être compris littéralement, ce qui constituerait une anticipation du v. 17 ou une allusion à la manne, ou bien être compris métaphoriquement et ce serait alors de la parole de Dieu dont il est question.

Les vv. 12-13 émettent le constat qu'Israël n'a pas écouté et a subi en conséquence un châtiment divin : *mais mon peuple n'a pas écouté ma voix, Israël n'a pas voulu de moi. Je les ai envoyés à l'endurcissement de leurs cœurs, qu'ils aillent dans leurs conseils*. Les verbes שמע (*écouter*) et אבה (*vouloir*), avec ou sans la négation לא, sont plusieurs fois associés en particulier dans des textes prophétiques (Is 1, 19 ; 28, 12 ; 30, 9 ; Ez 3, 7 ; 20, 8. Voir aussi Lv 26, 21). La désobéissance du peuple a pour conséquence que YHWH l'envoie à l'endurcissement de son cœur. Le terme שרירות, *endurcissement*, est un hapax dans le Psautier et d'une manière générale il est d'un usage rare. On le trouve en Dt 29, 18 dans le contexte d'une mise en garde contre l'idolâtrie (où l'idolâtre, après avoir entendu l'avertissement, dit : *j'irai dans l'endurcissement de mon cœur*) et à plusieurs reprises dans le livre de Jérémie (3, 17 ; 7, 24 ; 9, 13 ; 11, 8 ; 13, 10 ; 16, 12 ; 18, 12 ; 23, 17). C'est en Jr 7, 24 que se trouve la formulation la plus proche de celle du psaume :

Ps 81, 13   ואשלחהו בשרירות לבם ילכו במועצותיהם
Je les ai envoyés à l'endurcissement de leurs cœurs,
qu'ils aillent dans leurs conseils
Jr 7, 24   ולא שמעו ולא־הטו את־אזנם וילכו במעצות בשררות לבם הרע
Ils n'ont pas écouté, ils n'ont pas tendu l'oreille.
Ils sont allés dans les conseils, dans l'endurcissement de leur cœur
mauvais

Il demeure en réalité difficile de savoir quel texte aurait pu emprunter à l'autre et il n'est pas exclu que le texte de Jérémie, les vv. 24-28 étant parfois considérés comme secondaires, présente une glose du psaume, d'autant que l'expression *dans les conseils* n'a pas d'équivalent dans la LXX. Mais la double formule *ne pas écouter* et *ne pas tendre l'oreille*, est fréquente dans le livre de Jérémie (7, 16. 24 ; 11, 18 ; 17, 23 ; 25, 24 ; 34, 14 ; 35, 15 ; 44, 5) et l'expression *aller dans l'endurcissement de son cœur* relève de sa rédaction deutéronomiste (7, 24 ; 9, 13 ; 11, 8 ; 13, 10 ; 16, 12 ; 18, 12 ; 23, 17)[51]. Dans les deux textes le refus d'écouter YHWH engendre le fait de suivre ses propres conseils et l'endurcissement du cœur. Mais le psaume insiste sur le châtiment divin, à la mesure des comportements du peuple. L'endurcissement du cœur, qui consiste à marcher selon ses propres conseils, est le sort que le peuple s'est attiré et la sanction que YHWH lui inflige.

Le peuple n'écoute pas (v. 12) malgré l'exhortation divine (v. 9) et il va (הלך) dans ses conseils (v. 13). Le souhait de YHWH est pourtant tout autre : *Si mon peuple m'écoutait, Israël s'il allait* (הלך) *dans mes chemins* (v. 14). Le לו (*si*) initial suggère un accomplissement incertain du souhait de YHWH. Le psaume adopte ici encore une phraséologie deutéronomiste. La formule *aller dans les chemins* de YHWH se retrouve en effet en Dt 5, 33 ; 8, 6 ; 9, 12. 16 ; 10, 12 ; 11, 22 ; 19, 9 ; 28, 9 ; 30, 16 ; 1 R 3, 14 ; 11, 33. 38 ; Jr 7, 23..., où elle apparaît souvent dans le contexte de parénèses juridiques. La suite du psaume indique les conséquences positives d'une obéissance aux voies divines : *en un instant j'humilierai leurs ennemis, et contre leurs adversaires je retournerai ma main. Ceux qui haïssent YHWH le flatteront, et leur temps serait pour toujours. Il le nourrirait de la fleur du froment, du miel du rocher je te rassasierais* (vv. 15-17). Si Israël écoutait, YHWH interviendrait en sa faveur en agissant contre ses ennemis et oppresseurs (v. 15). Le verbe כנע au *hifil* (*humilier*) et avec YHWH pour sujet est présent en Dt 9, 3 mais dans un autre contexte. Le verbe כחש, mais au *nifal* et non au *piel* (*flatter*) comme dans le psaume, se retrouve en Dt 32, 29 où il a pour sujet ceux qui haïssent Israël et

51 Voir par exemple, J. Ferry, *Illusions et salut dans la prédication prophétique de Jérémie*, Berlin – New York, De Gruyter, 1999, pp. 105. 112.

non YHWH. La curieuse utilisation de עַת *(temps)* suggère sans doute l'idée de bonheur, עַת ayant la connotation de temps favorable ou moment propice. Enfin le v. 17 est à rapprocher de Dt 32, 13-14 où il est question de *miel* (דבש) du roc (סלע) et non צור comme dans le psaume), de *graisse* et *fleur de froment* (חלב, חטה) que YHWH donne à son peuple; et il n'y a avec lui aucun dieu étranger (Dt 32, 12; cf. Ps 81, 10). Thématiquement le psaume est proche de Jr 11, 5 où YHWH, après avoir appelé le peuple à l'écoute et à l'obéissance, conclut: *alors je pourrais tenir l'engagement solennel que j'ai passé avec vos pères de leur donner un pays ruisselant de lait et de miel. Et c'est bien le vôtre maintenant.* Le dernier verset du psaume est dans le texte massorétique marqué par des changements de personnes: YHWH est nommé à la troisième personne, puis à la première; le suffixe désigne Israël à la troisième personne, puis à la deuxième. Il est possible d'harmoniser le texte comme le propose la LXX, mais c'est perdre le ton plus personnel que le texte massorétique donne au dernier mot du psaume.

Bien qu'il soit pratiquement impossible de déterminer fermement des liens d'intertextualité entre le Ps 81 et d'autres textes, une réelle proximité avec le Deutéronome et la tradition deutéronomiste est apparue en plusieurs endroits. T. Booij a cependant fait remarquer que la première partie de l'oracle (Ps 81, 7-12) est construite sur le modèle d'un schéma qu'il qualifie de prophétique. Car la structure de ces versets présenterait une réelle ressemblance avec des passages construits de la même manière et où YHWH parle à la première personne: Jg 2, 1b-2; 6, 8b-10; Jr 7, 22-25a; 11, 7-8; Ez 20, 5-8. 10-13. 18-21. Le schéma comporterait trois éléments: le mémorial de la sortie d'Egypte (Jg 2, 1; 6, 8-9; Jr 7, 22; 11, 7; Ez 20, 10; Ps 81, 7-8); le rappel du commandement donné à la période exodique (Jg 2, 2; 6, 10; Jr 7, 23; 11, 7; Ez 20, 7. 11-12. 18-19; Ps 81, 10-11); la lamentation de ne pas être entendu du peuple (Jg 2, 2; 6, 10; Jr 7, 24-25; 11, 8; Ez 20, 8. 13. 21; Ps 81, 12). Comme ces éléments sont combinés différemment T. Booij évalue qu'il n'y a pas de dépendance littéraire entre ces textes mais usage d'une même donnée traditionnelle, qu'il appelle «modèle de souvenirs». Son argumentation vise à démontrer que l'oracle prophétique est conçu comme un prolongement de la parole impérative de YHWH au temps de l'exode: en utilisant ce schéma, les prophètes rappelleraient au peuple, sous forme d'admonestation, l'ancienne parole divine. Cette conception aurait émergé à la fin de la période préexilique et aurait pu connaître une certaine postérité dans la tradition deutéronomiste[52]. En réalité, il y a peu d'indices pour reconstruire un schéma littéraire à partir de ces textes et il demeure encore plus hasardeux de vouloir les situer dans une tradition prophétique préexilique. En particulier l'argument selon lequel ce sont dans les

---

52 T. Booij, *Bib* 65 (1984), pp. 465-475.

textes prophétiques les plus anciens (par exemple Am 2, 10-12) que deux éléments du schéma, le souvenir de la libération d'Egypte et celui de l'infidélité du peuple, sont joints de manière récurrente est peu probant. Il suffit de constater que leur association est fréquente dans la tradition deutéronomiste. Les textes cités par T. Booij semblent donc plutôt être de rédaction deutéronomiste ou emprunter à la conception et au langage deutéronomistes qu'ils combinent parfois (par exemple en Ezéchiel) à une phraséologie qui ne l'est pas.

Avec d'autres arguments, et notamment en portant l'attention sur la partie invitatoire, une datation relativement haute du psaume est parfois maintenue : les tribus du Nord seraient appelées à louer YHWH, *car c'est là un décret pour Israël, un jugement pour le Dieu de Jacob, un témoignage qu'il a placé en Joseph*. A. Niccacci, par exemple, le perçoit comme une composition liturgique appartenant à la période qui a précédé la chute du Royaume du Nord[53]. S. Gillingham le situe dans la période préexilique, quand le culte royal et la croyance en l'inviolabilité de Sion exerçaient une influence. Il proviendrait du Nord mais après la chute de Samarie il aurait été utilisé dans le Sud, dans le cadre d'une liturgie festive du temple de Jérusalem, par des prophètes du culte. Jacob et Joseph ayant été rejetés, la responsabilité reviendrait maintenant à Juda d'obéir à YHWH qui a libéré son peuple d'Egypte. Ce psaume fournirait un exemple de liturgie en forme de jugement contre le Nord, une liturgie réadaptée en fonction de nouvelles implications politiques et sociales puisque l'identité du royaume du Sud y est mise en lien avec la tradition de l'Exode[54]. La même datation préexilique est parfois argumentée, de façon moins probante, en fonction des indications liturgiques que le psaume livre: les instruments cités, la mention du cor, les fêtes évoquées de la nouvelle lune et de la pleine lune, l'association de חק et משפט[55]. Le Ps 81 serait un hymne du premier temple rappelant que le son du cor accompagne la fête des tabernacles[56].

En laissant de côté les indications liturgiques sur lesquelles il est hasardeux de se baser pour situer le psaume, il convient peut-être de revenir sur la proximité entre Ps 81, 7a et Is 10, 27; 14, 25 où apparaît l'image du joug assyrien que YHWH ôte de l'épaule d'Israël. Is 10, 24-27, qui constitue sans doute la fin de l'oracle d'Is 10, 5-15, est adressé à Sion et l'oppression assyrienne comparée à celle de l'Egypte

---

53 A. Niccacci, «The Exodus Tradition in the Psalms: Isaiah and Ezekiel», *Liber Annuus* 61 (2011), p. 18. C'est aussi l'avis de M. Goulder, *JSOT* 65 (1995), p. 81.

54 S. Gillingham, *Scottish Journal of Theology* 52/1 (1999), pp. 27. 34.

55 F.-L. Hossfeld, E. Zenger, 2000, p. 471.

56 N.H. Snaith, *The Jewish New Year Festival: its origins and development*, London, Society for Promoting Christian Knowledge, 1947, p. 81-102; A. Caquot, «Remarques sur la fête de la 'néoménie' dans l'ancien Israël», *RHR* 158/1 (1960), pp. 1-18.

(cf. v. 24). Le v. 11 avertissait que YHWH pourrait faire de Jérusalem et de ses images ce qu'il a fait de Samarie et de ses idoles. Autrement dit l'oracle contre l'Assyrie appelle Juda à mettre sa confiance en YHWH et le prévient que son sort pourrait être le même que celui du royaume du Nord s'il s'adonnait à l'idolâtrie. L'oracle du chapitre 14 occupe une place étrange dans le contexte littéraire qui est le sien, entre les oracles contre Babylone et le v. 26 qui élargit le champ à toute la terre et à toutes les nations. Le coup de balai qui va frapper Babylone (cf. Is 14, 23) va atteindre dans un même mouvement l'Assyrie, comme aussi la Philistie, tandis que Sion est fondée par YHWH et que les humbles de son peuple y sont en sûreté (Is 14, 32). L'Assyrie est la puissance en laquelle Juda aurait cherché appui dans sa crainte de la coalition anti-assyrienne et le livre d'Isaïe révèle que le salut de Jérusalem n'a été que temporaire, causé aussi par l'orgueil de l'Assyrie qui n'était en réalité qu'un instrument dans la main de YHWH.

Faut-il dans le psaume discerner la même allusion au joug assyrien dans le même contexte d'une adresse à Juda ? Il n'est pas impossible qu'il y ait au v. 7 en surimpression à l'évocation de l'Egypte celle de l'Assyrie. YHWH aurait libéré son peuple de l'Assyrie comme il l'a fait en intervenant contre l'Egypte. Si le v. 8c annonce la parénèse qui suit, il évoque la situation du peuple qui n'est pas entré dans le pays promis : c'est en dehors du pays que le peuple entend l'exhortation des vv. 9-11 à ne pas suivre de dieu autre ou étranger. Ces versets sont suivis d'une nouvelle référence à l'exode, qui viendrait rappeler à nouveau que dans le passé YHWH a délivré son peuple de l'Egypte et peut-être encore sous-entendre qu'il a délivré Juda de l'Assyrie. Suit la lamentation des vv. 12-13 et l'annonce de la libération possible des ennemis et des adversaires dans les vv. 15-16. Qui sont les ennemis et les adversaires désormais ? Peut-être la Babylonie. Si tel est le cas le v. 17 pourrait bien être une allusion au pays promis comme en Dt 32, 13-14. Le rappel du passé dans ce texte liturgico-catéchétique servirait donc la perspective d'un avenir, mais celui-ci resterait conditionné par l'attitude du peuple. S. Gillingham aurait donc raison de discerner dans ce psaume une réappropriation des traditions du Nord par le Sud mais il faudrait plus vraisemblablement le situer à la fin de la période de l'exil à Babylone ou au tout premier retour, au VIème siècle. Dans ce contexte la reprise du commandement de ne pas avoir de dieu autre ou de dieu étranger prendrait tout son sens. Comme en Jr 7 le désastre de 587 serait interprété comme la conséquence du comportement pécheur d'un peuple qui rend un culte à d'autres dieux : l'endurcissement du cœur, qui consiste à marcher selon ses propres conseils, et dans lequel YHWH finit par envoyer son peuple se solde par l'exil. YHWH peut encore intervenir en faveur de son peuple et le nourrir dans le pays promis, mais la condition pour atteindre pareil bonheur serait d'aller dans ses chemins.

Le Ps 81 possède quelques liens avec celui qui précède, bien que leurs genres littéraires soient différents. Le Ps 80 se présente comme un témoignage (עדות; v. 1) et c'est peut-être ce mot-crochet qui a contribué à rapprocher les deux psaumes. La LXX a lu en Ps 81, 1 ὑπὲρ τῶν ληνῶν (*au sujet du pressoir*), le pressoir constituant une image du jugement divin (cf. Jl 4, 13; Is 63, 2; Lm 1, 15); or en Ps 80 Israël est comparé à une vigne. Ce psaume est une lamentation collective dont la LXX interprète qu'elle a pour objet la chute du royaume du Nord en ajoutant dans le titre : ψαλμὸς ὑπὲρ τοῦ Ἀσσυρίου (*psaume au sujet des l'Assyrie*). Scandé par un refrain qui en appelle à *Dieu*, au *Dieu des armées* ou à *YHWH Dieu des armées* (vv. 4. 8. 20), le Ps 80 évoque l'exode d'Israël hors d'Egypte et son installation en terre promise, sous l'image de la vigne déracinée hors d'Egypte et transplantée. Parce que Dieu a chassé des nations et déblayé le sol devant elle, elle a pu enfouir ses racines et remplir la terre (vv. 9-10). Il n'y pas, en dehors de cette brève allusion, de récitation ou de sommaire historique dans le psaume. Mais à cette vision positive de ce que Dieu a accompli pour Israël dans le passé est opposée la situation présente (vv. 13-14).

L'énigme de ce psaume réside dans l'identité de la souche plantée par la droite de Dieu, le fils qui lui doit sa force (vv. 16. 18). כנה, *souche*, est un hapax. Le *fils* ou le *fils d'homme* que *Dieu rend fort pour lui* (אמץ au *piel*) peut être compris en référence au Ps 89, 22 où la même racine apparaît dans le contexte clair de l'énoncé de ce que Dieu accomplira pour David. Il n'est pas exclu pourtant que le בן־אדם (*fils d'homme*) soit un jeu de mot avec בנימן (*Benjamin*) nommé au v. 3[57]. Si du fait de la réappropriation des traditions du Nord par le Sud la première hypothèse est juste, alors la vigne dévastée pourrait renvoyer à l'exil à Babylone comme en Ez 19, 10-14. Une confirmation de cette interprétation viendrait du refrain *fais-nous revenir à toi* qui apparaît sous cette forme ou sous une forme avoisinante en Lm 5, 21 et Ps 85, 5. Dans ces deux cas, et sans ambiguïté aucune en ce qui concerne le texte de la cinquième Lamentation, c'est dans le contexte d'une évocation de l'exil à Babylone que surgit l'imploration.

Dans l'organisation actuelle du Psautier, à la supplication qu'élève la communauté priante du Ps 80 répondrait le discours divin du Ps 81. Au *pourquoi* que le peuple lui adresse (Ps 80, 13), Dieu apporterait une réponse en nommant sa désobéissance et son refus (Ps 81, 12-13). Le peuple appelle Dieu à écouter (אזן; Ps 80, 2) et ce dernier réplique que c'est à lui de le faire (שמע; Ps 81, 9. 14). YHWH a nourri (אכל) le peuple du *pain de larmes* (Ps 80, 6); si ce dernier l'écoute et suit ses chemins, il le nourrira (אכל) de la fleur de froment et de miel du rocher (Ps 81, 17). Les ennemis (איב) d'Israël rient de lui (Ps 80, 7); Dieu pourrait les humilier

---

57 S. Gillingham, *Scottish Journal of Theology* 52/1 (1999), p. 32.

(אֵיב; Ps 81, 15)... Ainsi, sans vouloir pousser trop loin la comparaison entre les deux psaumes ou tirer des conclusions trop absolues de leurs quelques points de similitudes, il est possible d'envisager que dans la compilation du Psautier les Ps 80 et 81 ont été placé l'un à côté de l'autre pour être lus ensemble.

4.3 Psaume 114

Le Ps 114 est un poème bref qui, à strictement parler, ne contient pas de récitation de l'histoire ni même de sommaire historique. Il fait toutefois référence à l'exode (v. 1-2), à la tradition du passage de la mer et à celle de la traversée du Jourdain (vv. 3-4). *Mer, Jourdain, montagnes* et *collines* sont personnifiés et appelés à rendre raison de leur comportement (vv. 5-6). Ce psaume s'achève en incitant la terre à trembler devant YHWH, avec ce qui paraît à première lecture une allusion à la tradition de l'eau jaillissant du rocher (vv. 7-8). Dans sa concision il a pour caractéristique originale de combiner les traditions de l'exode et de l'entrée en terre promise. La fuite de la mer et le reflux du Jourdain dessinent en effet le cadre de l'exode (cf. Ex 14, 21-29) et de l'entrée en terre promise (cf. Jos 3-4) : ce sont des événements fondateurs de l'histoire d'Israël que le texte semble fondre dans un mythe de création soulignant la victoire divine sur les eaux du chaos. Les eaux qui ont été maîtrisées lors du passage de la mer ou de la traversée du Jourdain sont aussi celles que YHWH a dominées lorsqu'il créa le monde. « Ainsi les traditions racontées en Ex 14-14 et Jos 3-4 sont remodelées en termes de conflit cosmique et de théophanie (c'est-à-dire d'apparition terrifiante de Dieu comme guerrier divin). La mer n'est pas seulement asséchée ou divisée ; elle voit quelque chose ou quelqu'un d'effrayant et s'enfuit (cf. Ps 77, 16 ; 104, 7 ; 106, 9). Le Jourdain n'est pas simplement arrêté, mais il bat en retraite et se replie »[58]. Ce pouvoir divin sur les eaux se manifeste encore dans le fait de changer le rocher en étang et le roc en fontaine. Les études concernant ce psaume soulignent, du reste, assez fréquemment son usage de deux modes d'expression d'Israël, le mythe et l'histoire, et de motifs empruntés à deux registres féconds en images, les récits de théophanie et de création[59].

---

58 R.D. Nelson, « Between Text and Sermon. Psalm 114 », *Interpretation 63* (2009), p. 172.
59 S. Geller, « The Language and Imagery in Psalm 114 », in : T. Abusch, J. Huehnergard, P. Steinkeller (eds.), *Lingering over Words: Studies in Ancient Near Eastern Literature in Honor of William L. Moran*, Atlanta, Scholars Press, 1990, pp. 179-194 ; G.T.M. Prinsloo, « Tremble before the Lord: Myth and History in Psalm 114 », *OTE 11* (1998), pp. 306-325 ; A. Berlin, « Myth and meaning in Psalm 114 », in : J. Burnett, W.H. Bellinger, W.D. Tucker (eds.), *Diachronic and synchronic. Reading*

Le Ps 114 est construit sur quatre paires de deux versets (vv. 1-2; 3-4; 5-6; 7-8) agencées en un schéma concentrique. Les deux stiques de chaque verset déploient un parallélisme complémentaire où les noms de Dieu et les protagonistes mentionnés apparaissent aussi en binôme: *Israël / maison de Jacob; Egypte / peuple barbare; Juda / Israël; sanctuaire / domaine; mer / Jourdain; montagnes / collines; YHWH / Dieu de Jacob; rocher / roc.* Les versets ont tous la même construction: le second stique de chacun d'entre eux omet toujours un élément du premier stique: *sortir; devenir; voir; bondir; pourquoi; bondir; trembler; changer.*

Les strophes aux deux extrémités (vv. 1-2 et 7-8) sont reliées l'une à l'autre par les mots-clés *maison de Jacob* et *Dieu de Jacob*. Ces deux strophes soulignent une transformation: Juda-Israël est devenu sanctuaire et domaine de Dieu d'une part; rocher et roc sont transformés en étang et source d'eaux d'autre part. Les deux strophes au centre (vv. 3-4 et 5-6), très proches par leur formulation, décrivent les réactions du cosmos aux événements brossés dans les strophes extérieures. Une lecture linéaire du psaume conduit toutefois à envisager que l'histoire fondatrice d'Israël, avec les bouleversements cosmiques qui l'accompagnèrent, débouche sur le temps présent où la terre est invitée à trembler face à un Dieu qui se manifeste comme celui qui fertilise ce qui ne l'est pas.

La reprise de la tradition de l'exode est clairement identifiable: *quand (parce que) Israël sortit d'Egypte, la maison de Jacob d'un peuple barbare, Juda devint son sanctuaire et Israël son domaine* (v. 1-2). Le premier verset est une proposition subordonnée introduite par la préposition בְּ : elle fournit le cadre temporel de la proposition principale du v. 2, à moins qu'il ne faille lui donner un sens causal (*parce qu'Israël sortit d'Egypte...*). Le verbe utilisé est יָצָא (*sortir*) suivi de la préposition מִן, mais il est au participe *qal* et non au *hifil* comme c'est souvent le cas pour évoquer la sortie d'Egypte. L'accent est donc mis ici non sur l'action divine mais sur ce qui advint à Israël au travers des événements de l'exode. Le second stique qualifie Israël de *maison de Jacob* et l'Egypte de *peuple barbare*, de peuple au langage étrange. Le terme לֹעֵז (*barbare*) est un *hapax legomenon*; c'est la seule occurrence de tout l'Ancien Testament. Mais Is 33, 19 fait référence à un peuple qui parle mal: *tu ne verras plus le peuple arrogant, le peuple au langage inintelligible, à la langue barbare* (לָעַג) *et incompréhensible.* Avec un langage différent Dt 28, 49 et Jr 5, 15 évoquent la nation, la Babylonie, dont la langue est incompréhensible et que YHWH envoie en châtiment contre Israël. Or l'expression *maison de Jacob* est une désignation de la communauté juive postexilique (cf. Is 46-48), de sorte que l'évocation de la Babylonie pourrait venir en surimpression à celle de

the Psalms in Real Time. Proceedings of the Baylor Symposium on the Book of Psalms, New York – London, T & T Clark, 2008, pp. 347-463.

l'Egypte. Il est possible aussi que Ps 114, 1b contienne un jeu de mot : l'Egypte, peuple puissant, עם־עז (cf. l'expression en Is 25, 3) est devenu un peuple balbutiant, עם לעז. La sortie d'Egypte n'est pas tant évoquée en termes de libération de l'esclavage d'un peuple puissant que d'un mouvement de séparation d'un peuple barbare, par lequel Juda devient le sanctuaire de Dieu et Israël son domaine. En faisant le détour par l'expression du Ps 68, 5 (ועלזו לפניו ; *exulter devant lui*) on pourrait encore estimer que le jeu de mots n'est pas entre עם־עז et עם לעז mais entre עלז, *exulter* et לעז en vertu d'une métathèse délibérée. « En la faisant, le midrash transforme le 'peuple au langage étrange' en 'peuple célébrant', c'est-à-dire, l'Egypte célébrant le départ d'Israël »[60]. Pour conserver la richesse du psaume peut-être faut-il alors faire droit à la polysémie qui y est introduite : non seulement le peuple duquel Israël se sépare est un peuple au langage balbutiant et non plus un peuple puissant, mais c'est encore, comme en Ps 105, 38, un peuple qui se réjouit de son départ et en exulte.

Ce qui advint pendant la sortie d'Egypte est précisé au v. 2 : il s'agit de ce que Juda et Israël sont devenus pour Dieu. Le premier stique peut se comprendre de diverses manières en réalité : comme en Jr 2, 3 il est possible de comprendre que Juda est mis à part, consacré. Il est la nation sainte qui appartient à YHWH (cf. Ex 19, 6), son peuple saint (cf. Dt 26, 18-19 ; 28, 9-10). Avec l'emploi conjugué de קדש et de ממשלה (*domaine*), qui semble renvoyer à Israël comme réalité politique, le psaume manifeste une proximité avec la formule d'élection d'Ex 19, 6 quoique le vocabulaire ne soit pas le même : *vous serez pour moi un royaume* (ממלכה) *de prêtres et une nation sainte* (קדש). Mais לקדשו peut aussi être interprété dans le sens de *lieu saint, sanctuaire*[61]. Il serait ainsi insinué qu'au temps de l'exode Juda était déjà le peuple saint où YHWH demeure. Thématiquement le psaume est également proche d'Ex 15, 17 : *Tu les fais entrer et tu les plantes sur la montagne, ton patrimoine. Tu as préparé, YHWH, un lieu pour y habiter. Tes mains ont fondé, YHWH, un sanctuaire* (מקדש). Le Ps 74, 2 présente une séquence analogue, où la sortie d'Egypte n'est néanmoins pas nommée en tant que telle : *rappelle-toi la communauté que tu acquis dès l'origine, la tribu que tu revendiquas pour patrimoine, la montagne de Sion où tu fis ta demeure.* Que Ps 114, 2a renvoie au sanctuaire ou à l'élection d'Israël, l'idée semble être que YHWH règne sur son peuple. L'existence

60 F. Morgan, « Une lecture juive des psaumes : mérite et miracles, le cas du Psaume 114 », *SIDIC 28 /1* (1995), p. 5.
61 H.-J. Kraus, 1961, p. 957 ; E. Gerstenberger, *Psalms, Part 2 and Lamentations*, FOTL 15, Grand Rapids, Eerdmans, 2001, p. 282 ; A. Berlin, « The Message of Psalm 114 », in: C. Chaim, V.A. Hurowitz, A. Hurvitz, Y. Muffs, B.J. Schwartz, J.H. Tigay (eds.), *Birkat Shalom: Studies in the Bible, Ancient Near Eastern Literature, and Postbiblical Judaism presented to Shalom M. Paul on the Occasion of his Seventieth Birthday*, Winona Lake, Eisenbrauns, 2008, p. 350 ; R.D. Nelson, *Interpretation 63* (2009), p. 173.

du sanctuaire est du reste en Is 63, 18-19 le signe que YHWH gouverne Israël: *C'est pour peu de temps que ton peuple saint* (קֹדֶשׁ) *est entré dans son héritage; nos agresseurs l'ont écrasé, ton sanctuaire* (מִקְדָּשׁ)*! Et depuis longtemps nous sommes ceux sur qui tu ne gouvernes plus* (מָשַׁל)*, ceux sur qui ton nom n'est plus appelé.*

Assez curieusement par ailleurs – et c'est peut-être là un indice que ce psaume est un fragment – les suffixes de la troisième personne du singulier qui apparaissent au v. 2 (*son sanctuaire, son domaine*) n'ont pas d'antécédent. Il est certainement aisé d'interpréter qu'ils renvoient à YHWH mais dans la composition du psaume celui-ci n'est explicitement nommé qu'au v. 7. Il n'est pas, par ailleurs, le sujet grammatical d'un verbe avant le dernier verset. Les changements pour Israël (vv. 1-2) et par la suite les réactions des éléments naturels (vv. 3-6) sont ainsi en quelque sorte dramatisés et mis en exergue, avant que ne se dévoile totalement leur auteur ou initiateur. Une interprétation différente cependant est proposée par S. Geller pour qui les pronoms suffixes renverraient à *Israël* et à la *maison de Jacob* du v. 1. Il argumente en soulignant que le verbe הָיָה (*devenir*) au v. 2 est à la troisième personne singulier du féminin; or l'utilisation grammaticale du féminin serait courante en référence à des territoires et à des villes[62]. Il serait donc pour lui vraisemblable que le v. 1 renvoie au peuple (Israël / Jacob) et le v. 2 à la terre de Juda / Israël, ces deux paires de dénomination devant être vues comme des hendiadys. La terre de Juda / Israël deviendrait le sanctuaire et le domaine de la maison de Jacob / Israël. Ce serait le domaine, le territoire tout entier, qui serait sanctuaire pour le peuple. L'image serait enracinée dans la mythologie où le dieu des dieux doit, pour exercer sa domination, vaincre le pouvoir du chaos, habituellement décrit comme eaux primordiales ou monstres marins: dans le poème ougaritique le *Palais de Baal* ce dernier défait le prince de la mer, dans l'épopée mésopotamienne *Enuma Elish* Mardouk combat Tiamat et dans l'*Hymne* qui porte son nom Adad la mer, Yam; puis pour chacun de ces dieux, il est raconté qu'il se bâtit un palais royal et un sanctuaire sur une haute montagne, qu'il monte sur son trône et qu'il aide le cosmos à supporter les sécheresses mortelles de l'été[63]. Ainsi Ps 114, 2 renverrait-il par le biais d'une image mythique à la conquête de Canaan, après avoir évoqué de manière plus historique l'exode[64]. A vrai dire, le détour par le motif mythique corrobore plutôt que les pronoms suffixes renvoient

---

62 Pour l'interprétation spatiale ou géographique de Juda et Israël, voir aussi N. Lohfink, « Ps 114/ 115 (M und G) und die deuteronomische Sprachwelt », in: E. Haag, F.-L. Hossfeld (eds.), *Freude an der Weisung des Herrn: Beiträge zur Theologie der Psalmen Festgabe zum 70. Geburtstag von Heinrich Groß*, Stuttgart, Verlag Katholisches Bibelwerk, Stuttgarter biblische Beiträge 13, 1987, p. 220.

63 N. Lohfink, « Ps 114/ 115 (M und G) und die deuteronomische Sprachwelt », p. 201.

64 S. Geller, « The Language and Imagery in Psalm 114 », pp. 182-183.

à Dieu et c'est conclure un peu vite que d'affirmer que ce verset fait allusion à la conquête de la terre, même si la suite du psaume évoque le passage de la mer et, en parallèle, la traversée du Jourdain. Le psaume semble plutôt présenter l'événement de l'exode du point de vue du peuple : la sortie d'Egypte est le point de départ qui conduit à la naissance d'Israël comme nation, à sa constitution comme royaume où Dieu réside.

L'action décrite dans les premiers versets provoque une réaction cosmique : *la mer vit et s'enfuit, le Jourdain reflua* (v. 3). Il n'est pas évident de déterminer quel est l'objet que la mer voit, le verbe ראה (*voir*) n'ayant pas de complément grammatical. Est-ce Dieu que la mer voit ? Est-elle le témoin d'une théophanie ? Ou le référent est-il le peuple lui-même, sujet des verbes des vv. 1-2 ? Autrement dit, est-ce l'exode et le fait que Juda devienne le sanctuaire de Dieu et Israël son domaine qui provoquent le repli de la mer et du Jourdain ? *A priori* la seconde hypothèse semble la plus plausible, Dieu n'ayant pas été nommé comme acteur dans les vv. 1-2. Ainsi les vv. 3-6 décriraient la réaction des éléments naturels à la naissance d'Israël comme sanctuaire et domaine de Dieu, accomplie lors de la sortie d'Egypte. Le mouvement des éléments naturels est par ailleurs décrit de telle sorte que sont associés, comme en Jos 4, 23, le passage de la mer lors de la sortie d'Egypte et la traversée du Jourdain qui permet l'entrée en terre promise.

Les verbes utilisés : נוס (*s'enfuir*) et סבב (*tourner*) ne sont nulle part ailleurs associés avec le passage de la mer ou la traversée du Jourdain. Ce sont davantage des termes de retraite militaire. Le Ps 104, 7 emploie le même verbe נוס dans le contexte d'une évocation de la création : les eaux primordiales s'enfuient sous la menace divine. De ce point de vue, passage de la mer et traversée du Jourdain pourraient bien évoquer la lutte de Dieu contre les eaux primordiales : la mer qui s'enfuit ou le Jourdain qui reflue sont les eaux du chaos auxquelles Dieu a assigné leur place à la création. Dans cette perspective, la réaction des éléments naturels n'est pas tant liée à une théophanie qu'à un événement cosmique. Toutefois, le motif de la fuite apparaît dans des récits de mythologies du Proche Orient ancien ci-dessus rappelés, au moins sous la forme d'une déroute de dieux face à l'apparition du dieu vainqueur du pouvoir du chaos. Un motif similaire serait présent dans le Ps 114 : le v. 3 combinerait une reprise des traditions historiques et le même schéma mythologique, mer et Jourdain étant aussi les éléments que Dieu vainc, qui sont mis en déroute et qui deviennent, au v. 8, l'étang et la source d'eaux qui irriguent. Vaincues les eaux primordiales mutent donc en sources fertilisantes.

La réaction cosmique au plan divin est encore décrite au v. 4 : *les montagnes bondirent* (רקד) *comme des béliers, les collines comme des agneaux.* Montagnes et collines perdent donc leur stabilité pour bondir, ce qui est encore souvent interprété comme l'élément d'une théophanie. L'argument est qu'en Ps 29, 6 le même verbe רקד (*bondir*) sert à l'évocation de la puissance guerrière de Dieu qui par sa voix brise les cèdres du Liban et les fait bondir comme un veau. Avec un vocabulaire différent, plusieurs textes nomment du reste la réaction des montagnes et des collines face à une théophanie ou à une offensive divine (cf. Ex, 19, 18 ; Jg 5, 5 ; Jr 4, 24 ; Mi 1, 4 ; Na 1, 5...). Peut-on voir alors dans ce verset, comme le veulent certains commentaires[65], une allusion à la théophanie du Sinaï ? En réalité Ex 19, 18 ne comporte pas le même verbe et, même si une théophanie est suggérée dans le psaume, il n'y a pas lieu de penser que *montagnes* et *collines* désignent le Sinaï. Le verbe רקד sert généralement à décrire le comportement d'humains ou d'animaux. Il peut être connoté positivement ou servir à l'évocation d'un mouvement puissant et terrifiant : au *qal* il n'apparaît ailleurs qu'en Qo 3, 4 où il est en opposition à *se lamenter*. Au *piel* Is 13, 21 l'emploie métaphoriquement avec une même connotation positive : ... *les boucs y danseront* (dans Babylone renversée par YHWH), mais en Jl 2, 5 il décrit un peuple nombreux et puissant qui bondit sur les montagnes et en Na 3, 2 le mouvement des chars. Dans le contexte du Ps 114, il est possible de penser que le verbe possède une note positive d'exultation de la nature et peut-être, avec une teneur quelque peu combattive, l'idée d'une récréation. C'est pourquoi, E. Zenger propose de lire de manière antithétique les vv. 3 et 4 : *la mer vit et s'enfuit, le Jourdain reflua. Mais les montagnes bondirent comme des béliers, les collines comme des agneaux*. Montagnes et collines seraient employés métonymiquement pour désigner la terre d'Israël / Juda comme but de l'exode / « eisode » (cf. Dt 12, 2 ; 33, 15 ; Is 49, 9 ; Jl 4, 18 ; Am 9, 3). Elles bondiraient de joie car Dieu revient avec son peuple de « terres étrangères » (cf. Is 44, 23 ; 49, 13 ; 55, 12)[66].

Les vv. 5-6 adressent des questions aux éléments personnifiés : *pourquoi mer t'enfuir, Jourdain refluer ? Montagnes bondir comme des béliers, collines comme des agneaux ?* Elles attirent l'attention sur le caractère surprenant de la réaction des éléments naturels et peuvent être comprises ou comme des interrogations rhétoriques ou comme des interpellations ironiques. Dans le premier cas, la réponse est incluse dans le psaume lui-même et à relier au *voir* du v. 3. Dans le second, les questions sont à comprendre comme une manière de tourner en dérision les puissances du chaos en contraste avec le mouvement des éléments stables qui renvoient à la terre. Si l'accent porte sur la distinction de réactions des éléments, les vv. 7-8 pourraient encore apporter des éléments de réponse en ouvrant le présent des vv. 5-6 vers un événement encore à venir.

Devant la face de Dieu tremble terre, devant la face du Dieu de Jacob, lui qui change le roc en étang, le rocher en source d'eaux (vv. 7-8). Le TM du v. 7 est parfois

65 Par exemple J.L. Vesco, 2006, p. 1082 ; N. Amzallag, M. Avriel, « The Canonic Responsa Reading of Psalm 114 and its Theological Significance », *OTE 24/2* (2011), pp. 316-318.
66 F.-L. Hossfeld, E. Zenger, 2008, p. 269.

corrigé dans des commentaires qui proposent de le lire de la manière suivante: *devant la face du Dieu de toute la terre*. Au lien de חולי ארץ (*tremble terre*) ils lisent כל־הארץ (*toute la terre*)[67]. Un des arguments à l'appui de cette correction est que le texte de Jos 3, 11. 13 auquel le psaume fait allusion dans les versets précédents contient l'expression אדון כל־הארץ. Les vv. 7-8 apporteraient alors une réponse aux questions des vv. 5-6: une apparition divine, une théophanie de YHWH de toute la terre, serait la cause de la réaction des éléments naturels. Toutefois la critique textuelle n'offre pas d'appuis à cette correction qui, au demeurant, est d'un point de vue syntaxique peu satisfaisante. Il n'en reste pas moins que Dieu est caractérisé d'une part en relation à la terre, et d'autre part en relation à Israël: le Dieu de Jacob, qui s'est révélé dans les événements de l'exode et de l'entrée en terre promise du peuple, est celui devant qui la terre doit trembler.

YHWH est enfin nommé et il est présenté comme agissant. Ces versets suggèrent qu'il est la cause des changements des éléments naturels lors de l'exode, comme il l'est du rocher changé en eau. En soi le verbe חול, *trembler*, qui a la terre pour sujet est assez polysémique: il peut suggérer un mouvement de danse ou le fait de se tordre de douleur, particulièrement dans les douleurs de l'enfantement. Le psaume joue peut-être de cette polysémie, le premier sens (*danser*) entrant bien en consonance avec רקד (*bondir*) des vv. 4 et 6 alors que l'idée d'un enfantement ou d'un engendrement fait écho à la perspective d'une recréation et de la naissance de Juda / Israël comme sanctuaire et domaine de Dieu. Le premier sens autoriserait à interpréter ce verset (מלפני אדון חולי ארץ) à la lumière du Ps 96 dans lequel les familles des peuples sont appelées à rendre gloire à YHWH et la terre à trembler: חילו מפניו כל־הארץ (v. 9). Le Ps 114, 7-8 décrirait ainsi une procession triomphante pour le Dieu de Jacob, qui donne fertilité à toute la terre. Ces versets trancheraient par ailleurs entre la réaction de la mer et du Jourdain et celle des montagnes et collines en faveur de la seconde, qui doit alors être source d'inspiration pour la terre tout entière. Il est peut-être aussi possible de comprendre avec A. Berlin que le cosmos qui a réagi lors de l'exode est ici convié à réagir de la même manière au nouvel exode, le retour d'Israël sur sa terre[68].

A première vue le v. 8 pourrait sembler une allusion au don de l'eau dans le désert, tel que raconté en Ex 17, 6; Nb 20, 7-11 (les événements de Massa et Mériba) ou Dt 8, 15 avec lequel le psaume a davantage de vocabulaire en commun (צור, חלמיש). Le psaume cependant évoque non une eau jaillissant du rocher et du

---

67 Par exemple H.-J. Kraus, 1961, p. 953; F.M. Cross, «The Song of the Sea and Canaanite Myth», in: *idem, Canaanite Myth and Hebrew Epic: Essays in the History of the Religion of Israel*, Cambridge, Harvard University Press, 1973, p. 138; S. Geller, «The Language and Imagery in Psalm 114», p. 180.

68 A. Berlin, «The message of Psalm 114», p. 356.

roc mais un changement de nature de ces deux éléments. Le verbe utilisé הפך, *changer*, est présent en Ps 78, 44 et Ps 105, 25. 29 en particulier à propos des eaux changées en sang. Il signale une intervention divine qui toujours modifie la nature de l'élément concerné. Rocher et roc participent ainsi au mouvement cosmique décrit dans les versets précédents. *Etang* (אגם) et *source d'eaux* (למועי מים) pourraient respectivement renvoyer à la mer et au fleuve. Plus précisément, si ce ne sont pas des termes présents dans la tradition du don de l'eau au désert, ils apparaissent en revanche parmi les expressions qui décrivent comment YHWH peut rendre une terre aride un pays ruisselant (Is 35, 7; 41, 18; Ps 74, 13-15; 74, 15; 107, 35). Le Ps 107, 35 en particulier les articule: *il peut changer le désert en étang et la steppe en source d'eaux,* dans le contexte d'une mention de ce que la puissance de YHWH peut accomplir comme actes de création ou de décréation en faveur d'affamés ou au détriment d'habitants pervertis. Que YHWH puisse changer un désert en étang et la steppe en source d'eaux est par ailleurs une thématique caractéristique du livre d'Isaïe pour annoncer le retour d'exil; dans ce cadre, *étang* et *source d'eaux* sont nommés conjointement en Is 35, 7 et 41, 18. En outre Is 43, 19-20 conserve la même thématique mais avec un vocabulaire différent et l'encadrement de cette évocation noue le rappel de la traversée de la mer (v. 16) et la référence à un nouvel exode comme acte divin de fournir de l'eau en plein désert au peuple assoiffé (vv. 19-21). Le désert que le peuple doit traverser pour retourner de l'exil à Babylone est décrit par référence d'une part au passage de la mer des Joncs et d'autre part à l'errance au désert, au cours de laquelle le peuple a expérimenté que YHWH ne le laisse pas manquer d'eau. De plus, passage de la mer et don de l'eau au désert sont eux-mêmes associés à l'image de la défaite des eaux déchaînées du chaos (v. 16): domptées, elles sont ainsi mises au service de la bienveillance divine. La souveraineté de YHWH sur l'univers est ainsi affirmée. Mer et désert sont présentés comme les lieux où YHWH trace un chemin à son peuple pour le faire revenir d'exil. Les miracles de l'eau lors du nouvel exode signalent la transformation du cosmos en une création nouvelle. Par le détour par du livre d'Isaïe, il est alors possible de comprendre que c'est l'action de YHWH faisant revenir son peuple d'exil que les derniers versets du psaume célèbrent. Face à l'agir divin transformant un lieu aride en un pays ruisselant et frayant la voie à son peuple, la terre entière est appelée à se tordre dans les douleurs de l'enfantement et à danser.

Peut-être daté de la fin du Vème siècle, le Ps 114 décrit la fondation du peuple d'Israël, initiée par l'exode et poursuivie par la traversée du Jourdain, en termes de séparation de l'Egypte et de mise à part d'Israël pour qu'il devienne sanctuaire et domaine de YHWH. Aucune allusion n'est faite aux plaies d'Egypte et l'exode n'est pas commémoré pour lui-même. L'accent est davantage mis sur la naissance d'Israël comme nation, que le psaume présente comme un événement cosmique prolongeant la création du monde. Mais il ne prétend pas seulement célébrer un événement du lointain passé; il construit un archétype à partir duquel le présent peut être appréhendé. Il ne s'adresse pas à YHWH et l'impératif du v. 7 comme le participe du v. 8 signalent qu'il est un propos tenu pour un auditoire qui pouvait y entendre un écho de sa propre situation. Ainsi il pourrait s'adresser à la communauté postexilique et suggérer poétiquement la restauration de Juda sous les images mythiques d'une traversée des eaux du chaos et d'une marche dans un désert rendu fertile. En consonance avec les textes du livre d'Isaïe qui présentent la sortie de Babylonie comme un nouvel exode et qui racontent le partage de la mer dans les termes d'un combat contre le chaos, le Ps 114 allie en effet les thématiques de l'exode et de la création avec probablement pour même objectif de signifier le retour d'exil. Il évoque, de plus, Israël et Juda et les associe dans l'affirmation qu'ils sont le domaine de YHWH. « Il n'y a ni rejet du royaume du Nord, ni privilège accordé au royaume du Sud. L'accent est mis sur *la maison de Jacob* et sur le *Dieu de Jacob*, Jacob étant une désignation commune pour la communauté judéenne dans la période qui suit sa destruction (fréquemment en Isaïe). Juda est devenue, par vertu de sa survie, le substitut pour l'entière maison de Jacob, tout Israël »[69]. Dans cette perspective le Ps 114 aurait donc pour message à l'adresse des exilés que la renaissance d'Israël, le retour d'exil, n'en n'est pas moins un bouleversement cosmique que le premier exode. Une nouvelle séquence: exode, marche au désert, entrée en terre promise est en train d'advenir.

Plusieurs manuscrits hébreux[70], la LXX[71], la Vulgate, la Peshitta lient les Ps 114 et 115 en un seul poème. Même s'il faut admettre deux traditions divergentes dans les manuscrits anciens, la tradition textuelle offre ainsi un argument sérieux à l'appui de l'hypothèse d'une unité primitive des deux poèmes[72]. Cette dernière a fait l'objet de quelques études. H. Lubsczyk, par exemple, argumente que l'unité de ces deux textes, pourtant apparemment disparates, se profile à l'examen de leur dimension cultuelle. Le Ps 114 pourrait fournir une introduction et constituer l'antécédent, sans cela manquant, de la formule liturgique du Ps 115, 1. Par ailleurs, l'association des deux psaumes met en relief le contraste entre la puissance divine (Ps 114, 1-4) et l'impuissance des idoles (Ps 115, 4-8). Le mouvement d'ensemble est au fond assez semblable à celui que déploient le Ps 135 et Jos 23-24. Le poème

---

69 A. Berlin, « Myth and meaning in Psalm 114 », pp. 71-72.

70 Le codex d'Alep et le codex de saint-Pétersbourg pour ne citer que les plus importants. M. Millard recense 74 manuscrits hébreux médiévaux qui combinent les deux poèmes. Cf. M. Millard, *Die Komposition des Psalters. Ein formgeschichtlicher Ansatz*, Tübingen, J.C.B. Mohr, 1994, pp. 13-14.

71 א01.

72 Voir la présentation de différents manuscrits de G.T.M. Prinsloo, « Psalms 114 and 115: One or Two Poems? », *OTE 16* (2003), pp. 675-676.

aurait pour *Sitz im Leben* une fête de renouvellement de l'alliance[73]. N. Lohfink défend que la version de la LXX et l'absence de הללו־יה entre les deux psaumes suffisent à témoigner de leur unité originelle. Il s'attache à démontrer que le texte s'inscrit dans le courant deutéronomiste[74]. G.T.M. Prinsloo lit les Ps 114-115 comme un seul poème, pour lequel il propose la structure suivante : Ps 114, 1-8 ont pour thématique l'exode et conjointement le motif de la conquête, déployés en un langage de théophanie ; Ps 115, 1 rapporte que le miracle n'a pas été accompli par égard pour Israël mais pour la gloire de YHWH ; Ps 115, 2-8 opposent la puissance de YHWH et l'impuissance des idoles ; Ps 115, 9-11 invitent tout Israël à mettre sa confiance en YHWH ; enfin Ps 115, 12-18 opposent bénédiction divine et silence des morts. Le thème d'ensemble de ce poème en cinq strophes est l'agir bienveillant de YHWH, en qui Israël peut alors se fier. YHWH a fait alliance avec son peuple pour l'honneur de son nom ; celui-ci doit en retour lui faire confiance dans les épreuves. Même si le peuple connaît de graves difficultés, parce qu'il a expérimenté dans le passé l'agir salvifique de YHWH il peut demeurer dans une attitude de louange : YHWH qui l'a autrefois délivré de l'Egypte peut aujourd'hui le libérer de nations adorant des dieux étrangers. Lus ensemble les deux psaumes se présenteraient clairement comme une action de grâce et conviendraient parfaitement à la situation postexilique. Ils auraient été écrits pour un usage cultuel, la voix des prêtres (Ps 113, 9c ; 115, 1 ; 115, 9-11 ; 115, 14-15) alternant avec celle du peuple (Ps 114, 1-8 ; 115, 2-8 ; 115, 12-13 ; 115, 16-18)[75]. A vrai dire l'étude de G.T.M. Prinsloo peine à fournir des indices textuels précis, qui viendraient à l'appui de sa proposition de structure du texte comme de celle de l'alternance des voix. Par conséquent, la dynamique d'ensemble du poème et son genre littéraire sont peu éclairés. Faut-il alors plutôt souscrire à la proposition de M. Witte pour qui le Ps 114 aurait pu être originellement lié au Ps 113 et conclut par Ps 115, 1 ? Les arguments les plus décisifs à l'appui de cette hypothèse seraient que le Ps 114 a un caractère fragmentaire puisqu'il ne présente ni partie introductive, ni partie conclusive et que son genre littéraire est difficile à déterminer[76]. Mais s'il est vrai que le Ps 114 possède une finale abrupte et le Ps 115 un commencement tout aussi abrupt, le v. 1 du second se prête assez peu à la fonction de formule conclusive. Quant à

---

73 H. Lubsczyk, « Einheit und heilsgeschichtliche Bedeutung von Ps 114/115 (113) », *BZ 11* (1967), pp. 161-173.

74 N. Lohfink, « Ps 114/ 115 (M und G) und die deuteronomische Sprachwelt », pp. 199-205.

75 G.T.M. Prinsloo, *OTE 16* (2003), pp. 669-690. Sur l'hypothèse d'une structure antiphonée du psaume, voir : N. Amzallag, M. Avriel, *OTE 24/2* (2011), pp. 303-323.

76 M. Witte, « Psalm 114 : Überlegungen zu seiner Komposition im Kontext der Psalmen 113 und 115 », in : J.F. Diehl, R. Heitzenröder, M. Witte (eds.), *Einen Altar von Erde mache mir...: Festschrift für Diethelm Conrad zu seinem 70. Geburtstag*, Waltrop, Spenner, 2003, pp. 293-311.

l'unité des Ps 113 et 114, elle apparaît assez suspecte dans la mesure où les deux textes présentent une construction, un tissu lexical et syntaxique très différents.

L'analyse du Ps 114 a montré qu'il constituait un petit ensemble soigneusement agencé, même s'il est difficile de nier qu'il ne s'agit là que d'un fragment. L'absence d'invitatoire comme de formule de conclusion a pu toutefois favoriser son rapprochement avec les psaumes voisins. Dans l'organisation finale du Psautier, le Ps 113 pourrait en quelque sorte annoncer le suivant en proclamant que *YHWH domine toutes les nations* (v. 4). Le mot בית, *maison* (Ps 113, 9 et Ps 114, 1), bien qu'utilisé dans un contexte et un sens différents, a pu servir de mot-crochet pour lier les deux psaumes. A l'interrogation sur le caractère incomparable de YHWH (Ps 113, 5) viendrait en écho celle sur les effets de son action (Ps 114, 5-6). Mais les correspondances ne vont guère plus loin. En ce qui concerne les liens entre les Ps 114 et 115, les vv. 7-8 du premier pourraient trouver un prolongement dans l'appel à YHWH pour qu'il glorifie son nom (Ps 115, 1) et dans l'affirmation que, contrairement aux idoles des nations, il peut faire tout ce qu'il veut (Ps 115, 3). La mention de la *maison de Jacob* (Ps 114, 1) serait complétée par celle de la *maison d'Aaron* et de la *maison d'Israël* (Ps 115, 12). Le Ps 115 prolongerait ainsi la dimension d'actualisation de celui qui le précède et accentuerait l'idée que YHWH peut sauver dans le présent comme il l'a fait dans le passé.

Nous avions observé que Ps 135, 1 était semblable à Ps 113, 1 et nous avions relevé de nombreuses correspondances entre les Ps 135 et 115. En raison du caractère anthologique du Ps 135, nous avions émis l'hypothèse qu'il empruntait au Ps 115. Il se peut que le Ps 135 ait à son tour inspiré l'assemblage des Ps 113-115. Le Ps 114 viendrait faire écho au rappel de la sortie d'Egypte du Ps 135, 8-9. Avec l'évocation de la traversée du Jourdain il en acquiert la même perspective hexateucale. Prolongé par le Ps 115, il encouragerait les exilés à garder confiance que YHWH est à l'œuvre pour permettre à son peuple un nouvel exode, le retour sur sa terre. La tradition textuelle dominante toutefois ne permet pas d'écarter définitivement la possibilité que les deux psaumes aient constitué primitivement une unité.

4.4 Psaume 95

Avant d'en finir avec ce sondage sur quelques brefs sommaires historiques dans le Psautier ou sur quelques relectures embryonnaires de l'histoire d'Israël dans les psaumes, il est peut-être utile de jeter un coup d'œil sur le Ps 95 qui fait explicitement référence aux épisodes de Massa et de Mériba (vv. 8-9) et aux quarante années durant lesquelles le peuple a séjourné dans le désert (v. 10). Après une première partie en forme d'invitation à louer YHWH, créateur et sauveur de son peuple (vv. 1-7a), le psaume en vient à exhorter son auditoire à ne pas céder au même endurcissement que ses pères, dont le châtiment a été de ne pas entrer en terre promise (vv. 7b-11). Contrairement à Nb 13-14, il ne présente pas les quarante ans dans le désert comme une sanction de la première génération sortie d'Egypte mais plutôt comme un temps au cours duquel le peuple n'a cessé de défier YHWH et de le mettre à l'épreuve. La décision divine de ne pas laisser entrer cette génération en terre promise est alors située au terme des quarante ans.

L'unité de ce psaume a été mise en question, sur le motif de différences de tonalité, de contenu et de locuteur entre la partie hymnique initiale et l'exhortation prophétique. Un changement de ton est en effet introduit au v. 7. En partant de l'observation de la tension qu'il contient, ce verset a parfois été considéré comme une insertion postérieure visant à servir de charnière entre les deux parties du texte, dont il détruirait en réalité la cohérence. La comparaison entre la structure de ce psaume et celle du 81 ou celle du Ps 100 apporterait une argumentation supplémentaire à l'appui de la contestation de l'unité du texte. A titre d'exemple, il a été postulé qu'à un psaume à l'origine bâti sur le modèle du Ps 100 (vv. 1-6), aurait été ajouté un autre texte indépendant, le v. 7 jouant le rôle de suture[77].

Il existe toutefois des points de contact entre Ps 95, 1-7a et 7b-11, que P. Savran s'attache à démontrer en partant de l'hypothèse que le contraste délibéré entre les deux parties crée une dynamique littéraire très particulière : le tournant s'opérant dans la finale du v. 7, la seconde moitié du psaume mettrait en cause point par point les appels à la piété et à l'obéissance de la première moitié. Autrement dit, la sincérité des affirmations des vv. 1-7a serait en quelque sorte interrogée par les vv. 7b-11. La première partie du psaume mettrait l'accent sur l'agir de YHWH à l'égard de son peuple, lequel est alors appelé à l'action de grâce ; la seconde porterait son attention sur les actions du peuple, qui sont toutes négatives (mettre YHWH à l'épreuve, le tester, ne pas connaître ses chemins, s'égarer), parce que marquées par le refus d'écouter la voix de YHWH. Des indices textuels permettraient de corroborer cette lecture : si dans le v. 6 le verbe בוא (*entrer*) est une invitation à s'approcher de YHWH dans son temple, dans le v. 11 il est employé pour nier la possibilité que le peuple entre dans le repos, que celui-ci soit la terre promise ou le temple selon le double sens du terme מנוחה. L'appel à *venir* (הלך) du v. 1 est contrecarré par le refus d'aller dans les chemins de YHWH et par l'égarement du v. 10. Les deux propositions introduites par אשר dans les vv. 4-5, qui disent la

---

77 T. Seidl, « Scheltwort als Befreiungsrede. Eine Deutung der deuteronomistischen Paränese für Israel in Ps 95,7c-11 », in: K. Hildegund, H-J. Sander (eds.), *Das Volk Gottes, ein Ort der Befreiung*, Würzburg Echter, 1998, pp. 107-120. Sur un état de la recherche, voir: G.T.M. Prinsloo, « Psalm 95: if only you will listen to his voice! », in: M.D. Carrool, D.J.A. Clines, P.R. Davies (eds.), *The Bible in Human Society*, Sheffield , JSOT Press, 1995, pp. 393-410. Sur la comparaison avec le Ps 81, voir: H. Gunkel, 1929, p. 419 ; avec le Ps 100, voir: C.A. Briggs, 1925-1927, p. 293.

maîtrise de YHWH sur l'univers, sont contestées par les deux propositions également introduites par אשר des vv. 9 et 11, qui sont des descriptions négatives de la relation entre YHWH et son peuple. En racontant les actions de rébellion des pères le locuteur mettrait en question la sincérité de la génération présente, qui est alors appelée à écouter la voix de YHWH. Les pères ont mis YHWH à l'épreuve et l'ont testé alors qu'ils avaient vu ses œuvres (v. 9), que racontent les vv. 4-5. C'est pourquoi au Dieu Créateur le texte substitue le Dieu-juge (v. 11). Si dans le v. 7 la génération actuelle se définit elle-même comme le peuple que YHWH fait paître, *le troupeau de sa main,* ce qui est une image pastorale impliquant une idée de soumission et d'obéissance, dans le v. 10 elle est un *peuple au cœur égaré.* Si YHWH est le *rocher de salut* au v. 1, ce rocher appelle celui de Massa et Mériba, deux localités nommées au v. 8 où le peuple a mis en question l'autorité divine.

P. Savran trouve encore une confirmation de son hypothèse de lecture dans la comparaison entre le Ps 95 et le Ps 100 : les deux psaumes mettent l'accent sur la relation entre YHWH et son peuple, mais au centre du second (v. 3) se trouve une exhortation adressée à la communauté pour qu'elle reconnaisse être redevable à YHWH (*reconnaissez que YHWH est Dieu, il nous a faits et nous sommes à lui, son peuple et le troupeau de son pâturage*). Cette invitation est absente du Ps 95, 7. A sa place apparaît ce qui semble être une prétention à avoir atteint un tel niveau d'obéissance : *car lui notre YHWH et nous le peuple de son pâturage, le troupeau dans sa main.* A la lumière de cette différence, il serait possible de comprendre l'intrusion du v. 7b comme une réponse à la génération présente qui tient pour certain de savoir ce que signifie être le troupeau dans la main de YHWH. Cette lecture serait appuyée par l'expression אם־בקלו תשמעו (*si vous écoutiez sa voix*) dont l'ordre des mots attire l'attention puisqu'il ne se retrouve qu'en Dt 13, 5 et Jos 24, 24. Dans les deux cas la formule est utilisée dans un contexte de réfutation de l'idolâtrie. L'ordre inhabituel des mots y joue un rôle rhétorique puisqu'il indique un rejet de ce qui précède dans le texte (la voix des faux prophètes en Deutéronome et les idoles en Josué). Ainsi en Ps 95, 7b il soulignerait que le peuple doit écouter la voix de YHWH et non ce qui apparaît précédemment, à savoir l'auto-proclamation d'être le troupeau de YHWH (v. 7a). Le *aujourd'hui* (היום) du v. 7b et le *au jour* (כיום) de la génération du désert (v. 8) joueraient un rôle central dans la stratégie du psaume, dans le sens où ils mettraient en contraste la prétention de la communauté présente et la dénonciation de l'attitude réelle des pères. La question que le psaume laisse ouverte est celle de savoir si la communauté présente, encore appelée à écouter la voix de YHWH, le fera ou si elle s'attirera la même sentence que les pères ?[78]

---

78 P. Savran, « The Contrasting voices of Psalm 95 », *RB 110* (2003), pp. 17-32.

Si l'argumentation qui prend appui sur l'expression אם־בקלו תשמו pour démontrer que la génération présente est appelée à écouter la voix de YHWH plutôt que sa propre voix n'est pas très convaincante, il n'en demeure pas moins que les deux parties du psaume semblent complémentaires l'une de l'autre. Autrement dit, sans avoir besoin de postuler que cette formule renvoie à ce qui précède dans le texte, la perspective générale est bien que l'action de grâce, dans la reconnaissance de ce que YHWH a fait pour son peuple, n'est légitime qu'accompagnée d'une obéissance au dessein divin. La sentence qui a frappé les pères au terme des quarante ans au désert sert d'avertissement.

Dans son unité, comment le psaume se donne-t-il donc plus précisément à lire? *Venez. Crions de joie pour YHWH, acclamons le rocher de notre salut. Présentons-nous devant lui dans l'action de grâce, avec des hymnes acclamons-le. Car il est Dieu grand, YHWH, et roi au dessus de tous les dieux. Dans sa main les profondeurs de la terre et les sommets des montagnes à lui. A lui la mer, c'est lui qui l'a faite et la terre sèche ses mains l'ont formée. Venez prosternons-nous, inclinons-nous, agenouillons-nous devant YHWH qui nous a faits. Car lui notre Dieu et nous le peuple de son pâturage, le troupeau dans sa main* (vv. 1-7a). Le texte s'ouvre par un double invitatoire sous forme de deux impératifs (לכו, *venez*, au v. 1; באו, *entrez*, au v. 6). Ces impératifs sont suivis de cohortatifs à la première personne du pluriel (נרננה, *crions de joie*; נריעם, *acclamons*; נקדמה, *présentons-nous*; נשתחוה, *prosternons-nous*; נכרעה, *inclinons-nous*; נברכה, *agenouillons-nous*). L'accumulation de verbes utilisés souligne l'attitude de louange et d'adoration, de reconnaissance de la souveraineté de YHWH à laquelle les destinataires sont invités. Deuxième et troisième personne du pluriel alternent, le locuteur s'incluant lui-même dans la communauté priante qu'il exhorte. Les vv. 3-5 et 7a, introduits par כי, donnent les motivations de la louange; elles s'appuient sur des caractéristiques divines: YHWH, rocher de salut, est un *Dieu grand, roi* et créateur, pasteur de son peuple. Elles manifestent la proximité entre YHWH et la communauté priante. Plus spécifiquement les vv. 4-5, qu'encadre une double référence aux mains de YHWH, donnent la description de la puissance de YHWH et de sa maîtrise sur l'univers, tandis que le v. 7a déplace la prière au Dieu Créateur vers une prière au Dieu d'alliance, qui mène son peuple et le garde.

Sans transition le v. 7b donne la parole à un locuteur qui interpelle durement la communauté: *aujourd'hui si vous écoutiez sa voix,* la mettant ainsi au défi après qu'elle se soit proclamée le *peuple du pâturage* de Dieu, *le troupeau dans sa main* (v. 7a). Le *aujourd'hui* garde la dimension présente induite par les cohortatifs mais en lui donnant une dimension d'urgence. De facture deutéronomiste[79], l'expres-

---

[79] Sur la perspective deutéronomiste du psaume, voir: D. Allen «More than just Numbers: Deuteronomic Influence in Hebrews 3:7-4:11», *TyBu 58* (2007), pp. 129-149.

sion *si vous écoutiez sa voix* contraste avec la tonalité jusque là positive du psaume. Avec quelques variantes, elle apparaît dans l'épisode de Mara en Ex 15, 26, auquel le verset suivant va faire plus explicitement référence[80]. Dans ce v. 7b la protase n'a pas d'apodose comme pour laisser indéterminée la perspective ouverte par l'interpellation, à laquelle la génération présente peut choisir de répondre ou non. Agira-t-elle comme ses pères et s'attirera-t-elle la même sanction? *N'endurcissez pas votre cœur comme à Mériba, comme au jour de Massa dans le désert, où vos pères m'ont mis à l'épreuve et m'ont testé, bien qu'ils aient vu mon action. Quarante ans j'ai été dégoûté par cette génération et j'ai dit: c'est un peuple au cœur égaré, ils ne connaissent pas mes chemins. J'ai juré dans ma colère, non ils n'entreront pas dans mon repos* (vv. 8-11). L'interpellation à écouter la voix de YHWH est redoublée par un appel à ne pas endurcir son cœur (אל־תקשו לבבכם), avec une expression dont la variante *endurcir le cou* est en fait plus fréquente (Dt 10, 16; 2 R 17, 14; Jr 7, 26; 17, 23; 19, 15; Pr 29, 1; Ne 9, 16. 17). *Endurcir le cou* ou avoir le *cou endurci* (Dt 9, 6. 13; 31, 27) est une formule deutéronomiste récurrente qui qualifie l'attitude de désobéissance ou l'idolâtrie du peuple, notamment dans la tradition de l'errance au désert. Selon le psaume, à Massa et Mériba les pères ont mis YHWH à l'épreuve et l'ont tenté, l'épisode rappelé fonctionnant comme le type d'un égarement qui sans cesse se renouvelle. Le psaume emploie le même verbe נסה, *mettre à l'épreuve* qu'Ex 17, 7; Dt 6, 16; 33, 8 qui rapportent la rébellion du peuple à Massa. Mais Nb 14, 22 l'emploie aussi: *aucun de ces hommes qui ont vu ma gloire et les signes que j'ai opérés en Egypte et dans le désert et qui m'ont mis à l'épreuve dix fois déjà en ne m'écoutant pas, aucun d'eux, je le jure, ne verra le pays que j'ai promis à leurs pères; aucun de ceux qui m'ont méprisé ne le verra.* Or les correspondances lexicales entre ce texte et le psaume sont relativement nombreuses: en Ps 95, 9 les pères ont vu YHWH à l'œuvre comme les hommes en Nombres; dans les deux cas, tout se joue dans l'inaptitude à écouter la voix de YHWH; en Ps 95, 11 YHWH fait un serment (שבע) comme en Nb 14, 23. Par ailleurs, la sentence qui règle le sort du peuple dans le psaume ne correspond pas à celle qui apparaît dans les épisodes de Massa et Mériba mais est plus similaire à celle qui frappe les Israélites en Nb 14, même si le vocabulaire n'est pas le même. Quant à l'usage de בחן (*tester*) en Ps 95, 9 il est assez curieux dans la mesure où le verbe est majoritairement utilisé avec Dieu pour sujet[81]. Le verset insiste de la sorte sur l'infidélité et l'ingratitude des pères qui mettent YHWH à l'épreuve et le testent *alors qu'ils ont vu* son *œuvre* (פעל). Il se pourrait que ce dernier terme (פעל) ne désigne pas l'agir positif et bienveillant de YHWH à l'égard de son peuple

---

80 La même expression apparaît en Ex 19, 5; 23, 22; Dt 15, 5; 28, 1. 15; 1 S 12, 15; Za 6, 15.
81 Jr 6, 27; 9, 6; 11, 20; 12, 3; 17, 10; 20, 12; Ez 21, 18; Za 13, 9; Ps 7, 10; 11, 4; 17, 3; 26, 2; 66, 10; 81, 6; 139, 23; Pr 17, 3; Jb 7, 18; 23, 10; 34, 3.

mais anticipe le v. 11 établissant ainsi une relation étroite entre péché des pères et châtiment divin. Toutefois une interprétation positive de l'agir de YHWH entre mieux en consonance avec l'image de Dieu déployée dans la première partie du psaume et avec l'idée d'un châtiment retardé que suggère le v. 10.

En effet, si la mention des quarante ans (v. 10) rappelle l'errance au désert, la sentence divine n'est prononcée qu'au terme de ce long laps de temps. Le séjour au désert n'est donc pas présenté comme un temps de châtiment comme en Nb 14 mais comme la période au terme de laquelle celui-ci advient. Ps 95, 10 présente le seul cas dans l'Ancien Testament où YHWH est sujet du verbe קוט, *être dégoûté* comme pour accentuer l'idée que la sanction divine n'intervient que suite à une longue désobéissance des pères qui a exacerbé la patience divine. L'attitude des pères entre en contraste avec celle d'un peuple que YHWH mène paître (v. 7) selon ce qu'insinuent les sens propre et métaphorique de דרך, *chemin/instruction*. De plus, le verbe תעה *(errer)* pour qualifier ce peuple est souvent associé à celui d'un troupeau rétif (Ps 119, 176 ; Is 53, 6), ce qui accentue l'opposition entre ce que la communauté présente proclame et ce que YHWH dénonce de l'attitude des pères. Au final le psaume indiquerait que les pères, ayant été rétifs et n'ayant pas connu les chemins de YHWH, se sont retrouvés à errer dans le désert. Dans cette optique la sentence du v. 11 est déjà anticipée dans la dénonciation du v. 10. Elle est prononcée en forme de serment et frappe toute la génération de l'exode comme en Nb 14, 20-23. 30 et Dt 1, 34-38.

La sentence divine est introduite par la particule אם, qui déjà apparaissait en v. 7b : tandis que ce verset laissait ouverte la possibilité d'une réponse positive de la communauté à la demande d'obéissance à la voix de YHWH (où אם peut se traduire *si* ou *si seulement*), le v. 11 la referme (où אם se traduit par une négation). Le verbe שבע au *nifal*, *jurer*, avec YHWH pour sujet est plus généralement présent dans des contextes positifs et particulièrement en référence à la promesse de la terre[82]. Il se réfère plus rarement à un serment de YHWH dans le désert qui fermerait l'accès à la terre promise (Dt 1, 34 ; 2, 14 ; 4, 21 ; Nb 14, 23 ; Jos 5, 6) et il n'est pas impossible que le Ps 95 soit ici ironique : le serment par lequel YHWH a promis l'entrée en terre promise est maintenant un serment de ne pas accorder le repos (מנוחה), c'est-à-dire probablement de ne pas entrer dans la terre, comme le suggère l'usage du même terme מנוחה en Dt 12, 9 ; 1 R 8, 56. Toutefois מנוחה désigne aussi en Is 66, 1 ou Ps 132, 8. 14 ; 1 Ch 28, 2 le temple. Si cette seconde signification n'est pas à exclure dans l'interprétation de Ps 95, 11 la proximité de formulation avec Dt 12, 9 – et non pas seulement l'apparition isolée du mot – invite

---

82 Cf. Ex 13, 5 ; 32, 13 ; 33, 1 ; Nb 11, 12 ; 14, 16. 23 ; 32, 11 ; Dt 1, 8. 35 ; 6, 10. 18. 23 ; 7, 8. 12. 13 ; 8, 1. 18 ; 9, 5 ; 10, 11 ; 11, 9. 21 ; 13, 18 ; 19, 8 ; 26, 3. 15 ; 28, 11 ; 29, 12 ; 30, 20 ; 31, 7. 20. 21. 23 ; 34, 30 ; Jos 1, 6 ; 5, 6 ; 21, 43…

à privilégier la lecture selon laquelle c'est l'entrée en terre promise qui est niée. Mais quel que soit le sens qu'on donne à מנוחה (*repos*), le psaume suggère que la séquence: errance au désert – accès refusé au repos peut connaître une autre issue pourvu que la communauté présente écoute la voix de YHWH.

En reprenant un article de W.M. Schniedewind qui s'attache à montrer que le Ps 100 a eu une influence sur des textes plus tardifs[83], D. Tucker montre que le Ps 95 en incorpore de fait des éléments mais ajoute aussi la tradition de Massa et Mériba, ce qui infléchit le texte dans le sens d'une perspective deutéronomiste et le rend particulièrement adapté à une communauté encore sous le choc de la dévastation de l'exil. Les arguments d'abord avancés par W.M. Schniedewind sont semblables à ceux de P. Savran: d'une part la similitude entre Ps 100, 3 et Ps 95, 7a et d'autre part l'utilisation du conditionnel dans Ps 95, 7b qui défie l'affirmation du Ps 100 (*nous sommes à lui, son peuple et le troupeau de son pâturage*). De ce fait, le Ps 95 propose une identité d'Israël en accord avec l'école deutéronomiste. A ces remarques D. Tucker ajoute que dans les deux psaumes, outre l'affirmation commune que YHWH est le Dieu d'Israël et celui-ci son peuple, se trouvent la proclamation que YHWH est créateur (עשה sous une forme verbale en Ps 100, 3 et sous une forme nominale en Ps 96, 6), la référence au pâturage (מרעיתו), la description de YHWH comme pasteur et du peuple comme troupeau (צאן). Il est vrai que d'autres textes mentionnent YHWH comme créateur et pasteur (Is 43, 1. 15; Dt 32, 6) ou définissent sa relation avec son peuple avec les métaphores du pasteur et du troupeau (Ps 79, 13; Ez 34, 31) mais les Ps 95 et 100 sont les deux seuls passages de la Bible hébraïque où les trois concepts convergent: ils usent explicitement d'une terminologie qui fait référence à YHWH comme créateur et pasteur et au peuple comme troupeau. Par ailleurs, dans Ps 100, 1 apparaît un appel à acclamer YHWH (רוע à l'impératif) qui se retrouve en Ps 95, 1. 2 (רוע) mais sous la forme d'un cohortatif. Dans les deux psaumes בוא est utilisé à l'impératif (Ps 95, 6; 100, 2. 4); la même racine רנן est employée en Ps 95, 1 (forme verbale) et en Ps 100, 2 (forme nominale). Toutefois le Ps 95 ne fait aucune reprise de Ps 100, 5 (*car YHWH est bon, sa fidélité est pour toujours et sa loyauté s'étend d'âge en âge*) et ne mentionne ni la bonté (טוב) de YHWH, ni sa fidélité (חסד), ni sa loyauté (אמונה). D. Tucker évalue alors que l'absence de référence du Ps 95 au Ps 100, 5 est due au contexte de l'exil et au questionnement théologique qu'il engendre: la communauté ne pouvait être assurée, en de telles circonstances, que la bonté de YHWH la préserverait. C'est pourquoi, la seconde partie du Ps 95 s'approprie la tradition de Massa et Mériba selon une perspective deutéronomiste comme le

---

83 W.M. Schniedewind, « 'Are We His People Or Not?': Biblical Interpretation During Crisis », *Bib 76* 1995), pp. 540-550.

manifeste d'emblée l'ouverture de l'oracle prophétique des vv. 7b-11 que l'expression *aujourd'hui* (היום) rend semblable à Dt 2, 18 et 26, 3. Très fréquente dans le livre du Deutéronome[84], la formule *aujourd'hui* non seulement lie le passé au présent mais souligne aussi l'urgence d'écouter le message proclamé. En utilisant une variante de l'expression *endurcir son cou*, l'appropriation de la tradition de Massa et Mériba se révèle en réalité une réadaptation dont le but est de fournir un avertissement au peuple d'aujourd'hui, bien tenté d'endurcir son cœur. Quant au serment du Ps 95, 11, il pourrait être interprété plus largement qu'en Dt 12, 9 où D. Tucker voit une référence au temple: il s'agirait d'une menace d'être privé de la possibilité de demeurer en présence de YHWH[85]. En résumé, D. Tucker propose de lire le Ps 95 comme un psaume écrit à une période critique pour Israël. La dévastation de l'exil a mis au défi sa conviction d'être le peuple de Dieu et les promesses et les proclamations du Ps 100 peuvent alors lui apparaître vides de sens. Il en résulte que le Ps 95 infléchit le sens du Ps 100 et le prolonge avec un oracle prophétique. La seconde partie du Ps 95 reprend la tradition de Massa et Mériba mais en l'adaptant par le biais de formules deutéronomistes. Faisant ainsi elle interroge la foi du peuple en la présence de YHWH au milieu de lui. Elle l'avertit aussi: s'il ne peut plus reconnaître la présence de YHWH et écouter sa voix, il n'entrera pas dans son repos[86].

Il est encore possible de comprendre צור ישענו, *rocher de notre salut* en Ps 95, 1 comme une référence à la période du désert. Car une description semblable de YHWH comme créateur (עשהו) d'Israël et comme *rocher de son salut* (צור ישועתו) en Dt 32, 15 se réfère à la protection accordée par YHWH à son peuple dans le désert (cf. Dt 32, 10-12). S'il en est ainsi les Ps 95, 81 et 114, commenceraient ou par une référence à l'exode ou par une allusion à la période du désert et célébreraient tous YHWH comme celui qui agit en faveur du peuple. Ces trois psaumes proposeraient un type différent de réponse divine: le Ps 114 présente l'action de YHWH comme entièrement positive et l'expérience du désert comme le paradigme de l'agir divin en faveur d'Israël. Le Ps 81 souligne que l'endurcissement du cœur du peuple s'est soldé par l'exil mais, en établissant un parallèle entre le passé et le présent, soutient qu'il est encore possible de faire l'expérience d'être

84 Le terme *aujourd'hui* (היום) apparaît du reste au moins 54 fois dans le Deutéronome. Toutes ces occurrences mettent l'accent sur l'importance de l'aujourd'hui dans la relation entre Dieu et son peuple.

85 Sur le *repos* comme métaphore d'une relation de proximité entre Dieu et son peuple, voir aussi F.-L. Hossfeld, « Psalm 95: Gattungsgeschichtliche, Kompositionskritische und bibeltheologische Anfragen », in: K. Seybold, E. Zenger (eds.), *Neue Wege der Psalmenforschung: Für Walter Beyerlin*, Freiburg, Herder, Herders biblische Studien 1, 1994, p. 39.

86 D. Tucker, « Psalm 95: Text, Context, and Intertext », *Bib* 81 (2000), pp. 533-541.

nourri par YHWH dans le pays promis. Le Ps 95 n'indique aucun aspect positif de l'expérience au désert mais souligne plutôt la mise à l'épreuve de YHWH par le peuple à Massa et Mériba. L'errance au désert est toute entière présentée comme une illustration négative de la relation entre YHWH et son peuple et la menace d'une sanction plane tout au long de la seconde partie du texte. Mais le psaume s'achève sur une conclusion ouverte, la réponse de la communauté à l'exhortation d'écouter la voix de YHWH et de ne pas endurcir son cœur restant indéterminée.

Le Ps 95 a pu être composé à la fin du VIème ou au début du Vème siècle, avec pour objectif d'exhorter ses destinataires à l'obéissance car telle est la condition pour entrer dans le repos, que celui-ci soit la terre, le temple ou une proximité retrouvée avec YHWH. L'acclamation de YHWH dans des cris de joie ne doit pas oblitérer la responsabilité qu'engage le fait d'être son peuple : les invitations des vv. 1-7a suggèrent que la communauté est sur le point d'être restaurée dans sa terre et en présence de YHWH mais l'exhortation des vv. 7b-11 avertit que cela ne se fera pas si elle ne rompt pas avec un passé de désobéissance et de non-écoute de la voix de YHWH. En renvoyant au passé, le psaume sert d'avertissement pour l'aujourd'hui et prévient que le futur en dépend : l'échec de la première génération sortie d'Egypte à entrer en terre promise dessine qu'un retour sur cette même terre après l'exil peut tout autant ne pas réussir si la communauté présente endurcit son cœur comme ses pères.

4.5 Bilan

Le Ps 135 a pour insistance de proclamer que le Dieu d'Israël est au dessus de tous les dieux et qu'il n'est pas de limite à son vouloir : *tout ce qu'il a voulu, il l'a fait*. Comme en Jr 10 ou Jr 51, la brève référence à l'acte divin de création vient à l'appui de la proclamation de la puissance divine, qui est mise en contraste avec l'inefficacité des idoles. Les verbes employés pour décrire l'acte de créer (*soulever, faire sortir*) sont au demeurant plus souvent utilisés ailleurs dans des descriptions de ce que YHWH accomplit pour son peuple lors de l'exode. Dans le psaume, le renvoi à la création est immédiatement suivi d'un rappel de la mort des premiers-nés en Egypte, lequel se présente comme une forme abrégée – quoique plus générale – d'Ex 12, 29. Erigée en paradigme, la mort des premiers-nés est mise en parallèle avec l'affirmation que YHWH a frappé des nations nombreuses et abattu des rois puissants : *Sihôn, roi des Amorites et Og, roi de Bashân et tous les royaumes de Canaan*. YHWH seul est celui qui abat et frappe alors que les récits correspondants en Nombres, Deutéronome et Josué accordent la victoire aux Israélites. Cette relecture de l'histoire se conclut sur le fait que YHWH a donné à son peuple la terre de tous ces royaumes. Avec des reprises du Deutéronome, le psaume annonce l'endurcissement du peuple comme exercice de la justice divine : le peuple d'une part n'a pas reconnu l'action de YHWH lors de la sortie d'Egypte, lors de victoires contre des rois puissants et du don du pays et d'autre part, il s'est fabriqué des idoles. La justice de YHWH jugera entre les membres idolâtres du peuple et les serviteurs qui le louent et se tiennent en sa maison. Manifestement tardif en raison de son caractère anthologique, et parce qu'il emprunte beaucoup aux Ps 115 et 136, ce psaume pourrait dater du IVème siècle et s'adresser aux Juifs en diaspora. Il se peut que derrière le Ps 135 se profile un discours d'incitation à vivre dans le pays donné et à rendre un culte à Jérusalem, à un moment où le temple était déjà reconstruit. Car l'évocation des traditions de la sortie d'Egypte et du don de la terre à l'ouest du Jourdain, les références à Sion, à la *maison d'Aaron* et à la *maison de Lévi* s'inscrivent dans une perspective hexateucale qui lie l'identité d'Israël au culte et à la terre.

Le Ps 136, une litanie probablement antiphonée, confesse que YHWH seul, le Dieu des dieux et Seigneur des seigneurs, est l'auteur de grandes merveilles. Les actes divins de création y sont associés aux interventions de YHWH dans l'histoire d'Israël. Création des cieux et de la terre ne sont en effet que les premières d'une série de merveilles accomplies par YHWH, des prodiges au pays d'Egypte, de l'exode, au don de territoires à l'est du Jourdain. Le rappel de l'acte divin de création semble combiner assez librement différentes allusions au texte de la création en Genèse et dans une moindre mesure aux textes prophétiques (Jérémie, Isaïe), sans qu'on puisse toutefois établir de stricts parallélismes de formulation. A l'instar du Ps 135, ce psaume ne retient que la plaie de la mort des premiers-nés d'Egypte. Le passage de la mer est situé dans le prolongement de la sortie d'Egypte, puis suit la mention de l'errance au désert. Le texte élabore un contraste entre ce que YHWH accomplit contre l'Egypte, la mer et les rois et ce qu'il réalise en faveur de son peuple. Il parle positivement de l'agir de YHWH menant son peuple dans le désert, sans faire aucune mention de la désobéissance d'Israël. Contrairement au Ps 135, le Ps 136 lie la tradition de l'exode avec la conquête du territoire transjordanien sans mentionner la conquête des territoires à l'ouest de Jourdain. Israël n'entre pas en Canaan, le Ps 136 restant fidèle en cela à la perspective du Pentateuque. Les derniers versets du psaume semblent faire allusion à l'exil à Babylone : le *nous* qui s'exprime en cette séquence chercherait à montrer la continuité entre ce qui est arrivé à Israël en Egypte et ce qui advient à la génération qui connaît l'abaissement de l'exil. Dans la création de l'univers comme dans l'histoire d'Israël YHWH surgit pour libérer et, parce que sa fidélité est éternelle, un avenir reste toujours possible. Au final, le Ps 136 se présente comme un résumé du Pentateuque : il en est une récapitulation de la trame narrative, à l'exception notable des récits concernant les patriarches. Le fait qu'il ne se réfère pas aux récits patriarcaux laisse supposer que le psaume opte, à la fin du Vème

ou au début du IVème siècle, pour la tradition exodique liant l'identité d'Israël à une expérience de salut contre la tradition patriarcale liant l'identité d'Israël à l'appartenance à une terre.

Enfin si le Ps 135 dépend en partie du Ps 136, alors le premier vient « corriger » ou « contrecarrer » le second et soutenir la perspective hexateucale qui lie l'identité d'Israël au culte et à la terre, plutôt que la perspective pentateucale autorisant un judaïsme de diaspora.

Le Ps 81 allie une référence à un *jour de fête,* de réjouissance et une parénèse sous forme d'un discours divin. Le texte est assez difficile d'interprétation mais semble présenter l'exode comme une sortie guerrière de YHWH, une action punitive contre l'Egypte qui servirait de témoignage à Israël. L'exode est une libération du fardeau qui pèse sur l'épaule du peuple, des travaux pénibles qui lui sont imposés. Le psaume semble renvoyer en un raccourci saisissant et suggestif à la sortie d'Egypte et à l'errance au désert, en arrêtant le mémorial aux événements de Mériba, la frontière du pays promis qu'il ne fait pas franchir au peuple. Il associe étroitement exode et don de la loi et fait probablement allusion à la tradition du Sinaï en un résumé d'Ex 17. 19-20. A Mériba, YHWH met à l'épreuve son peuple : celui-ci doit l'écouter et obéir au commandement de ne pas se prosterner devant un dieu étranger. Car YHWH qui fait monter de la terre d'Egypte n'est comparable à aucun dieu autre. Il est un Dieu qui combat pour son peuple. Mais Israël n'a pas écouté et a subi en conséquence un châtiment divin : il est envoyé à l'endurcissement de son cœur comme en Jr 7, 24. Pourtant s'il écoutait, YHWH interviendrait en sa faveur en agissant contre ses ennemis et oppresseurs. Bien qu'il soit pratiquement impossible de déterminer fermement des liens d'intertextualité entre le Ps 81 et d'autres textes, il possède une réelle proximité avec la tradition deutéronomiste. Par ailleurs, la proximité entre Ps 81, 7a et Is 10, 27 ; 14, 25 où apparaît l'image du joug assyrien que YHWH ôte de l'épaule d'Israël, suggère un rappel de la libération de l'Assyrie en surimpression à celle de l'Egypte et ouvre une perspective d'avenir : écrit au VIème siècle, le psaume s'adresserait au peuple en exil à Babylone pour l'exhorter à abandonner toute forme d'idolâtrie, car YHWH peut encore intervenir en faveur de son peuple et le nourrir dans le pays promis.

Le bref Ps 114, sans véritablement contenir de récitation de l'histoire, fait une référence conjointe au passage de la mer et à la traversée du Jourdain. Au cours de ces événements YHWH maîtrise les eaux, qui sont aussi celles qu'il a dominées lorsqu'il créa le monde. Ce pouvoir divin sur les eaux se manifeste encore dans le fait de changer le rocher en étang et le roc en fontaine. C'est la seconde transformation mentionnée par le psaume, la première étant que Juda-Israël est devenu sanctuaire et domaine de Dieu. Le texte vise à manifester que la sortie d'Egypte est le point de départ qui conduit à la naissance d'Israël comme nation, à sa constitution comme royaume où YHWH réside. Le cosmos qui a réagi lors de l'exode est convié à faire de même lors du nouvel exode, du retour d'Israël sur sa terre, auquel le psaume fait indirectement allusion dans l'évocation du désert et de la steppe que YHWH change en étang et en source d'eaux. Ces miracles de l'eau lors du nouvel exode signalent la transformation du cosmos en une création nouvelle. L'accent est essentiellement mis sur la naissance d'Israël comme nation, que le psaume présente comme un événement cosmique prolongeant la création du monde. Mais en rappelant cet événement du passé, le psaume construit un archétype à partir duquel le présent peut être appréhendé : peut-être daté du Vème siècle, il s'adresse à la communauté postexilique pour lui inspirer l'idée d'une possible restauration de Juda, sous les images mythiques d'une traversée des eaux du chaos et d'une marche dans un désert rendu fertile.

Enfin le Ps 95 fait référence aux épisodes de Massa et de Mériba et aux quarante années durant lesquelles le peuple a séjourné dans le désert. Il loue Dieu créateur et sauveur de son peuple et exhorte ce dernier à ne pas céder au même endurcissement que ses pères, dont le châtiment a été de ne pas entrer en terre promise. Il a pour particularité de ne pas présenter les quarante ans dans le désert comme une sanction de la première génération sortie d'Egypte mais plutôt comme un temps au cours duquel celle-ci n'a cessé de défier YHWH et de le mettre à l'épreuve. La décision divine de ne pas la laisser entrer en terre promise est alors située au terme des quarante ans. Construit sur l'opposition entre la proclamation de la communauté présente et la dénonciation de l'attitude des pères, le psaume prévient ses destinataires que l'acclamation de YHWH dans des cris de joie ne doit pas oblitérer la responsabilité qu'engage le fait d'être son peuple. Peut-être composé dans le but d'infléchir la perspective du Ps 100, à la fin du VIème ou au début du Vème siècle, il exhorte à l'obéissance, condition nécessaire pour entrer dans le repos, que celui-ci soit la terre, le temple ou une proximité retrouvée avec YHWH.

Que ces psaumes soient des encouragements ou des exhortations, leur dimension politique ne peut être niée. Tous sont des actes rhétoriques qui structurent le passé d'une manière particulière afin d'éclairer la situation de la communauté exilique ou postexilique.

Quatre de ces psaumes se réfèrent aux actes divins de création. Mais seul le Ps 136 pourrait faire référence au premier chapitre de la Genèse, sans toutefois en présenter une paraphrase. Les Ps 135 et 136 associent les actes divins de création aux interventions de YHWH dans l'histoire d'Israël. La référence à la création y est suivie d'un rappel de l'exode, alors que le Ps 95 la combine avec les rébellions du peuple à Massa et Mériba. Quant au Ps 114, il décrit l'exode et l'entrée en terre promise comme un événement cosmique prolongeant la création du monde et suggère une restauration de Juda sous forme d'une recréation. Aucun de ces psaumes ne fait référence à la tradition des patriarches. L'allusion à la création divine sans reprise des récits de Genèse et l'absence de référence aux patriarches pourraient confirmer l'indépendance de ces traditions et leur intégration tardive dans le Pentateuque.

Dans ces psaumes la reprise de la tradition de l'exode demeure la plus fréquente. Les Ps 135 et 136 font allusion aux plaies d'Egypte mais en ne retenant que la dernière, la mort des premiers-nés, qui est érigée en paradigme de ce que YHWH peut accomplir contre les ennemis de son peuple. Dans l'un et l'autre elle est suivie du rappel des victoires divines contre les rois des Amorites, Sihôn et Og. Le Ps 81 ne se réfère pas explicitement aux plaies mais contient l'idée d'une sortie guerrière de YHWH contre l'Egypte. Le Ps 136 contient un bref renvoi au partage de la mer des Joncs en deux pour qu'Israël y passe et à la victoire divine contre les forces de pharaon. Le Ps 114 propose une description poétique du passage de la mer, qu'il met en parallèle à la traversée du Jourdain.

Les Ps 136, 81 et 95 reprennent des épisodes de la tradition du désert. Le Ps 136 le fait très brièvement pour évoquer que YHWH mène son peuple à travers le désert. En revanche, les Ps 81 et 95 le font pour rappeler la désobéissance d'Israël. Le premier signale que YHWH a mis son peuple à l'épreuve à Mériba ; le second souligne l'endurcissement des pères à Massa et Mériba et durant tout le séjour au désert. Seul le Ps 81 semble comporter une référence à la tradition du Sinaï.

Le Ps 136 lie la tradition de l'exode à la conquête des territoires transjordaniens mais sans mentionner l'entrée en Canaan. Le Ps 81 achève la récitation historique à Mériba, la frontière du pays promis qui n'est pas franchie. Dans le Ps 95 la génération de l'exode, en châtiment de son endurcissement, n'entre pas dans le repos, la terre promise. En revanche, le Ps 114 se réfère à la traversée du Jourdain et le Ps 135 corrige la perspective du Ps 136 en proclamant que YHWH a donné à son peuple les territoires à l'ouest du Jourdain. Au final, les Ps 136, 81 et 95 portent la marque de la tradition deutéronomiste et s'inscrivent dans une perspective pentateucale, tandis que les Ps 135 et 114 sont plus proches d'une perspective hexateucale. Peut-être écrits dans une fourchette allant de la fin du VIème siècle au IVème siècle, s'ils optent tous pour une construction de l'identité d'Israël liée à une expérience de salut, les Ps 81 et 95 insistent sur les attitudes requises de la part du peuple, écoute de YHWH et obéissance, alors que le Ps 136 garde une note plus positive d'espérance : la fidélité de YHWH est éternelle, un avenir reste toujours possible. Cette note positive est présente en Ps 135 qui rappelle pourtant aussi la nécessité d'être de ceux qui louent YHWH et se tiennent dans sa maison, par distinction avec les membres idolâtres du peuple devenus comme les nations idolâtres. Le Ps 114, quant à lui, introduit un critère discriminant entre la réaction de la mer et du Jourdain et celle des montagnes et collines en faveur de la seconde, qui doit être source d'inspiration pour la terre toute entière. Chacun à leur manière, les Ps 135 et 114 construisent l'identité d'Israël non seulement en relation à la terre mais aussi au culte: ceux qui craignent YHWH sont appelés à bénir Dieu depuis Sion, dans le premier; la terre est invitée à trembler de joie dans les douleurs de l'enfantement d'une création nouvelle, dans le second aux dépens de la tradition patriarcale l'ensemble de ces psaumes optent donc pour la tradition exodique qui lie l'identité d'Israël à une expérience de salut, mais ils conservent les traces de débats quant à son centre de gravité, qu'elle soit définie en relation à la terre ou non, au culte ou non.

Ainsi, de la période exilique à la période perse, divers psaumes se réfèrent à des traditions antérieures, essentiellement présentes dans le Pentateuque encore qu'à l'occasion des emprunts aux livres prophétiques soient perceptibles. Aucun d'eux ne reprend l'ensemble des narrations majeures du Pentateuque, dont ils ne respectent pas non plus nécessairement la construction chronologique. Ne retenant, au contraire, que certains épisodes de l'histoire d'Israël, ils les formulent et les agencent librement selon le but poursuivi. Ces sommaires historiques conjuguent les traditions reprises avec des éléments inédits et, tout en reconnaissant l'autorité de leurs sources, les transforment en les réinsérant dans des contextes nouveaux. S'il est vrai toutefois que le Ps 136 a pu être originellement conçu comme une conclusion du Psautier, il y a là un indice du statut particulier en définitive accordé au Pentateuque, non à l'Hexateuque, que l'ouverture (Ps 1) et la division du Psautier en cinq livres confirmeront.

5 Conclusion

5.1 Des récitations de l'histoire, pour quel but?

Si les hypothèses avancées dans cette étude sur les psaumes contenant des relectures de l'histoire d'Israël s'avèrent fondées, alors nous sommes en présence de textes de la fin de l'exil ou plus majoritairement de la période perse. Peut-être le plus ancien, le Ps 81 est un discours exhortatif visant à conduire la communauté exilée à se détourner de l'idolâtrie pour que le retour dans le pays puisse s'accomplir. Les autres psaumes dateraient de l'époque perse, voire du début de la période hellénistique pour le Ps 78, les plus anciens manifestant une reprise somme toute assez sommaire du passé d'Israël et les plus récents tendant à des relectures plus déployées ou plus exhaustives. Ils oscillent entre deux tendances, soit qu'ils portent davantage l'accent sur les bienfaits accordés par YHWH dans le but d'inviter à espérer et à garder confiance (Ps 114, 105, 136), soit qu'ils soulignent au contraire l'infidélité du peuple et ses conséquences dans le but d'engager à une rupture par rapport aux comportements des générations passées (Ps 95, 106, 135). L'accentuation sur l'un de ces aspects ne se fait pas totalement au détriment de l'autre : les premiers mentionnent des attitudes du peuple à corriger ou introduisent des critères discriminants entre des postures opposées ; les seconds maintiennent l'espérance d'un avenir plus heureux et ne sont pas entièrement dépourvus d'une dimension de louange. Il est possible que les uns aient été écrits dans le but d'infléchir les perspectives des autres ou que leur agencement dans l'organisation du Psautier vise à produire cet effet. Ainsi lus ensemble, les Ps 105 et 106 sont à la fois une action de grâce pour les intervention de YHWH et la confession d'une histoire de rébellions ayant conduit à l'exil et à la dispersion, une proclamation de la pérennité de la promesse de la terre et un appel à YHWH pour qu'il sauve et rassemble son peuple du milieu des nations ; le Ps 135 contrecarre dans une certaine mesure le Ps 136 dont il dépend en partie en liant l'identité d'Israël au culte et à la terre et pas uniquement à une expérience de salut ; le Ps 114 lui-même est prolongé par le Ps 115 qui insiste sur la puissance de YHWH par comparaison avec les idoles inefficaces et appuie l'idée qu'il peut sauver dans le présent comme il l'a fait dans le passé, en particulier lors de l'exode et de l'entrée dans le pays. Un statut un peu particulier se dessine pour le Ps 78, sans doute le plus tardif, car il possède un aspect politique, voire polémique, marqué. Cette dimension n'est pas exclue dans les autres psaumes, notamment dans le Ps 105, mais elle est beaucoup plus visible dans le Ps 78 et dans ses relectures ou utilisations postérieures. On assiste donc probablement à une mutation des raisons qui ont pu présider à la composition de ces textes : d'action de grâce ou d'exhortation ces psaumes, qui tous font référence au passé pour éclairer le présent d'Israël, deviennent plus visiblement des actes partisans réfléchissant des intérêts plus ou moins manifestes.

Souligner que ces psaumes peuvent avoir une teneur polémique c'est d'abord rappeler qu'ils sont chacun une construction du passé, qui contrecarre ou exclut d'autres structurations du passé. Leur récitation de l'histoire génère une représentation des événements d'autrefois qui vise à avoir un impact sur la communauté destinataire. En sont témoins leurs prologues, leurs parties invitatoires ou leurs interpellations en discours direct. En proposant un parcours sélectif et partial de l'histoire des pères, le Ps 78 fait entrer dans un jeu de réflexion et de transmission portant sur les leçons du passé, sur les *énigmes du temps ancien*. Le psaume appelle son auditoire à traverser diverses traditions, qu'il présente dans le cadre d'une stratégie invitant l'auditoire à se positionner d'une manière nouvelle par rapport à ces données. Si le but déclaré en est de ne pas répéter les erreurs des pères, de mettre en YHWH son espérance, de ne pas oublier ses œuvres et de garder ses commandements, il appelle toutefois à un discernement : dans une histoire de rébellion répétée, les dons de YHWH ne sont plus interprétés comme des bienfaits mais comme des châtiments. *Les énigmes du temps ancien* résident dans cette ambivalence des faits et des événements relus et réinterprétés au gré de circonstances nouvelles. Dans le cadre construit d'une liturgie, le Ps 81 rappelle que YHWH a donné à Israël un décret et un jugement, qui sont pour lui un témoignage et une instruction à l'aune desquels il sera jugé. Le corps du psaume fait parler YHWH en discours direct et met dans sa bouche une supplication adressée au peuple pour qu'il écoute et se détourne de l'idolâtrie, comme pour donner une actualité aux événements du Sinaï et les donner à revivre. La perspective d'ensemble du Ps 95 est que l'action de grâce, dans la reconnaissance de ce que YHWH a fait pour son peuple, n'est légitime qu'accompagnée d'une obéissance au dessein divin. La sentence qui a frappé les pères au terme des quarante ans au désert sert d'avertissement. Dans ce contexte, le contraste entre l'*aujourd'hui* et le *au jour* de la génération du désert sert la stratégie du psaume qui dénonce la prétention de la communauté présente et révèle l'attitude qui fut en réalité celle des pères. Le Ps 114, peut-être un fragment, débute sans invitatoire et de manière abrupte. Il contient des questions rhétoriques ou des impératifs adressés aux éléments naturels et introduit un critère discriminant entre la réaction de la mer et du Jourdain et celle des montagnes et collines en faveur de la seconde : en bondissant de joie car YHWH revient avec son peuple de terres étrangères, montagnes et collines invitent la terre tout entière à trembler de joie dans les douleurs de l'enfantement d'une création nouvelle. Dans le Ps 105 le peuple est appelé à raconter ou à se souvenir des merveilles de YHWH. La récitation des événements décisifs qui ont en quelque sorte préparé l'exode, l'ont accompagné

et l'ont immédiatement suivi vise à motiver la louange et à confesser l'agir salvifique de YHWH. Mais elle a également en temps d'épreuve l'objectif de donner des
raisons d'espérer et d'inviter le peuple dépossédé de sa terre à rechercher YHWH
d'une manière nouvelle. Ce psaume avertit aussi que le pays de la promesse peut
devenir pays de désolation pour qui ne chercherait pas YHWH, ne garderait pas
ses décrets et n'observerait pas ses lois. Ainsi, s'il est une récitation des grands
actes de salut de YHWH, il sert également d'avertissement. Le Ps 106 est construit
sur une distorsion entre la partie invitatoire et la récitation historique : les versets d'ouverture sont une invitation à la louange alors que le corps du texte est
de tonalité pénitentielle. L'intention du psaume se manifeste précisément dans
la tension entre l'exigence de louange et l'impossibilité de l'honorer, du fait du
péché et de circonstances extérieures douloureuses tels que présentés dans la
récitation historique. L'objet de sa supplication, qui s'articule à la fois autour de
l'aveu des péchés passés et présents et de la confession de la bonté de YHWH,
est non seulement le rassemblement du milieu des nations mais plus encore, en
dernière instance, la restauration du peuple en sa vocation de louange. La tension
entre l'exigence de louange et l'impossibilité de la réaliser ne sera résolue que par
une intervention divine mettant fin, une fois encore, au châtiment encouru du
fait de l'idolâtrie. En définitive, l'espérance est le dernier mot de cette relecture
de l'histoire que le psaume opère pour un peuple vivant en diaspora. Le Ps 135,
qui se caractérise par sa composition anthologique, est ouvert et conclut par un
double invitatoire qui invite à louer YHWH dans son temple car il s'est choisi
Israël comme *part personnelle*. Vraisemblablement, ce psaume incite à vivre dans
le pays donné et à rendre un culte à Jérusalem dans le temple reconstruit, pour
que soit honoré YHWH, Dieu d'Israël, dont la puissance est sans égale parmi
tous les dieux. Le Ps 136 martèle tout au long de sa récitation historique le même
refrain : *car sa fidélité est pour toujours*. Le corps du texte est aussi encadré par
un invitatoire dans lequel sont juxtaposées diverses appellations de YHWH qui
soulignent son unicité. La conclusion de la récitation historique (vv. 23-25), peut-
être un ajout ultérieur, fait allusion à l'exil à Babylone et le *nous* qui y prend la
parole établit une continuité entre ce qui est arrivé à Israël en Egypte et ce qui
advient à la génération qui connaît l'abaissement de l'exil.

Le Ps 78 est sans contestation le psaume le plus polémique, mais les Ps 135
et 105 portent également la marque de controverses. Un élément du Ps 135 attire
d'abord l'attention : le Dieu d'Israël a le pouvoir de faire ce qu'il veut et il l'a dé-
montré en frappant les premiers-nés de l'Egypte, laquelle dans une interpellation
fictive est alors appelée à reconnaître qu'au milieu d'elle YHWH a envoyé signes
et prodiges contre pharaon et contre tous ses serviteurs. Par rapport aux idoles
nommées plus loin le psaume insiste sur la grandeur des interventions divines,
qui culminent dans le don de la terre. En fin de compte, en encourageant à rendre

un culte à YHWH à Jérusalem ce psaume adresserait subrepticement un signal aux Juifs d'Egypte, qui adoraient YHWH mais vénéraient aussi d'autres divinités. Il introduit un critère discriminant entre les serviteurs en faveur de qui YHWH a compassion, ceux qui le louent et se tiennent dans sa maison, et les membres idolâtres du peuple devenus comme les nations idolâtres. Dans la mesure où ce que YHWH accomplit en Egypte est pour ainsi dire élevé en paradigme de ce qu'il peut accomplir à l'égard de toutes les nations, le psaume pourrait s'adresser à tous les Juifs en diaspora, tentés d'adorer les idoles des nations à côté de YHWH. Dans le Ps 105, c'est la subversion de la figure de Joseph qui introduit une polémique. Le psaume en détourne l'histoire du sens qu'elle possède en Genèse de sorte que pour des familiers du cycle de ce patriarche une ironie se déploie sur fond d'attentes détrompées: les allusions sont perceptibles mais subrepticement la figure de Joseph perd de sa dimension positive, est reléguée en arrière-plan, et est subtilement utilisée comme miroir du groupe de Judéens ayant fui en Egypte et qui n'éprouve pas de désir de retour. Ainsi le psaume polémique-t-il contre la diaspora égyptienne en la présentant comme un châtiment divin. La situation d'exil y est présentée comme une épreuve-épuration que le peuple doit vivre dans l'attente que s'accomplisse la promesse du don de la terre. En racontant que Joseph n'est pas délivré des fers par une intervention divine mais par le maître des peuples, il se pourrait que ce psaume se fasse l'écho des tenures reçues de l'administration perse, lesquelles favorisent l'installation durable des immigrés en terre d'Egypte. Tel qu'il se donne à lire et relire, le Ps 78 insiste sur la rébellion d'Ephraïm et sur son rejet complet par YHWH, tout en pointant vers le choix de Juda et de David pour gouverner tout Israël, le territoire judéen comme le territoire non-judéen. Il est une tentative de définir l'identité du vrai Israël: tout en affirmant le rejet d'Ephraïm, il laisse ouverte la possibilité que la population du Nord en fasse partie si elle reconnaît que Juda est l'héritier de ses traditions et si elle se rallie au Temple de Jérusalem et à une autorité se réclamant de David. Peut-être écrit à la fin de la période perse ou au début de la période hellénistique, le psaume a pu intervenir dans une tentative de dialogue entre les élites de Jérusalem et les Samariens pour que ces derniers acceptent l'autorité des traditions d'un Israël centré autour de Jérusalem. Par la suite, lorsque les tensions entre les Samaritains et Judéens atteignirent leur point culminant, à l'époque hasmonéenne, le psaume a pu servir de propagande aux partisans du régime en place, comme le laisse supposer l'utilisation qu'en font les *Pesharim*, en particulier 4Q171.

5.2 Les sources utilisées dans ces psaumes historiques

En relisant l'histoire d'Israël, ces psaumes font essentiellement usage des traditions du Pentateuque, tout en manifestant une certaine proximité avec les livres des prophètes postérieurs. En croisant les références ou allusions, en établissant des connexions étroites entre des sources disparates et ayant déjà subies des relectures, ils affirment le caractère autorisé et fondateur des traditions pentateucales tout en les adaptant aux changements de situation et en les réinterprétant de manière parfois radicale.

Les reprises des récits de la création ou de la tradition patriarcale sont peu fréquentes. Dans le Ps 135 la grandeur de YHWH est à première vue décrite à partir des merveilles de la création mais la brève référence à l'acte de créer vient surtout à l'appui de l'affirmation de la puissance de YHWH, par contraste avec l'inefficacité des idoles. Les Ps 95 et 136 associent le rappel de la création à d'autres événements : le premier loue Dieu créateur et sauveur mais enchaîne immédiatement avec un renvoi à l'endurcissement du peuple au désert, à Massa et Mériba. Le second associe actes divins de création et interventions de YHWH dans l'histoire des origines d'Israël : création des cieux et de la terre ne sont que les premières merveilles d'une série accomplies par YHWH, le psaume passant ensuite directement à l'évocation de l'exode, de la période du désert et de la conquête des territoires transjordaniens. Le Ps 114 ne se réfère pas aux premiers chapitres du Pentateuque mais utilise les images mythiques d'une traversée des eaux du chaos et d'une marche dans un désert rendu fertile.

La réception de la tradition patriarcale est inexistante dans ces psaumes à l'exception du Ps 105 qui à l'instar de Lv 26 fait œuvre de synthèse littéraire et articule les traditions patriarcale et exodique. Au sein de sa récitation de l'histoire l'évocation de différences figures du Pentateuque jouent sur plusieurs registres : celle d'Abraham, dont la postérité est destinataire de la récitation, sert la présentation de l'histoire d'Israël comme accomplissement de l'alliance et de la promesse de la terre faite au patriarche ; celle subversive de Joseph alimente la polémique contre la diaspora égyptienne ; et enfin celles de Moïse et Aaron manifestent la volonté de faire remonter le culte à l'origine même d'Israël et de faire de la terre promise le lieu où réside cette nation sacerdotale. Quand elles sont utilisées en d'autres psaumes, les appellations *Jacob* ou *Joseph* viennent en parallèle ou sont équivalentes à *Israël* ou bien, comme *Abraham*, sont des désignations de la communauté juive postexilique.

Les traditions de l'exode et du séjour au désert sont, sous de multiples facettes, largement reprises et parfois associées à une mention de l'entrée dans le pays promis. Le Ps 78 reprend dans un premier tableau et de manière concise le partage de la mer et sa traversée, la marche au désert sous la conduite de YHWH et le don de l'eau. Il signale la rébellion d'Israël et la réponse divine à la convoitise par le don de la manne et des cailles. Curieusement le second tableau de ce psaume reprend la relecture de l'histoire à partir d'une évocation des plaies d'Egypte, puis mentionne la défaite des ennemis dans la mer, la traversée du désert où YHWH conduit son peuple comme un troupeau. Ce volet est en partie construit sur le schéma de récits rapportant le combat de YHWH contre des ennemis, suivi d'une procession solennelle du peuple victorieux vers la montagne sainte où demeure la divinité. Passage de la mer et traversée du désert y sont portés à leur accomplissement en débouchant ultimement sur l'élection de Juda et de David pour gouverner tout Israël. Le Ps 81 interprète la sortie d'Egypte comme une intervention guerrière de YHWH, une punition contre l'Egypte et l'errance au désert à la fois comme un temps de mise à l'épreuve par YHWH et de sanction. Le Ps 95 ne fait pas de référence à la sortie d'Egypte et a pour particularité de présenter le séjour au désert non comme un châtiment mais comme le temps de l'endurcissement continu des pères. Au terme de ces quarante ans dans le désert tombe la sanction divine, qui interdit l'entrée dans le pays. Le Ps 105 modèle la tradition des plaies d'Egypte sur Gn 1 et en ne reprenant que les fléaux qui ont pour effet d'aboutir à une dévastation du pays, de façon à manifester que pour vivre sur la terre il convient de garder les décrets de YHWH et d'observer ses lois. Il mentionne la sortie d'Israël avec de l'argent et de l'or et la traversée du désert en faisant allusion à la tente de la rencontre. Dons des cailles, du pain des cieux et de l'eau jaillissant du rocher sont aussi évoqués. Le Ps 106 a pour originalité de faire commencer la rébellion du peuple déjà en Egypte et de souligner que c'est à cause de son nom et pour faire connaître sa puissance que YHWH le sauve en menaçant la mer pour qu'elle s'assèche et en le conduisant dans les abîmes comme au désert. Il reprend largement la tradition du désert en insistant amplement, comme le livre des Nombres, sur la désobéissance d'Israël (convoitise; révolte de Datân et Abiram; fabrication et adoration du veau d'or; refus de conquérir la terre; apostasie au Baal Péor; rébellion à Mériba). Le Ps 114 évoque la traversée des eaux, mer et Jourdain, et un lieu aride transformé en pays ruisselant où YHWH fraye la voie à son peuple. Le Ps 135 érige en paradigme la mort des premiers-nés de l'Egypte et la met en parallèle avec la victoire de YHWH sur des rois puissants, Sihon roi des Amorites et Og roi de Bashân. Le Ps 136 ne retient aussi des plaies que la mort des premiers-nés. Il mentionne le partage de la mer en deux et l'anéantissement de l'armée de pharaon, l'errance au désert sous la conduite de YHWH.

La tradition du Sinaï semble absente des psaumes parcourus, exception faite peut-être du Ps 81 car il mentionne que YHWH répond dans le secret du tonnerre, associe étroitement exode et don de la loi et cite librement le commencement du décalogue. Le seul psaume qui en réalité cite explicitement le Sinaï est Ps 68, 9. 18 tandis que Ps 106, 19 évoque la fabrication et l'adoration du veau d'or à l'Horeb.

Certains psaumes font référence au don de la loi mais il n'est pas certain que cet élément soit constitutif des traditions fondatrices d'Israël. Le Ps 81 désigne un décret pour Israël en lien étroit avec la sortie d'Egypte. L'idée semble être que YHWH donne un décret et un jugement, qui sont aussi un témoignage à l'aune duquel Israël sera jugé. Le prologue du Ps 78 nomme également le témoignage que YHWH a établi en Jacob et l'instruction qu'il a mise en Israël, mais il présente surtout la récitation historique comme un enseignement de sagesse ou un discours didactique inspiré des discours parénétiques du Deutéronome. Se revêtant du personnage de Moïse, le locuteur du psaume réaffirmerait avec autorité les traditions anciennes de sorte qu'Israël soit capable de se décider pour le Seigneur. En faisant droit à l'insistance du Deutéronome, le Ps 105 se conclut sur le lien entre obéissance aux décrets divins et possession de la terre mais il n'inclut pas de référence au don de la loi dans sa récitation historique.

La référence à la terre promise est constante dans ces psaumes et elle alterne entre évocation d'un non-accomplissement de la promesse et mention de l'entrée dans le pays. Le Ps 81 arrête le mémorial à la frontière du pays promis ; le Ps 95 se conclut sur la sentence divine de ne pas laisser entrer la génération sortie d'Egypte dans le repos ; dans le Ps 105 ce n'est pas la terre de Canaan qui est donnée par YHWH à son peuple mais les pays des nations ; le Ps 136 enfin ne fait aucun état de la conquête des territoires à l'ouest du Jourdain. En revanche, dans le Ps 78 YHWH amène son peuple dans son territoire saint et lui donne la contrée en héritage ; le Ps 106 déploie un septénaire d'idolâtrie et de péchés des pères dans le pays de délice ; le Ps 114 évoque la traversée du Jourdain ; le Ps 135 mentionne la conquête des territoires à l'ouest du Jourdain. Comme déjà noté, à l'exception du Ps 95 toutes ces références sont sous des formes variées associées au rappel de la sortie d'Egypte. Sauf dans le Ps 105, aucune allusion n'est faite aux patriarches et il est clair que ces textes insistent avant tout sur une intervention divine de salut, considérée comme fondatrice de l'identité d'Israël. L'attention portée à la fois au salut expérimenté lors de la sortie d'Egypte et à la terre est également liée au souci d'apporter une réponse à la situation engendrée par la domination babylonienne. Tous ces psaumes, d'une manière ou d'une autre, affrontent la douloureuse question de l'exil. Le Ps 81 semble s'adresser au peuple en exil et lui rappeler que YHWH peut intervenir contre ses ennemis en sa faveur. Le Ps 95 invite à ne pas se laisser aller à l'endurcissement afin de pouvoir entrer dans le repos. Le Ps 114 renvoie allusivement au retour d'Israël sur sa terre par le biais des images du roc et du rocher que YHWH change en étang et en source d'eaux. Le Ps 105 réaffirme la pérennité de la promesse de la terre faite à Abraham, prend acte de la disparition de la dynastie davidique et transfère à l'époque patriarcale les titres qui lui étaient associés ; il porte la trace d'un conflit entre les Juifs d'Egypte et ceux de Jérusalem au moment du retour progressif et partiel de la diaspora

babylonienne. Le Ps 106 s'achève sur la supplication de la communauté en diaspora, captive des nations. La communauté du Ps 136 maintient l'espérance que
YHWH se souvient d'elle en son abaissement et l'arrache de ses adversaires. Le
Ps 135 invite à vivre dans le pays donné et à rendre un culte à Jérusalem. Le Ps
78 enfin affirme non seulement le choix de Juda et de David pour gouverner tout
Israël, le territoire judéen comme le territoire non-judéen, mais aussi l'élection
de Sion et la permanence du temple; il construit une identité d'Israël centrée
autour de Jérusalem, en incluant dans sa définition ceux qui acceptent de se
rallier à ce point de vue.

Les textes des prophètes antérieurs sont assez peu sollicités dans ces relectures, au moins sous la forme d'allusions textuelles explicites. Ce sont les Ps
114 et 135 qui renvoient le plus visiblement au livre de Josué, le premier en suggérant la traversée du Jourdain et le second en mentionnant le don du pays de
tous les royaumes de Canaan à l'ouest du Jourdain. Deux psaumes poursuivent
leur récitation historique au-delà des traditions présentes dans le Pentateuque
ou l'Hexateuque. Le Ps 106 envisage la rébellion des pères déjà en Egypte et,
lorsqu'il achève la reprise de l'histoire de Moïse, paraît se référer aux temps des
juges comme des rois, à la longue période entre l'entrée dans le pays promis et
l'exil à Babylone. Dans sa description de la profanation du pays, des sacrifices des
fils et des filles aux idoles de Canaan, il n'est pas sans rappeler les thématiques
déployées dans les livres des Rois. Dans les vv. 6 et 46 il est lexicalement proche
de 1 R 8, 46-53 c'est-à-dire de la finale de la prière de Salomon qui envisage l'exil
et la captivité en terre étrangère comme conséquences des péchés et des iniquités
du peuple tout en maintenant une espérance de rassemblement du milieu des
nations. Dans le Ps 78 l'évocation du choix de la tribu de Juda, de Sion et de
David possède des thématiques et quelques termes en commun avec les prophètes
antérieurs, en particulier 2 S 7 et 1 R 8 mais sans qu'il soit véritablement possible
de parler de liens d'intertextualité. Après la reprise des traditions de l'exode, du
séjour au désert et de l'entrée dans le pays promis, il rapporte le rejet de Joseph /
Ephraïm, avec donc pour perspective de souligner comme don majeur et définitif
de YHWH l'élection de Juda, de David et de Sion.

Les prophètes postérieurs sont plus souvent repris et particulièrement le livre
d'Isaïe tant dans le contexte d'une évocation de l'exode que du retour d'exil. Outre
cette utilisation importante du livre d'Isaïe un détour par certains passages du
«canon prophétique deutéronomiste» (Am; Os; Jr) permet d'éclairer l'énigme
du Ps 78, lequel accommode diverses références aux textes prophétiques pour
légitimer Juda contre Joseph et affirmer la permanence du choix du premier.
Outre le fait que certains éléments du Ps 105 (la dévastation des vignes et des
figuiers, les hannetons, la formule *nul ne chancela*...) sont éclairés par des textes
prophétiques qui les citent aussi, le texte possède quelques expressions en com-

mun avec Jr 44 et une même teneur polémique contre les Judéens établis en Egypte. Pour le Ps 106, outre quelques résonances avec le livre d'Isaïe, c'est la consonance avec le texte d'Ezéchiel qui est la plus frappante : le psaume comme le texte prophétique font commencer l'apostasie des Israélites avant même la sortie d'Egypte, racontent leurs actes répétés de prostitution et de souillure hors du pays et dans le pays, depuis l'errance au désert jusqu'à l'exil. Les deux construisent une représentation de la communauté passée caractérisée par la persistance de ses péchés et évoquent la perspective d'une possible restauration. En reprenant quasi à l'identique l'expression d'Ez 22, 30 (*se tenir sur la brèche devant lui*) le psalmiste semble se ressaisir du ministère prophétique d'intercession pour un peuple encore marqué par le châtiment qu'il s'est attiré. Comme en Jr 10 et 51, dans le Ps 135 la référence au Dieu créateur est insérée dans une polémique contre les idoles. Dans le Ps 136 un double renvoi aux textes prophétiques d'Isaïe et de Jérémie, combiné au texte sacerdotal de la Genèse, est perceptible dans l'évocation de la création. Comme en Jr 32 la création des cieux et de la terre n'y sont que les premières d'une série de merveilles accomplies par YHWH. Le Ps 81 manifeste lui aussi en certains versets une proximité de formulation à la fois avec Isaïe (10, 27 ; 14, 25) et avec Jérémie. Comme en Jr 7, il semble associer étroitement exode et don de la loi et interprète le désastre de 587 comme la conséquence du comportement pécheur d'un peuple qui rend un culte à d'autres dieux : l'endurcissement du cœur, qui consiste à marcher selon ses propres conseils et dans lequel YHWH finit par envoyer son peuple, se solde par l'exil. En recourant aux livres prophétiques les psaumes s'inscrivent ainsi dans une histoire de réinterprétations qui font de récits d'événements fondateurs les clés de lecture d'autres textes. Le Ps 114 partage avec différents passages du Deutéro-Isaïe l'image d'un désert et d'une steppe changés en étang et en source d'eaux pour annoncer le retour d'exil.

5.3 Récitations de l'histoire dans le Psautier et recherche sur le Pentateuque

Les résultats obtenus par l'étude de ces psaumes historiques permettent également de dégager quelques points concernant la rédaction et la composition du Pentateuque. Aucun de ces psaumes historiques ne reprend la totalité des traditions présentes dans le Pentateuque. Visiblement le ou les rédacteurs de chaque psaume choisissent un certain nombre de traditions en fonction du message et du but poursuivis. Ce phénomène oriente vers l'hypothèse d'une utilisation de collections distinctes et indépendantes à l'origine qui non seulement n'ont été combinées qu'à une époque tardive mais ont probablement aussi conservé une existence autonome, même après que le milieu sacerdotal les ait rassemblées en un document unique.

Dans ces psaumes les mentions de l'acte de création viennent surtout souligner la puissance divine face à l'inefficacité des idoles ou constituer un prélude aux interventions de YHWH dans l'histoire d'Israël (Ps 95, 114, 135, 136). Mis à part le Ps 136 qui pourrait faire référence à Gn 1, sans toutefois garder la trace d'une volonté de récuser l'idolâtrie qui a pour objet soleil et lune ou de présenter l'univers créé comme le temple de Dieu, ces mentions ne présentent pas de correspondances textuelles avec les premiers chapitres du Pentateuque et sont plus proches de mythes de création. Le Ps 114 reprend le motif mythologique de la victoire de YHWH sur les eaux primordiales pour élaborer la perspective d'une traversée des eaux du chaos, mer et Jourdain. Le Ps 135 décrit l'action de YHWH combattant les forces de chaos pour qu'Israël puisse passer au milieu de la mer divisée, avec une formulation qui conserve peut-être un écho du mythe babylonien du démembrement de Tiamat. Même le Ps 136 emploie une image qui est celle d'aplatir la terre pour décrire la mise en ordre du cosmos comme une lutte contre les forces du chaos: la terre est étendue sur les eaux primordiales. A l'encontre de Gn 1, ces psaumes ne se présentent donc pas généralement comme des contreparties aux mythes d'origine mésopotamienne. Le Ps 135, qui reprend le Ps 115 en le modifiant quelque peu, spécifie cependant la différence entre YHWH et les *idoles des nations*. Mais la polémique est surtout adressée aux membres idolâtres du peuple, devenus comme les nations idolâtres. Il convient encore de rappeler que le Ps 105 modèle en partie l'évocation des plaies d'Egypte sur Gn 1, avec lequel il présente aussi des similitudes de structure littéraire particulièrement visible dans la reprise du schéma parole-accomplissement. Le psaume attribue à la terre une importance vraiment marquée et ne retient des plaies de l'exode que celles qui ont un effet désastreux sur elle, soulignant ainsi que chaque fléau détruit une part de ce que YHWH a créé. Il fait de la terre le lieu où réside Israël, nation sacerdotale. Au final, ces récitations de l'histoire ne retiennent donc généralement pas les récits de Gn 1-11 comme prélude nécessaire au rappel des événements de l'histoire d'Israël. Parmi les représentations variées de l'origine de l'univers elles privilégient celle d'un combat primordial ou d'une séparation des eaux mais ne reprennent pas la perspective d'un univers issu de la parole de YHWH, dont on trouve néanmoins une trace dans les Ps 33 et 148, ni n'introduisent celle d'un temps consacré, même si dans le Ps 136 soleil et lune servent comme les luminaires de Genèse à la structuration du temps. Elles donnent à penser que les récits des origines ont sans doute existé comme une collection autonome et sont probablement aussi longtemps restés en concurrence avec d'autres évocations de l'origine de l'univers.

Le Ps 105, la relecture la plus complète, organise la récitation de l'histoire en une série de séquences chronologiquement agencées, de la promesse faite aux patriarches au don des pays des nations. En agençant différentes traditions et en racontant les interventions puissantes de YHWH, il s'inscrit dans la lignée du travail d'harmonisation des traditions patriarcale et exodique, initié par des rédacteurs issus du milieu sacerdotal au début de l'époque perse. Ce travail de synthèse est en quelque sorte unique, les autres récitations historiques du Psautier ne mentionnant pas les patriarches et se révélant parfois radicalement sélectives vis-à-vis des traditions pentateucales. La datation de ces textes et le fait qu'à la fois ils proposent une construction du passé pour éclairer le présent et participent aux débats pour l'élaboration de l'identité d'Israël expliquent ce phénomène. Mais il est aussi manifeste que, à l'époque perse et dans les milieux qui les ont produits, la conception qui lie l'origine d'Israël à la sortie d'Egypte est globalement privilégiée, beaucoup plus que la tradition qui fait remonter l'origine d'Israël à l'installation d'ancêtres d'Israël sur la terre de Canaan.

L'utilisation isolée de l'histoire de Joseph dans le Ps 105, qui prend place entre l'évocation de l'alliance avec les patriarches et celle des plaies d'Egypte, apporte un point d'appui aux recherches sur le Pentateuque qui ont supposé l'autonomie du cycle de ce personnage vis-à-vis de son contexte littéraire actuel et un travail postérieur de suture pour construire une continuité narrative « Abraham-Isaac-Jacob-Joseph-Exode ». De plus, le fait que la figure de Joseph soit raillée dans le psaume témoigne que le texte de Genèse, où elle est exemplaire, est un écrit de diaspora tardif qui n'a pas été reçu sans débats ni oppositions. Alors que le roman de Joseph prône la cohabitation et l'intégration, le psaume polémique contre la diaspora égyptienne et ironise sur la compromission avec un pouvoir étranger.

Dans les références à l'exode, le rôle de Moïse n'est pas toujours souligné. Les psaumes qui reprennent les plaies d'Egypte (Ps 78, 135, 136) éclipsent la figure de Moïse, à l'exception du Ps 105 qui ne maintient pas néanmoins son rôle actif. Dans le contexte de l'évocation de la sortie d'Egypte et du passage de la mer (Ps 78, 105, 106, 114, 135, 136) aucun ne le nomme, encore que pour être plus précis il convient de signaler que parmi les psaumes non étudiés le Ps 77 le cite au côté d'Aaron. Dans le contexte du rappel de l'errance au désert, des épisodes de Massa et Mériba, seul le Ps 106 l'évoque pour indiquer la jalousie dont il est l'objet et les conséquences pour lui de la rébellion du peuple près des eaux de Mériba; il en fait aussi une figure d'intercesseur. Là encore il conviendrait d'ajouter que le Ps 99 le mentionne au côté d'Aaron et de Samuel, tous trois étant présentés comme des personnages en dialogue avec Dieu. Même le locuteur du Ps 78 qui pourtant se revêt du personnage de Moïse ne le nomme ni dans les reprises de l'exode, des plaies d'Egypte ou du passage de la mer, ni dans l'évocation de l'errance au désert. En résumé, à part la place relativement importante que lui accorde le Ps

106, la figure de Moïse est à peu près inexistante dans ces récitations historiques qui pourtant privilégient le modèle identitaire de la tradition mosaïque plutôt que celui des figures d'ancêtres des récits des patriarches. Deux hypothèses sont alors possibles : les traditions de la sortie d'Egypte et du séjour au désert auraient existé de manière autonome, l'une indépendamment de l'autre, avant d'être intégrées et développées dans un grand récit dont le fil conducteur s'organiserait autour d'un chef charismatique, une sorte de « vie de Moïse » ; leurs utilisations postérieures garderaient la trace de cette autonomie d'origine et de l'importance moindre accordée à Moïse. Mais il est aussi possible que dans la phase finale du processus de réinterprétation et de fusion des traditions, d'assimilation et de revendication d'être héritier des traditions du Nord par Juda, la figure de Moïse ait été éclipsée pour accentuer l'idée que YHWH seul peut sauver ou peut-être pour lui substituer d'autres figures d'identification.

Nous avons noté que seul le Ps 95 ne fait pas de référence à la sortie d'Egypte, que le Ps 114 ne mentionne pas le séjour au désert et que le Ps 136 se limite à évoquer la victoire contre les rois des territoires à l'est du Jourdain. Si les traditions de l'exode et de l'errance au désert ont pu exister indépendamment l'une de l'autre, il est possible que la première ait assez rapidement connu une intégration du motif du séjour au désert. Il convient surtout de remarquer que le désert est présenté soit comme une expérience positive (Ps 105, 136) soit comme une expérience négative (Ps 81, 95, 106), le Ps 78 retenant les deux dimensions avec pourtant une insistance sur la rébellion du peuple. Il se pourrait donc qu'aient existé deux versions de la tradition du désert, que d'une certaine manière le Ps 78 rassemble. L'une raconterait les merveilles accomplies par YHWH au bénéfice de son peuple dans le désert et l'autre relaterait les murmures et révoltes d'Israël et le châtiment divin. Autrement dit, la tradition de l'errance au désert aurait existé sous une double version, l'une positive présentant cette période comme une expérience positive de rencontre entre Dieu et Israël et l'autre négative l'exposant comme la manifestation de révoltes et de mises à l'épreuve de YHWH, de murmures du peuple. Poussée dans sa radicalité, la version négative devient dans le Ps 95 une présentation des quarante ans dans le désert comme un temps au cours duquel la première génération sortie d'Egypte n'a cessé de défier YHWH et de le mettre à l'épreuve. Dans son premier volet, le Ps 78 présente d'abord les merveilles et les bienfaits de YHWH pour son peuple et expose que, malgré ce soutien divin, Israël murmure et se révolte. Les dons de la manne et des cailles sont placés sous le signe de la colère divine. Le motif de l'aide apportée par YHWH au désert est donc combiné à celui du murmure et de la rébellion. Dans la construction du Ps 78, la reprise originale de la tradition négative semble présupposer la version positive sur laquelle elle s'articule, sans qu'il soit possible de déterminer à partir de cette organisation l'antériorité de l'une par rapport à l'autre. Dans le second volet du Ps 78, la première est ébauchée et réinterprétée comme procession qui conduit le peuple sur la montagne sainte. Ainsi de ces récitations de l'histoire, il ressort que les deux traditions, positive et négative, ont vécu côte à côte. La double version de la tradition du séjour au désert permet, à la période postexilique, de maintenir l'espérance de la présence de YHWH qui n'abandonne pas les siens et de donner une explication à la catastrophe de l'exil, tout en exhortant à rompre avec une attitude de rébellion.

A la dimension fondatrice d'une identité liée à une expérience de salut s'articule parfois celle de l'obéissance à la loi, sans généralement de référence à la péricope du Sinaï. Il est possible de supposer que cette dernière n'ait pas été originellement liée à la tradition de la sortie d'Egypte, pas plus qu'elle ne faisait le lien entre celle du séjour au désert et celle de la conquête. Elle a probablement eu une origine et une histoire indépendantes et a pu être tardivement intégrée dans le Pentateuque, sans que les rédacteurs des psaumes historiques lui donnent le statut de tradition fondatrice. Le Ps 81, qui l'utilise peut-être de manière assez floue au VIème siècle, pourrait suggérer que pour une part ou à une étape de sa rédaction la tradition du Sinaï a été perçue comme venant à l'appui de la tradition de l'errance au désert dans sa version « négative », cette période étant présentée comme un temps de châtiment. Le fait que ce psaume paraisse faire allusion à une théophanie, aussitôt suivie de la mention d'une mise à l'épreuve du peuple, puis d'une citation libre du début de décalogue, a pour effet de mettre l'accent sur la réponse attendue de la part du peuple, la rupture avec toute forme d'idolâtrie. L'introduction de la référence à la fabrication et à l'adoration du veau d'or à l'Horeb dans le Ps 106 se situe dans la même ligne et maintient aussi une reprise interprétative de la tradition du Sinaï qui en retient surtout la dimension du culte à rendre à YHWH seul.

La fréquente référence à la terre promise, qui oscille entre les perspectives opposées d'un non-accomplissement de la promesse et d'une conquête du pays, témoigne de deux logiques différentes et peut-être simultanées: une logique pentateucale et une logique hexateucale. Les psaumes qui adoptent la première (Ps 81, 95, 136) soulignent la désobéissance du peuple et l'exhortent à l'écoute de la voix de YHWH (Ps 81, 95), appellent à l'observance des ses lois et décrets (Ps 105) ou nomment la situation d'abaissement d'Israël (Ps 136). Ceux qui adoptent la seconde évoquent la profanation du pays par des actes d'idolâtrie (Ps 106), la naissance de Juda-Israël devenu sanctuaire et domaine de Dieu (Ps 114), les parvis de la maison de YHWH (Ps 135). Un peu particulier est le Ps 78, qui lui aussi opte pour la logique hexateucale, car à la fois il invite à l'écoute des lois et à l'observance des commandements, nomme la continuelle désobéissance du peuple et s'achève avec une mention du sanctuaire sur la montagne de Sion. Ces psaumes ont donc des centres de gravité de l'identité d'Israël variables, soit qu'ils mettent davantage l'accent sur l'obéissance à la voix de YHWH et à ses lois, soit qu'ils portent leur attention sur la terre et sur le culte. Dans l'agencement du Psautier ces logiques différentes sont parfois juxtaposées. En particulier, le Ps 135, dans lequel se profile un discours d'incitation à vivre dans le pays donné et à rendre un culte à Jérusalem, «contrecarre» le Ps 136 dont il dépend. Ces textes, à leur manière, ont donc contribué à l'élaboration de logiques concurrentes, pentateucale ou hexateucale. A la fin du IVème ou peut-être au début du IIIème siècle le Ps 78, tout en adoptant la seconde, propose une identité d'Israël fondée sur l'obéissance aux lois tout autant que sur la terre et sur le culte. Enfin si l'hypothèse que le Ps 136 a été originellement conçu comme conclusion du Psautier est exacte, il apparaîtrait que celui-ci ait été assez rapidement conçu comme ne pouvant être lu indépendamment de la Torah. Par la suite, la division du Psautier en cinq livres confirmera la volonté d'en établir la composition sur le modèle du Pentateuque et son introduction (Ps 1) orientera vers une identité d'Israël édifiée sur la loi.

Outre les perspectives pentateucale et hexateucale, la relecture que produit l'association des Ps 105 et 106 donne à penser que, dans certains milieux, la construction de l'histoire produite par l'Ennéateuque, dans son agencement des récits de la prise de possession du pays promis et de sa perte, a pu faire sens. Ce n'est pas dire qu'il y ait eu un projet de créer un Ennéateuque «canonique», mais simplement souligner que des traditions antérieures ont pu être relues dans la perspective de sens offerte par l'ensemble Gn-R. A leur manière, ces psaumes témoignent donc de tendances différentes, entre lesquelles tranchera la clôture du Pentateuque à la fin du Vème siècle, sans qu'elles ne cessent véritablement de s'affronter.

Sigles et abréviations

AJS	*Association for Jewish Studies Review*
ASTI	*Annual of the Swedish Theological Institute*
AOAT	Alter Orient und Altes Testament
Bib	*Biblica*
BKAT	Biblisher Kommentar Altes Testament
BN	*Biblische Notizen*
BR	*Biblical Research*
BTB	*Biblical Theological Bulletin*
BWANT	Beitrage zur Wissenschaft vom Alten und Neuen Testament
BZ	*Biblische Zeitschrift*
BZAW	Beihefte zur Zeitschrift für die alttestamentliche Wissenschaft
CBOTS	Coniectanea Biblica Old Testament Series
CBQ	*Catholic Biblical Quaterly*
DSD	*Dead Sea Discoveries*
EstBib	*Estudios biblicos*
ETRel	*Etudes Théologiques et Religieuses*
EthL	*Ephemerides theologicae Lovanienses*
FAT	Forschungen zum Alten Testament
HTR	*Harvard Theological Review*
HThKAT	Herders theologischer Kommentar zum Alten Testament
HUCA	*Hebrew union college annual*
JAAR	*Journal of the American Academy of Religion*
JAOS	*Journal of the American Oriental Society*
JBL	*Journal of Biblical literature*
JETS	*Journal of the Evangelical Theological Society*
JNSL	*Journal of Northwest Semitic Languages*
JSOT	*Journal for the Study of the Old Testament*
JSOTS	Journal for the Study of the Old Testament. Supplement Series
JTS	*Journal of Theological Studies*
JSS	*Journal of Semitic Studies*
JQR	*Jewish Quarterly Review*
KAT	*Kommentar zum Alten Testament*
LD	Lectio Divina
NSK.AT	Neuer Stuttgarter Kommentar. Altes Testament
OTE	*Old Testament Essays*
RB	*Revue Biblique*
REJ	*Revue des études juives*

RevQ	*Revue de Qumran*
RHR	*Revue de l'histoire des religions*
RivBib	*Rivista Biblica*
RSR	*Recherches de sciences religieuses*
ScEccl	*Sciences Ecclésiastiques*
SBLDS	Society of Biblical Literature. Dissertation series
SEL	*Studi epigrafici e linguistici*
ST	*Studia Theologica*
SJOT	*Scandinavian Journal of the Old Testament*
SubBib	Subsidia Biblica
TyBu	*Tyndale Bulletin*
ThZ	*Theologische Zeitschrift*
VD	*Verbum Domini*
VT	*Vetus Testamentum*
VTSup	Vetus Testamentum Supplements
ZAW	*Zeitschrift für die alttestamentliche Wissenschaft*
ZTK	*Zeitschrift für Theologie und Kirche*

Bibliographie

Abadie, P., « Le livre d'Esdras : un midrash de l'Exode ? », *Transeuphratène* 14, 1998, pp. 19-31.

Achenbach, R., *Die Vollendung des Tora. Studien zur Redaktionsgeschichte des Numeribuches im Kontext von Hexateuch und Pentateuch*, Wiesbaden, Harrassowitz Verlag, 2003.

Alden, R.L., « Chiastic Psalms (III): A Study in the Mechanics of Semitic Poetry in Psalms 101-150 », *JETS 21* (1978), pp. 199-210.

Allen, D., « More than just Numbers: Deuteronomic Influence in Hebrews 3:7-4:11 », *TyBu 58* (2007), pp. 129-149.

Allen, L.C., *Psalms 101-150*, Waco, World Books, Word biblical commentary 21, 1983.

Alonso-Schökel, L., « Psalmus 136 (135) », *VD 45* (1967), pp. 129-138.

Alonso-Schökel, L., Carniti C., *Salmos*, Estella, Editorial Verbo Divino, 1992.

Amusin, J.D., « Ephraïm et Manassé dans le Pesher de Nahum (4Q p Nahum », *RevQ 4* (1964), pp. 389-396.

—, « The Reflection of Historical Events of the First Century B.C. in Qumran Commentaries (4Q 161; 4Q 169; 4Q 166) », *HUCA 48* (1977), pp. 123-152.

Amzallag, N., AVRIEL M., « The Canonic Responsa Reading of Psalm 114 and its Theological Significance », *OTE 24/2* (2011), pp. 303-323.

Anderson, A.A., *The Book of Psalms*, London, Oliphants, 1972.

—, « Psalms », in: D.A. Carson, H.G.M. Williamson (eds.), *It is Written: Scripture Citing Scripture. Essays in Honour of Barnabas Lindars, SSF*, Cambridge, Cambridge University Press, 1988, pp. 56-66.

Artus, O., « Tensions littéraires et conflits d'identité dans l'"histoire de Joseph' (Gn 37, 2-50, 226) », dans: O. Artus, J. Ferry (dir.), *L'identité dans l'Ecriture*, Paris, Cerf, LD 228, 2009, pp. 45-59.

Auffret, P., « Notes sur la structure littéraire du Psaume CXXXVI », *VT 27* (1997), pp. 1-12.

—, *Voyez de vos yeux : étude structurelle de vingt psaumes, dont le psaume 119*, Leiden, Brill, 1993.

—, « 'Ecoute mon peuple!' Etude structurelle du psaume 81 », *SJOT 7* (1993), pp. 285-302.

—, « 'Afin que nous rendions grâce à ton nom'. Etude structurelle du psaume 106 », *SEL 11* (1994), pp. 75-96.

—, *Que seulement de tes yeux tu regardes... : étude structurelle de treize psaumes*, Berlin, De Gruyter, 2003.

Auwers, J.M., *La composition Littéraire du Psautier. Un état de la question*, Paris, Gabalda, Cahiers de la revue biblique 46, 2000.

Avishur, Y., *Stylistic Studies of Word-Pairs in Biblical and Ancient Semitic Literatures*, Neukirchen-Vluyn, Neukirchener, AOAT 210, 1984.

Baillet, M., *Qumrân grotte 4. III. 4Q482-4Q520*, Oxford, Clarendon Press, Discoveries in the Judaean Desert 7, 1982.

—, *Les «petites grottes» de Qumran*, Oxford, Clarendon Press, Discoveries in the Judaean Desert of Jordan III, 1962.

Barmash, P., «At the Nexus of History and Memory: the Ten Lost Tribes», *AJS 29* (2005), pp. 2229-232.

Barr, J., «Revelation through History in the Old Testament and in modern Theology», *Interpretation 17* (1963), pp. 193-205.

Barth, C.F., *Introduction to the Psalms*, New York, Charles Scribner's Sons, 1966.

Barthelemy, D., *Découvrir l'Ecriture*, Paris, Cerf, 2000.

Baumgärtel, F., «Zur Liturgie in der Sektenrolle vom Toten Meer», *ZAW 65* (1953), pp. 263-265.

Bazac, J., «The Geometric-Figurative Structure of Psalm CXXXVI», *VT 35* (1985), pp. 129-138.

Beale, G.K., «Isaiah VI 9-13: 'A Retributive Taunt against Idolatry'», *VT 41* (1991), pp. 257-278.

Beaucamp, E., *Le Psautier*, Paris, Gabalda, 1979.

Bentzen, A., «Die Schwindsucht in Psalm 106», *ZAW LVII* (1939), p. 152.

Ben-Zvi, E., «Inclusion in and Exclusion from Israel as Conveyed by the Use of the Term 'Israel' in Post-Monarchic Biblical Texts», in: S.W. Holloway and L.K. Handy (ed.), *The Pitcher is Broken. Memorial Essays for Gösta W. Ahlström*, Sheffield, Academic Press (JSOT Suppl. Ser. 190), 1995, pp. 95-149.

Berlin, A., «Psalms and the Literature of Exile», in: P.W. Flint, P.D. Miller, *The Book of Psalms. Composition and Reception*, Leiden – Boston, Brill, 2005, pp. 65-86.

—, «Myth and meaning in Psalm 114», in: J. Burnett, W.H. Bellinger, W.D. Tucker (eds.), *Diachronic and synchronic. Reading the Psalms in Real Time. Proceedings of the Baylor Symposium on the Book of Psalms*, New York – London, T & T Clark, pp. 67-80.

—, «The Message of Psalm 114», in: C. Chaim, V.A. Hurowitz, A. Hurvitz, Y. Muffs, B.J. Schwartz, J.H. Tigay (eds.), *Birkat Shalom: Studies in the Bible, Ancient Near Eastern Literature, and Postbiblical Judaism presented to Shalom M. Paul on the Occasion of his Seventieth Birthday*, Winona Lake, Eisenbrauns, 2008, pp. 347-463.

Bernat, D., «Phinehas' intercessory Prayer: a Rabbinic and Targumic Reading of the Baal Peor Narrative», *JJS 58* (2007), pp. 263-282.

Bernini, G., « Salmo 106. Confessione di tutto il popolo », in: G. Bernini, *Le preghiere penitenziali del Salterio*, Roma, Univ. Gregoriana, 1953, pp. 115-119.

Berrin, S.L., *The Pesher Nahum Scroll from Qumran: An Exegetical Study of 4Q169*, Leiden, Brill, 2004.

Beyerlin, W., « Der nervus rerum in Psalm 106 », *ZAW 86* (1974), pp. 50-64.

Biberger, B., *Unsere Väter und wir. Unterteilung von Geschichtsdarstellungen in Generationen und das Verhältnis der Generationen im Alten Testament*, Berlin, Philo, 2003, pp. 476-478.

Boer de, P.A.H., « Psalm 81.6a: Observations on Translation and Meaning of one Hebrew Line », in: P.A.H. De Boer, *Selected Studies in Old Testament Exegesis*, Leiden, Brill, 1991, pp. 211-224.

Bogaert, P.M., « *Urtext*, texte court er relecture : Jérémie XXXIII 14-26 TM et ses préparations », dans : J.A. Emerton (ed.), *Congress Volume Leuven 1989*, Leiden, Brill, 1991, pp. 236-247.

Boling, R.G., « 'Synonymous' Parallelism in the Psalms », *JSS 5* (1960), pp. 221-155.

Bonnard, P., *Le Psautier selon Jérémie*, Paris, Cerf, 1960.

Booij, T., « The Background of the Oracle in Psalm 81 », *Bib 65* (1984), pp. 465-475.

—, « The Role of Darkness in Psalm CV 28 », *VT 39* (1989), pp. 209-214.

Bregman, M., « Another Reference to 'A tracher of Righteousness' in Midrashic Literature », *RevQ 10* (1979-81), pp. 97-100.

Brenner, M.L., *The song of the Sea: Ex 15, 1-21*, Berlin, De Gruyter, BZAW 195, 1991.

Briggs, C.A., *A Critical and Exegetical Commentary on the Book of Psalms*, II, Edinburgh, T. & T. Clark, 1925-1927.

Brinktrine, J., « Zur Übersetzung von Ps 105 (104) 18: ברזל באה נפשו », *ZAW 64* (1952), pp. 251-258.

Brooke, G.J., « The Temple Scroll: A Law unto Itself? », in: B. Lindars (ed.), *Law and Religion. Essays on the Place of the Law in Israel and Early Christianity*, Cambridge, J. Clarke, 1988, pp. 36-40.

—, « Psalms 105 and 106 at Qumran », *RevQ 14* (1989-1990), pp. 267-292.

Brueggemann, W., *The Land: Place as Gift, Promise, and Challenge in Biblical Faith*, Philadelphia, Fortress Press, 1977.

—, « Psalms and the Life of Faith: A suggested Typology of Function », *JSOT 17* (1980), pp. 3-32.

—, *The Message of the Psalms*, Minneapolis, Augsburg, 1984.

—, « Theodicy in a Social Dimension », *JSOT 33* (1985), pp. 3-25.

—, « Old Testament Theology as a Particular Conversation: Adjudication of Israel's Socio-Theological Alternatives », *Theology Digest 332* (1985), pp. 303-325.

—, *Hope within History*, Atlanta, John Knox, 1987.

—, *Israel Praise: Doxology against Idolatry and Ideology*, Philadelphia, Fortress, 1988.

—, « When Israel Gloats over Shiloh », *Sojourners 19* (1990), pp. 24-27.

—, *Abiding Astonishment: Psalms, Modernity and the Making of History*, Louisville, Westminster/John Knox Press, 1991.

Buber, M., *The Kingship of God*, New York, Harper & Row, 1967.

Bückers, H., « Zur Verwertung der Sinaitraditionen in den Psalmen », *Bib 32* (1951), pp. 401-422.

Buss, M., « The Psalms of Asaph and Korah », *JBL 82* (1963), pp. 387-392.

Buttenwieser, M., *The Psalms: Chronologically Treated with a New Translation*, Chicago, University of Chicago Press, 1938.

Campbell, A.F., « Psalm 78: A Contribution to the Theology of Tenth Century Israel », *CBQ 41* (1979), pp. 51-79.

Caquot, A., « Remarques sur la fête de la 'néoménie' dans l'ancien Israël », *RHR* 158/1 (1960), pp. 1-18.

Carr, D.M., *Writing on the Tablet of the Heart: Origins of Scripture and Literature*, New York, Oxford University Press, 2005.

—, « Torah on the Heart: Literary Jewish Textuality within Its Ancient Near Eastern Context », *Oral Tradition 25* (2010), pp. 17-40.

—, *The Formation of the Hebrew Bible. A New Reconstruction*, New York, Oxford University Press, 2011.

Carroll, R.P., « Psalm LXXVIII: Vestiges of a Tribal Polemic », *VT 21* (1971), pp. 133-150.

—, « Rebellion and Dissent in Ancient Israelite Society », *ZAW 89* (1977), pp.176-204.

Carson, D.A., Williamson H.G.M. (eds.), *It is Written: Scripture Citing Scripture. Essays in honour of Barnabas Lindars, SSF*, Cambridge, Cambridge University Press, 1988.

Cavalletti, S., « Proposta di lettura del Sal. 78, 64 », *RivBib 26* (1978), pp. 337-340.

Ceresko, A.R., « The Function of Chiasmus in Hebrew Poetry », *CBQ 40* (1978), pp. 1-10.

—, « A Poetic Analysis of Ps 105, with Attention of it Use of Irony », *Bib 64* (1983), pp. 20-46.

—, « Endings and Beginnings: Alphabetic Thinking and the Shaping of Psalm 106 and 150 », *CBQ 68* (2006), pp. 32-46.

Charlesworth, J.H., « Messianology in the Biblical Pseudepigrapha », in: J.H. Charlesworth, H. Lichtenberger, G.S. Oegema (eds.), *Qumran Messianism. Studies on the Messianic Expectations in the Dead Sea Scrolls*, Tübingen, Mohr Siebeck, 1998.

Childs, B.S., « Deuteronomic Formulae of the Exodus Tradition », in: *Hebräische Wortforschung*, VTSup 16, Leiden, Brill, 1967, pp. 30-39.

—, « A Traditio-Historical Study of the Reed Sea Tradition », *VT 20* (1970), pp. 406-418.

—, « Psalm Titles and Midrashic Exegesis », *JSS 16* (1971), pp. 137-150.

Clifford, R.J., « Style and Purpose in Psalm 105 », *Bib 60* (1979), pp. 420-427.

—, « Psalm 89: A Lament over the Davidic Ruler's Continued Failure », *HTR 73* (1980), pp. 35-47.

—, « In Zion and David a New Beginning: An Interpretation of Psalm 78 », in: B. Halpern, J.D. Levinson (ed.), *Traditions in Transformation. Turning points in Biblical Faith*, Indiana, Winona Lake, Eisenbrauns, 1981, pp. 121-141.

—, *Psalms*, Nashville, Abingdon Press, 2002.

Coats, G.W., « The Traditio-Historical Character of the Reed Sea Motif », *VT 17* (1967), pp. 253-265.

—, « Despoiling the Egyptians », *VT 18* (1968), pp. 450-457.

—, *Rebellion in the Wilderness; the Murmuring Motif in the Wilderness Traditions of the Old Testament*, Nashville, Abingdon Press, 1968.

Cody, A., « When is the Chosen People Called a Gôy? », *VT 14* (1964), pp. 1-6.

Cohen, M., « The Role of the Shilonite Priesthood in the United Monarchy of Ancient Israel », *HUCA 36* (1965), pp. 59-98.

Cole, R., *The Shape and Message of Book Three (Psalms 37-89)*, Sheffield, Sheffield Academic Press, 2000.

Collins, J.J., « Pseudo-Daniel Revisited », *RevQ 17* (1996), pp. 111-135.

Craigie, P., *Psalms 1-50*, Waco, Word books, Word biblical commentary 19, 1983.

Cross, F.M., « The Song of the Sea and Canaanite Myth », in: F.M. Cross, *Canaanite Myth and Hebrew Epic: Essays in the History of the Religion of Israel*, Cambridge, Harvard University Press, 1973.

Cross, F.M., Freedman, D.N., *Pottery, Poetry and Prophecy: Studies in early Hebrew Poetry*, Winona Lake, Eisenbrauns, 1980.

Crüsemann, F., *Studien zur Formgeschichte von Hymnus und Danklied in Israel*, Neukirchen-Vluyn, Neukirchener Verlag, 1969.

Culley, R.A., « An Approach to the Problem of Oral Tradition », *VT 13* (1963), pp. 113-125.

—, *Oral Formulaic Language in the Biblical Psalms*, Toronto, University of Toronto, 1967.

Curtis, A., « The 'Subjugation of the Waters' Motif in the Psalms; Imagery or Polemic? », *JSS 23* (1978), pp. 245-256.

—, « Terror on Every Side! », in: A. Curtis, T. Römer (eds.), *The Book of Jeremiah and Its Reception*, Leuven, Leuven University Press – Peeters, 1997, pp. 11-118.

—, « La mosaïque de l'histoire d'Israël: quelques considérations sur les allusions 'historiques' dans les psaumes », dans: D. Marguerat, A. Curtis (éds.), *Intertextualité. La Bible en échos*, Genève, Labor et Fides, 2000, pp. 13-29.

—, *Psalms*, Peterborough, Epworth, 2004.

Dahood, M., *Psalms: Introduction, Translation, and Notes*, New York, Doubleday, The Anchor Bible, 1966-70.

Dale, P., « Traditio-History of the Reed Sea Account », *VT 26* (1976), pp. 248-249.

Daube, D., *The Exodus Pattern in the Bible*, London, Faber and Faber, 1963.

Davidson, R., *The Vitality of Worship: A Commentary on the Book of Psalms*, Grand Rapids, Eerdmans, 1998.

Davies, W.D., *The Gospel and the Land: Early Christianity and Jewish territorial doctrine*, Berkeley, University of California Press, 1974.

—, *The Territorial Dimension of Judaism*, Berkeley, University of California Press, 1991.

Day, J., « Pre-Deuteronomic Allusions to the Covenant in Hosea and Psalm LXXVIII », *VT 36* (1986), pp. 1-12.

—, *Psalms*, Sheffield, JSOT Press, 1990.

Delitzsch, F., *Biblischer Commentar über die Psalmen*, Leipzig, Dörffling und Franke, 1883.

Dijk, H.J. van, « A Neglected Connotation of Three Hebrew Verbs », *VT 18* (1968), pp. 16-30.

Ditommaso, L., « 4QPseudo-Daniel A-B (4Q243-4Q244) and the Book of Daniel », *DSD 12* (2005), pp. 101-133.

Dobbs-Allsop F.W., *Weep, O Daughter of Zion: A Study of the City-Lament Genre in the Hebrew Bible*, Rome, Pontificio Istituto Biblico, 1993.

—, « Darwinism, Genres Theory and City Laments », *JAOS 120* (2000), pp. 625-630.

Doudna, G., *4Q Pesher Nahum: A Critical Edition*, London, Sheffield Academic Press, 2001.

Dozeman, T., « Inner Biblical Interpretation of Yahweh's Gracious and Compassionate Character », *JBL 108* (1989), pp. 207-223.

Driver, G.R., « Notes on the Psalms. II. 73-150 », *JTS 44* (1943), pp. 12-23.

Duhm, B., *Die Psalmen*, Tübingen, Mohr, 1922.

Dupont-Sommer, A., « Le commentaire de Nahum découvert près de la mer morte », *Semitica 13* (1963), pp. 53-88.

—, « Observations sur le commentaire de Nahum découvert près de la mer morte », dans : *Académie des Inscriptions & Belles Lettres. Comptes rendus des séances de l'année 1963. Janvier-Mars*, Paris, Librairie C. Klincksieck, pp. 242-243.

—, *Les Ecrits esséniens découverts près de la mer Morte*, Paris, Payot, 1980.

Dupont-Sommer, A., Philonenko M. (éds.) *La Bible. Ecrits intertestamentaires*, Paris, Gallimard, Bibliothèque de la Pléiade, 1987.

Edenburg, C., « How (Not) to Murder a King: Variations on a Theme in 1 Sam 24; 26 », *SJOT 12* (1998), pp. 64-85.

Eerdmans, B.D., *The Hebrew Book of Psalms*, Leiden, Brill, Oudtestamentische studiën 4, 1947.

Eissfeldt, O., *Einleitung in das Alte Testament, unter Einschluss der Apokryphen und Pseudepigraphen sowie der apokryphen-und pseudepigraphenartigen Qumran-Schriften; Entstehungsgeschichte des Alten Testaments*, Tübingen, Mohr, 1956.

—, *Das Lied Moses, Deuteronomium 32, 1-43 und das Lehrgedicht Asaphs, Psalm 78, samt einer Analyse der Umgebung des Mose-Liedes*, Berlin, Akademie-Verlag, 1958.

—, « Die Psalmen als Geschichtsquelle », in: H. Goedicke (ed.), *Near Eastern Studies in Honor of William Foxwell Albright*, Baltimore, Johns Hopkins Press, 1971, pp. 97-112.

Eichhorn, D., *Gott als Fels, Burg und Zuflucht. Eine Untersuchung zum Gebet des Mittlers in den Psalmen*, Bern, Herbert Lang; Frankfurt/M., Peter Lang, 1972.

Eslinger, L., « Inner-Biblical Exegesis and Inner-Biblical Allusion: The Question of Category », *VT 42* (1992), pp. 47-58.

Fackenheim, E., *God's Presence in History*, New York, York University Press, 1970.

Fensham, F.C., « Neh. 9 and Pss. 105, 106, 135 and 136: Postexilic Historical Traditions in Poetic Form », *JNSL 9* (1981), pp. 35-51.

Ferry, J., *Illusions et salut dans la prédication prophétique de Jérémie*, Berlin – New York, De Gruyter, 1999.

Finkelstein, L., « Pre-Maccabean Documents in the Passover Haggadah », *HTR 36* (1943), pp. 1-38.

Fish, H., *Poetry with a Purpose: Biblical Poetics and Interpretation*, Bloomington, Indiana University Press, 1988.

Fishbane, M., *Text and Texture*, Boston, Schocken, 1979.

—, « Revelation and Tradition: Aspects of Inner-biblical Exegesis », *JBL 99* (1980), pp. 343-361.

—, *Biblical Interpretation in Ancient Israel*, Oxford, Clarendon Press, 1985.

—, « The Hebrew Bible and Exegetical tradition », in: J.C. de Moor (ed.), *Intertextuality in Ugarit and Israel*, Leiden, Brill, 1998, pp. 15-30.

—, « Types of Biblical Intertextuality », in: *Congress volume: Oslo 1998*, Leiden – Boston – Köln, Brill, 2000, pp. 40-44.

Fisher, I., *Wo ist Jahwe? : Das Volksklagelied Jes 63,7 – 64,11 als Ausdruck des Ringens um eine gebrochene Beziehung*, Stuttgart, Verlag Katholisches Bibelwerk, 1989.

Flint, P.W., « 4Qpseudo-Daniel arc and the Restoration of the Priesthood », *RevQ 17* (1996), pp. 137-150.

—, *The Dead Sea Psalms scrolls and the Book of Psalms*, Leiden, Brill, 1997.

Flusser, D., « Pharisäer, Sadduzäer und Essener in Pescher Nahum », in K.E. Grözinger et al. *Qumran*, Darmstadt, Wissenschaftliche Buchgesellschaft, pp. 133-168.

Fohrer, G., « Tradition und Interpretation im Alten Testament », ZAW 32 (1961), pp.1–30.

Fox, D.A., « The Ninth Plague: An Exegetical Note », JAAR 14 (1977), p. 219.

Freedman, D.N., « Archaic forms in Early Hebrew Poetry », ZAW 31 (1960), pp. 101-107.

—, « The Chronicler's Purpose », CBQ 23 (1961), pp. 436-442.

—, « God Almighty in Psalm 78, 59 », Bib 54 (1973), p. 268.

—, « Early Israelite History in the Light of Early Israelite Poetry », in: H. Goedicke and J.J.M. Roberts (eds.), Unity and Diversity, Baltimore, Johns Hopkins, 1975.

Friedman, R.E. (ed.), The Poet and the Historian, HSS 26, Atlanta, Scholars Press, 1983.

Frisch, A., « Ephraim and Treachery, Loyalty and (the House of) David: The meaning of a Structural Parallel in Psalm 78 », VT 59 (2009), pp. 190-198.

Füglister, N., « Psalm 105 und die Väterverheissung », in: M. Görg (ed.), Die Väter Israels: Beiträge zur Theologie der Patriarchenüberlieferungen im Alten Testament, Stuttgart, Verlag Katholisches Bibelwerk, 1989, pp. 41-59.

—, « Psalm LXXVIII: der Rätsel Lösung? » in: J.A. Emerton (ed.), Congress Volume, Leuven, 1989, VTSup 43, Leiden, Brill, 1991, pp. 264-297.

Gärtner, J., Die Geschichtspsalmen: eine Studie zu den Psalmen 78, 105, 106, 135 und 136 als hermeneutische Schlüsseltexte im Psalter, Tubingen, Mohr Siebeck, FAT 84, 2012.

Geller, S., « The Language and Imagery in Psalm 114 », in: T. Abusch, J. Huehnergard, P. Steinkeller (eds.), Lingering over Words: Studies in Ancient Near Eastern Literature in Honor of William L. Moran, Atlanta, Scholars Press, 1990, pp. 179-194.

Gemser, B. (et al.), Studies on the Psalms, Leiden, Brill, Oudtestamentische studiën 13, 1963.

Gerstenberger, E., Psalms. Part 1 with an introduction to cultic poetry, Grand Rapids, Eerdmans, 1988.

—, Psalms, Part 2 and Lamentations, FOTL 15, Grand Rapids, Eerdmans, 2001.

Gese, H., « Die Entstehung der Büchereinteilung des Psalters », in: H. Gese, Vom Sinai zum Zion: Alttestamentliche Beiträge zur biblischen Theologie, München, Kaiser, 1974, pp. 57-64.

Gillingham, S., « The Exodus Tradition and Israelite Psalmody », Scottish Journal of Theology 52/1 (1999), pp.19-46.

Girard, M., Les Psaumes : analyse structurelle et interprétation, Montréal, Bellarmin – Paris, Cerf, 1984-1994.

—, Les Psaumes redécouverts : de la structure au sens, Saint-Laurent, Bellarmin, 1994-1996.

Goff, M., « Recent Trends in the Study of Early Jewish Wisdom Literature: The Contribution of 4QInstruction and Other Qumran Texts », *Currents in Biblical Research 7* (2009), pp. 376-416.

Goldinday, J., « The Dynamic Cycle of Praise and Prayer in the Psalms », *JSOT 20* (1981), pp. 85-90.

Goldman, Y., *Prophétie et royauté au retour de l'exil : Les origines littéraires de la forme massorétique du livre de Jérémie*, Fribourg, Universitätsverlag; Göttingen, Vandenhoeck & Ruprecht, 1992.

Good, E.M., *Irony in the Old Testament,* London, SPCK, 1965.

Goranson, S., « Others and Intra-Jewish Polemic as Reflected in Qumran Texts », in: P.W. Flint and J.C. Vanderkam (eds.), *The Dead Sea Scrolls after Fifty Years: A Comprehensive Assessment*, Leiden, Brill, 1998-1999, p. 534-535.

Gosling, F.A., « Were the Ephraimites to blame? », *VT 49* (1999), pp. 505-513.

Gosse, B., « L'alliance avec Abraham et les relectures de l'histoire d'Israël en Ne 9, Ps 105-106, 135-136 et 1 Chr 16 », *Transeuphratène 15* (1998), pp. 123-135.

—, « Le quatrième livre du Psautier, Psaumes 90-106, comme réponse à l'échec de la royauté davidique », *BZ 46* (2002), pp. 239-252.

—, « Abraham dans les Ps 105 et 47 », *BZ 54* (2010), pp. 83-91.

Goulder, M., *The Psalms of Asaph and the Pentateuch*, JSOT Suppl. Ser. 233, Sheffield, Sheffield Press, 1996.

—, « Asaph History of Israel (Elohit Press, Bethel, 725 BCE) », *JSOT 65* (1995), pp. 71-81.

Gray, M.D., « Psalm 106,15b: Did the Children of Israel Get What They Asked For? », *SJOT 7* (1993), pp. 125-133.

Green, G., *Imagining God: Theology and the Religious Imagination*, San Francisco, Harper & Row, 1989.

Greenstein, E., « Lamentation over the Destruction of City and Temple in Early Israelite Literature », in: Z. Talshir et al. (eds.), *Homage to Shmuel. Studies in the World of the Bible*, Jerusalem, Ben Gurion University Press and Mosad Bialik, 2001, pp. 88-97 (Hebrew).

Greenstein, E.L., « Mixing Memory and Design: Reading Psalm 78 », *Prooftexts 10* (1990), pp. 197-218.

Gressmann, H., « The Development of Hebrew Psalmody », in: D.C. Simpson (ed.), *The Psalmists*, London, Oxford University Press, 1926.

Grove, J.W., *Actualization and Interpretation in the Old Testament*, SBLDS 86, Atlanta, Scholars Press, 1987.

Gross, W., « Die Herausführungsformel – Zum Verhältnis von Formel und Syntax », *ZAW 86* (1974), pp. 425-463.

Guillaume, A., « Notes on Three Passages in Psalm Book III: Ps 74, 5; 74, 11; 78, 41 », *JTS 14* (1963), pp. 374-381.

Gunkel, H., *Die Psalmen – übersetzt und erklärt*, Göttingen, Vandenhoeck & Ruprecht, 1929.

—, *Einleitung in die Psalmen: die Gattungen der religiösen Lyrik Israels*, Göttingen, Vandenhoeck and Ruprecht, 1933.

Haag, E., «Zion und Schilo; Traditionsgeschichtliche Parallelen in Jeremia und Psalm 78», in: J. Zmijewski (ed.), *Die alttestamentliche Botschaft als Wegweisung. Festschrift für Heinz Reinelt*, Stuttgart, Katholisches Bibelwerk, 1990, pp. 85-115.

Habel, N., «Yahweh, Maker of Heaven and Earth: A Study in Tradition Criticism», *JBL 91* (1972), pp. 321-337.

Haglund, E., *Historical Motifs in the Psalms*, Malmö, Gleerup, 1984.

Halpern, B., *The First Historian: the Hebrew Bible and History*, San Francisco, Harper & Row, 1988.

—, *The Poet and the Historian: essays in literary and historical biblical criticism*, Chico, Scholars Press, 1983.

—, *The Emergence of Israel in Canaan*, Chico, Scholars Press, 1983.

Hamidović, D., «4Q279, 4QFour Lots, une interprétation du psaume 135 appartenant à 4Q421, 4QWays of Righteousness», *DSD 9* (2002), pp. 166-186.

Harvey J., «La typologie de l'Exode dans les Psaumes», *ScEcc 15* (1963), pp.383-405.

Heinemann J., «The Messiah of Ephraim and the Premature Exodus of the Tribe of Ephraim», *HTR 68* (1975), pp. 1-15.

Hendel, R., «The Exodus in Biblical Memory», *JBL 120* (2001), pp. 601-622.

Herion, G.A., «The Role of Historical Narrative in Biblical Thought: The Tendencies Underlying Old Testament History», *JSOT 21* (1981), pp. 25-57.

Hilgert E., «The Dual Image of Joseph in Hebrew and Early Jewish Literature», *BR 30* (1985), pp. 5-21.

Hofbauer, J., «Psalm 77/78, ein 'politisch Lied'», *ZTK 89* (1967), pp. 41-50.

Hoffman, Y., «A North Israelite Typological Myth and a Judaean Historical Tradition: The Exodus in Hosea and Amos», *VT 39* (1989), pp. 169-182.

Hoftijzer, J., *Die Verheissungen an die drei Erzväter*, Leiden, Brill, 1956.

Holladay, W.L., «Indications of Jeremiah's Psalter», *JBL 12* (2002), pp.245-261.

Holm-Nielsen, S., «The Exodus Traditions in Psalm 105», *ASTI 11* (1978), pp. 22-30.

Hooke S.H. (ed.), *Myth and Ritual. Essays on the Myth and Ritual of the Hebrews in relation to the Culture Pattern of the Ancient East*, London, Oxford University Press, 1933.

—, *In the Beginning*, Oxford, Clarendon Press, 1948.

Hoppe, L.J., «Vengeance and Forgiveness: the Two Faces of Psalm 79», in: L. Boadt and M.S. Smith (eds.), *Imaginery and Imagination in Biblical Literature. Essays in Honor of Aloysius Fitzgerald*, Washington, DC: The Catholic Biblical Association of America, 2001.

Horgan, M.P., *Pesharim: Qumran Interpretation of Biblical Books*, Washington, Catholic Biblical Association of America, 1979.

Hossfeld, F.-L., «Psalm 95: Gattungsgeschichtliche, Kompositionskritische und bibeltheologische Anfragen», in: K. Seybold, E. Zenger (eds.), *Neue Wege der Psalmenforschung: Für Walter Beyerlin*, Freiburg, Herder, Herders biblische Studien 1, 1994, pp. 29-44.

Hossfeld, F.-L., Zenger. E., *Die Psalmen I: Psalm 1-50*, Würzburg, Echter, Neue Echter Bibel 29, 1993.

—, *Die Psalmen II: Psalm 51-100*, Würzburg, Echter, Neue Echter Bibel 40, 2002.

—, *Psalmen 51-100, Übersetzt und ausgelegt*, Freiburg-Basel-Wien, Herder, HThKAT, 2000.

—, *Psalmen 100-150, Übersetzt und ausgelegt*, Freiburg-Basel-Wien, Herder, HThKAT, 2008.

Houston, W., «David, Asaph and the Mighty Work of God: Theme and Genre in the Psalms Collections», *JSOT 68* (1995), pp. 93-111.

—, «Misunderstanding or Midrash? The Prose Appropriation of Poetic material in the Hebrew Bible (Part I)», *ZAW 109* (1997), pp. 342-355.

—, «Murder and Midrash. The Prose Application of Poetic Material in the Hebrew Bible (Part II)», *ZAW 109* (1997), pp. 534-548.

Human, D.J., «Psalm 136: A Liturgy with Reference to Creation and History», in: D.J. Human, CAS J.A. Vos (ed.), *Psalms and Liturgy*, London, T&T Clark International, 2004, pp. 73-88.

Hurvitz, A., «The History of a Legal Formula: *kōl' ᵃšer-ḥăpeš 'aśāh* (Psalms CXV 3, CXXXV 6)», *VT 132* (1982), pp. 275-267.

Illman, K.J., *Thema und Tradition in den Asaf-Psalmen*, Abo, Abo Akademi, 1976.

Janowski, B., «Psalm CVI,28-31 und die Interzession des Pinchas», *VT 33* (1983), pp. 237-248.

Janzen, W., «'Ašrê in The Old Testament», *HTR 58* (1965), pp. 215-226.

Jasper, F.N., «Early Israelite Traditions and the Psalter», *VT 17* (1967), pp. 50-59.

Johnson, A.R., *The cultic prophet and Israel's psalmody*, Cardiff, University of Wales Press, 1979.

Junker, H., «Die Entstehungszeit des Ps 78 und das Deuteronomium», *Bib 34* (1953), pp. 487-500.

Karrer-Grube, C., «Von der Rezeption zur Redaktion: eine intertextuelle Analyse von Jeremia 33,14–26», in: C. Karrer-Grube, R. Bartelmus (eds.), *Sprachen-Bilder-Klänge. Dimensionen der Theologie im Alten Testament und in seinem Umfeld: Festschrift für Rüdiger Bartelmus zu seinem 65. Geburtstag*, Münster, Ugarit-Verlag, AOAT 359, 2009, pp. 105-121.

Katzin, D., «'The time of Testing': The use of Hebrew Scriptures in 4Q171's Pesher of Psalm 37», *Hebrew Studies XLV* (2004), pp. 121-162.

Kayser, W., *Das Sprachliche Kunstwerk: Eine Einführung in die Literaturwissenschaft*, Bern, München, Francke, 1967.

Kidner, D., *Psalms 73-150: A Commentary on Books III-V of the Psalms*, Leicester, Inter-Varsity Press, 1975.

Kirkpatrick, A.F., *The Book of Psalms*, Cambridge, Cambridge University Press, 1933.

Kittel, R., *Die Psalmen übersetzt und erklärt*, Leipzig, A. Deichert, KAT 13, 1922.

Knight, D.A., *Rediscovering the Traditions of Israel*, Missoula, Leiden-Boston, Brill (3ᵉ ed.), 2006.

—, *Tradition and Theology in the Old Testament*, Philadelphia, Fortress Press, 1977.

Knight, D.A. (dir.), *Tradition et théologie dans l'Ancien Testament*, Paris, Cerf, LD 108, 1982.

Koch, K., «Redemption and Creation in Psalms 103-105. A Study in Redaction History within the Book of Psalms», in: G. Robinson (ed.), *For the Sake of the Gospel. Essays in Honour of Samuel Amirtham*, Arasaradi, Madurai, T. T. S. Publications, 1980, pp. 64-69.

Kraus, H.-J., *Die Königsherrschaft Gottes im Alten Testament, Untersuchungen zu den Liedern von Jahwes Thronbesteigung*, Tübingen, J. C. B. Mohr, 1951.

—, *Psalmen*, Neukirchen-Vluyn, Neukirchener Verlag, BKAT 15, 1-2, 1961.

—, *Theologie der Psalmen*, Neukirchen-Vluyn, Neukirchener Verlag, BKAT 15, 3, 1979.

Kselman, J.S., «Semantic-Sonant Chiasmus in Biblical Poetry», *Bib* 58 (1977), pp. 219-223.

Kugel, J., *The Idea of Biblical Poetry: Parallelism and its History*, New Haven – London, Yale University Press, 1981.

—, *The Poet and the Historian: Essays in Literary and Historical Biblical Criticism*, Chico, Scholars Press, 1983.

Kühlewein, J., *Geschichte in den Psalmen*, Stuttgart, Calwer Theologische Monographien A/2, 1973.

Laato, A., «Psalm 132: a case study in methodology», *CBQ 61* (1999), pp. 24-33.

Lauha, A., *Die Geschichtsmotive in den alttestamentlichen Psalmen*, Helsinki, Suomalaisen Tiedeakatemian toimituksia. Sarja B 56, 1945.

Layton, S.C., «Jehoseph in Ps 81, 6», *Bib* 69 (1988), pp. 406-411.

Lee, A.C.C., «The Context and Function of the Plagues Tradition in Psalm 78», *JSOT 48* (1990), pp. 83-89.

—, «Genesis I and the Plagues Tradition in Psalm CV», *VT 40* (1990), pp. 257-263.

Lemmelijn, B., «Genesis' Creation Narrative: the Literary Model for the So-Called Plague-Tradition?», in: A. WENIN (ed.), *Studies in the Book of Genesis*, Leuven, Peeters, 2001, pp. 407-419.

Leonard, J.M., «Identifying Inner-Biblical Allusions: Psalm 78 as a Test Case», *JBL 127/2* (2008), pp. 241-265.

Leuchter, M., «The Reference to Shiloh in Psalm 78», *HUCA 77* (2006), pp. 1-31.

Levin, C., «Psalm 136 als Zeitweilige Schlussdoxologie des Psalters», *SJOT 14* (2000), pp. 17-27.

Levinson, B.M., *L'herméneutique de l'innovation. Canon et exégèse dans l'Israël biblique*, Bruxelles, Lessius, Le livre et le rouleau 24, 2005.

Lipschits, O. and Oeming, M. (eds.), *Juda and the Judeans in the Persians Period*, Winiona Lake, Eisenbrauns, 2006.

Liver, J., «The Doctrine of the two Messiahs in Sectarian Literature in the Time of the Second Commonwealth», *HTR 52/3* (1959), pp.149-185.

Loewenstamm, S.E., «The Number of Plagues in Psalm 105», *Bib 52* (1971), pp. 34-38.

—, *The Evolution of the Exodus Tradition*, Jerusalem, Magnes, 1992.

Lohfink, N., «Ps 114/ 115 (M und G) und die deuteronomische Sprachwelt», in: E. Haag, F.-L. Hossfeld (eds.), *Freude an der Weisung des Herrn: Beiträge zur Theologie der Psalmen Festgabe zum 70. Geburtstag von Heinrich Groß*, Stuttgart, Verlag Katholisches Bibelwerk, Stuttgarter biblische Beiträge 13, 1987, pp. 199-205.

—, «Noch einmal *ḥoq ûmišpāṭ* (zu Ps 81, 5f)», *Bib 73* (1992), pp. 253-254.

Lombaard, C., «Some Remarks on the Patriarchs in the Psalms», *OTE 11/1* (1998), pp. 59-70.

—, «What is Isaac doing in Amos 7?», *OTE 17/3* (2004), pp. 435-442.

Ludwig, T.M., «The Traditions of establishing the Earth in Deutero-Isaiah», *JBL 92* (1973), pp. 345-357.

Lubsczyk, H., «Einheit und heilsgeschichtliche Bedeutung von Ps 114/115 (113)», *BZ 11* (1967), pp. 161-173.

Mac Laurin E.C.B., «Joseph and Asaph», *VT 25* (1975), pp. 27-45.

Magonet, J., *Form and Meaning: Studies in Literary Techniques in the Book of Jonah*, Bern, Herbert Lang, 1976.

Macholz, C., «Psalm 136: Exegetische Beobachtungen mit methodologischen Seitenblicken», in: E. Blum (ed.), *Mincha: Festgabe für Rolf Rendtorff zum 75. Geburtstag*, Neukirchen-Vluyn, Neukirchener, 2000, pp. 177-186.

Mann, J., Sonne I., *The Bible as Read and Preached in the Old Synagogue: A Study in the Cycles Readings from Torah and Prophets, as well as from Psalms, and in the Structure of the Midrashic Homilies. Vol II. The Palestinian Triennal Cycle: Leviticus and Numbers to Seder 106*, Cincinnati, Hebrew Union College, 1966.

Manns, F., «Le Targum du Cantique des Cantiques Introduction et traduction du codex Vatican Urbinati 1», *Liber Annuus 41* (1991), pp. 223-331.

Margulis, B., «The Plague Tradition in Ps 105», *Bib 50* (1969), pp. 491-496.

Mascarenhas, T., «The Plague: Darkness and Its Significance», in: S. Paganini et al. (ed.), *Führe mein Volk heraus. Zur innerbiblischen Rezeption der Exodusthematik. Festschrift für Georg Fischer*, Frankfurt, Lang, 2004, pp. 79-93.

Mason, S., «Another Flood? Genesis 9 and Isaiah's Broken Eternal Covenant», *JSOT 32.2* (2007), pp. 177-198.

Mathias, D., *Die Geschichtstheologie der Geschichtssummarien in den Psalmen*, Frankfurt am Main, Lang, 1993.

Mays, J.L., «Worship, World and power», *Interpretation 23* (1969), pp. 315-330.

—, *Psalms*, Louisville, John Knox Press, 1994.

Mccann, J.C., «The Psalms as Instruction», *Interpretation 46* (1992), pp. 117-128.

—, *The Shape and Shaping of the Psalter*, Sheffield, JSOT Press, 1993.

—, *The Book of Psalms*, The New Interpreter's Bible, vol. 4, Nashville, Abigdon Press, 1996.

Mckenzie, S.L., Römer, T. (eds.), *Rethinking the Foundations: Historiography in the Ancient World and in the Bible. Essays in Honour of John van Seters*, Berlin – New York, De Gruyter, BZAW 294, 2000.

Mcmillon, P., «Psalm 105: History with a Purpose», *Restoration Quarterly 52/3* (2010), pp. 167-179.

Middleburgh, C.H., «The Mention Of "Vine" and "Fig-Tree" in Ps. CV 33», *VT 28* (1978), pp. 480-481.

Milik, J.T., «'Prière de Nabonide' et autres écrits d'un cycle de Daniel», *RB 63* (1956), pp. 411-415.

Millard, M., *Die Komposition des Psalters. Ein formgeschichtlicher Ansatz*, Tübingen, J.C.B. Mohr, 1994.

Miller, P.D., «Synonymous-Sequential Parallelism in the Psalms», *Bib 61* (1980), pp. 256-260.

Morgan, F., «Une lecture juive des psaumes: mérite et miracles, le cas du Psaume 114», *SIDIC 28 /1* (1995), pp. 2-8.

Mowinckel, S., *Psalmenstudien*, Kristiana, J. Dybwad, 1921.

—, «Psalm and Wisdom», in: M. Noth and D.W. Thomas (eds.), *Wisdom in Israel and in the Ancient Near East*, VTSup 3, Leiden, Brill, 1955, pp. 205-224.

—, *The Psalms in Israel's Worship*, Oxford, Basil Blackwell, 1962.

Mozley, F.W., *The Psalter of the Church: the Septuagint Psalms Compared with the Hebrew, with Various Notes*, Cambridge, University Press, 1905.

Mrozek, A., «The Motif of the sleeping Divinity», *Bib 80* (1999), pp. 415-419.

Muilenburg, J., «A Liturgy on the Triumphs of Yahweh», in: *Studia Biblica et Semitica*, (1966), pp. 233-251.

Müller, R., «A Prophetic View of the Exile in the Holiness Code: Literary Growth and Tradition History in Leviticus 26», in: E. Ben Zvi, C. Levin (eds.), *The Con-*

cept of Exile in Ancient Israel and its Historical Contexts, Berlin-New York, De Gruyter, 2010, pp. 207-228.

Muñoz, Leon D., «El IV Esdras y el Targum Palestinense: Las cuatros últimas visiones», EstBib 42 (1984), pp. 5-20.

Murphy, R.E., «A Consideration of the Classification 'Wisdom Psalms'», in: Congress Volume Bonn 1962, Leiden, Brill, 1963, pp. 156-167.

Nasuti, H.P., Tradition history and the Psalms of Asaph, Atlanta, Scholars Press, 1988.

—, «Historical Narrative and Identity in the Psalms», Horizons in Biblical Theology 23/1 (2001), pp. 132-153.

—, «The Interpretive Significance of Sequence and Selection in the Book of Psalms», in: P.W. Flint, P.D. Miller, The Book of Psalms. Composition and Reception, Leiden – Boston, Brill, 2005, pp. 311-337.

Nelson, R.D., «Between Text and Sermon. Psalm 114», Interpretation 63 (2009), pp. 172-174.

Niccacci, A., «The Exodus Tradition in the Psalms: Isaiah and Ezekiel», Liber Annuus 61 (2011), pp. 9-35.

Nicholson, E.W., Exodus and Sinai in History and Tradition, Oxford, Blackwell, 1973.

Nickelsburg, G.W.E., «The Bible rewritten and Expanded», in: M.E. STONE (ed.), Jewish Writings in the Second Temple Period, Assen, Van Gorcum, 1984, pp. 89-156.

Nihan, C., From priestly Torah to Pentateuch, Tübingen, Mohr Siebeck, 2007.

—, «The Torah as a Fondamental Document in Juda and Samaria», G.N. Knoppers, B.M. Levinson (eds.), The Pentateuch as Torah. New Models for Understanding its Promulgation and Acceptance, Winona Lake, Indiana, Eisenbrauns, 2007, pp. 187-223.

Nodet, E., Samaritains, Juifs, temples. Réponses de Christophe Nihan et Philippe Abadie, Paris, Gabalda, 2010.

Noth, M., Überlieferungsgeschichte des Pentateuch, Stuttgart, W. Kohlhammer, 1948.

Noth, M. and Thomas D.W. (eds.), Wisdom in Israel and in the Ancient Near East, VTSup 3, Leiden, Brill, 1955.

Oegema, G.S., The Anointed and his People. Messianic Expectations from the Maccabees to Bar Kochba, Sheffield, Sheffield Academic Press, 1998.

Oeming, M., Das Buch der Psalmen, Psalm 1-41, Stuttgart, Verlag Katholisches Bibelwerk, NSK.AT 13/1, 2000.

Oeming, M., Vette, J., Das Buch der Psalmen. Psalm 42-89, Stuttgart, Verlag Katholisches Bibelwerk, NSK.AT 13/2, 2010.

Olbricht, T.H., « The rhetoric of two Narrative Psalms 105 and 106 », in: R.L. Foster, D.M. Howard, *My words are Lovely*, New York – London, T&T Clark International, 2008, pp. 156-170.

Ozic, C., *Metaphor and Memory*, New York, A. Knopp, 1989.

Passaro, A., « Theological Hermeneutics and its Historical Motifs in Pss 105-106 », in: N. Calduch-Benages and J. Liesen (eds.) *History and Identity: How Israel's Later Authors Viewed its Earlier History*, Berlin – New York, De Gruyter, 2006, pp. 43-55.

Person, R.F., « The Ancient Israelite Scribe as Performer », *JBL 117* (1998), pp. 601-609.

Peters, J.P., *The Psalms as Liturgies*, London, Hodder & Stoughton, 1922.

Piovanelli, P., « La condamnation de la diaspora égyptienne dans le livre de Jérémie, JrA 50,8 – 51,3/ JrB 43,8 – 44,30 », *Transeuphratène 9* (1995), pp. 35-49.

—, « JrB 33,14-26, ou la continuité des institutions à l'époque maccabéenne », dans : A. Curtis, T. Römer (eds.), *The Book of Jeremiah and its Reception*, Leuven, Peeters, 1997, pp. 255-276.

Plöger, J., *Literarkritische, formgeschichtliche und stilkritische Untersuchungen zum Deuteronomium*, Bonn, P. Hanstein, 1967.

Polaski, D., « Reflections on a Mosaic Covenant: The Eternal Covenant (Isaiah 24.5) and Intertexuality », *JSOT 77* (1998), pp. 55-73.

Prinsloo, G.T.M., « Psalm 95: if only you will listen to his voice! », in: M.D. Carrool, D.J.A. Clines, P.R. Davies (eds.), *The Bible in human society*, Sheffield, JSOT Press, 1995, pp. 393-410.

—, « Tremble before the Lord: Myth and History in Psalm 114 », *OTE 11* (1998), pp. 306-325.

—, « Psalms 114 and 115: One or Two Poems? », *OTE 16* (2003), pp. 669-690.

Pröbstl V., *Nehemia 9, Psalm 106 und Psalm 136 und die Rezeption des Pentateuchs*, Göttingen, Cuvillier Verlag, 1997.

Quell, G., *Das kultische Problem der Psalmen: Versuch einer Deutung des religiösen Erlebens in der Psalmendichtung Israels*, Stuttgart, Kohlhammer, 1926.

Rad von, G., *Das formgeschichtliche Problem des Hexateuchs*, Stuttgart, W. Kohlhammer, 1938.

—, « Josephsgeschichte und ältere Chokma », in: *Congress Volume*, Copenhagen, 1953, pp. 120-127

—, *Theologie des Alten Testaments*, München, C. Kaiser, 1957.

—, *Gesammelte Studien zum Alten Testament*, München, C. Kaiser, 1958.

Ravasi, G., *Il Libro dei Salmi: commento e attualizzazione*, Bologna, Edizione Dehoniane, 1991.

Rendsburg, G.A., *Linguistic Evidence for the Northern Origin of Selected Psalms*, Atlanta, Scholars Press, 1990.

Reynolds, B., « What are Demons of Error? The Meaning of שׁידי טעותא and Israelite Child Sacrifices », *RevQ 88* (2006), pp. 593-613.

Richardson, N.H., « Psalm 106 – Yahweh's Succoring Love Saves from the Death of a Broken Covenant », in: J. Marks (ed.), *Love and Death in the Ancient Near East: Essays in Honor of Marvin H. Pope*, Guilford, Four Quarters Publishing Company, 1987, pp. 191-203.

Ricœur, P., *The Reality of the Historical Past*, Milwaukee, Marquette University Press, 1984.

—, *Lectures on Ideology and Utopia*, New York, Columbia University Press, 1986.

Ringgren, H., « Oral and Written Transmission in the Old Testament: Some Observations », *ST 3* (1949), pp. 34-59.

—, *The Faith of the Psalmists*, London, SCM Press, 1963.

Robertson, D., *Linguistic Evidence in Dating Early Hebrew Poetry*, Missoula, Society of Biblical Literature for the Seminar on Form Criticism, 1972.

Roetman, R., Visser't Hooft C., « Le Psaume 106 et le Pentateuque », *ETRel 85* (2010), pp. 233-244.

Rogland, M., « Interpreting אד in Genesis 2.5-6: Neglected Rabbinic and Intertextual Evidence », *JSOT 34* (2010), pp. 379-393.

Römer, T., *Israels Väter*, Freiburg, Universitätsverlag ; Göttingen, Vandenhoeck & Ruprecht, 1990.

—, « Qui est Abraham ? Les différentes figures du patriarche dans la Bible hébraïque », dans: T. Römer (éd.), *Abraham: nouvelle jeunesse d'un ancêtre*, Genève, Labor et fides, 1997, pp. 13-33.

—, « La thématique de l'Exode dans les récits patriarcaux », dans: D. Marguerat (éd.), *La Bible en récit*, Genève, Labor et Fides, 2003, pp. 18-195.

—, « Les histoires des patriarches et la légende de Moïse: une double origine? », dans: D. Dore (dir.), *Comment la Bible saisit-elle l'histoire?* Paris, Cerf, 2007, LD 215, pp. 155-196.

—, « La naissance du Pentateuque et la construction d'une identité en débat », dans: O. Artus, J. Ferry (dir.), *L'identité dans l'Ecriture*, Paris, Cerf, LD 228, 2009, pp. 21-43.

—, « Extra-Pentateuchal Biblical Evidence for the Existence of a Pentateuch? The case of the 'Historical Summaries', especially in the Psalms », in: T.B. Dozeman, K. Schmid, B.J. Schwartz (eds.), *The Pentateuch. International Perspectives on Current Research*, Tübingen, Mohr Siebeck, 2011, pp. 471-488.

Rost, L., « Die Bezeichnungen für Land und Volk im Alten Testament », in: A. ALT, F. Baumgärtel, W. Eichrodt (et al.), *Festschrift Otto Procksch: zum Sechzigsten Geburtstag am 9. August 1934 Überreicht*, Leipzig, A. Deichert'sche Verlagsbuchhandlung: J.C. Hinrichs'sche Buchhandlung, 1934, pp. 125-148.

Sabourin, L., *The Psalms: Their Origin and Meaning*, New York, Alba House, 1974.

Sabugal, S., « El concepto de pecado en el Antiguo Testamento », *Estudios Eclesiás-ticos 59* (1984), pp. 459-469.

Sanders, J.A., *The Psalms Scroll of Qumrân cave 11: 11QPsa*, Oxford, Clarendon press, 1965.

—, *The Dead Sea Psalms Scroll*, Ithaca, Cornell University Press, 1967.

—, *Torah and Canon*, Philadelphia, Fortress Press, 1972.

—, « The Qumran Psalms Scroll (11QPsᵃ) Reviewed », in: M. Black, W.A. Smalley (eds.), *On Language, Culture, and Religion: In Honor of Eugene A. Nida*, The Hague, Mouton, 1974, pp. 79-99.

—, *Identité de la Bible : Torah et Canon*, Paris, Cerf, LD 87, 1975.

—, « Adaptable for Life: The Nature and Function of Canon », in: F. Cross, W. Lenke, P. Miller (eds.), *The Mighty Acts of God: Essays on the Bible and Archaeology in Memory of G. Ernest Wright*, Garden City, Doubleday, 1976, pp. 531-560.

—, *Canon and Community: A Guide to Canonical Criticism*, Philadelphia, Fortress Press, 1984.

—, *From Sacred Story to Sacred Text: Canon as Paradigm*, Philadelphia, Fortress Press, 1987.

—, « The Integrity of Biblical Pluralism », in: J.P. Rosenblatt, J.C. Sitterson (ed.), *"Not in Heaven" : Coherence and Complexity in Biblical Narrative*, Bloomington, Indianapolis, Indiana university press 1991 , p. 154-169.

—, « Intertextuality and Dialogue », *BTB 29* (1999), pp. 35-44.

—, « Canon as dialogue », in: P.W. Flint, T.H. Kim (eds.), *The Bible at Qumran*, Grand Rapids (Mich.), W. B. Eerdmans, 2001, pp. 7-26.

—, « The canonical process », in: S. KATZ (ed.), *The Cambridge History of Judaism. Volume IV. The late Roman-Rabbinic Period*, Cambridge, Melbourne, Cambridge University Pres, 2006, pp. 230-243.

Sarna, N., « Psalm 89: A study in Inner Biblical exegesis », in: A. Altmann (ed.), *Biblical and Other Studies*, Cambridge, Harvard University Press, 1963, pp. 29-46.

Savran, P., « The contrasting voices of Psalm 95 », *RB 110* (2003), pp. 17-32.

Scharbert, J., « Das 'Schilfmeerwunder' in den Texten des Alten Testaments », in: A. Caquot et M. Delcor (éds.), *Mélanges bibliques et orientaux en l'honneur de M. Henri Cazelles*, AOAT 212, Neukirchen-Vluyn, Neukirchener Verlag, 1981, pp. 396-417.

Schaefer, K., Cotter, D.W. (eds.), *Psalms*, Collegeville, The Liturgical Press, 2001.

Schenker, A., « La rédaction longue du livre de Jérémie doit-elle être datée au temps des premiers Hasmonéens? », *EthL 70* (1994), pp. 281-293.

Schildenberger, J., « Ps 78 (77) und die Pentateuchquellen », in: H. Gross und F. Mussner (eds.), *Lex tua veritas: Festschrift für Hubert Junker zur Vollendung des siebzigsten Lebenjahres am. 8. August 1961*, Saarbrücken, Paulinus-Verlag, 1961, pp. 231-256.

Schmid, H., *Die Gestalt des Isaak: Ihr Verhältnis zur Abraham- und Jakobtradition*, Darmstadt, Wissenschaftliche Buchgesellschaft, Ertrage der Forschung 274, 1991.

Schmid, K., «Die Josephsgeschichte im Pentateuch», in: J.C. Gertz, K. Schmidt, M. Witte (eds.), *Abschied vom Jahwisten: die Komposition des Hexateuch in der jüngsten Diskussion*, Berlin – New York, De Gruyter, BZAW 315, 2002, pp. 83-118.

Schneidau, H.N., «Biblical Narrative and Modern Consciousness» in: F. Mcconnel (ed.), *The Bible and the Narrative Tradition*, New York, Oxford University Press, 1986, pp. 132-150.

—, «Let the Reader Understand», *Semeia 39* (1987), pp. 133-145.

Schreiner, J., «Geschichte als Wegweisung; Psalm 78», in: J. Zmijewski (ed.), *Die alttestamentliche Botschaft als Wegweisung. Festschrift für Heinz Reinelt*, Stuttgart, Verlag Katholisches Bibelwerk, 1990, pp. 307-328.

Schniedewind, W.M., «'Are We His People Or Not?': Biblical Interpretation During Crisis», *Bib 76* (1995), pp. 540-550.

—, *Society and the Promise to David: the Reception History of 2 Samuel 7:1-17,* New York-Oxford, Oxford University Press, 1999.

—, *How the Bible Became a Book: the Textualization of Ancient Israel*, New York-Cambridge, Cambridge University Press, 2004.

Scoralick, R., «Hallelujah für einen gewalttätigen Gott? Zur Theologie von Psalm 135 und 136», *BZ 46* (2002), pp. 253-272.

Seidl, T., «Scheltwort als Befreiungsrede. Eine Deutung der deuteronomistischen Paränese für Israel in Ps 95,7c-11», in: K. Hildegund, H.-J. Sander (eds.), *Das Volk Gottes, ein Ort der Befreiung*, Würzburg Echter, 1998, pp. 107-120.

Seybold, K., *Introducing the Psalms*, Edinburgh, T. & T. Clark, 1990.

—, *Die Psalmen*, Tübingen, Mohr, 1996.

Seybold, K., Zenger, E. (eds.), *Neue Wege der Psalmenforschung: Für Walter Beyerlin*, Freiburg, Herder, Herders Biblische Studien 1, 1994.

Sievers, J., *The Hasmoneans and their Supporters: From Mattathias to the Death of John Hyrcanus I*, Atlanta, Scholars Press, 1990.

Sijpesteijn, P.T., «P. Mich. Inv. 6577: Psalm 106, 35», *Zeitschrift für Papyrologie und Epigraphik 33* (1979), p. 254.

Simpson, D.C. (ed.), *The Psalmists*, London, Oxford University Press, 1926.

Skehan, P.W., «A Liturgical complex in 11QPs^a», *CBQ 34* (1973), pp. 195-205.

—, «Qumran and Old Testament Criticism», in: M. Delcor (éd.), *Qumrân, Texte imprimé : sa piété, sa théologie et son milieu*, Paris-Gembloux, Duculot / Leuven, University Press, 1978, pp. 163-182.

Slomovic, E., «Toward an Understanding of the Exegesis in the Dead Sea Scrolls», *RevQ 7* (1969-1971), pp. 5-10.

—, « Toward an Understanding of the Formation of Historical Titles in the Book of the Psalms », in: *ZAW 91* (1979), pp. 350-380.

Snaith, N.H., *The Jewish New Year Festival: its origins and development*, London, Society for Promoting Christian Knowledge, 1947.

Soggin, J.A., « Das Wunder am Meer und der Wüste (Exodus, cc. 14-15) », in: A. Caquot et M. Delcor (éds.), *Mélanges bibliques et orientaux en l'honneur de M. Henri Cazelles*, AOAT 212, Neukirchen-Vluyn, Neukirchener Verlag, 1981, pp. 379-385.

Sommer, B.D., *A Prophet Reads Scripture: Allusion in Isaiah 40-66*, Stanford, Stanford University Press, 1998.

Speiser, E.A., « The Stem PLL in Hebrew », *JBL 82* (1963), pp. 301-306.

Spieckermann, H., *Heilsgegenwart: Eine Theologie der Psalmen*, Göttingen, Vandenhoeck und Ruprecht, FRLANT 148, 1989.

Stern, P., « The Eighth Century Dating of Psalm 78 Re-argued », *HUCA 66* (1995), pp. 41-65.

Stevens, M.E., « Between Text and Sermon. Psalm 105 », *Interpretation 57* (2003), pp. 187-189.

Tanner, B.L., *The Book of Psalms through the Lens of Intertextuality*, New York, Peter Lang, 2001.

Tassin, C., « Un grand prêtre idéal ? Traditions juives anciennes sur Pinhas », *REJ 167* (2008), pp. 1-22.

Tate, M., *Psalms 51-100*, Waco, Word books, Word biblical commentary 20, 1990.

Terrien, S., *The Psalms: Strophic Structure and Theological Commentary*, Grand Rapids, Cambridge, William B. Eerdmans, 2003.

Thiessen, M., « 4Q372 1 and the Continuation of Joseph's Exile », *DSD 15/3* (2008), pp. 380-395.

Thomas, D.W., « Hebrew עני 'Captivity' », JTS *16* (1965), pp. 444-445.

Thompson, Th.L., *The Origin Tradition of Ancient Israel*, Sheffield, JSOT Press, JSOT Suppl. Ser. 55, 1987.

—, *The Bible in History: How Writers Create a Past*, London, Jonathan Cape, 1999.

Torrey, C.C., « The Messiah, son of Ephraim », *JBL 66* (1944), pp. 253-277.

Tournay, R.J., « Genèse de la triade 'Abraham-Isaac-Jacob' », *RB 103* (1996), pp. 321-336.

Tov, E., *Textual Criticism of the Hebrew Bible*, Minneapolis, Fortress, 1992.

—, « The Exodus Section of 4Q4221 », *DSD 1/2* (1994), pp. 197-209.

Treves, M., *The Dates of the Psalms: History and Poetry in Ancient*, Pisa, Giardini, 1988.

Trublet, J., Aletti, J.N., *Approche poétique et théologique des Psaumes*, Paris, Cerf, 1983.

Tsevat, M., *A Study of the Language of the Biblical Psalms*, Philadelphia, Society of Biblical Literature, 1955.

Tucker, D., «Revisiting the Plagues in Psalm CV», *VT 55* (2005), pp. 401-411.

—, «Psalm 95: text, context, and intertext», *Bib 81* (2000), pp. 533-541.

Tunyogi, A.C., «The Rebellions of Israel», *JBL 81* (1962), pp. 385-390.

Tur-Sinai, N.H., «The Literary Character of the Book of Psalms», in: P.A.H. De BOER (ed.), Oudtestamentische Studiën 8, 1950, pp. 263-281.

Van Petegem, P.B., «Sur le psaume 95», *SJOT 22* (2008), pp. 237-252.

Vesco J.L., «Le Psaume 18, Lecture davidique», *RB 94* (1987), pp. 18-22

—, *Le Psautier de David*, Paris, Cerf, LD 211, 2006.

Wacholder, B.Z., «The Relationship between 11Q Torah (The Temple Scroll) and the Book of Jubilees», *Society of Biblical Literature Seminar Papers* (1885), pp. 205. 207-216.

Walzer, M., *Exodus and Revolution*, New York, Basic Books, 1985.

Watt J.W., «The Song of the Sea – Ex XV», *VT 7* (1957), pp. 379-380.

—, *Psalm and Story: Inset Hymns in Hebrew Narrative*, Sheffield, JSOT Press, 1992.

Weber, B., «Psalm 78; Geschichte mit Geschichte deuten», *ThZ 56* (2000), pp. 193-214.

—, «Psalm 78 als 'Mitte' des Psalters? – ein Versuch», *Bib 88* (2007), pp. 305-325.

Weiser, A., *Glaube and Geschichte im Alten Testament*, Stuttgart, W. Kohlhammer, BWANT 4, 1931.

—, *Die Psalmen I. II*, Göttingen, Vandenhoeck & Ruprecht, 1955.

Weinfeld, M., *Deuteronomy and the Deuteronomic School*, Oxford, Clarendon Press, 1972.

Wellhausen, J., *Die Composition des Hexateuchs und der historischen Bücher des Alten Testaments*, Berlin, G. Reimer, 1899.

Westermann, C., «Was ist eine exegetische Aussage?», *ZTK 59* (1962), pp. 1-15.

—, «Wergegenwärtigung der Geschichte in den Psalmen», in: E. Wolf (ed.), *Zwischenstation. Festschrift für Karl Kupisch zum 60. Geburtstag*, Verlag Kaiser, München, 1963, pp. 253-280.

—, *Der Psalter*, Stuttgart, Calwer, 1967.

—, *Lob und Klage in den Psalmen*, Göttingen, Vandenhoeck & Ruprecht, 1983.

White, H., *Metahistory: the Historical Imagination in Nineteenth Century Europe*, Baltimore, Johns Hopkins Univ., 1973.

—, «Rhetoric and History» in: H. White, F.E. Monuel (eds.), *Theories of History*, Los Angeles, W.A. Clark Memorial Library, 1973, pp. 3-25.

—, « The Historical Text as Literary Artifact », in: H. Canary, H. Kozechi (eds.), *The Writing of History: Literary Form and Historical Understanding*, Madison, University of Wisconsin, 1978, pp. 44-61.

—, *The Content of the Form: Narrative discourse and Historical Representation*, Baltimore, Johns Hopkins University, 1978.

Whitelam, K.W., «Recreating the History of Israel», *JSOT 35* (1986), pp. 45-70.

Whybray N., *Reading the Psalms as a Book*, JSOT Suppl. Ser. 222, Sheffield, Sheffield Academic Press, 1996.

—, «The Wisdom Psalms», in: J. Day, R.P. Gordon, H.G.M. Willliamson (eds.), *Wisdom in Ancient Israel: Essays in Honor of J. A. Emerton*, Cambridge, Cambridge University Press, 1995, pp. 152-160.

Wilder, A., «Story and Story World», *Interpretation 37* (1983), pp. 353-364.

Wilson, G.H., *The Editing of the Hebrew Psalter*, Chico Cal, Scholars Press, 1985.

—, «The Use of the Royal Psalms at the 'Seams' of the Hebrew Psalter», *JSOT 35* (1986), pp. 85-94.

—, «The Shape of the Book of Psalms», *Interpretation 46* (1992), pp. 129-142.

Wise, M., Abegg, M., Cook, J.E. (éds.), *Les manuscrits de la mer Morte*, Paris, Plon, 2001.

Witte, M., «Psalm 114: Überlegungen zu seiner Komposition im Kontext der Psalmen 113 und 115», in: J.F. Diehl, R. Heitzenröder, M. Witte (eds.), *Einen Altar von Erde mache mir...: Festschrift für Diethelm Conrad zu seinem 70. Geburtstag*, Waltrop, Spenner, 2003, pp. 293-311.

—, «From Exodus to David – History and Historiography in Psalm 78», in: N. Calduch-Benages and J. Liesen (eds.) *History and identity: How Israel's Later Authors Viewed its Earlier History*, Berlin – New York, De Gruyter, 2006, pp. 19-42.

Wolverton, W.I., «Sermons in the Psalms», *Canadian Journal of Theology 10* (1964), pp. 166-176.

Yadin, Y., «Another Fragment (E) of the Psalms scroll from Qumrân Cave 11(11QPs^a)», *Textus 5* (1966), pp. 1-10.

—, «Pesher Nahum (4Q pNahum) Reconsidered», *Israel Exploration Journal 21* (1971), pp. 1-12.

—, *The Temple Scroll*, Jerusalem, The Israel Exploration Society, 1983.

Zakovitch, Y., *«And You Shall Tell your Son»: The Concept of the Exodus in the Bible*, Jerusalem, Magnes, 1991.

—, «'He chose the Tribe of Judah... He chose David his Servant': Psalm 78 – Sources, Structure, Meaning and Purpor », in: H. Baron, A. Lipshitz (eds.), *David King of Israel Alive and Enduring?*, Jerusalem, 1997, pp. 117-202 (Hebrew).

Zangenberg, J., *Samareia: antike Quellen zur Geschichte und Kultur der Samaritaner in deutscher Übersetzung*, Tübingen, Francke, 1994.

Zenger, E., «Komposition und Theologie des 5. Psalmenbuchs 107-145», *BN 82* (1996), pp. 97-116.

Zevit, Z., «The Priestly Redaction and Interpretation of the Plague Narrative in Exodus», *JQR 66* (1976), pp. 193-211.

Zimmerli, W., «Zwillingspsalmen», in: W. Zimmerli, *Studien zur alttestamentlichen Theologie und Prophetie*, München, C. Kaiser, 1974, pp. 261-271.

Index des passages bibliques

Index des auteurs cités

Index thématique

GTU Libray
2400 Ridge Road
Berkeley, Ca 94709
For renewals call (510) 649-2500

All items are subject to recall